玻璃钢船艇设计手册

BOLIGANG CHUANTING SHEJI SHOUCE

主编　朱珉虎

副主编　张天添　吕晓平　李凤磊　郑贵州

哈尔滨工程大学出版社
Harbin Engineering University Press

内容提要

本书介绍了玻璃钢船艇的发展史，玻璃钢以及复合材料的选用知识，玻璃钢船艇的总体设计、结构设计，玻璃钢船体制图，玻璃钢船艇建造工艺及玻璃钢积层板设计性能图谱等，是一本实用的工具书。

本书含有大量的设计公式、图表、案例，可供船艇爱好者和设计工程师参考。

图书在版编目(CIP)数据

玻璃钢船艇设计手册 / 朱珉虎编著. - - 哈尔滨：哈尔滨工程大学出版社，2022.1

ISBN 978-7-5661-3266-6

Ⅰ. ①玻… Ⅱ. ①朱… Ⅲ. ①玻璃钢船－设计－手册 Ⅳ. ①U674.934-62

中国版本图书馆 CIP 数据核字(2021)第 184830 号

玻璃钢船艇设计手册

BOLIGANG CHUANTING SHEJI SHOUCE

选题策划：周长江　薛　力

责任编辑：王俊一　王　宇

封面设计：陈芳杰

出版发行：哈尔滨工程大学出版社

地　　址：哈尔滨市南岗区南通大街 145 号

邮政编码：150001

发行电话：0451-82519328

传　　真：0451-82519699

经　　销：新华书店

印　　刷：上海普顺印刷包装有限公司

开　　本：787 mm×1 092 mm　1/16

印　　张：23

字　　数：543 千字

版　　次：2022 年 1 月第 1 版

印　　次：2022 年 1 月第 1 次印刷

定　　价：280.00 元

http://www.hrbeupress.com

E-mail：heupress@hrbeu.edu.cn

出　　品：船海书局

网　　址：www.ship-press.com

告 读 者：如发现本书有印装质量问题请与船海书局发行部联系

服务热线：4008670886

《玻璃钢船艇设计手册》编委会

主　编

朱珉虎

副主编

张天添　吕晓平　李凤磊　郑贵州

编　委

万　水　王　菲　袁国青　曾庆文　邓大荣

周　龙　黄有年　毛应江　赵福财　汪　漩

赵文龙　孙宏亮　左芳琪　储云泽　董　科

吴志伟　颜怀青　张凤成　王　玉　唐晓丽

前　言

玻璃钢以及复合材料深受小艇爱好者的欢迎，它的优异性能使得它在军用和民用船艇领域得到广泛应用，近年来的发展更是异常迅猛。前几年，曾有玻璃钢船艇建造技术方面的书籍出版，非常畅销，发表在各种技术杂志上的玻璃钢船艇设计文章也不少，但一直没有一本综合性的设计手册问世，为船艇爱好者和设计工程师提供方便。

出于这样的原由，本书搜集了适合玻璃钢船艇设计的各类知识、图表、设计计算方法和计算公式，并附以案例，随手一册，可解设计工作者搜集资料的燃眉之急。这些资料在编入本书的过程中，都做了甄别，通过例题演算，一方面让读者了解使用方法，另一方面也纠正了不少刊误和笔误。

本书共 10 章加一个附录。第 1 章介绍了玻璃钢船艇的发展史以及国内外玻璃钢船艇发展概况；第 2 章介绍了玻璃钢以及复合材料的选用知识；第 3 章通过复合材料在各种船艇上的应用绘制了一幅玻璃钢船艇应用远景的蓝图；第 4 章介绍了玻璃钢船艇总体设计的知识，包括主要尺度的确定、船型的选择，以及设计的实际案例、公式和图表等；第 5 章介绍了阻力、功率和航速的估算；第 6 章专为玻璃钢艇体结构设计提供技巧；第 7 章介绍了 CCS（中国船级社）规范对玻璃钢船体结构设计的要求；第 8 章介绍了玻璃钢高速艇底部结构的动载荷设计方法，是本书的一个亮点；第 9 章介绍了玻璃钢船体制图规则；第 10 章介绍了玻璃钢船艇建造工艺，偏重于模具的制作以及模块化建造技术；最后有一个附录，提供了法定计量制单位及其与英（美）制单位的换算方法、玻璃钢积层板的设计性能图谱及其使用方法。

编者希望通过这本手册的出版为我国玻璃钢船艇的发展做一份贡献，然而技术的进步日新月异，书中的不足之处和资料的陈旧在所难免，欢迎各位志士同仁批评指正，以便今后不断推陈出新。

编　者

2021 年 6 月

前言

目　录

第1章 玻璃钢船艇发展史

玻璃钢以及复合材料船艇制造工业是第二次世界大战后发展起来的新兴工业。

船艇上采用的复合材料(composite material, CM)多为纤维增强树脂基复合材料,也称纤维增强塑料(fiber reinforced plastics, FRP),我国形象化地称之为“玻璃钢”。它具有许多传统造船材料无法比拟的优点,如质量小、耐蚀、隔热、不虫蛀、可设计、易成型、外观美、寿命长等,故从问世以来备受造船界的重视,现已成为世界中、小型游艇和高速船艇制造的首选材料。21世纪初,世界上2 000多万艘6～20 m的游艇中,FRP游艇占了90%以上。英国20 m以下各类船艇中80%以上为FRP船艇。日本是渔业大国,其数十万艘渔船中FRP渔船已占到90%。

玻璃钢船艇发展已有半个多世纪。1944年美国建造了长9.2 m的聚酯玻璃钢交通艇,这是世界上最早的玻璃钢船艇。1946年,美国海军第一艘FRP艇问世。随后,美国海军建造了几千条3.9～16.4 m长的玻璃钢船艇,包括登陆艇、工作船、人员交通船、河上巡逻艇及捕鲸船等。之后,英国也开始建造玻璃钢船艇。20世纪50年代初期,苏联、法国、德国、意大利等国也开始批量建造玻璃钢救生艇,并开始建造玻璃钢游艇。1955年,日本开始建造玻璃钢渔船。20世纪60年代初期,美国、英国同时研制玻璃钢扫雷艇。20世纪70年代,英国先后建造成450 t级和725 t级的大型FRP扫雷艇和FRP猎雷艇,居于相关领域领先地位。

此后世界各国相继开发各种FRP艇。短短25年间,FRP船艇开发的成果超过了钢质船近一个世纪的成果。

1.1 我国玻璃钢船艇发展概况

1.1.1 概述

我国第一艘聚酯玻璃钢工作艇于1958年在上海白莲泾船厂诞生。次年,北京原建材部建材研究院也研制出了环氧玻璃钢汽艇。这两条艇分别在南方和北方拉开了中国玻璃钢船艇建造的序幕。

1960年芜湖造船厂制成了长8 m的玻璃钢水翼艇。1966年广州新中国船厂和华南工学院合作建造了长10 m的玻璃钢浅水拖轮。1968年芜湖造船厂和广州造船厂建造了玻璃钢救生艇。1971年芜湖江风船厂建造了玻璃钢喷水客轮,艇长24 m,吃水0.6 m,排水量27 t,载客100名,航速15 km/h。1972年常州玻璃钢厂建造了长19.3 m的玻璃钢驳船。1973年我国第一艘玻璃钢渔船在天津下水。1974年常州玻璃钢厂建造了适应边防巡逻需要的高速喷水小型边防巡逻艇(982型)。1975年我国研制的第一条玻璃钢扫雷艇(长39.8 m的中型扫雷艇)在芜湖下水。1979年我国第一条全封闭的耐火救生艇在常州通过燃烧试验。1995年我国建成了160客和225客高速双体气垫船,并与法国合作开发了11.6 m(38 ft)双体机动帆艇。

我国自1958年造出第一艘FRP工作艇开始,历经60多年的发展,至今已建造了长度3～39 m、100多个型号的FRP船艇数万艘。据有关资料统计,目前我国已有FRP船厂300多家,年产各类FRP船艇能力为7 000～8 000艘,产值约数亿元人民币。

表1-1-1是我国玻璃钢船艇发展历程中有影响的艇型建造年表。

1.1.2 安徽省

安徽省玻璃钢船艇建造业起步较早。1958年,芜湖造船厂开始研制8 m长的玻璃钢水翼艇,并于1960年试航成功。

1965年,芜湖造船厂首次用胶衣树脂制造了3 m多长的玻璃钢救生艇。从1966年开始,其又先后研制并生产了长度4～11 m的玻璃钢救生艇、工作艇及边防巡逻艇百余艘。芜湖造船厂生产的边防巡逻艇在黑龙江上巡逻使用,有力地保证了边防安全。

在1971—1975年期间,以芜湖造船厂为主,有上海交通大学、中国船舶及海洋工程设计研究院(708所)、宜昌测试技术研究所、船舶工艺研究所(611所)等单位参与,共同研制了39 m长玻璃钢扫雷艇。该艇于1975年完工,长39.8 m,宽6.1 m,深3.1 m,为当时国内最大的玻璃钢船艇,在世界上也是屈指可数的几条玻璃钢大船之一。该艇1975年交给使用部门后,经受了两次大的碰撞和一次八级大风浪的考验,多次上排检查,未发现有明显的变形与损坏,说明该艇的研制是成功的。它填补了我国较大型玻璃钢造船技术上的空白,为之后设计和建造大型玻璃钢舰艇奠定了基础。

表 1-1-1　我国研制的有代表性的 FRP 船艇建造年表

船舶类型	型号或船名	主尺度/m $L\times B\times H$	总重或排水量/t	载客/人	航速/kn	研制单位	完工年份	附注
港湾扫雷艇	7102	38.9×6.1×3.1	131		18	芜湖造船厂、上海交通大学、708 所、611 所等	1974	当时中国最大的 FRP 船艇
高速滑行艇	982	11.3×3.15×1.05	6.7	6	30.2	MARIC、常州玻璃钢船厂	1974	已建造 200 多艘
拖网渔船		25.6×4.8×1.83	77			天津塘沽捕捞公司	1974	FRP 船壳，木骨架
内河侧壁气垫船		13.7×2.69×3.8	5	12	16.2	SSSRI、安徽省交通局、巢湖船厂	1975	第一艘 FRP 气垫船
全封闭式耐火救生艇		8.5×2.8×1.1	6.5	38	6	常州玻璃钢船厂	1979	第一艘全封闭式救生艇
侧壁式气垫客船	WD901	19.3×3.75×3.9	16.2	40	21.5	SSSRI、安徽交科所、巢湖船厂	1981	
家庭式豪华游艇	CS52′	16×4.4×2.5	19.7		16.5	MARIC、江新船厂	1983	
侧壁式气垫客船	飞龙号	21.9×4.12×1.4	21.0	40	21.5	黑龙江水运所等	1984	
侧壁式气垫客船	WD902 茶花号	22.7×4.0×3.65	19.3	80	19	SSSRI、安徽交科所、江新船厂	1986	
拖网、刺钓渔船		19.95×5.2×2.2	75.5			水科院、蛇口渔船厂、香洲渔船厂等	1988	
水翼艇	曙光号	5.0×2.2×0.64	1.1	5～7	26.5	CSSRC 等	1988	
气翼艇	750	8.47×4.8×2.34	0.745	2	71.4	MARIC 等	1988	第一艘 FRP 气翼艇
地效翼船	XTW-1	12.6×8.2×3.35	0.95	3	54～70	CSSRC	1988	第一艘 FRP 冲翼艇
地效翼船	XTW-2	18.5×12.7×5.14	3.5	15	89	CSSRC、上海玻璃钢研究所	1992	

（续表）

船舶类型	型号或船名	主尺度/m $L \times B \times H$	总重或排水量/t	载客/人	航速/kn	研制单位	完工年份	附注
侧壁式气垫船	福州号	22.4×4.54×3.8	22.7	60	21.6	MARIC 等	1992	
气翼艇	751	18×10.4×5.6	6.0	20	80.9	MARIC、温州东方船艇公司	1992	
高速客船	4902	12.86×3.72	8.9	46	30	江辉船舶工程有限公司等	1992	
高速双体滑行艇	长城 930	9.90×3.05×1.29		16～20	35.6	总后军交所	1993	
双体气垫客船	铁城号	27.1×7.5×2.7	58	160	28	SSSRI、江辉船舶工程有限公司	1995	
双体气垫客船	7221 迎宾 6 号	32.15×7.9×2.65	90	200	30	MARIC、江辉船舶工程有限公司	1995	中国最大的 FRP 高速船
槽道型高速客船	4909	18.2×6.1×1.58	30	100	30～34	江辉船舶工程有限公司等	1995	
双体风帆游艇		11.6×6.5×1.7	4.5			东莞玻璃钢船厂与法国公司合作	1995	出口法国
双桅纵帆船	56′	16.92×4.8×2.3	21.5			青岛北海船厂	1996	与中国台湾省合作
双舱型豪华游艇	45′CUSTOM	13.62×4.34×2.4	16.1			苏州江辉船厂	1997	出口美国
割划式双水翼艇	SUF60	21.0×4.3×3.2	25.5	60	43.2	CM 船舶学组及有关船厂	1998	
拖网渔船	鲁威渔 1703	33.10×6.2×2.6	180		11.5	威海中复西港船艇公司	1999	中国最大的 FRP 渔船
碳纤维帆船		21.5			40	珠海佳航游艇公司	2008	国内首艘碳纤维船
游览观光船		42		400		湖南太阳鸟游艇公司	2011	

注：L 为船长；B 为船宽；H 为船的型深；CM 为复合材料；MARIC 为中国船舶及海洋工程研究院（708 研究所）；CSSRC 为中国船舶科学研究中心（702 研究所）；SSSRI 为交通部上海船舶运输科学研究所。

1971 年，芜湖江风船厂建造了长 24 m，吃水 0.6 m，排水量 27 t，载客 100 名，航速 15 km/h 的玻璃钢喷水客轮。

1975 年，巢湖船厂建成了玻璃钢侧壁式内河喷水气垫艇，总长 13.7 m，总宽 2.69 m，总高 3.8 m，满载排水量 5.0 t，航速 30 km/h，喷水推进器安装在艇尾底部中线面上一个凸出体中。其主机为一台 HF440 型汽油发动机，最大功率 120 hp。1980 年，巢湖船厂又成功研制了玻璃钢侧壁式内河气垫“中试艇”，该艇总长 19.45 m，总宽 3.9 m，型深 1.4 m，静态吃水 0.65 m，满载排水量 15 t，40 客位，最大航速 40 km/h。

1.1.3　河北省

创立于 1958 年的秦皇岛耀华玻璃钢厂是我国北方最早生产玻璃钢船艇的企业之一。其从 20 世纪 80 年代开始批量生产玻璃钢冲锋舟。这种玻璃钢冲锋舟在抗洪救灾中被誉为“生命之舟”。该厂 2003 年与秦皇岛经编厂合并，并于 2007 年改制成立秦皇岛耀华玻璃钢股份公司。图 1-1-1 为该公司近期生产的用于防汛指挥、抢险救护的敞开式快艇。

图 1-1-1　6.18 m 敞开式玻璃钢高速艇(秦皇岛耀华玻璃钢股份公司)

1.1.4　江苏省

1970 年，由国家投资建造的常州玻璃钢造船厂是国内 FRP 船艇行业中建厂最早、也是较早生产 FRP 交通艇、公务艇、边防巡逻艇的国营企业，迄今已生产了上万艘各种玻璃钢船艇，如 982 型高速巡逻艇及其改进型艇(图 1-1-2)已造了 200 多艘。

自 1983 年起，常州玻璃钢造船厂与日本合作生产了一批 FRP 钓鱼艇。1991 年，该造船厂又与日商合资成立了常州翔浜二玻璃钢游艇有限公司，大力发展 FRP 游艇。

常州玻璃钢造船厂 2014 年 1 月完成了公司制改制，隶属于中国航空发动机集团公司常州兰翔机械总厂并且搬迁了新址。新厂占地面积 121 亩①(8 万多平方米)，建筑面积

① 1 亩 = 666.666 7 m^2

4.5 万 m^2。该公司拥有专业的淋水试验设备，是玻璃钢行业唯一拥有该设备的企业。该公司有职工 300 余人，其中各类技术人员 60 余人（2018 年数据）。该公司设有船舶研究所，专业从事各类复合材料高性能船艇研发、生产和服务。

图 1-1-2　982B 型高速巡逻艇航行在班公湖上

江苏常州地区有中小型玻璃钢船艇生产企业 30 多家，形成了玻璃钢船厂和配套企业集聚的地区。其中，常州永星游艇有限公司（原武进市玻璃钢船厂）创建于 1987 年，位于江苏省常州市武进区工业名镇——礼嘉镇，也是国内生产玻璃钢船艇较早的企业。图 1-1-3 是该公司生产的玻璃钢画舫。

图 1-1-3　常州永星游艇有限公司生产的玻璃钢画舫

江苏省无锡船厂在 20 世纪 80 年代初引进了国外技术，生产高质量的玻璃钢船艇。1982 年起该船厂与美国 CIC 公司合作生产 8 ft① 玻璃钢游艇（图 1-1-4），后为美国 PBC 公司建造 42 ft 玻璃钢游览船，以及为英格兰造船公司建造 86 ft 的玻璃钢渔船。

① 1 ft = 0.304 8 m

无锡东方高速艇发展公司创办于 1985 年，依托中国船舶科学研究中心强大的技术力量，开发了东方系列快艇、游艇等 40 余种型号，在国内首批推出绿色环保型 FRP 旅游观光艇（图 1-1-5）。2000 年该公司与上海天仁房地产开发无锡有限公司合作改制成股份制科技企业，设有无锡公司本部及江阴生产基地。

图 1-1-4　无锡船厂批量生产的 8 英尺玻璃钢游艇

图 1-1-5　绿色环保型 FRP 旅游观光艇

1.1.5　广东省

广东省是我国对外开放起步较早的地区，早在 1978 年就开始接受来料加工生产了 8 艘 30 ft 帆船出口英国，之后陆续出现了多家 FRP 游艇制造企业。

创建于1976年的东莞玻璃钢船厂是大陆较早生产FRP游艇的国营企业，建厂以来生产了各种规格的摩托艇、高速客船（图1-1-6）和高级游艇，特别是1994—1995年为法国CATANAL游艇公司建造了4艘38 ft长的双体风帆机动游艇并出口法国，当时在广东地区产生了很大影响。

图1-1-6 东莞玻璃钢船厂早年生产的交通艇

高华游艇公司位于广州黄埔，也是我国较早生产玻璃钢船艇的企业。20世纪90年代，它生产的10～18 m的高速交通艇风靡一时，包括GW36′豪华游艇、GW45′槽道三体消波艇（图1-1-7）、南波1号65座高速客船、GW80客位35 kn高速交通艇等。

图1-1-7 GW45′槽道三体消波艇

深圳江辉船舶工程有限公司是由香港招商局发展有限公司、澳大利亚夏维逊游艇公司和香港英辉工程企业共同投资的一家合资企业。该公司成立于1981年，是中国最早生产豪华客船、游艇的合资企业。深圳江辉船舶工程有限公司引进国外技术，建造了多艘款式各异的豪华FRP游艇，尺度从32 ft到80 ft，全部销往美国、欧洲和亚太地区，其以“吉普赛岛”

(ISLAND GYPSY)为商标的系列豪华游艇已跻身世界名牌游艇之列,截至 2000 年 10 月,已生产 500 多艘。2001 年 10 月该公司推出了自主的品牌系列游艇"Integrity"(图 1-1-8)。20 世纪 90 年代中期,该公司又在苏州太仓浏河设立了分公司——苏州江辉船舶工程有限公司。1996 年开始与美国的 Custom Yachts(International)公司合作生产出口美国的 45 ft 双舱型豪华游艇,获美方好评。该公司 2007 年 1 月改制后,移址珠海游艇工业园区,改名为珠海江华游艇制造有限公司,仍生产"Integrity"品牌的游艇。

图 1-1-8 深圳江辉公司自主的品牌(Integrity)游艇

目前珠海游艇工业园区已聚集游艇制造和配套企业 24 家,广东规划把珠海建成国内第一个"游艇城"。

珠海市游艇工业园区起步于 2001 年,成立于 2003 年 1 月,经过多年的发展,珠海游艇工业园区已经成为目前中国最大、档次最高、密集度最强的中高档游艇(包括高性能专业船艇)生产基地,初步形成了产业聚集效应。珠海市游艇工业园区位于珠江流域五大出海口之一的鸡啼门西海岸。鸡啼门水道河宽水深,为国家三级航道,可通行千吨级船只,距离国际大西水道约 5 n mile;规划总用地面积为 5.35 km^2。

珠海游艇工业园区已成功引进了来自美国、德国、中国台湾省、香港特别行政区等国内外游艇生产和配套企业 16 家(游艇制造企业 11 家,配套企业 5 家),代表性企业有美国宾士域游艇、杰腾造船、铎洋游艇、先歌游艇、雄达游艇、江龙船舶、太阳鸟游艇、德国 ZF 船舶推进系统等。

广东江龙船舶制造有限公司始创于 1998 年,先在东莞市设厂建造玻璃钢船艇,后迁至珠海游艇工业园区,占地 150 亩,主要生产玻璃钢游艇。图 1-1-9 为该公司生产的 20 m 豪华接待艇。

太阳鸟游艇总部设在湖南,是内地最大的游艇企业,在珠海建有基地,主要从事 70 ft 以上大型豪华游艇的生产。

图 1-1-9　广东江龙船舶制造有限公司生产的 20 m 豪华接待艇

1.1.6　江西省

1966 年，当时的六机部决定在江西创建内河小艇厂，代号为国营九三一八厂，后改名为江新船厂。1982 年，由中船总投资、上海 708 所设计、江新船厂建造的 52 ft 飞桥游艇（图 1-1-10）是中国自己设计和建造的第一艘游艇，至 1984 年共建造 4 艘，其中 3 艘出口，1 艘留在国内供国家领导人使用。

1986 年，江新船厂建成了 80 客位侧壁式气垫船“茶花”号（代号 WD902），总长 22.7 m，宽 4.0 m，高 3.65 m，总重 19.3 t，航速 19 kn，系沿海气垫船。该船由上海船舶运输科学研究所设计。

图 1-1-10　江新船厂建造的 52 ft 飞桥游艇（1982）

1.1.7　浙江省

富阳特种纤维应用研究所与杭州富阳水上运动器材厂经多年开发研究，成功地研制并批量生产了高性能碳纤维蜂窝夹层结构 ACM(advanced composites material，先进复合材料)赛艇系列产品，荣获 1992 年度国家级重点新产品奖及联合国 TIPS 发明创新科技之星大奖。

杭州飞鹰船艇有限公司坐落于浙江省杭州市的富春江畔，依山傍水。它具有年产3 000 条左右赛艇的生产能力，是中国最大的船艇制造公司，同时也是世界上大型船艇制造基地之一。该公司拥有56 000 m^2 的厂房，足以进行赛艇、皮划艇、帆船以及摩托艇的生产活动。杭州飞鹰船艇有限公司与欧洲、北美、日本、澳洲、新西兰以及东南亚和南美等国家和地区建立了商贸业务，并且由该公司生产的“WinTech”赛艇产品在世界各级别比赛中捷报频传。图 1-1-11 为该公司生产的一种手划赛艇。

图 1-1-11　杭州飞鹰船艇有限公司生产的一种手划赛艇

1.1.8　山东省

青岛北海船厂 1984 年从挪威哈丁公司引进了玻璃钢救生艇的生产技术，并与哈丁救生设备公司合作生产 MCH26 和 MCB24 型全封闭救生艇，经历了引进—消化—创新的路程，自行设计并建造了 BH 系列的玻璃钢救生艇和救助艇。这些产品均满足《国际海上人命安全公约》(International Convention for Safety of Life at Sea，SOLAS)以及国际海事组织(International Maritime Organization，IMO)的要求，先后获得英国 LR、挪威 DNV、美国 ABS、日本 NK、德国 GL、法国 BV 和中国 CCS 等著名船级社的认可证书，获得了进入欧共体市场的通行证。

威海中复西港船艇有限公司前身是威海西港玻璃钢渔船开发有限公司，是由中国复合材料集团公司与山东西港水产集团公司于 1997 年共同出资组建的。该公司先后研制开发了 9.6～33 m 十多种玻璃钢船型，承担国家“九五”科技攻关项目(24 m 大型玻璃钢拖网渔船、33 m 大型玻璃钢拖网渔船和 30 m 玻璃钢冰鲜金枪鱼延绳钓渔船研制项目)，首创我国自行设计建造大型玻璃钢渔船的先例。该公司先后建造了 24.00 m、25.50 m、29.00 m、33.10 m 拖网渔船和 29.18 m、28.60 m、29.98 m 玻璃钢金枪鱼延绳钓渔船(图 1-1-12)及 88

客位、100 客位、150 客位的玻璃钢船艇百余艘。

图 1-1-12　28.60 m 玻璃钢金枪鱼延绳钓渔船

1.1.9　湖南省

成立于 2003 年的太阳鸟游艇公司于 2010 年 9 月 28 日成功登陆创业板 A 股，成为中国游艇制造行业第一家上市公司。

2011 年，太阳鸟游艇股份有限公司(以下简称"太阳鸟公司")以8 200万元收购了广东宝达游艇制造有限公司全部股权，从此，宝达公司成为太阳鸟公司的控股子公司。

太阳鸟公司在珠海游艇工业园区设有分公司，专业从事玻璃钢游艇的建造，并打算在珠海建立一个游艇研发中心，引进 3D 模块化技术。采用 3D 打印技术后，可节省 1/3 的游艇制造时间，制造成本也将减少 30%。该公司预计在连湾片区打造游艇模块研发和制造基地。

图 1-1-13 为太阳鸟公司开发的 71 ft 玻璃钢游艇。

图 1-1-13　太阳鸟公司开发的 71 ft 玻璃钢游艇

1.1.10　福建省

创建于 1984 年的厦门玻璃钢游艇厂为原国家体委水上运动器材定点生产厂，除了大量生产帆板和帆船外，还专业生产 32～50 ft 等一系列豪华游艇，远销欧、美、日等国家和我国港、澳、台地区。该厂 2002 年改制为厦门瀚盛游艇有限公司，目前是中国帆船游艇及赛艇的最大生产商，是美国著名豪华帆船游艇品牌“Stevens Custom yachts”（图 1-1-14）、“Passport yachts”、“Outbound yachts”的独家 O. E. M 生产伙伴，并拥有飞虎系列赛船、驰骋系列豪华游艇及纵横系列豪华休闲帆船等自主品牌。

图 1-1-14　Stevens Custom 53′帆船

1.1.11　台湾省

台湾省玻璃钢船艇建造开始于 20 世纪 60 年代中期。1965 年台湾省引进了国外先进 FRP 造船技术，并建立了新式工厂，FRP 船艇业逐步发展。经十多年的努力，1975 年起，FRP 游艇业已成为台湾省重要的出口产业。在出口游艇的同时，台湾省大力发展 FRP 渔船，1978 年生产 FRP 渔船 266 艘，占当年新增渔船的 26%。至 1981 年，台湾省共有 FRP 渔船 1 058 艘，150 t 以下渔船中 FRP 渔船占 95%，木船几乎已被淘汰；此时台湾省 FRP 船艇厂商发展到 80 多家，至 1987 年，出口游艇达到 1 755 艘，金额达 1.81 亿美元，位列世界第三。此后由于台币升值、劳务费上涨等原因，台湾省 FRP 游艇业随市场萎缩而逐渐走低。一些厂商看准大陆劳务费用低及对台商投资的优惠政策，纷纷转向大陆投资建厂。为了提高自己生产的 FRP 游艇的国际竞争力，台湾省的游艇企业改变了过去完全依赖国外来料加工和外来图纸加工的低层次生产模式，扶植、支持“联合船舶设计发展中心”开展游艇标准型基准设计，至今已完成 125 ft 以下 8 型游艇的标准型基准设计，使台湾省的大型高档游艇出口有了自创品牌，并以此来协助游艇厂家获得国际高附加值游艇订单。图 1-1-15 为台湾省嘉鸿公司自主开发的 Premier 130 游艇。

图 1-1-15　台湾省嘉鸿公司自主开发的 Premier 130 游艇

1.2　世界各国玻璃钢船艇发展概况

1.2.1　美国

美国海军于 1946 年建成了长 8.53 m 的世界上第一艘聚酯玻璃钢交通艇，就此拉开了复合材料建造船艇的序幕。这之后，为了加快玻璃钢船艇的发展，美国海军在 20 世纪 50 年代中期就规定 16 m 以下的船艇必须用复合材料制造。

1954 年前后，美国的手糊成型工艺日趋成熟，开始开发玻璃钢游艇，并于次年大量生产游艇、帆船等商用船艇，最大的长达 44 m。

1956 年，美国建造了两艘不同结构形式的小型扫雷艇，开始了玻璃钢在扫雷艇上的应用。

20 世纪 60 年代早期，美国海军建造了一批全玻璃钢巡逻艇，越战期间在内河上使用。

1966 年，美国开始批量建造大型复合材料渔船，1979 年一年就建造了 390 艘。

20 世纪 80 年代末，美国建成 MHC-1 级猎/扫雷艇。20 世纪 90 年代初，美国建成玻璃钢沿海扫雷艇“Osprey”号，该船艇体采用高级间苯聚酯树脂，并采用半自动浸胶工艺作业。同时期建造的长 14.3 m、航速达 60 kn 的巡逻艇，采用了凯芙拉纤维增强的聚酯树脂单壳结构。美国海军同时进行了 DD 级驱逐舰上层建筑全部采用玻璃钢材料建造的研究，并开发了玻璃钢施工操作的机器人。

美国 1996 年建造的深潜探海艇，用了石墨纤维增强环氧树脂的单壳结构，艇的下潜深度可达 6 096 m。

2006 年 2 月初下水的美国海军最新型高速隐形试验快艇，代号为 M80 的“短剑”(Stiletto)号(图 1-2-1)，是美国使用碳纤维复合材料一次成型制造的最大艇体。由于整体制造成型，因此艇体外表十分光滑，重量也大为减轻。该艇长 24.4 m，宽 12.2 m，吃水 0.9 m，排水量 67 t。它独特的双 M 形艇体设计以及碳纤维材料的使用，不仅使其获得了 50 kn 的高速，也使其行驶过程中的稳定性更高，高速行驶中的垂荡现象大为减轻，即使在高速回转时，依然可以保持平稳行驶，从而增加了艇员的舒适度，提高了艇的适航安全性。

图 1-2-1 美国海军“短剑”号新型高速隐形试验快艇

1.2.2 英国

20 世纪 60 年代至 70 年代，英美两国同时进行复合材料猎雷艇的研制开发。

1973 年，英国 Vosper Thornycroft 公司采用复合材料制造了全长 46.6 m，满载排水量 450 t 的“HMS Wilton”号猎雷艇，为当时最大的全玻璃钢舰船。“HMS Wilton”号的巨大成功带来了复合材料应用的迅速扩张。1978 年英国建成了玻璃钢猎雷艇“HMS Brecon”(布莱肯)号，长度达到 60 m，排水量 615 t，航速 17 kn。这就是 Hunt 级猎/扫雷舰的首制舰，累计造了 13 艘。其后，英国又开发了第三代 FRP 反水雷舰艇，即 Sandown 级单用途猎雷舰(图 1-2-2)。

图 1-2-2 英国 Sandown 级单用途猎雷舰

英国不仅是大型 FRP 反水雷舰艇制造的先驱国家，在复合材料高速艇的研制方面也属世界一流水平，建造了不少军用高速艇。20 世纪 80 年代中期英国为阿曼海岸警卫队建造了一艘长 20 m 的 P2000 型巡逻艇，航速高达 40 kn。此外，还研制了航速达 80 kn 的轻型气垫船和横渡英吉利海峡的 HM-2 型气垫渡船。

英国在玻璃钢以及复合材料游艇设计和建造方面颇具实力，早在 20 世纪 70 年代末，英国 RAE 公司及 Derek Kelsall 设计和建造了长 15.8 m，以 ACM(先进复合材料)为面板的夹层结构赛艇，在世界比赛中为英国队夺得了两枚金牌。

1.2.3 瑞典

瑞典的夹层结构复合材料技术堪称世界一流，用之建造了不少高速巡逻艇，如 TV171、TV172 和 CG27 型海岸巡逻艇。

早在 1974 年，Karlskronavet 船厂就为瑞典皇家海军建造了第一艘以 PVC 泡沫塑料为芯材的夹层结构扫雷艇"Viksten"号，1976 年该船厂又完成了新型 FRP 猎雷艇 M70 型的初步设计。1981 年，瑞典皇家海军订购了更大的 M80 型 Landsort 级猎/扫雷舰，至 20 世纪 90 年代初已建造 7 艘。20 世纪 80 年代中期，澳大利亚的两艘 Bay 级双体扫雷艇就是引进瑞典夹层结构技术建成的。

1991 年，瑞典成功研制了世界上第一艘复合材料隐形试验艇"Smyge"(斯米格)号，该艇采用碳纤维与玻璃纤维混杂复合材料技术和 PVC 泡沫夹芯结构建造，提高了速度和隐形性，集先进复合材料技术、夹层结构技术、隐身技术及双体气垫技术于一身，堪称当代世界高科技舰船。

1993 年，瑞典军备局和海军推出"水面战斗舰 2000"计划(YS2000)。按该计划建造的第一艘护卫舰被命名为"Visby"(维斯比)号。该舰于 2000 年 6 月 8 日下水，2004 年建成，全长 73 m，宽 10.4 m，吃水深度为 2.4 m，排水量 600 t。其船体采用复合材料夹层结构，主要由碳纤维、乙烯层压材料和 PVC 芯材构成，是第一艘在舰体结构中有效利用碳纤维复合材料的海军舰艇。图 1-2-3 为 Visby 级同型艇第二艘"赫尔辛堡"号(K32 HMS Helsingborg)。

图 1-2-3　Visby 级隐身护卫舰"赫尔辛堡"号(K32 HMS Helsingborg)

1.2.4　意大利

意大利海军对 FRP 反水雷舰艇的开发研究很重视，1976 年就开始研究新颖的硬壳式猎雷舰。1977—1978 年，意大利海军对各种类型的 FRP 艇体结构进行了多次水下爆炸试验，据称单板加筋结构和夹层结构都不能满足抗爆强度要求，唯有硬壳式结构能满足并超过北大西洋公约组织(NATO)规定的抗冲击标准。意大利继成功地研制了 Lerici Ⅰ型之后，又开发了 Lerici Ⅱ型和 Lerici Mk Ⅱ型硬壳式猎雷舰。据说其后意大利又开发了 Super Lerici 型远洋猎雷舰。这样，意大利不仅在 20 世纪 80 年代中期成为世界 FRP 反水雷舰艇的后起之秀，而且已跨入国际先进行列，吸引了诸多国家前往订购其产品或引进其先进技术。

著名的意大利机动艇设计师和赛艇选手 Fabio Buzzi 成立的 FB 设计公司制造了一系列高速机动艇，长度在 11.5 m(38 ft)和 16.5 m(55 ft)之间。Buzzi 开发的先进船体结构是由玻璃钢制成的。图 1-2-4 为该公司设计的玻璃钢高速艇。

图 1-2-4　FB 设计公司设计的玻璃钢高速艇

成立于 1970 年的意大利 Intermarine 公司专门从事纤维增强塑料船舶的建造。2002 年 9 月，Intermarine 公司被 Rodriquez Cantieri Navali 集团收购。该公司采用玻纤、芳纶纤维和碳纤维设计和生产复合材料船艇已有很长的历史，较早涉足低信号 FRP 反水雷艇的建造。该公司开发了一种创新的技术，可以吸收水雷爆炸时的震动。实际上，该单体结构厚度很大，无需内部加强，因此震动载荷可以分布到整个船体上，载荷路径不会被打断。玻璃钢通过弹性形变可以吸收大量能量，发动机“悬挂”在相邻船舱壁之间的玻璃钢“支架”中，因此震动不会从船体传递到水中。

Intermarine 公司的高速巡逻艇系列的开发得益于该公司多年的实践和在 FRP 制造领域的研究。例如，V6000 高速复合材料拦截艇采用了轻质玻纤/Kevlar 纤维和轻木夹芯结构制成的层压板，符合军事标准。意大利海关警察局用这些 70 kn 的船艇逮捕走私船和非法移民。其他全复合材料船艇还包括 V5000(一种 16.5 m 长的高速巡逻艇，速度 50 kn)、MV85(26.8 m，42 kn)和 MV115(35.3 m，35 kn)。

此外，Intermarine 公司还为 89.3 m 长的钢质船体的近海巡逻艇建造复合材料上层结构,以便将钢质船重量减小 40%,降低重心。每个上层结构大都是由玻璃钢制成的,在需要弹道保护的地方采用玻纤/Kevlar 纤维层,在需要电磁防护的地方加铺铜网。

意大利是游艇业的先驱国之一,尤其是该国的玻璃钢游艇,在原材料、设计、工艺和制造设备方面都很先进。意大利最早将 Kevlar 纤维用于游艇艇体,建造的一艘 15.5 m 长的摩托艇“M-74”由于采用了 Kevlar 纤维,比纯玻璃纤维增强艇体轻了 40%,航速高达 47 kn。世界著名的 Cantieri Moschini 公司年产约 160 艘豪华游艇。该公司和 FIAT 公司一样,常年生产世界一流的玻璃钢游艇,其 1990 年下水的长 43 m 的游艇是当时欧洲最大的豪华机动游艇。上述两家工厂都拥有大尺寸阴模整体成型的先进设备,还将机器人引入游艇生产线。

1.2.5 挪威

挪威海军于 20 世纪 90 年代初开始研制总长超过 55 m 的玻璃钢侧壁式气垫猎雷舰(图 1-2-5),成功地将气垫技术应用于反水雷舰艇,至 1997 年已实现了建造 9 艘艇的目标。20 世纪 90 年代末,挪威海军又采用 SCRIMP(真空辅助成型)工艺成功地建造了 Skjold 级隐身巡逻舰。

图 1-2-5 挪威 Oksøy 级玻璃钢侧壁式气垫猎雷舰

1.2.6 西班牙

西班牙的 Rodman Polyships 公司在一系列高速巡逻艇中都采用了先进的复合材料。该公司 16.7 m 长的 Rodman 55 巡逻艇速度最高可达 55 kn,Rodman 33 巡逻艇(图 1-2-6)和 Rodman 46 巡逻艇速度据称都能达到 50 kn。该公司在位于 Vigo 的工厂内生产船身、甲板、上层结构和模具。

1.2.7 土耳其

土耳其合资公司 Yonca-Onuk 自 1986 年成立以来,已成为欧洲领先的高速复合材料船艇制造商之一,涉足军事、准军事和娱乐行业。该公司开发的 Onuk MRTP 33 高速巡逻/攻

图 1-2-6　Rodman 33 巡逻艇

击艇被土耳其海岸警卫队用于近海区域的管制。MRTP 33 的船身为深 V 形，通过选用不同的发动机和喷水驱动器，在静水区域速度可达 64 kn，即使在 4 级海况也能保持 40 kn 的航速。这一性能源于船身所采用的先进的轻质夹芯复合材料结构，芯材是 DIAB 公司的 PVC 泡沫。这种结构的优点包括力学性能强、重量轻、电磁信号弱、漂浮性好。关于漂浮性能，MRTP 33 满足挪威船级社(DNV)标准以及土耳其海军和北约(NATO)对于船艇损坏时的不沉性标准。其船身和上层建筑按照 DNV 的 HSLC Patrol R2 等级建造。

35.3 m 长、120 t 重的船可以承受包括枪支和导弹在内的大量载荷。巴基斯坦海军已经进口了 8 艘 MRTP 33，其中两艘在阿尔巴尼亚。据说马来西亚需要一艘 39.6 m 长的升级版。美国海岸警卫队也对 MRTP 33 表示出了兴趣。该船的复合材料技术已被用于 MRTP 55 小型武装快艇的制造。

Yonca-Onuk 的其他执法艇包括 64 kn、16 m 长的 MRTP 15 和 22.2 m 长的 MRTP 20，据说其冲刺速度达 75 kn(3 级海况下为 60 kn)，超过大多数 15～21 m 的高速巡逻艇的速度。MRTP 系列衍生出来的机动艇包括 YONtech S18、S23 和 S36。这些机动艇非常快，例如 S23 宣传的速度为 80 kn。

1.2.8　日本

日本第一艘玻璃钢船建于 1953 年。

日本在 20 世纪 80 年代至 90 年代被称为“造船王国”，在 FRP 游艇的制造和出口方面也居世界前列。1981 年，日本游艇的总产量为 5 776 艘，其中 5 700 艘为 FRP 游艇，可见在当时 FRP 已基本取代了木材，成为游艇的首选材料。

为推动碳纤维在艇体中的应用，日本舟艇协会于 1980 年专门设置机构，从事碳纤维与玻璃纤维混杂复合材料的研究，成功研制一艘 8 m 长的碳纤维与玻璃纤维混杂复合材料的运动汽艇“トリガ26”号，取得减重约 35% 的效果，航速超过 50 kn。1981 年日本建成长 40 ft 的帆艇，其艇壳和甲板均为碳纤维与玻璃纤维混杂的 ACM 轻木夹层结构，获得了高强度的外壳，减重 90 kg，因而具有优良的性能。

日本1985年建造的“ワリーンウーフ”号为一艘潜水型双壳体机动游艇，其艇壳用ACM制造，除减小重量11%外，还获得了良好的减振隔音效果。

1988年日本又建成了总长48 m，总吨位493 t的碳纤维与玻璃纤维混杂的ACM超豪华机动游艇“ワヤアンノデイ”号，为当时世界上最大的FRP游艇，共使用了150 t复合材料，其中碳纤维用量达1 t。

日本是开发FRP渔船最早的国家，整个20世纪70年代是日本FRP渔船大发展时期，平均每年增加18 000艘，且向大型化发展，最大吨位达到99 t。1995年，FRP渔船的数量已超过33.3万艘，玻璃钢渔船占海洋机动渔船的86.5%。

日本第一艘FRP/CM扫雷舰“江之岛”号(图1-2-7)于2012年3月服役，是日本海上自卫队计划建造的3艘Enohima级扫雷舰的首舰，全长63 m。

图1-2-7　日本扫雷舰“江之岛”号

1.2.9　俄罗斯(包括苏联)

苏联1959年建成了长32.5 m的玻璃钢内河油轮。

苏联FRP扫雷艇的研制始于20世纪60年代中期，1967年开始批量建造玻璃钢小型扫雷艇1258型“刚玉”(Корунд)级(北约代号为Yevgenya级，见图1-2-8)，该艇主尺度

图1-2-8　苏联1258型扫雷艇

26. 1 m×5. 4 m×1. 38 m，标准排水量 88. 5 t，满载排水量 96. 5 t，功率 600 hp（1 hp＝0. 735 kW），航速 12 kn，首制艇 1970 年建成并服役，1975—1990 年间先后向伊拉克、保加利亚、古巴、叙利亚、北也门、印度等 11 个国家出口近 50 艘。

1989 年起苏联批量建造 10750 型“Сапфир”（蓝宝石）级（北约代号为 Lida 级）玻璃钢沿海猎雷艇。该艇主尺度 26. 8 m×5. 4 m×1. 63 m，标准排水量 131 t，满载排水量 135 t，功率 900 hp①，航速 12. 5 kn，首艇 1988 年交付，该型共建造了 10 艘。

参考文献

[1]　林匡平，张德胜. 我国玻璃钢船舶工业发展概况[J]. 辽宁造船，2001(2)：7-10.
[2]　曹明法. 世界各国及中国游艇工业概述[J]. 船舶，2002(1)：11-14.

①　1 hp = 0. 735 5 kW

第2章 玻璃钢以及复合材料

玻璃钢以及复合材料是理想的新颖结构与功能材料，具有传统造船材料无法比拟的优良综合性能。自1946年世界上第一艘FRP艇问世以来，历经60多年的研究和开发，业已形成与木质、钢质和铝质船舶有很大差异，且独具特色的玻璃钢船舶之材料。近年来玻璃钢以及复合材料在世界范围内获得了迅速发展，在航空、航天、舰船、建筑、体育用品等军民领域中得到了越来越广泛的应用。

复合材料就是用两种或两种以上不同性能、不同形态的组分材料通过复合手段组合而成的一种多相材料，它可以发挥各自材料的优点，克服单一材料的缺陷，扩大材料的应用范围。

FRP/CM与传统造船材料的根本区别在于其材料和结构是在建造过程中同时成型的。

FRP是目前技术比较成熟且应用最为广泛的一类复合材料。这种材料是用短切的或连续的纤维及其织物增强热固性或热塑性树脂基体经复合而成的，根据增强体的种类，可分为玻璃纤维增强树脂基复合材料(俗称“玻璃钢”)、碳纤维增强树脂基复合材料、硼纤维增强树脂基复合材料、碳化硅纤维增强树脂基复合材料等几种类型。

此外，复合材料还具有声、介电性能优良，耐高温、减振等一系列优点，兼具多种材料的性能。如玻璃钢既有类似钢材的强度，又有塑料的介电性能和耐腐蚀性能。复合材料的上述性能是船用其他材料难以比拟的，因此，复合材料在船艇上得到了广泛的应用。

2.1 玻璃钢以及复合材料艇体的原材料

近十年来玻璃钢以及复合材料艇体的原材料的发展异常迅速，各种新型、高性能的原材料层出不穷，可供选择的余地很大。玻璃钢以及复合材料艇体的主要原材料为纤维增强材料、基体树脂和芯材。

2.1.1　纤维增强材料

纤维增强材料是提高基体材料受力性能的材料。

就增强材料而言，除了船舶中一直大量采用的各种玻璃纤维及其制品外，现已开发了多种先进的高性能纤维，诸如玄武岩纤维(CBF)、芳纶(Kevlar)纤维、碳纤维和超高分子量聚乙烯(Dyneema)纤维及其织物，并已在各种高性能船舶和赛艇中获得了实际应用。值得指出的是近年来国外开发了一种先进的多轴向缝(经)编织物，它具有比传统编织的无捻粗纱布高得多的力学性能和浸润性能，获得了国际 FRP/CM 船舶界的首肯，打破了几十年来沿用普通方格布一统天下的格局，它代表着低成本玻纤织物向高科技发展的一个方向。

几种常用纤维的性能见表 2-1-1。

表 2-1-1　各种纤维的性能比较

性能	碳纤维 tenax HTA	芳纶 HM	芳纶 LM	E 玻璃纤维 (无碱玻璃纤维)
密度/(g · cm^{-3})	1.78	1.45	1.44	2.58
分解温度/℃	3 700	>500	>500	825
抗拉强度/MPa	3 400	2 800	2 800	2 000
弹性模量/GPa	238	125	80	73
伸长率/%	1.4	2.0	3.3	2.0
耐热性(48 h，200 ℃)/%	100	90	90	95
回潮率/%	0	~2.5	4.5	0.3

注：数据来源于荷兰 AKZO 公司的产品样本，仅供参考。

1. 玻璃纤维

玻璃纤维是以玻璃为原料，在熔融状态下通过漏板孔以高速拉制而得，并制成各种形态的布和毡(图 2-1-1)。它的单丝纤维拉伸强度高达 1 500~3 000 MPa，比一般合成纤维高约 10 倍，比高强度合金钢还高两倍，是理想的增强材料。玻璃纤维的弹性模量与铝相当，不足之处是耐磨性较差，经揉搓摩擦后易损伤、断裂，且耐磨性受湿度影响较大。玻璃纤维耐热性好，在 200 ℃下强度不受影响。

1) E 玻璃纤维和 C 玻璃纤维

E 玻璃，即无碱玻璃，是钙铝硼硅酸盐玻璃，成分中碱金属氧化物含量极少，具有较高的强度、较好的耐老化性能和优良的介电性能。1979 年前，各主要造船国家的船舶规范规定用 E 玻璃纤维(含碱量少于 1%)。1985 年以后，有的国家已不明确规定，如日本。我国盛产中碱玻璃纤维织物，近似国际上的 C 玻璃纤维。C 玻璃，即中碱玻璃，是一种钠硼硅酸盐玻

图 2-1-1　玻璃纤维增强材料制品(毡和布)

璃。但我国开发的 C 玻璃不含硼,具有相当高的强度和很好的耐化学性。由于其价格低,可使造船成本降低 15%～20%。

中碱玻璃纤维新生态强度低于无碱玻璃纤维,后来由于采用了增强型浸润剂,它的织物和由其制成的玻璃钢在耐水性方面有优良性能,优于原先用以造船的无腊型无碱玻璃纤维[2]。1985 年,湛江渔轮厂建造了 18.5 m 捕虾船。该船两柱间长 16.87 m,型宽 4.48m,型深 2.0 m,平均吃水 1.48 m,满载排水量 56.8 t,载重 34.5 t,主机功率 99.3 kW,满载航速 9 kn,适用于Ⅱ类海域。该船使用 711 浸润剂处理的中碱布 CWR400R711,使用一年半后于 1987 年 6 月进行鉴定,一对姐妹船船体均良好。

2）各种纤维增强材料制品

FRP/CM 艇体使用的纤维增强材料通常制成下列几种形态。

(1) 短切玻璃纤维毡。

这种产品是由不规则散布的短切玻璃纤维束用一种可溶树脂黏结剂黏结而成的毡状物(图 2-1-2)。当毡层浸透树脂固化后,形成的这种玻璃钢积层板将基本上呈现出各向同性(指所有方向的性能均相同)。通常短切玻璃纤维毡积层板的玻璃纤维含量相对较低,按质量计为 20%～30%。

图 2-1-2　短切玻璃纤维毡

(2) 玻璃纤维无捻粗布。

玻璃纤维无捻粗布通常称为方格布,是手糊工艺成型使用的主要增强材料,制品为近于平直的玻璃纤维束编织而成的粗型、平纹、方格织物(图 2-1-3)。它不像短切玻璃纤维毡那样呈各向同性,最大强度值位于 0°(经纱方向)和 90°(纬纱方向)两个方向。此外,标准织物(5×4 交织)在经纱方向的强度大于纬纱方向,这是因为经纱方向的每英寸股数大于纬纱方向。

图 2-1-3　玻璃纤维无捻粗布

船用玻璃纤维无捻粗布积层板中，玻璃纤维含量的范围通常为 40%～55%。但玻璃纤维含量的提高往往会导致积层板中树脂干枯化，即产生树脂未浸透现象。

(3) 表面毡。

表面毡(图 2-1-4)具有表面平整、纤维分散均匀、手感柔顺、透气性好、树脂浸透速度快等特点。表面毡应用于玻璃钢制品，良好的透气性能使树脂快速渗透，彻底消除气泡和白渍现象。它良好的伏模性适合任何形状复杂的产品和模具表面，能掩盖布纹，提高表面光洁度和防渗漏性，同时增强层间剪切强度和表面韧性，提高产品的耐腐蚀性和耐候性，是制造高质量玻璃钢模具及制品的必需用材。

(4) 缝编织物。

缝编织物(图 2-1-5)是一种新型玻璃纤维织物，是用细编线将平行排列的两组纱(经纱和纬纱)编织而成，由于是三组纱系统，形成一定的网眼结构。其平滑性、均匀性比普通的织物差，但兼有机织布的方向性和强度的优点，且纱束不易滑动，还可加毡复合成为多层结构，更由于纱束无织造形成的弯曲，强度更高。

图 2-1-4　表面毡

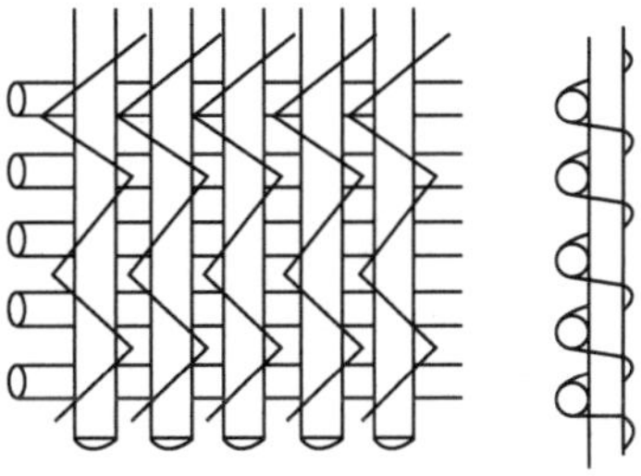

图 2-1-5　缝编织物

2. 碳纤维

碳纤维由有机纤维经高温碳化而成。它具有高的强度和弹性模量，耐高温及耐化学腐蚀性好。其比强度和比模量在增强材料中位于前列。其外观呈黑色。图 2-1-6 为短切碳纤维。

图 2-1-6　短切碳纤维

碳纤维也可以加工成布或无纺织物，还可与玻璃纤维纱以交替排列形式制成纤维制品。

碳纤维由于价格很高，主要用于航空、赛艇、运动器材等领域。在船艇领域仅用于运动赛艇、高档游艇和螺旋桨等产品。

3. 芳纶纤维

芳纶纤维即芳香酰胺纤维，美国开发后的商品名称叫凯芙拉(Kevlar)。它具有高强度、高弹性模量，强度比一般有机纤维高 3 倍，模量是尼龙的 10 倍，唯抗压性差。它在化学性能上，除强酸、强碱介质外，其他均稳定。其外观为金黄色。

芳纶纤维价格也很高，在船艇领域也只用于运动赛艇及高档游艇等产品。它具有减轻重量、提高冲击强度及纵向刚度的作用，故可与玻璃纤维、碳纤维组合使用。

4. 玄武岩纤维

玄武岩纤维以天然火山岩为原料制成，具有优良的力学性能、耐酸碱性能及耐温性能(−269～700 ℃)，与树脂的浸润性好，使用寿命长，可达 100 年以上。这种纤维原材料丰富，但生产工艺难度大，开发成功晚，至今仅有我国、乌克兰、美国、德国能生产，产量不大，因而价格高出玻璃纤维数倍，但还大大低于碳纤维和芳纶纤维，是很有前途的增强材料。

玄武岩纤维是一种天然矿石纤维。它具有高力学强度，低导热系数，良好的热振稳定性、防火性、耐腐蚀性、耐用性和环保清洁性，以及材料自身密度小，结构性能与结构重量的比值优良等一系列优异的化学和物理性能。用玄武岩纤维增强的复合材料制作的船体，其强度、热稳定性、电绝缘性等主要性能指标均优于传统的玻璃纤维材料。其原料取自天然矿石——玄武岩，生产过程中无有害物质析出，不向大气排放有害气体，不污染环境，因此它被誉为 21 世纪“石头变丝”的绿色环保新材料，成为世人瞩目的又一颗璀璨耀眼的“材料新星”，是替代玻璃纤维、碳纤维，用来制造船艇的多用途增强材料，具有广阔的应用发展前景，这引起了世界经济发达国家对开发玄武岩纤维的广泛兴趣。我国已将玄武岩纤维列为今后 15 年中长期发展规划所鼓励发展的四大高科技纤维材料之一。

在太阳鸟公司、708 研究所、上海俄金玄武岩有限公司的通力合作下，第一批采用玄武岩纤维制作的船艇——SB540 型高速动力艇，2008 年在太阳鸟游艇公司试制成功，试验表明其主要性能优于传统的玻璃纤维船艇。

表 2-1-2 列出了四大高科技纤维与 E 玻璃纤维性能的比较。

表 2-1-2　四大高科技纤维与 E 玻璃纤维性能的比较

性能	碳纤维(CF)	芳纶纤维(KF)	超高分子量聚乙烯纤维(UHMWPE)	玄武岩纤维(CBF)	E 玻璃纤维(GF)
密度/(g·cm^{-3})	1.78	1.45	0.97	2.6～2.8	2.55～2.62
拉伸强度/MPa	3 500～6 000	2 900～3 400	2 700～3 200	3 800～4 840	3 100～3 800
弹性模量/GPa	230～600	70～140	89～100	79.3～93.1	76～78
断裂伸长率/%	1.5～2.0	2.8～3.6	3.5～3.7	3.1～3.3	4.7
最高使用温度/℃	500	250	100	650	350

2.1.2　基体树脂

玻璃钢基体材料是人工合成的树脂，其作用是将增强材料浸渍并粘接成为一体。按其性能分为两大类：一类是热固性树脂，特点是通过加热或自身交联放热形成不融不溶的固体，且此过程是不可逆转的，即一旦固化成型后就不可能还原。不饱和聚酯树脂、环氧树脂、乙烯基酯树脂、酚醛树脂等均属这一类。另一类是热塑性树脂，通过加热由固态成为液态，冷却后仍恢复为固态。通过这种可塑性成型产品。这种可塑性的特性是可逆转的，故制成品及废料均可回收再利用。这类树脂品种很多，如聚氯乙烯、聚乙烯、聚丙烯、聚酰胺、聚酯等。在玻璃钢开发应用前期，均是采用热固性树脂做基体材料，我国约在 20 世纪 70 年代研发热塑性树脂＋玻璃纤维增强，制作管道制品等，到 20 世纪 80 年代开发成功用旋塑法制造热塑性玻璃钢艇，也称作塑料船，但生产单位及产量均很少。

现在，建造玻璃钢船艇大量使用的基体材料是不饱和聚酯树脂、环氧树脂与乙烯基酯树脂，因为其品种多样，有各种不同性能可满足各种产品的不同要求，且树脂黏度适宜，固化时无副产物，使用方便。

1. 不饱和聚酯树脂(UP)

不饱和聚酯树脂由不饱和酸酐、饱和酸酐与二元醇经缩聚反应制成，溶解于作为稀释剂兼交联剂的苯乙烯等单体中供生产厂家使用。不饱和聚酯树脂为淡黄色透明液体。由于采用原料品种及用量等不同，可合成具有不同性能的不饱和聚酯树脂，生产出具有耐晒、耐水、耐热及韧性好、透明性好、耐化学性好等特点的多种牌号的不饱和聚酯树脂，供使用单位选用。目前不饱和聚酯树脂生产单位很多，除本土企业外，还有外资企业，中外合资企业、台资企业等，牌号各不相同，并未统一。以 20 世纪 60 年代从英国引进技术、生产历史较久的常州建材 253 厂牌号为例，用于造船的是 189#、196#（均沿用英国司考特·巴德公司牌号）树脂。其他厂商的品牌有亚什兰的 AROPOLTM M 105 TB 与华昌 MERICAN 9709TP 等。189# 耐水性好，有较高的断裂伸长率，工艺接续性好，适于制造船体；196# 韧性好，机械性能好，适于制造上层建筑。

189# 不饱和聚酯树脂技术指标：

外观　　　　　　　　透明淡黄或棕黄色液体

酸值	20～28 mg KOH/g
黏度(25 ℃)	0.25～0.45 Pa·s
固体含量	59%～65%
胶凝时间(25 ℃)	8～25 min
热稳定性(20 ℃)	6 个月
(80 ℃)	24 h

表 2-1-3 为耐水型 189# 聚酯玻璃钢物理力学性能表。

表 2-1-3　耐水型 189# 聚酯玻璃钢物理力学性能表

拉伸强度/MPa	拉伸模量/MPa	弯曲强度/MPa	弯曲模量/MPa	冲击强度无缺口/MPa	断裂伸长率/%	巴柯尔硬度	吸水率/% 24 h 23 ℃	热变形温度/℃ 马丁耐热
312	13 000	240～270	12 300	2.03	2.53	53	0.205	100

注：数据来源于建材 253 厂。

196# 不饱和聚酯树脂技术指标：

外观	透明淡黄液体
酸值	17～25 mg KOH/g
黏度(25 ℃)	0.65～1.15 Pa·s
固体含量	64%～70%
胶凝时间(25 ℃)	8～20 min
热稳定性(20 ℃)	6 个月
(80 ℃)	24 h

不饱和聚酯树脂供应的产品是液态，要使它在一定时间内由液态转化为固态(俗称固化)，一定要加入适量的引发剂和促进剂。引发剂是一类能引起分子活化而产生游离基，从而引发连锁反应的物质，通常为有机过氧化物，常用的是过氧化环乙酮、过氧化甲乙酮。促进剂是一种能促使引发剂在临界温度以下形成游离基的物质，常用的是钴盐(环烷酸钴、辛酸钴等)的苯乙烯溶液。二者配合使用，可使不饱和聚酯树脂在生产所需的时间内凝胶并固化。引发剂和促进剂均由树脂生产企业配套供应。

不饱和聚酯树脂的固化是通过引发剂引发聚酯分子中的不饱和双键与可聚合的交联剂(常用的品种是苯乙烯)进行游离基共聚反应，使线型的聚酯分子交联成具有三向网状结构的体型大分子，固化过程亦即与乙烯基单体(交联剂)的共聚过程。加入引发剂和促进剂后，共聚反应即被引发，并进入链增长反应，一直到反应终止。当共聚反应进行到一定程度时，出现胶凝现象，此时，链增长反应仍继续进行，体系急剧放热，温度可升至 150～200 ℃。此后，由于进一步共聚，形成三向网状结构，黏度更大，限制了单体扩散速度，聚合速度下降逐渐趋于固化完全，但到固化完全的时间过程较长，所以在玻璃钢生产中，常采用加热方法(称作后处理)，促使共聚反应尽可能完善。只有树脂固化充分，才能确保玻璃钢的力学性能。

聚酯玻璃钢加热固化的过程是：温室(24 h)→室温～80 ℃(1 h)→保温 80 ℃(3 h)→自

然降至室温。

图 2-1-7 为通用不饱和聚酯树脂的放热曲线。

不饱和聚酯树脂固化时间较易控制，并可自由着色，美化产品，工艺性好，价格比环氧类树脂低得多，故目前是玻璃钢船艇大量使用的树脂品种，但因含有较多的苯乙烯，对作业人员有一定刺激性。

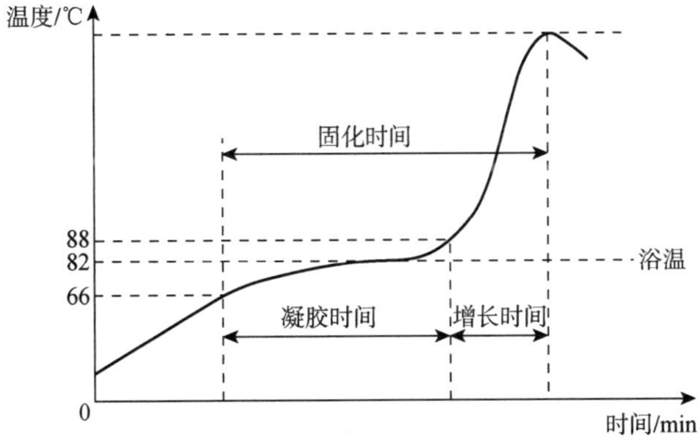

图 2-1-7　通用不饱和聚酯树脂的放热曲线

2. 环氧树脂(EP)

环氧树脂是分子中含有两个及两个以上环氧基团树脂的总称，有很多品种，常用的是双酚 A 型环氧树脂，由二酚基丙烷(即双酚 A)与环氧氯丙烷缩聚而成。

常用的环氧树脂牌号是 E—44(即前称 6101#)，其主要指标：

外观	黄至琥珀色透明黏稠液体
软化点	12～20 ℃
黏度(40 ℃)	0.25 Pa·s
环氧值(当量/100 g)	0.41～0.47

环氧树脂粘接力很强，俗称万能胶。它固化时收缩率低，无副产物，有良好的耐化学性和优良的电绝缘性能，耐水性及热稳定性均好，储存期长。但因黏度大，具有一定脆性，必须事先稀释和增塑后才能使用，其固化速度较难调节。以环氧树脂为基体的玻璃钢，其力学性能高于聚酯玻璃钢，但其价格高于不饱和聚酯树脂约一倍，故较少用于制造船艇。

环氧树脂必须加入固化剂才能固化。固化剂种类很多，常用的是胺类固化剂中的脂肪胺和改性胺品种。

3. 乙烯基酯树脂(VE)

乙烯基酯树脂由环氧树脂与甲基丙烯酸或不饱和一元酸(丙烯酸)通过开环加成化学反应而制得，又称环氧丙烯酸树脂。乙烯基酯树脂秉承了环氧树脂的优良特性，又有不饱和聚酯树脂的良好工艺性能。在适宜条件下固化后，其表现出某些特殊的优良性能，固化性和成型性方面更为出色。由于兼具了环氧树脂和不饱和聚酯树脂的优点，其应用领域正在不断扩大，故自 20 世纪 60 年代以来，获得了迅速发展。乙烯基酯树脂首先由美国壳牌化学(Shell Chemical)推出 Epocrgl 品牌，然后在 1966 年由美国 Dow 化学推出 Derakane 品牌，紧随其后推出的是 Ashland 化学的 Hetron 品牌，以及日本昭和高聚物株式会社的 Ripoxy 品牌。华东理工大学是国内乙烯基酯树脂最早的研究单位。在 20 世纪 70 年代初，率先成功研制了乙烯基酯树脂系列产品，而华东理工大学旗下的华昌聚合物则成功将乙烯基酯树脂产业化，并成功应用于环保防腐、交通运输、新能源、船舶、游艇等领域。表 2-1-4 为国内外乙烯基酯树脂牌号一览表。

表 2-1-4　国内外乙烯基酯树脂牌号一览表

公司	亚什兰		昭和聚合物	力联思	华昌聚合物
品牌	Derakane	Hetron	Ripoxy	Atlac	MFE
标准型双酚 A 环氧乙烯基酯	411	922	806	430	711
阻燃型环氧乙烯基酯	510	992	550	750	707
酚醛环氧乙烯基酯	470	980	630	590	W1
高交联密度型酚醛环氧乙烯基酯	—	970	600	—	780HT
柔性环氧乙烯基酯	8 084	—	—	—	790
PU 改性型环氧乙烯基酯	—	—	—	580	710

表 2-1-5 为标准型双酚 A 环氧乙烯基酯树脂产品主要性能指标。

表 2-1-5　标准型双酚 A 环氧乙烯基酯树脂产品性能指标

公司	亚什兰		昭和聚合物	力联思	华昌聚合物
品牌	Derakane	Hetron	Ripoxy	Atlac	MFE
牌号	411	922	806	430	711
酸值/(mgKOH/g)	470	980	10±3	590	10±3
黏度(25 ℃)/(mPa·s)	350	450	160±70	470±30*	350±80
固体含量/%	45	55	55	62±2	55±3
凝胶时间(25 ℃)/min	—	—	15±5	—	20±5

*测试条件：23 ℃。

表 2-1-6 中列出了国外标准型双酚 A 环氧乙烯基酯树脂的一些典型性能。

表 2-1-6　国外标准型双酚 A 环氧乙烯基酯树脂的一些典型性能

	拉伸强度/MPa	拉伸模量/GPa	延伸率/%	弯曲强度/MPa	弯曲模量/GPa	HDT/℃
Derakane 411	83	2.9	7～8	148	3.4	102
Hetron 922	86	3.2	6.7	141	3.5	105
Ripoxy 806	79	—	3.2	135	3.1	110
Atlac 430	95	3.6	6.1	150	3.4	105
MFE 711	88	3.4	5.5	130	3.3	103

乙烯基酯树脂耐腐蚀及耐水性均很好，与各种增强纤维的浸润性和粘接性均好，黏度适

中，用它做基体材料制得的玻璃钢力学性能好，固化收缩率比不饱和聚酯树脂小，固化性能及工艺性能均很好，所用的引发剂、促进剂也与不饱和聚酯树脂相同。虽然其优点很多，十分适合造船，但因价格与环氧树脂相近，目前因成本因素仅用于高档船艇。

环氧乙烯基酯树脂的固化体系及使用工艺与不饱和聚酯树脂很相似：过氧化物催化剂引发化学反应，使树脂固化。钴促进剂和胺加速剂也用于催化过程，以加速并增进固化。阻聚剂被用来延长凝胶时间。其他添加剂包括填料，触变剂（改善流动性及防止垂直作业时树脂下淌），浸润剂，内脱模剂以及各种纤维增强材料。

适用于环氧乙烯基酯树脂的固化体系（包括引发剂、促进剂、加速剂）种类较多。合理地选择固化体系，很大程度上取决于成型工艺、环境温度和最终产品应用的要求。

(1) 在环境温度较低时，可添加少量二甲基苯胺（DMA）作为加速剂。10％DMA 溶液的常用添加量为 0.5％～2.0％。促进剂或加速剂的用量需注意，过量的钴盐会产生较多气泡从而延迟固化，过量的胺盐会因放热过高导致制品缺陷。

(2) 在环境温度较高的情况下，如果树脂凝胶过快可使用阻聚剂，如叔丁基邻苯二酚（TBC），2,4-戊二酮来调整，不得随意降低引发剂或促进剂用量。

(3) 选择异丙苯过氧化氢（CHP）/钴盐（Co）体系可以达到降低放热峰要求，对于厚制品可以实现平缓放热，避免热量聚集释放。

2.1.3　辅助材料

基体树脂使用时除需适量加入引发剂、固化剂、促进剂外，还可以添加一些辅料来满足某种功能的需求，如着色、阻燃等。

1. 填料

填料的作用是改善树脂收缩率、表面硬度、导电性能及增稠（防止流胶）等，并兼有降低成本作用。常用有机及无机粉状材料，如碳酸钙、活性二氧化硅、氢氧化铝、滑石粉、石英粉、铸石粉及金属粉等，要求细度大于 200 目。

2. 颜料

颜料的作用是美化产品，常用于产品表层。颜料分有机与无机两类，通过研磨与载体材料形成颜料浆，称为色浆，加入胶衣树脂后成为带色胶衣树脂。

胶衣树脂是指专为制作玻璃钢艇体表层的树脂配方，用胶衣树脂制作的船艇表面光洁明亮，色彩可按照客户要求定制，不需要油漆。这种胶衣树脂各树脂生产厂均能提供。

3. 阻燃材料

为改善玻璃钢的燃烧性能，必须在能燃烧的合成树脂中加入阻燃成分。一种是在树脂聚缩反应时加入氯茵酸酐等材料合成具有阻燃性能的卤代不饱和聚酯树脂；另一种是在购进的合成树脂中添加具有阻燃性能的材料，如卤素材料、锑粉、氯化石蜡、氢氧化铝等。

2.1.4　胶黏剂

胶黏剂是用来连接玻璃钢结构的，如龙骨帽型材与艇底的粘接（图 2-1-8）。胶黏剂有环

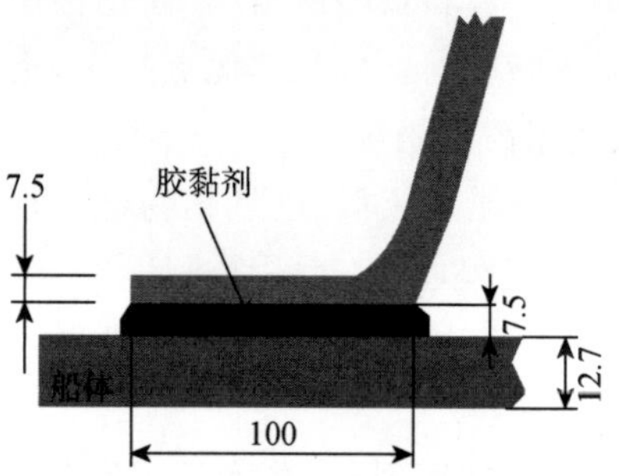

图 2-1-8　胶黏剂用于帽型材与船体的粘接(图中数字单位为 mm)

氧、聚氨酯和甲基丙烯酸甲酯(品牌为 Plexus MA425)。其中粘接强度以 Plexus MA425 为最好。强度试验表明,用胶黏剂粘接的强度比用玻璃钢积层板包覆的强度还要好。

2.1.5　原材料的选用

玻璃钢艇体的特点是可设计性,即可通过原材料的选用和工艺设计来改变产品的物理和力学性能,这是玻璃钢产品的最大优点。下面介绍一些原材料选用方面的常识。

1. 耐水性

船艇长期浸泡在水中,水通过损伤处或微细的管道渗入艇体是不可避免的,所以选择耐水性好的材料是很重要的。

在选择基体材料时要选择耐水性好的树脂品种,如 189$^{\#}$ 树脂;增强材料也要选用耐水性好的品种,如无碱玻璃纤维(E 玻璃纤维)。普通中碱玻璃纤维因耐水性差,不可用于船艇。但是经高效能浸润剂处理过的中碱玻璃纤维,其强度及耐水性均与无碱玻璃纤维相当,已获船检局认可,可用于船艇建造。

2. 力学性能

玻璃纤维布拉伸强度好,特别是单向布,经向强度可成倍高于纬向,适用于经向强度为主的产品,目前尚有 45°方向的布,可用于剪力分布大的部位。此外,无纺布的强度也高于织造布,这些均需根据艇体强度的要求和工艺设计来选用。

3. 防渗性能

艇体抗渗性能除与操作质量有关外,也与材料选用有关。由于玻璃纤维毡无纤维连续性,空隙率大,制成的积层板含树脂多,防渗功能好,故在艇体结构铺层中多用短切纤维毡作为艇体的防渗层。

4. 效率

生产企业十分重视工作效率,在手糊作业中选用厚的增强材料比薄的操作效率高,因此常选用单位面积质量较大的布或毡以及复合毡组合使用。

5. 经济性

产品成本是企业重视的又一因素。对于普通船艇,基体材料均采用耐水性不饱和聚酯树脂,采用增强型中碱布及无碱布作为主要增强材料,采用部分短切毡作为防渗用增强材料。但在制造豪华型游艇及高档次船艇时则采用高强度、高模量的增强材料和性能更好的基体材料,如乙烯基酯树脂。当船艇有阻燃要求时,一般产品常采用添加型阻燃树脂,档次高的才使用反应型阻燃树脂。

6. 美观因素

选材也必须考虑产品的外观形象，如为了提高表面光洁度，在胶衣层后要使用表面毡；在接触模具的内表面不应使用粗纱布增强材料，而应使用薄的玻璃纤维布或较薄的短切纤维毡，使表面较细腻。

2.2　夹层结构

2.2.1　概述

夹层结构是 FRP/CM 船舶的一个重要发展方向。

与金属材料相比，FRP/CM 低得多的弹性模量常常会导致艇体结构“强度有余，刚性不足”。单纯地从材料出发，试图尽量提高其弹性模量，不是一个经济的办法。而从设计选型来考虑，采用夹层结构则不失为一种事半功倍的做法，特别是对重量十分敏感的高性能船舶来说，采用夹层结构是一个重要的发展趋势。瑞典海军 73 m 长的 Visby 级轻型护卫舰就是一个范例，该舰于 2004 年服役，它是目前世界上已建成的最大的 FRP/CM 夹层结构舰艇。

夹层结构如图 2-2-1 所示，由五个要素构成。它们是：①上面板；②上面板与芯材的粘接层；③芯材；④下面板与芯材的粘接层；⑤下面板。

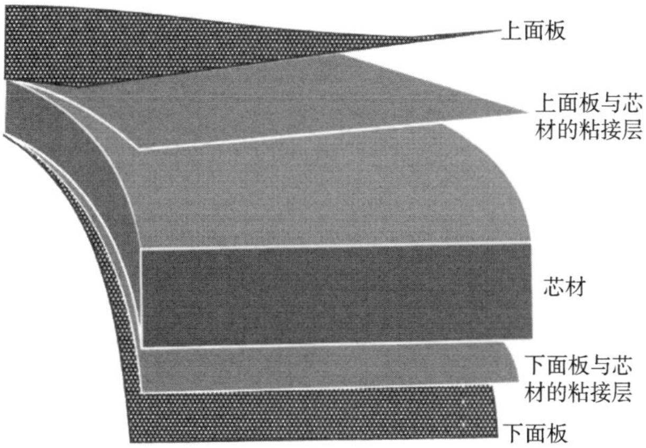

图 2-2-1　夹层结构组成要素

夹层结构上、下面板(夹层结构的面板又称为“蒙皮”)可以是铝板或者碳纤维、玻璃纤维、芳纶纤维复合材料板。常用的蜂窝芯材料为铝箔、芳纶纸、玻璃布和牛皮纸等。夹层结构的突出特点是弯曲刚度大、可充分利用材料的强度、质量小。夹层结构在飞机上应用比较广泛，如翼面、舵面、舱面、壁、地板、雷达罩等。采用玻璃纤维复合材料或芳纶复合材料作为蒙皮，以铝蜂窝芯、芳纶纸蜂窝芯制造的赛艇、游船性能优异，另外在滑水板、冲浪板、滑雪板等体育用品方面也得到应用。

需要特别提及的是，对 FRP/CM 夹层结构船舶而言，为适应夹层结构发展的需要，近年来已开发了许多轻质高性能结构芯材。船用芯材主要有三类。第一类为各种泡沫塑料，如 PVC、PS、PU、SAN、PFI 和 PMI 泡沫等，其中 PS 和 PUR 泡沫通常仅作为浮力材料，而不是结构用途[2]。目前 PVC 泡沫已几乎完全代替 PUR 泡沫而作为结构芯材，只是在一些现场发泡的结构中除外。第二类是轻木(Balsa)、普通的木质芯材和胶合板。第三类是各种蜂窝材，包括铝蜂窝、FRP 蜂窝、Nomex 蜂窝和 Nide-Core 蜂窝等。这几类轻质芯材目前都较易获得，它们为 FRP/CM 夹层结构船舶提供了优化选材的保证。

作为艇体结构芯材，要求具有一定的刚度和很大的承载能力，如采用密度高于 60 kg/m^3 的 NOMEX 蜂窝和铝蜂窝、BALSA 端纹轻木、PVC 泡沫，以及密度高于 70 kg/m^3、剪切强度高于 0.69 MPa 的芯材。可作为结构芯材的材料名称(品牌)及其主要力学性能见表 2-2-1。

表 2-2-1　可作为结构芯材的材料名称(品牌)及其主要力学性能

芯材名称	密度/($kg \cdot m^{-3}$)	剪切强度* /MPa	压缩强度** /MPa
SuperLite S45	78	1.5	4.83***
AirLite 泡沫	80	1.2	1.3
Airex R63 泡沫	90	1.2	0.9
Core-Cell SAN 泡沫	80	0.98	0.79
SuperLite S56	93	1.78	6.2***
SuperLite S57	108	2.07	7.67***
Herex C70.90	100	1.6	1.8
Core-Cell SAN 泡沫	100	1.31	1.11
SuperLite S78	119	2.31	8.9***
Herex C70.130	130	2.2	2.6
Herex C70.200	200	3.5	4.8
Core-Cell SAN 泡沫	130	1.74	1.45

注：* 按照 ASTM(美国材料试验协会) C273 规则进行试验；

** 按照 ASTM(美国材料试验协会) D1621 规则进行试验；

*** 按照 ASTM(美国材料试验协会) C365 规则进行试验。

夹层结构传递载荷的方式类似于工字梁，上下面板(相当于工字梁的翼板)主要承受由弯曲力矩引起的(平)面内拉、压应力和(平)面内剪应力。而芯材(相当于工字梁的腹板)则主要承受由横向力产生的剪应力。轻质的芯材可起到减轻结构重量，提高结构刚度(含强度)等作用，对于泡沫塑料夹层结构来说，还具有良好的隔热性、隔音性能、抗冲击损伤性以及施工简便等优点。

有经验的芯材供应商在拓宽产品种类的同时，还采用先进的密度控制方法，以提高产品的质量。随着密度的提高,芯材的力学性能指标也提高了。他们能够在提供高质量芯材的同时,为用户提供有限元分析和计算机辅助铺层设计以及验证试验等多项服务,并具有丰富的理论数据和工程设计经验。

2.2.2　泡沫芯材

表 2-2-2 为各种泡沫芯材的主要性能与适用场合。图 2-2-2 为几种常见泡沫的热变形温度,在选择芯材时可供参考。

表 2-2-2　各种泡沫芯材的主要性能与适用场合

泡沫名称	性能特点	适用场合
PU(聚氨酯)	隔热、吸声性良好,力学性能不如 PVC,但高温条件下能保持较好的强度和刚度	用作骨架的芯材及受载较小,用于起隔热、隔音作用的夹层板中
PVC(聚氯乙烯)	较好的防水渗透、隔热和绝缘性能及减振和阻尼特性,但高温中强度和刚度下降很多,其中交联 PVC 强度刚度较高,但很脆,而线性 PVC 韧性高	交联型适用于甲板、舱壁和上层建筑,线性型适用于受冲击载荷较大的船底和舷舭部
PET(聚对苯二甲酸乙二醇酯)	性能高于 PU,一致性比轻木好,性价比优于 PVC,但强度和硬度比 PVC 低一些	填补了 PU 与 PVC 之间在成本和性能上的空白
SAN(丙烯腈-苯乙烯)	热稳定性优于线性 PVC,力学性能与其相当	在舰艇结构中可代替线性 PVC
PEI(聚醚酰亚胺)	有很高的使用温度和良好的防火性能,但价格较贵	用于兼有结构和防火要求的部位
PMI(聚甲基丙烯酰亚胺)	为强度和刚度最高的泡沫,能满足 190 ℃高温固化工艺对泡沫尺寸稳定性的要求	用于环氧或 BMI 共固化的夹层结构,因价贵,目前主要用于航空

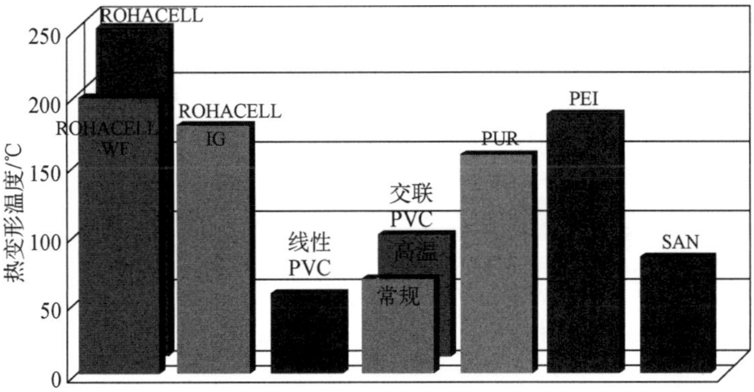

图 2-2-2　几种常见泡沫的热变形温度

(注:ROHACELL 是一种 PEI 结构泡沫的商标名称)

1. PVC(聚氯乙烯)泡沫

交联 PVC 的强度和刚度比线性 PVC 的高,但韧性要差些,其使用温度范围为 −240～+80 ℃,且能够耐多种化学物质腐蚀。尽管一般的 PVC 是可燃材料,但阻燃型 PVC 可用于有严格防火要求的结构中,需要注意的是 PVC 在燃烧以后会产生有毒气体。

线性 PVC 泡沫具有较高的韧性,良好的抗冲击性能、能量吸收性能和耐疲劳性能。线性 PVC 泡沫的强度和刚度相对于交联 PVC 而言要低些。

2. PS(聚苯乙烯)泡沫

PS 泡沫曾广泛用在船舶、冲浪板等制造行业。虽然其具有密度小(40 kg/m^3)、成本低、便于机械加工等主要优点,但因力学性能差,很少在高性能结构构件中使用。另外,这种泡沫不能和聚酯树脂同时使用,因为聚酯中含有的苯会降解泡沫。

3. PU(聚氨酯)泡沫

与其他泡沫相比,其力学性能一般,树脂/芯材界面易产生老化,从而导致面板剥离。作为结构材料使用时,常用作层合板的纵、横桁或加强筋的芯材。有时 PU 泡沫也能用于受载较小的夹层板中,起到隔热或隔音作用。该类泡沫的使用温度为 −150～+110 ℃,热传导性低,导热系数为 0.02～0.04 W/(m・K),吸声性能良好,其成形非常简单,但是机械加工过程中易碎或掉渣。图 2-2-3 为硬质聚氨酯泡沫板。

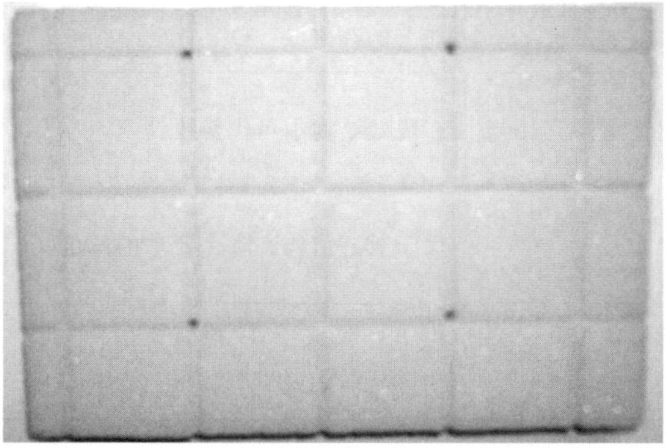

图 2-2-3　硬质聚氨酯泡沫板(展品)

4. SAN(丙烯腈-苯乙烯)泡沫

它属于热塑性材料,主要是针对船舶市场而开发的。发泡制作工艺与线性 PVC 的工艺基本相同,性能也基本相同,但热稳定性比线性 PVC 好,相当于普通交联 PVC。大多数情况下,在舰艇结构中可以用 SAN 泡沫代替线性 PVC 泡沫。

5. PEI(聚醚酰亚胺)泡沫

它由聚醚酰亚胺/聚醚砜发泡而成,具有很高的使用温度和良好的防火性能,不过其价位相对较高。这种泡沫可以在兼有结构要求和防火要求的部位使用,其使用温度为 −194～+180 ℃。

6. PMI(聚甲基丙烯酰亚胺)泡沫

在相同密度的条件下,PMI 泡沫是强度和刚度最高的泡沫材料,其高温下耐蠕变性能使得该泡沫能够适用高温固化的树脂和预浸料。PMI 泡沫经适当的高温处理以后,能满足 190 ℃的固化工艺对泡沫尺寸稳定性的要求,适用于与环氧或 BMI 树脂共固化的夹层结构构件中。

7. ROHACELL 结构泡沫

ROHACELL 是一种 PMI 硬质结构泡沫(图 2-2-4),具有闭孔、密度小、耐高温的特点。40 多年来,赢创工业集团公司的 ROHACELL 结构泡沫已广泛应用于航空航天、汽车、高性能船舶、医疗及其他领域。使用高性能复合材料制成的轻质结构零部件或产品具有非常广阔的应用空间。在此类应用中，ROHACELL 结构泡沫被用作夹芯结构的芯材,例如,用于碳纤维复合材料面层之间。

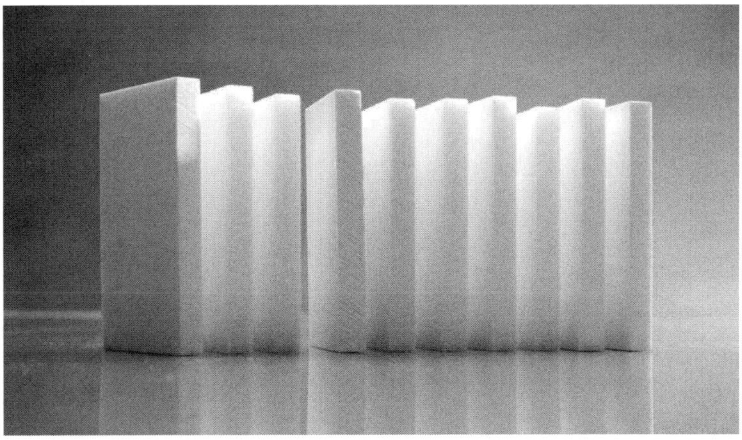

图 2-2-4　ROHACELL 结构泡沫芯材

在图 2-2-2 中,ROHACELL 结构泡沫芯材有三个级别。其中,IG 级代表"工业级",适用范围广泛;WF 级适用于温度要求较高的场合,主要用于航空航天领域;而 XT 级可承受的温度最高,主要用于高温零部件的芯材。

8. Core-Cell 结构泡沫

Core-Cell 是新一代的 SAN(丙烯腈-苯乙烯)泡沫的商标,20 世纪 90 年代初由 ATC 公司开发生产,适合作为船艇夹层结构的芯材。

Core-Cell 是一种线性结构泡沫,闭孔结构,用作夹层结构的芯材,密度小,具有良好的刚度以及在动载荷下良好的结构完整性。Core-Cell 泡沫具有高的剪切延伸率和冲击强度,即使在高的气温范围内都能保持它的机械特性,其保温隔热性能指标经久不变,且与聚酯、乙烯基树脂和环氧树脂兼容。产品密度范围 50～400 kg/m^3,最大厚度 40 mm。其机械性能见表 2-2-3[3]。

2.2.3　各种芯材特性的比较

船舶制造中使用的芯材除泡沫塑料外,还有 Balsa(轻木)和普通的木质胶合板。Balsa 和胶合板相对成本较低,具有很高的压缩强度,但是比泡沫要重(一般密度都大于 100 kg/m^3)而且容易吸水,并最终将腐烂。与 Balsa 相比,泡沫芯材轻,吸水少,耐腐蚀。泡沫的疲劳性能和耐久性也比 Balsa 好。

表 2-2-3　Core-Cell 泡沫的机械性能

项目	ASTM	单位	A300	A400	A450	A500	A550	A600	A800	A1200
密度(最小值) 产品密度范围	D1622	kg/m^3 lb/ft^3	50 3～4	60 4～4.5	70 4.5～5	80 5～5.7	90 5.7～6.3	100 6.3～7	130 8～10	200 12～14
压缩强度 压缩模量	D1621	psi	58 3 318	80 4 998	95 6 500	115 8 444	142 8 800	165 9 217	210 9 885	500 12 500
拉伸强度	C297	psi	150	182	193	238	259	300	346	468
剪切强度 剪切模量	C273	psi	96 1 699	125 2 475	135 2 586	142 3 116	166 3 339	191 4 186	241 5 390	286 6 555
剪切延伸率,25 ℃ 剪切延伸率,0 ℃	C273	%	60 40	60 40	60 40	60 40	60 40	60 40	50 35	40 30
弯曲强度 弯曲模量	D790	psi	173 7 458	232 9 934	269 11 363	325 13 605	392 15 645	432 16 688	591 23 853	1 024 42 441
K 因子* R 值(1″)	C518	BTU/(ft^2·h·℉)	0.223 4.48	0.231 4.33	0.235 4.25	0.240 4.16	0.245 4.08	0.250 4.0	0.268 3.73	0.316 3.16

* 注:K 因子是绝热性能的一个指标,等于导热系数除以厚度,单位为 BTU/(ft^2·h·℉);R 值等于厚度除以 K,这里厚度为 1 in,其值恰好等于 K 的倒数。

泡沫夹层结构的优点还有良好的隔热和隔音性能、抗冲击损伤性能及施工简便性等。在夹层结构中，由于芯材是孔隙材料，整个夹层结构的导热系数比非夹层结构低。由于层合板的层数减少，降低了铺层制作成型的工作量，同时因为夹层结构的刚度较高，减少了加筋的数量，有利于冲击载荷的扩散。此外，孔隙芯材还能降低船艇航行中的噪声。

蜂窝芯材例如 Nomex(芳纶纸与酚醛树脂)和铝蜂窝等，因为它们具有强度高、高温稳定性好和质轻的优点，常用在航空领域。但是蜂窝芯材存在蜂窝与面板的粘接接触面相对较小，抗疲劳性能较差，蜂窝的开孔容易渗水，导致芯材与面板的粘接破坏等缺点，因而在舰艇设计和制造中较少采用。

各种芯材的特性比较见表 2-2-4。

表 2-2-4　各种芯材的特性比较

芯材	PVC 泡沫	PU(聚氨酯)泡沫	合成泡沫	平纹镶块轻木	竖纹镶块轻木	铝质蜂窝	玻璃钢蜂窝	软泡沫 Coramat
密度/($g \cdot cm^{-3}$)	0.075	0.1	0.4	0.10	0.18	0.07	0.08	0.037～0.041
剪切模量/MPa	25	10	430	110	300	455/205	117/52	—
剪切强度/MPa	0.8	0.6	—	1.4	2.5	2.2/1.4	2.3/1.4	4.08
厚度方向杨氏模量/MPa	50	39	1 200	800	1 400	965	580	—
厚度方向压缩强度/MPa	1.1	1.0	10	6	13	3.5	5.7	22.4

注：竖纹镶块轻木即纹理的走向为贯穿厚度方向的轻木。

2.2.4　蜂窝夹芯板

瑞士 Tubus 公司生产的蜂窝夹芯板，空腔材料可选用 PC(聚碳酸酯)、PP(聚丙烯)，空腔直径 3.5～14 mm，容重 55～400 kg/m^3；其中常用的一种 PP8-80 蜂窝板容重仅为 80 kg/m^3。Tubus 蜂窝的形状如图 2-2-5 所示，其(不包含面板材料)性能见表 2-2-5。

这种蜂窝板表面可贴敷各种质地的板材，比如钢板、纸板、铝板、塑料板、玻璃钢积层板等。

图 2-2-5　Tubus 蜂窝的形状

表 2-2-5 Tubus 蜂窝板(不包含面板材料)性能

型号	PC3.5-90	PC6-70	PP8-80
颜色	灰、白、可选	灰、白、可选	白
管径/mm	3.5	6	8
容重/(kg・m^{-3})	90	70	80
厚度方向抗压强度/MPa	3.0	1.9	2.0
抗剪强度/MPa	0.8	0.6	0.5
剪切模量/MPa	24.5	21.0	15.0
有效温度范围/℃	−40～+110	−40～+110	−40～+110
导热系数/[W/(m・K)]	0.061～0.073	0.061～0.073	0.102

在同等强度下,铝板、胶合板和铝面蜂窝夹芯板的重量比较如下。

5 mm 厚的铝板:13.5 kg/m^2。

12 mm 厚的胶合板:7.6 kg/m^2。

10 mm 蜂窝覆 1.0 mm 铝面板构成的蜂窝夹芯板:5.6 kg/m^2。

美国赫氏(HEXCEL)公司是一家碳纤维、蜂窝、预浸料、胶膜及复合材料部件的生产商。它生产的蜂窝板性能见表 2-2-6。

表 2-2-6 HEXCEL 公司生产的蜂窝板性能

型号		Hexlite 110(质轻,防火)		Hexlite 230(刚性好,防火)		Hexlite 310			Hexlite 420(密胺板表面装饰,防火)		
厚度/mm		15	28	12.7	25.4	5	10	20	12	20	30
重量/(kg・m^{-2})		2.2	2.9	3.9	4.6	1.6	1.8	2.3	4.1	4.4	4.8
最大负载* /N		790	1 500	2 400	4 800	300	620	1 270	1 400	2 400	3 700
445 N 下弯曲度* /mm		13.5	3	3.9	3.9	—	4.9	1.2	7.3	2.5	1.1
正压强度/MPa		2.9	2.9	2.9	2.9	2.4	2.4	2.4	1.6	1.6	1.6
剥离力/N/76 mm	纵向	340	340	300	300	75	75	75			
	横向	430	435								
面材		0.45 mm 酚醛玻璃布		0.5 mm 铝板		酚醛浸渍玻璃布			1.0 mm 防火层压板		
芯材		铝蜂窝		铝蜂窝		Nomex 蜂窝			铝蜂窝		
标准厚度		15/28 mm				5 mm/10.2 mm/12.7 mm/16.8 mm/20 mm			>6 mm		
标准尺寸		1 200 mm×2 400 mm		2 500 mm×1 250 mm		2 150 mm×1 220 mm			1 220 mm×2 440 mm		

* 注:试件为长臂梁,宽 76 mm,跨距 508 mm。

1993 年，HEXCEL 公司与芬兰船厂合作，将复合材料应用到高速渡船 Stena HSS 上，并获得了成功。该船长 125 m，载重量 1 500 t，可运送 1 500 名旅客，同时搭载 100 辆小车和 50 辆卡车或旅游车，航速 45 kn，复合材料结构用作球形船头、船首段、船底龙骨和上层建筑的隔断。

2.2.5　三维机织中空层连织物

中材科技股份有限公司和南京玻璃纤维研究设计院合作开发成功的三维机织中空层连织物（3D Sandwich Woven Fabric）是一种新颖的纤维增强结构材料（图 2-2-6）。它由 E 玻璃纤维织造而成，也可采用碳纤维、玄武岩纤维及其他高性能连续纤维进行织造。这种三明治式结构通过 Z 向纤维整体连接织物的上、下两层面，此中空织物的芯层厚度从 2 mm 至 20 mm。

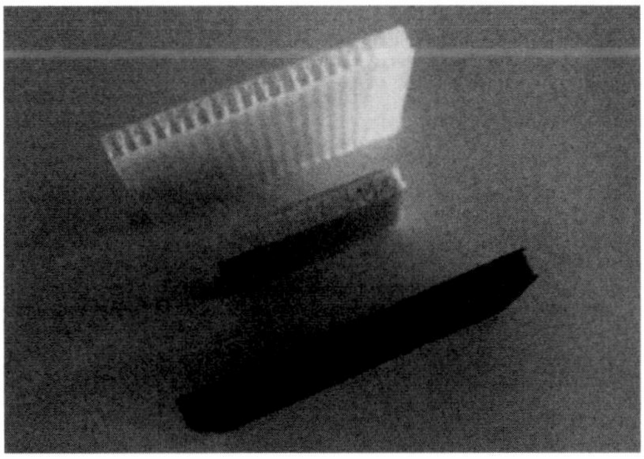

图 2-2-6　三维机织中空层连织物

该织物可以瞬间吸收树脂，Z 向纤维在毛细管作用下使织物自动灌浆形成复合材料。其复合材料的整体中空夹芯结构具有优异的强度重量比与超强的结构可设计性，同时具备了出众的隔音与隔热性能和优良的耐水、排水性能。该织物易于仿形贴膜成型，克服了传统蜂窝、泡沫芯材等夹层复合材料易分层、耐冲击性能差的缺点。这种织物及其复合材料的规格和重量指标见表 2-2-7。

该材料树脂适用广泛，施工简单，一致性好，可以广泛用于艇体、甲板、内饰板、舱壁、防水隔壁、舱门等部位。

表 2-2-7　三维机织中空层连织物及其复合材料规格和重量指标

织物规格	2	3	5	8	10	12	15	18	20
芯层厚度/mm	2.0	3.0	5.0	8.0	10.0	12.0	15.0	18.0	20.0
织物重量/(g·m^{-2})	715	780	850	940	1 250	1 480	1 620	1 710	1 880
复合材料重量/(g·m^{-2})	1 550	1 600	1 720	1 920	2 550	3 000	3 300	3 440	3 700

2.2.6　芯材的选择

芯材的选择首先取决于产品设计者对产品重量、力学性能、工艺条件以及成本的要求，还有一些条件应根据产品设计要求加以优先考虑，诸如耐火性能、烟密度、烟毒指标、损伤容限、绝缘性能等。夹层结构设计就是综合平衡夹层结构的五要素，以获得最终的铺层方案，目前都是通过计算机分析提供出最终的设计结果，直接被产品设计者选用。

选择芯材时，应考虑到它只是整个铺层的一个组成部分，选择时不应只片面地考虑个别的性能，而应考虑到整体结构的要求，使整个结构工作得像一个整体，这是设计师的终极设计目标。

有一种“同时破坏”的概念，即等强度设计概念，若能使夹层结构的五个要素同时被破坏，这样的结构被视为最理想、最有效的结构。

2.2.7 设计案例：高速渡船[1]

HYDRA 技术公司生产的 13 m 双体渡船的最低航速要求为 35 kn。该船在巴拿马的内河中营运，河上有很多碎片（如漂浮的木料等）。由此可见，损伤容限是此船最重要的技术指标。为了达到设计速度，船体重量也受到了严格限制，因此选用密度为 140 kg/m^3 的线性 PVC 泡沫作为船底的芯材，而船侧的芯材采用密度为 80 kg/m^3 的线性 PVC 泡沫。制造商选用环氧树脂黏结剂来降低重量和提高损伤容限（增加抗冲击强度和剥离强度）。采用玻璃纤维增强的船壳板并采用真空袋压制造工艺，以获得面板与芯材的良好粘接。

对于甲板和舱室侧壁板，制造商选用了 78 kg/m^3 密度控制方式生产的 SuperLite BALSA 端纹轻木作为芯材，这种芯材的表面带有 AL600/10 的胶层，可有效地提高芯材与面板的粘接性能。

制造商还选择了交联 PVC（60 kg/m^3）芯材与环氧树脂/玻纤（400 g/m^2）面板预制成 1.2 m×2.4 m 的标准夹层板，再通过切割、粘接等加工，组装成船内舱室。这种方法解决了因各艘船的舱室布置略有差异而要制造不同模具的问题，有效地节省了制造成本和生产时间。全船的铺层布置图是采用计算机程序设计的，这就确保了满足设计重量要求并使其符合巴拿马的渡船标准以及 ABS 规范。

参考文献

[1] 杨旭，殷亮亭，曹明法. 夹层结构芯材的选择[J]. 国际船艇，2001(3)：38-39.

[2] 张书田，周成恩，陈国虞，等. 中碱玻纤增强塑料造船的实验基础[J]. 船舶工程，1988(3)：44-50.

[3] Thomas J Johannsen, Albert W Horsmon, Robert Mazza, etc. ATC CORE-CELL design manual[R]. ATC Chemicals Inc., 2001.

第3章 复合材料在船艇上的应用

随着科学技术的不断发展，对材料性能的要求也越来越高，原来的金属、高分子材料或陶瓷等单一材料已不能满足船艇对强度、韧性、刚度、质量、耐磨及耐蚀性能等方面的要求。材料的复合化是材料发展的必然趋势。

复合材料由于具有质轻、力学性能优良、无磁性、耐蚀性好及具有可设计性等一系列优良特性，近年来在船艇船体、上层建筑、桅杆、推进器等领域得到了广泛应用。

3.1 复合材料在船艇上应用的优势

船艇上采用的复合材料多为纤维增强树脂基复合材料，也称纤维增强塑料，是目前技术比较成熟且应用最为广泛的一类复合材料。

先进树脂基复合材料（ACM）是指用碳纤维、陶瓷纤维、芳纶纤维等增强的聚合物复合材料。

复合材料作为造船材料具有以下优势。

1. 质轻

几种复合材料与常用材料性能的比较见表 3-1-1。在表 3-1-1 中，除了列出了拉伸强度和模量的参考数据外，还列出了比强度和比模量。这两个数据是相对于密度的比值，该比值越大，则达到同样强度（或拉伸模量）时所需的材料质量就越小。复合材料的比强度高于金属材料钢和铝，说明它具有优良的机械性能。这正是复合材料受欢迎的原因。

表 3-1-1 几种复合材料与常用材料性能的比较

材料	密度/($t\cdot m^{-3}$)	抗拉强度/MPa	抗压强度/MPa	屈服应力/MPa	弹性模量/GPa	比强度	比刚度
钢	7.80	413.7	413.7	206.8	206.8	53.04	26.51
NP5 可焊铝合金	2.70	214	—	110	68.7	79.26	25.44
5086 铝合金(含焊缝)	2.66	262	179.3	124	71.0	98.50	26.69
松木	0.55	92.2	—	—	11.8	167.6	21.45
硬纵木	0.54	—	51.03	—	11.7	—	21.67
硬桃花芯木	0.54	—	44.82	—	8.96	—	16.59
桃花芯木胶合板	0.59	45.5	27.6	—	6.21	77.12	10.53
毡+布玻璃钢积层板	1.54	196.2	151.7	159	9.81	127.4	6.37
粗纱布玻璃钢积层板	1.65	206.8	179.3	—	13.8	125.3	8.36
碳纤维+玻璃纤维积层板	1.45	298.2	—	—	16.48	205.6	11.37

2. 抗疲劳性能好

复合材料疲劳破坏是从比较薄弱的纤维处开始的，逐渐扩展到结合面上。而基体和增强纤维的界面能够有效地阻止疲劳裂纹的扩展，故抗疲劳性能好。一般金属材料和碳纤维增强塑料的疲劳极限分别为抗拉强度的40%～50%和70%～80%。

3. 无磁性

复合材料无磁性，在很强的磁场中也不会被磁化，因此复合材料舰船不易被对方磁探仪发现，可使装磁引信的水雷或鱼雷失效，可以避免磁性雷的攻击，这点在军事上特别重要。

4. 耐腐蚀

复合材料只要配方设计合理，在酸性、碱性及众多恶劣环境中都具有良好的耐腐蚀性。用复合材料制造的船艇不用涂漆，在海水中航行几年也不会腐蚀，能减少涂油漆等维修费用，使用年限长。

5. 具有可设计性

复合材料可以选择不同聚合物和增强材料以及不同的配方、不同的成型工艺等达到不同的性能。以纤维增强塑料为例，通过对纤维的种类和含量、纤维的长短、纤维铺设的方向、基体的种类等精心设计，即使用相同的基体和纤维，也能设计出不同性能的材料。因此，可根据船艇不同部位的结构要求，进行材料、铺层和结构的优化设计。这大大提高了材料的利用效率。

6. 成型性好

复合材料可制成任意形状的产品，避免多次加工工序。复合材料是在做复合材料制品时，和其制品一起制造出来的，即在复合材料的成型过程中，同时形成了制品的结构。正是这一特点，给复合材料带来很大的优势，可大大缩短机械加工过程和装配过程，使船壳的整体性好，无渗漏，曲线光顺，提高了船艇的性能。

此外，复合材料还具有声、介电性能优良，耐高温、减振性好等一系列优点，一种材料具有多种性能。如玻璃钢既具有类似钢材的强度，又具有塑料的介电性能和耐蚀性能。复合材料的上述性能是船用其他材料难以比拟的，因此在船艇上有着广阔的应用前景。

表3-1-1中，比强度是指抗拉强度与材料密度之比，这个比值越高，说明达到同样的强度所用的材料重量就越小。这对于高速艇来说十分有利，艇体重量小减少了排水量，可以节省动力或提高速度。

比刚度是弹性模量与材料密度之比。弹性模量是描述物质弹性极限的一个物理量。物体受力后，在弹性变形范围内产生的变形在外力消失后会立即恢复，物体抵抗弹性变形的能力称为“刚度”。物体承受同样的外力，刚度越大，变形就越小。所以比刚度也是越高越好。玻璃钢的比强度高，但比刚度却并不理想，致使其应用范围受到限制。

玻璃钢的原材料主要是作为基体材料的合成树脂与起增强作用的玻璃纤维。在树脂方面大都使用不饱和聚酯，它的工艺性能好，生产的牌号很多，能适应各种不同的用途。在增强材料方面，除进一步提高玻璃纤维的浸润性、强度和弹性模量外，还发展了新的纤维品种，如碳纤维、聚芳酰胺纤维以及结构泡沫塑料。例如美国EP-46帆船在四个部位使用了碳纤维后，仅添加了3.6%的碳纤维，船的刚性就提高了一倍。聚芳酰胺纤维在当前各种增强材料中比强度最高，用于船上可收到减小重量，提高航速，节约燃油，改善性能等效果。例如美国自1973年起用聚芳酰胺纤维制造小艇，这种小艇在1974年获得美国艇赛冠军。

3.2　军用舰艇上的应用

3.2.1　反水雷舰艇

FRP具有无磁性和耐久性，使它成为反水雷舰艇的首选材料，它是建造猎/扫雷舰艇最理想、最有发展前途的材料。

美国、英国于20世纪60年代初期开始研制玻璃钢扫雷艇。

美国海军自1956年建造了MSB-23型（长11 m，单板加筋结构）和XMSB-23型（长17 m，夹层结构）的FRP扫雷艇开始，对玻璃钢在舰船上的应用进行了大量的研究，1963年又着手对34.2 m长的近岸扫雷艇和44.2 m长的海岸扫雷艇、57.6 m长的远洋扫雷艇进行研究试验，积累了大量数据，取得了许多经验。

英国于1972年成功建造长46.6 m的“威尔顿”（Wilton）号扫雷艇，满载排水量450 t，最大航速16 kn，曾参加苏伊士运河重新开放的扫雷工作，壳体经过考验，受到好评。1978年6月，长60 m的“布莱肯”（Brecon）号猎雷艇下水，这是Hunt级的首制艇，标志着第2代反水雷舰艇开始崛起。该艇满载排水量725 t，航速17 kn，累计建造了13艘。

与此同时,意大利海军开始研制其独具特色的新颖硬壳式结构猎雷艇,此即著名的Lerici 级 FRP 猎雷艇(图 3-2-1),并进行批量生产和出口。

图 3-2-1　意大利海军"勒里希"(Lerici)级猎雷艇

苏联在 1970 年建造了"卓娅"号扫雷艇,长 43 m,排水量 320 t,航速 18 kn,该级共建造了 3 艘艇。

瑞典于 1974 年建造了世界上第一艘 PVC 夹层结构扫雷艇"Vikston"号,为以后研制大型夹层结构 FRP 猎/扫雷艇打下了基础。该艇长 23.5 m,排水量 135 t,芯材用聚氯乙烯泡沫塑料。

芬兰于 1974 年建造了 6 艘"库哈"级玻璃钢扫雷艇,长 25.6 m,排水量 100 t,航速 11 kn。

法国、比利时、荷兰三国联合签订了一项建造玻璃钢猎雷艇的协定。第一艘"三伙伴"(Tripartite)级猎雷艇于 1977 年底开工,在 1979 年 2 月下水,命名为"波江座"号(图 3-2-2),长 49.1 m,满载排水量 544 t,已在 1982 年 8 月服役。

图 3-2-2　法国海军"波江座"号猎雷艇

到了 20 世纪 80 年代后期，又掀起了大型 FRP 反水雷舰艇研制的高潮。英国开始研制其第三代 FRP 反水雷舰艇，此即 Sandown 级单用途猎雷舰。丹麦批量建造总长达 54 m 的多用途反水雷舰"Standard Flex 300"，至 1998 年已建成 14 艘。

美国在 20 世纪 80 年代后期提出了一个建造 17 艘侧壁式气垫猎雷艇的雄心勃勃计划，此即 MSH 工程，后虽因其首制艇"Cardinal"号在冲击试验中失败而取消，但美海军很快就转向意大利硬壳式结构，不久即以建造 12 艘总长 57 m 的 Osprey 级沿海猎雷舰的 MHC 工程来替代 MSH 工程。

引人注目的是挪威海军于 20 世纪 90 年代初开始研制总长超过 55 m 的侧壁式气垫猎/扫雷舰 Oksøy 级，成功地将气垫技术应用到反水雷舰艇中，至 1997 年已建成 9 艘。表 3-2-1 列出了世界各国典型的 FRP 反水雷舰艇性能参数。

据报道，日本第一艘玻璃钢新型扫雷艇"江之岛"号（570 吨级）已于 2012 年 3 月下旬服役。

3.2.2 Skjold 级气垫双体导弹快速巡逻艇

挪威 46.6 m 长的 Skjold（盾牌）级巡逻艇是非常值得称道的高速军用艇。Umoe Mandal 公司负责制造气垫双体船的船体，采用的是玻纤/聚酯或玻纤/乙烯基酯层压板和赢创公司的 ROHACELL 聚甲基丙烯酰亚胺（PMI）结构泡沫制成的夹芯材料。碳纤维复合材料被用在高载荷部件中，例如梁、桅杆和支撑结构。复合材料具有足够的强度，可以承受高速运动导致的震动。

1999 年 4 月，挪威皇家海军全复合材料 Skjold 级气垫双体导弹快速巡逻艇开始服役。艇体内外使用了由玻璃纤维和石墨多层粘合布组成的纤维增强塑料，艇体表面还大量敷设雷达波吸收材料，横梁、桅杆和支承结构选用高抗拉强度的碳纤维和石墨填充材料。Skjold 级导弹艇（图 3-2-3）全由挪威自主设计，并由 Umoe Mandal 船厂建造。Skjold 级导弹艇本体采用划时代的半气垫船、半双体船设计，速度可以达到惊人的 60 kn（110 km/h），而且吃水仅 1 m，不但适合沿岸作业，还能避过一些大型水雷。

图 3-2-3 挪威 Skjold 级气垫双体导弹快艇

表 3-2-1　世界各国典型的 FRP 反水雷舰艇性能参数

国别	型号、级名或舰名	艇种	已建艘数	主尺度/m 长×宽×吃水	排水量/t 标准/满载	建造年份	制造厂商	结构形式	备注
英国	Wilton 号	沿海扫雷艇	1	46.3×8.9×2.5	360/450	1970—1973	Vosper Thornycroft	单板加筋	世界第一艘大型 FRP 舰艇
	Hunt 级	沿海猎/扫雷舰	13	60.0×9.9×2.9	615/725	1978—1989	Vosper Thornycroft	单板加筋	世界最大的 FRP 反水雷舰艇
	SRMH 级	单用途猎雷舰	12	52.5×10.5×2.3	450/484	1986—	Vosper Thornycroft	单板加筋	
瑞典	Vikston 号	近岸扫雷艇	1	24.0×6.5×1.5	120/135	1972—1974	Karlskronavarvet	PVC 夹层	属 Gassten 级
	Landcort 级	沿海扫雷艇	7	47.5×9.6×2.2	270/360	1981—1992	Karlskronavarvet	PVC 夹层	
	Tripartite 型	沿海猎雷舰							此型为法、荷、比三国共同开发。法国提供猎雷装备和电子设备，比利时提供电气设备，荷兰提供推进系统
法国	Eriden 级		10	51.5×8.9×2.5	562/595	1977—1996	Lorient	单板加筋	
荷兰	Alkmar 级		15	51.5×8.9×2.6	562/595	1979—1989	Van der Giessen	单板加筋	
比利时	Aster 级		7	51.5×8.9×2.5	562/595	1983—1991	Beliard/Rupelmonde	单板加筋	
法国	BAMO 级	远洋双体反水雷舰	6	52.0×15.0×3.6	830/905	1987—	Lorient	船体单板加筋甲板舱壁轻木夹层	
意大利	Lerici Ⅰ型	沿海猎/扫雷舰							
	Lerici 级		4	50.0×9.9×2.6	470/560	1978—1985	Intermarine	硬壳式	意大利海军用
	Mahamiru 级		4	51.0×9.9×2.8	470/610	1981—1985	Intermarine	硬壳式	马来西亚海军用
	Ohue 级		2	51.0×9.9×2.8	/540	1984—1988	Intermarine	硬壳式	尼日利亚海军用
	Lerici Ⅱ型	沿海猎扫雷舰							
	Caeta 级		8	52.9×9.9×2.6	/697	1988—1996	Intermarine	硬壳式	

（续表）

国别	型号、级名或舰名	艇种	已建艘数	主尺度/m 长×宽×吃水	排水量/t 标准/满载	建造年份	制造厂商	结构形式	备注
韩国	Swallow 级	沿海猎/扫雷舰	6	50.0×8.3×2.6	470/520	1984—1994	Kangnam	硬壳式	采用意大利硬壳式结构技术
芬兰	Kuha 级	近岸扫雷舰	6	26.6×6.9×2.0	/90	1972—1975	Laivateollisusu	单板加筋	即 Kuha 21～Kuha 26
澳大利亚	Bay 级 Huon 级 Gaeta	近岸双体猎雷艇 沿海猎雷舰	2 6	30.9×9.0×2.0 52.5×9.9×3.0	/178 /720	1984—1987 1994—	Carington Intermarine/ADI	PVC 夹层 硬壳式	采用瑞典 PVC 夹层结构技术 首制舰船体在意大利建造
丹麦	Stan Flex300	多用途反水雷舰	14	54.0×9.0×2.5	/400	1985—1996	Danyard A/S	PVC 夹层	可用作巡逻、攻击和扫雷
挪威	Oksøy/Alta	沿海气垫扫雷舰	9	55.2×13.6×2.5	275/375	1990-1997	Kvaemer Mandal	PVC 夹层	5 艘猎雷舰,4 艘扫雷舰
苏联 俄罗斯	Yevgenya 级 Lida 级	沿海猎雷艇 沿海猎雷艇	27 24	24.6×5.5×1.5 31.5×6.5×1.6	77/90 /435	1967—1988 1989—	Kolpino Kolpino	单板加筋 单板加筋	即 1258 型 即 1259 型
美国	MHC 级 (Osprey)级	沿海猎雷舰	12	57.3×11.0×2.9	850/918	1988-	Intermarine/Aven- dale	硬壳式	代替因 Cardinal 号试验失败的 MSH 工程
中国	7102 型	港湾扫雷艇	1	38.9×6.1×1.62	131/153	1971—1974	芜湖造船厂	单板加筋	中国最大的 FRP 船舶
日本	ときお号 江之岛号	沿海扫雷试验艇 沿海扫雷艇	1 3	35.0×7.5×1.8 63×10.1×2.5	142/ 570/660	1980—1981 2012—2017	日立造船奈川船厂 横滨市鹤见船厂	单板加筋	日本首艘玻璃钢扫雷艇

3.2.3 瑞典海军的“维斯比”(Visby)级轻型护卫舰

图 3-2-4 为瑞典海军的“维斯比”(Visby)级轻型护卫舰，这艘被称为“超级隐身”的战舰吸引了全世界的目光。在世纪之交的建造过程中，一批又一批的美国海军高级军官来到瑞典考库姆船厂一睹它的风采。在它 2006 年 6 月 8 日下水时，瑞典国王亲临船厂，并吸引了 30 多个国家的海军代表来观摩。令他们感兴趣的是该舰采用的全面隐身技术比美国还要领先5～7 年。全面隐身技术当然包括喷水推进技术，与螺旋桨相比，喷水推进在同一航速下可使船艇的水下辐射噪声降低 10 dB 以上。

该舰长 72 m，宽 10.4 m，吃水 2.5 m。因为该舰采用高强度且具韧性的碳纤维增强塑料夹层板制成，所以排水量只有区区 620 t，人员编制 43 人(其中军官 6 名)。

该舰的动力系统和南非海军的 MEKO A200 一样，也是 CODOG(柴燃联合动力装置)。全船共配备 4 台 TF50A 型燃气轮机，每台功率为 4 000 kW，两台 MTU 16V 2000TN90 型柴油机，每台功率 1 300 kW，推进系统为两台 KaMeWa 125 型喷水推进装置。在使用燃气轮机时，每 2 台燃气轮机驱动一台喷水推进装置，最高航速可达 35 kn 以上。当使用柴油机推进时，一台柴油机驱动一台喷水推进装置，这时航速为 17～18 kn，适于执行猎雷或反潜等任务。

图 3-2-4　瑞典海军的“维斯比”(Visby)级轻型护卫舰

3.2.4 高速缉私艇

毒品走私贩、其他罪犯和恐怖分子都使用高速的机动艇。这些艇的速度已经超过

50 kn，它们可以很容易地超过普通的军用艇以及海关人员、警察和其他机构所使用的类似船艇，因此这些机构亟需高速的缉私艇、拦截艇和其他执法艇。

在海上航道中保持 50 kn 及以上的速度对船艇技术来说是一大挑战，先进复合材料非常适于解决这一问题。

近海机动艇专家 Cougar Marine 公司和 FB Design 公司以赛艇技术为基础制成了高速高科技的驱逐艇。Cougar 公司与 VT-Halmatic 公司共同制成了 Enforcer 系列巡逻艇。以内置的双联或外置的双联/三联柴油机为驱动，Enforcer 33、40 或 46 凭借轻质的复合材料 V 形艇体，速度可以超过 60 kn。Enforcer 33 首先被阿曼皇家海警投入使用；至少两个海警警署使用 Enforcer 40 在海岸进行执法。Enforcer 46 是在 Cougar 公司成功的 US1 赛艇基础上建造的，已被英国国防部采用。作为补充，除了这一系列单体船外，8.5 m 长的双体船 Cat 900 在海岸和海湾巡逻任务中，速度可超过 50 kn。

Enforcer 33 巡逻艇(图 3-2-5)的单体式甲板/船体层压板是由玻纤和芳纶纤维铺放在间苯二甲酸聚酯树脂上形成的。该壳体内部由纵向的结构泡沫芯材加强筋来增强。由于船的垂荡加速度可能比较高，船底的玻纤/芳纶纤维/环氧树脂单体底壳需具备较高的强度，因此选用碳纤维增强材料以及在上层建筑和甲板上采用环氧树脂/泡沫夹芯材料。

图 3-2-5　Enforcer 33 巡逻艇

轻质增强塑料船身加上涡轮增压柴油机和喷水式推进器，使船同时具备了高速、机动性和浅水行进能力。例如，希腊皇家海岸警卫队的 17.25 m 长的 FRP 巡逻艇，速度接近 50 kn；墨西哥的拦截艇速度可达 50 kn；葡萄牙海关所用船艇的速度为 45 kn。

3.2.5　高速艇和小型军用辅助船

由于玻璃钢质量轻强度高，用它建造长度 20 m 以下的高速艇具有突出的优越性。

英国建造了军用高速玻璃钢艇，长 19.6 m，最大航速 27 kn。Vosper Thornycroft 公司还建造了长 20 m，最大航速约 40 kn 的 P2000 型玻璃钢巡逻艇交付阿曼海岸警卫队使用。日本也建造了 13～21 m 五种型号的巡逻艇和交通艇。

希腊海军在 20 世纪 80 年代中期接收了 4 艘玻璃钢巡逻艇，其中由希腊 Olympic 船舶公司制造的 Olympic 50 巡逻艇长 15.3 m，航速 32 kn。

瑞典 Karlskronavarvet 船厂为瑞典海岸警卫队建造的 TV171 和 TV172 型夹层结构 FRP 巡逻艇，长 43.9 m，排水量 300 t，是世界上最大的 FRP 夹层结构巡逻艇。与此同时还建造了 CG27 型海岸巡逻艇，出口阿曼。最引人注意的是 20 世纪 90 年代初瑞典海军建成的世界第 1 艘 FRP 试验性隐形巡逻艇 Smyge 号，该艇长 30.4 m，航速高达 45 kn。

20 世纪 90 年代中期采用 FRP 建造军用高速艇的势头有增无减。法国海岸警卫队订购了 4 艘艇长 32 m，排水量 97 t 的 FRP 巡逻艇，其艇体为单板加筋结构，上层建筑采用夹层结构。

挪威 Kvaerner Mandel 船厂取得了海军 7 艘 47 m 的 FRP 鱼雷艇的订单，航速为 40 kn。挪威还建造了长 46.8 m，排水量 260 t 的 FRP 双体气垫船，用作高速巡逻艇，其航速为45 kn。

芬兰为爱沙尼亚海岸警卫队建造了航速为 40 kn 的玻璃钢巡逻艇。意大利 Moschini 船厂为海岸警卫队建造的 V5000 型深 V 形 FRP 巡逻艇，长 16.5 m，排水量 27 t，航速高达 55 kn。

英国建造了两种型号的气垫船，一种是 SH2 轻型气垫船，长 6 m，航速 80 kn，可乘坐 5 人；另一种是 HM-2 型气垫船，载客 60 人，可作横渡英吉利海峡的渡船。

我国于 1974 年由 MARIC(中国船舶及海洋工程设计研究院)与常州玻璃钢厂联合研制成功喷水推进高速巡逻艇。艇长 11.25 m，宽 3.15 m，最大吃水 0.42 m，排水量 6.7 t，航速 31 kn。1980 年又进一步改进，性能更加完善，航速达 32 kn(982EK 型，见图 3-2-6)。它的水动力快速性指标居世界领先地位，获得全国科学大会奖和国家银质奖。这种著名的 982 型边防巡逻艇后来派生出多种型号，是中国生产批量最多的巡逻艇，共建造了 200 多艘。

图 3-2-6　982EK 型喷水巡逻艇

3.2.6　深潜器及潜艇非耐压壳体

深潜器既要求质量小，又要能抗深海的腐蚀，目前除玻璃钢外很难找到合适的材料。

英国用 CM 建造了深潜器，长 7 m，宽 3 m，高 2.5 m，排水量 13 t，潜入水下最大深度为 500 m，装载能力为 1.4 t。

英国海军的“奥白龙”级潜艇非耐压壳体及美国海军的“哈夫希雷”号潜艇指挥台围壳和上层建筑外壳均采用玻璃钢来制造。

1970 年，美国建造了潜水救难船“Mystic”号，长 12.4 m，宽 3.2 m，高 4.3 m，重 34.5 t，

其耐压壳体用钢制造，非耐压壳体用玻璃钢制成。其作业深度可达 1 148 m，经试验，可潜入水下 1 525 m。

中国在 20 世纪 80 年代中后期建造的深潜救生艇的非耐压壳体也为 FRP。

3.3　民用船艇上的应用

3.3.1　渔船

1960 年，南非首先建造了大型玻璃钢拖网渔船，长 20.7 m，排水量达 95 t，航速 11 kn，该船采用 PVC 为芯材的夹层结构。玻璃钢渔船随后在美国获得发展，主要用于捕虾业。1968 年建成了 23.6 m 的拖网渔船，性能很优异。20 世纪 70 年代中期最大的拖网渔船是秘鲁的长 30.5 m 的渔船，随后又发展到 36 m 的拖网渔船。

研究表明，玻璃钢渔船与同功率、同尺度的钢质渔船相比，航速高 0.5～1 kn，节油 10%～15%，经济效益高 15%，年维修费用则低 50%[2]。

1. 日本玻璃钢渔船发展概况

日本捕鱼业十分发达，从 20 世纪 60 年代开始，其玻璃钢渔船发展十分迅速。20 世纪 70 年代日本渔船中玻璃钢渔船占 30%～40%，80 年代达 60%。由于玻璃钢船轻，可以减少能源消耗，维修费用低，利用率高，因此在日本很快取代了木质渔船。

20 世纪 60 年代中期以前，日本的渔船以木质船为主，1965 年开始有玻璃钢(FRP)材质的渔船出现。至 2014 年，20 t 以下的渔船多为 FRP 或轻质合金(如铝合金)船体。从 1977 年至 2010 年的总体变化情况看，钢质渔船占比变化不大，主要是木质渔船与 FRP 渔船的占比变化显著。1977 年，木质渔船占比 66.1%，FRP 渔船占比 31.4%，钢质渔船占比仅 2.5%。到了 2006 年，木质渔船数量急剧下降，占比仅 2.1%，钢质渔船数量缓步下滑，占比减至 1.3%，而 FRP 渔船的占比显著增加，达 95.96%，但极大部分为 5 t(指总吨位)以下的小型渔船，占总量的 90%以上。据 2010 年统计，日本渔船总量 276 074 艘，其中玻璃钢渔船 266 595 艘，占总量的 96.60%。

2. 韩国渔船

韩国渔船的材质主要包括钢质、木质和玻璃钢材质。其中 FRP 渔船数量占绝对多数，木质渔船次之，钢质渔船数量最少。2011 年，韩国钢质渔船、木质渔船和 FRP 渔船的数量分别为 1 843 艘、10 115 艘和 63 628 艘，占比依次为 2.44%，13.38% 和 84.18%。机动渔船中钢质渔船数量占 2.48%，吨位占 64.56%，这是由于 70%以上的钢质渔船为吨位超过 50 t(指总吨位)的大型渔船；木质渔船数量占比 11.43%，吨位占比 2.42%，其中 94.43%的木质渔船吨位低于 5 t；FRP 渔船数量占比 86.04%，吨位占比 32.9%，其中 88.1%的 FRP 渔船吨位低于 5 t。

3. 我国(不包括台湾省)

我国玻璃钢渔船起步较晚。1974 年由天津塘沽海洋捕捞公司建造了中国第一艘玻璃钢渔船,该船为玻璃钢船壳,木骨架。

20 世纪 80 年代初,国家科委立项,中国水产科学研究院与上海玻璃钢研究所联合攻关研究,苏州玻璃钢船厂生产了我国第一艘 16.88 m 全玻璃钢流钓冷冻渔船,于 1985 年投入使用。接着,辽宁、山东、广东、广西先后建造了 15～20 m 各类玻璃钢渔船。1987 年,中国水产科学研究院为中远公司设计了玻璃钢流钓船,在广东共建造了 26 艘,在南太平洋作业,开创了玻璃钢渔船跨洋作业的先例。表 3-3-1 列出了我国部分玻璃钢渔船性能参数。

1999 年 7 月 14 日,我国首对 33 m 大型玻璃钢渔船在山东省威海市隆重下水(图 3-3-1),该船由农业部水产科学研究院渔业工程研究所、国家建材局上海玻璃钢研究所联合设计,山东省西港水产集团玻璃钢渔船有限公司建造,总长 33.10 m,主甲板宽 6.2 m,型深 2.6 m,吃水 1.95 m,排水量 180 t,450 hp,航速 11.5 kn。

表 3-3-1　我国部分玻璃钢渔船性能参数

渔船种类	主尺度/m 长×宽×型深×吃水	排水量/t	主机/kW	建造年份	设计建造单位	备注
拖网船	25.6×4.8×1.83×1.5	77	100	1974	天津塘沽捕捞公司	木骨架
拖网船	32.23×5.5×2.65×2.16	168	188	1976	华南工学院、广西北海外沙大队	钢丝网水泥骨架
刺钓船	8.9×2.03×0.65×0.4	2.54	8.8	1981	广东省渔船工业公司	
流钓拖船	16.88×4.0×1.6×1.2	38.4	30	1985	上玻所、水科院、苏州 FRP 船厂	全 FRP
捕虾船	18.5×4.5×2.0×1.6	56.8	100	1985	水科院、华南工学院、湛江渔船厂	
拖网船	18.7×4.0×1.6×1.2	42.65	30	1985	辽宁海洋渔业开发中心、营口船厂	木质甲板室
拖网船	19.3×4.15×1.65	60	30	1986	辽宁海洋渔业开发中心、渤海船厂	木质甲板室
渔船	13.65×3.14×1.2×0.7	17.33	15	1987	山东海洋学院、上玻所、水科院等	全 FRP
拖网船	18.75×4.0×1.6×1.2	43.93	45	1987	上玻所、水科院、威海实验厂	全 FRP
延绳钓船	19.5×4.8×2.1×1.55	67.4	145	1987	水科院、香州渔船厂等	
竿钓船	19.95×4.6×2.2×1.6	76.5	180	1987	水科院、汕尾渔船厂等	
流钓拖船	18.75×4.0×1.6×1.2	43.93	45	1991	水科院、上玻所、威海西港水产集团	全 FRP
拖网船	24.0×4.68×1.8×1.4	70.5	90	1995	烟台海洋所、上玻所	全 FRP
拖网船	32.0×5.7×2.6×1.9	155	200	1997	水科院、上玻所	全 FRP
渔船	33.10×6.2×2.6×1.95	180	330	1999	水科院、上玻所、威海西港水产集团	全 FRP

图 3-3-1　33 m 大型玻璃钢渔船

3.3.2　救生艇

英国、苏联等国家均从 20 世纪 50 年代起就制造玻璃钢救生艇。玻璃钢救生艇现在已相当普及，封闭式耐火救生艇几乎全部玻璃钢化。随着海上石油开发和运输的需要，全封闭式耐火救生艇应运而生。这种艇用阻燃型树脂制造艇体与上篷，并装有洒水装置，在艇表面形成水膜，可降低温度，艇内设有供氧设备，航速大于 6 kn，在 6 min 内即可冲出火区。目前，世界各国的救生艇几乎已全部玻璃钢化了。

英国在 1962 年建造了第一艘长 8 m 的全封闭耐火救生艇，在穿过火区时，艇外最高温度为 1 150 ℃，而艇内温度仅 26.1 ℃，成功地经受了燃烧试验，获得了英国商业部和劳氏船级社的批准。

1979 年，我国第一艘全封闭耐火玻璃钢救生艇在常州通过试验，1981 年开始批量生产。

1984 年，青岛北海船厂从挪威哈丁救生设备公司引进 FRP 救生艇的生产技术，经历了引进—吸收—消化—创新的路程，造就了一批水平较高的工程技术人员和操作工人，自行设计并建造了 BH 系列 FRP 救生艇和救助艇，取得了多个著名船级社的认可证书。目前，青岛北海船厂在我国 FRP 救生艇行业中占有重要地位。

3.3.3　游艇

国际游艇工业始于 20 世纪 50 年代，意、英、美三国是先驱。20 世纪 60 年代初，玻璃钢游艇开始进入市场，一下子就占游艇销售额的 2/3。20 世纪 70 年代玻璃钢游艇发展很快，英国在 20 世纪 70 年代末期市场销售额就达 25 亿美元，超过 1975 年的一倍。与此同时，亚太地区的游艇也相继进入国际市场，日本、中国台湾省成为继美国之后的第二、第三大游艇出口地。20 世纪 80 年代，随着西方经济的恢复和发展，游艇需求量越来越大，美国 1981 年游艇销售额为 87 亿美元，到 1988 年高达 179 亿美元。

目前，世界游艇市场已逐步形成以美国、欧洲、日本及亚太地区为中心的三大市场体系。

美国市场年需求量为 150 亿～200 亿美元，欧洲为 100 亿美元，日本及亚太地区市场不足 100 亿美元。

美国游艇的生产量和消费量均居世界第一，至 1996 年，总共拥有 1 721.8 万艘游艇，平均 10 余人就有一艘。美国游艇制造业集中在西海岸，佛罗里达州是世界上最大的游艇市场和娱乐中心，每年举办国际性的游艇展览。

意大利的 FRP 游艇工业技术在世界上处于领先地位。著名的 Cantieri Moschini 公司年产约 160 艘豪华游艇。该公司还采用 Kevlar 纤维增强的先进复合材料建造 40 m 长的豪华机动游艇。1990 年下水的长 43 m 游艇是当时欧洲最大的 FRP 游艇。

意大利 Wally 公司是最大的碳素纤维材料应用商，在游艇的结构布局上，采取了一切可能的手段来减轻游艇自身的重量，以便得到理想的速度。2008 年，该公司推出的"Esense"号(WALLY 143 型，见图 3-3-2)是一艘超级单桅帆船式新款游艇，用碳纤维复合材料制造艇体，并配有一面近 3 000 ft^2 的 3DL 碳纤维船帆。这艘长达 43 m 的游艇，在 550 hp Caterpillar 发动机的推动下，可以轻松实现 12 kn 的航速。

图 3-3-2 "Esense"号碳纤维复合材料帆船式游艇

3.3.4 内河旅游观光船

北京城区内分布着 30 多条河流，总长 370 km，有 26 个湖泊，总面积约 600 多公顷①。20 世纪 90 年代，北京开展了以水上通航为目标的水系治理。一期工程长河及昆玉河段(昆明湖至玉渊潭)治理于 1998 年 4 月 20 日开工，1999 年 7 月 28 日，观光船首航。经过二期治理，2000 年 9 月 13 日，颐和园至龙潭湖全线通航。到此，穿行多半个北京城，长达 50 km 的京城水系得到了全面治理，实现了"水清、岸绿、流畅、通航"的目标[1]。图 3-3-3 为北京水上旅游场景之一。

至 2001 年，京城水系旅游公司拥有各式水上船艇 26 艘，包括 30 座、60 座、100 座观光船、古画舫以及快艇，大都为玻璃钢船艇，动力装置大都为 LPG 燃料的主机，由于其排放相对干净，对空气和河水几乎不会带来污染，被称为"绿色游船"。

在全国的其他城市，凡有旅游资源的水系也都开展了水上观光游。如南京的秦淮河、上

① 1 公顷(hm^2) = 10 000 平方米(m^2)

海的黄浦江。图 3-3-4 为南京秦淮河上的全通透旅游船。

图 3-3-3　北京水上观光游船

图 3-3-4　秦淮河上的全通透旅游船(无锡东方高速艇公司制造)

3.3.5　高性能船

采用碳纤维和玻璃纤维混杂的积层板替代钢或铝合金来建造水翼艇和气垫船的艇体，可明显减轻艇体的重量。虽然艇体的造价会相应增加，但所增加的费用大部分或全部可由整个使用寿命期内维修费用的节省而得到补偿。进入 20 世纪 80 年代后，玻璃钢和先进 CM 材料在高性能船中的应用逐渐增加，表 3-3-2 列出了高速双体船、气垫船、水翼艇和地效翼船中应用 FRP/CM 的情况。

160 客玻璃钢双体气垫船“铁城”号(图 3-3-5)是我国“八五”重大科技攻关项目，由交通部上海船舶运输科学研究所设计，深圳江辉船舶工程有限公司建造，使用单位是广东省中山市航运总公司，航线为深圳蛇口至中山小榄港。

该船船体材料采用增强纤维复合材料。其在两片体连接桥和机舱底部敷贴一层高性能 Kevlar 纤维，使局部外板的刚度提高了 110%，强度提高了 150%，在甲板舱壁以及上层建筑中分别用 20 mm 和 10 mm 的增强蜂窝板做芯材，二次粘接用环氧树脂。通过这些措施，提高了实船的强度和刚度。

表 3-3-2 FRP/CM 高性能船建造一览

船型	型号或船名	主尺度/m 长×宽×高	排水量/t	载客/人	航速/kn	研制国家	完工年份	附注
水翼艇	“曙光”号	5.0×2.2×0.64	1.1	5～7	26.5	中国	1988	
	SUF60	21.0×4.3×3.2	25.5	60	43.2	中国	1998	
侧壁式气垫船	WD-901	19.3×3.75×1.2	16.2	40	21.6	中国	1981	
	“飞龙”号	21.9×4.12×1.4	21.6	40		中国	1984	
	“茶花”号	22.7×4.0×1.3	19.3	78	18.9	中国	1986	
	“福州”号	22.4×4.54×1.56	22.6	60	21.6	中国	1992	
	“迎宾 4”号	18.24×6.1×4.88	27.9		34	中国	1992	
双体气垫船	NFS24	24.97×6.7	49.0	150	35	法国	1993	
	“迎宾 6”号	32.15×8.2×2.65	90.0	225	30	中国	1995	
	“铁城”号	27.1×7.5×1.9	58.0	160	28	中国	1995	
表面效应船	SMYGE	30.4×11.4×1.9	140	14	45	瑞典	1991	隐形试验艇
高速双体船	“迎宾 5”号	28.18×8.4×2.85	266	200	25	澳大利亚	1993	上层建筑为铝合金
	“三北”号	28.18×8.4×2.85	266	220	25	澳大利亚	1993	
	“运通”号	32×8.38×2.93	291	266	28	澳大利亚	1994	
地效翼船	XTW-Ⅰ	12.6×8.2×3.35	0.95	3	54～70.2	中国	1988	
	750	8.47×4.8×2.34	0.745	2	70.2	中国	1988	
	XTW-Ⅱ	18.5×12.7×5.14	4.0	15	81～97.2	中国	1997	
	751	18×12×5.4	6.0	20	81	中国	1997	机身铝合金

图 3-3-5 160 客位玻璃钢双体气垫船“铁城”号(1996)

3.4 舰艇上的扩展应用

3.4.1 复合材料推进器

目前，在船艇推进器方面应用较多的是碳纤维增强的复合材料，具有质量小、使用寿命长、噪声低、可降低变速箱和轴承磨损等优点。德国 AIR 公司研制出了一种碳纤维环氧树脂基的螺旋桨，比金属螺旋桨推进效率提高 3%～10%，重量减小 25%～35%，有利于快艇加速。另外，这种螺旋桨声阻尼性好，可降低噪声约 5 dB。

安静是当今舰船的主攻方向之一。低噪声已成为衡量舰船(特别是潜艇)总体性能的重要指标之一。当螺旋桨高速运转时，其桨叶上产生时生时灭的空泡，导致桨叶剥蚀，并伴有强烈的振动和噪声。更加轻的复合材料可使叶片做得更薄，薄叶片具有改善空泡性能的潜力，从而降低振动和水下噪声。

苏联最早将复合材料螺旋桨用于实船，20 世纪 60 年代就在一艘渔船上安装了一个直径 2 m 的复合材料螺旋桨，20 世纪 70 年代又在一艘大型商船上采用了一个直径 6 m 的复合材料螺旋桨。

英国 QinetiQ 公司经过三年的研制，已成功完成复合材料螺旋桨的海试工作，该桨直径 2.9 m，有 5 个复合材料桨叶，安装在“海神”号三体试验舰上进行了性能测试。海试表明，该桨可大幅度降低震动，运转平稳。

2014 年，日本在一艘载重 499 t 的化学品运输船“太鼓丸”号的主推进轴系上，安装了世界首套商船用碳纤维复合材料螺旋桨。这是一个四叶可调螺距螺旋桨，其叶片是用碳纤维复合材料制作的(图 3-4-1)。据日本海事协会透露，该船早在 2012 年就在其侧推器上安装了碳纤维复合材料螺旋桨，呈现出了出色的工作性能。由于所用材质非常轻，因此，其主轴直径可大幅度缩小，从而减小了自身重量，降低了功率消耗。“太鼓丸”号的碳纤维复合材料螺旋桨所需的功率比传统的铜质螺旋桨降低了 9%，体现了良好的节能效果。

在推进轴方面，复合材料推进轴的优点是质量小、有较大的柔韧性、不导电、耐腐蚀、抗疲劳，振动阻尼良好和在全寿命周期内有更低的使用成本等。瑞典的 Applied Composite AB 公司于 1989 年开始研制复合材料推进轴，已有相当多的商船、军舰、游艇使用其生产的复合推进轴，最大传输功率达 12 MW，可承载的最大转矩达 220 kN · m。挪威为其 Skjold 级和 Rauma 2000 级快艇安装了轻量化的复合材料螺旋桨轴。

图 3-4-2 为英国 Centa 传动装置公司制造的碳纤维传动轴，与常规的金属传动轴相比可减小重量 70%，名义扭矩可达 1 MN · m。

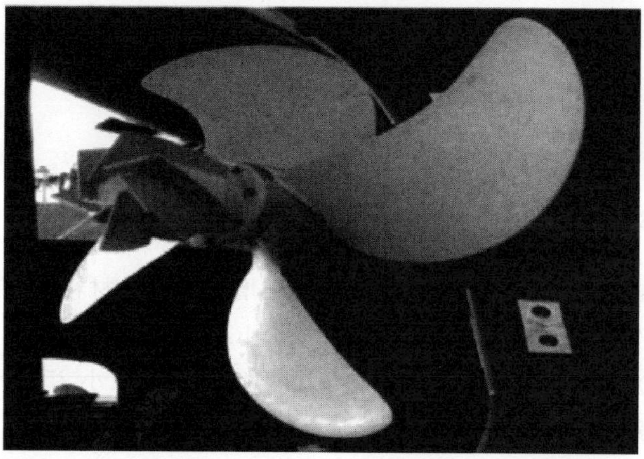

图 3-4-1　安装在“太鼓丸”号上的碳纤维复合材料螺旋桨

图 3-4-2　Centa 传动装置公司制造的碳纤维传动轴

3.4.2　复合材料上层建筑

舰船上层建筑容纳了各种电子信息装备及天线、武器装备、机电设备等，承担着绝大部分的电磁手段运用、武器装备发射、航行控制、作战指挥、补给以及其他外部环境相互作用的作战功能，对舰船的整体作战性能起着决定性的影响。轻型复合材料的采用，不仅减轻了上层建筑的重量，通过在轻型复合材料夹层里嵌入有滤波功能的频率选择层(FSS)，还可以允许发射和接收预定的频率，从而滤除敌方雷达电磁波。

近年来，许多海军国家对采用复合材料建造大型舰船上层建筑的可行性进行了评估。由于玻璃钢的屈服应力约为钢的 10 倍，因此在钢结构与复合材料上层建筑连接处产生疲劳断裂的可能性很小。复合材料上层建筑代替钢质上层建筑可以减轻量，对于小型海军舰艇(长度小于 20 m)来说，采用复合材料代替钢可以减轻约 65%的重量。

法国海军于 1992 年开始在舰船上层建筑上采用复合材料，2002 年交付的 5 艘“拉斐特”级舰的上层建筑采用复合材料夹层板建造。

芬兰皇家海军的快速巡逻艇“劳马”(Rauma)号的上层建筑也采用复合材料夹层结构，艇体采用铝合金。

美国海军“阿利·伯克”级驱逐舰的上层建筑是由夹层复合材料与钢结构组合而成，包括武器系统的外罩(CTWS)、前指挥室、直升机库、烟囱等。

3.4.3　复合材料桅杆

为了减少战舰的雷达反射截面和光学特征,达到隐身的目的,未来水面舰艇将各种雷达、通信天线设计成平面式或球形阵列天线,组成一体化的封闭式综合传感器桅杆。

美国海军以下一代船艇的桅杆为目标,从 1995 年开始研究先进的全封闭式桅杆(advanced enclosed mast/sensor,AEM/S)系统,其设计制作的 AEM/S 系统由上、下两个外表面向内倾斜 10°的六角锥形体结构组成,形似一个塔楼,如图 3-4-3 所示。其上半部覆盖 FSS,可让本身特定的周波数穿过;下半部覆盖能反射雷达波或吸收雷达波的材料。各种天线和有关设备都统一组装在该结构内。结构内部传感器的电波能以极低损耗穿过结构。结构外部由能反射电波的复合材料构成。由于所有设备都装在结构的内部,可以防止风雨和盐分的侵蚀,对设备的维护保养十分有利。该系统脱离了传统的桅杆概念,用于装备驱逐舰(SC-21)、航空母舰(CVX)和"圣·安东尼奥"(LPD-17)两栖战舰等。

图 3-4-3　美国军舰上的复合材料桅杆

欧洲海军研制的封闭式综合传感器桅杆为一金字塔形封闭式桅杆,被形象地称为"乌鸦窝"。"乌鸦窝"可容纳相控阵雷达天线以及各种无线电通信、数据传输、电子对抗天线和红外、雷达、激光告警接收天线,而且同一种天线将 4 个一组或 3 个一组地成群出现,能够 360°全向探测与接收,不留死角。各种雷达波束、通信数据都能在同一时间内通过计算机自动处理后实时显示在指挥控制中心。新型封闭式桅杆必须由先进的复合材料建造。欧洲海军的"乌鸦窝"由纳米技术制造的玻璃纤维、碳纤维等复合而成。它可以让各种不同的雷达波束和通信信号通过,相互之间不受干扰。这在 21 世纪的海上信息化战争中将具有明显的优势。奎奈蒂克(QinetiQ)公司研制的先进技术桅杆(ATM)于 2006 年投入使用,已装备英国海军"皇家方舟"号航母。

参考文献

[1]　雷电. 北京水上观光及其船型的现状与发展[J]. 国际船艇,2001(3):34-36.

[2] 赵红萍,王唯涌,姚琳. 我国玻璃钢渔船发展现状、问题与对策[J]. 中国渔业经济,2013,31(4):28-33.

[3] 黄晓艳,刘源,刘波. 复合材料在舰船上的应用[J]. 江苏船舶,2008(2):13-17.

[4] 唐红艳,王继辉,徐鹏遥. 复合材料在海军舰艇上的国外应用现状及进展[J]. 船舶,2006(2):6-11.

第4章　玻璃钢船艇总体设计

艇是一种尺度较小，相对速度(通常指 Froude 数，又称傅氏数)较高的船舶。本章主要介绍中速艇的设计，其傅氏数 Fr 范围为 0.35～1.0，下限与高速客船和渔船相衔接，上限已到达可以采用滑行艇线型的速度。这个速度范围的艇大都处于半排水半滑行的过渡状态，也称之为高速排水型艇。其艇型以圆舭型为主，当 $Fr>0.7$ 时采用舭部折角的 V 型艇体也有较好的效果。这类艇的用途很广，从小型摩托艇、交通艇、航政艇到游艇、巡逻艇。

4.1　基本尺度的规划

4.1.1　主尺度的定义

玻璃钢船艇的艇体是在模子中一次成型的，因此它的主尺度的定义也与金属材料艇体有所不同。例如，金属材料艇体的理论线规定在外壳板的内表面，称为型表面，即它所表述的主尺度不包含壳板在内，因此计算排水量时，要先算出型表面包含的型排水体积，再乘以一个系数，把外壳板和壳板外面的附体体积包含进去；而玻璃钢船艇的型表面直接定义在艇壳的外表面，如图 4-1-1 所示，因此计算排水量时无须再考虑壳体的体积，但如果有突出外壳的附体，这部分的体积还是要另外计算，再加到型排水体积中。

玻璃钢船艇的主尺度分为长度方向、宽度方向和深度方向。

1. 长度方向

笼统地说艇长 L 是多少，那是一个十分模糊的说法。下面逐个介绍各种有关艇体长度的概念。

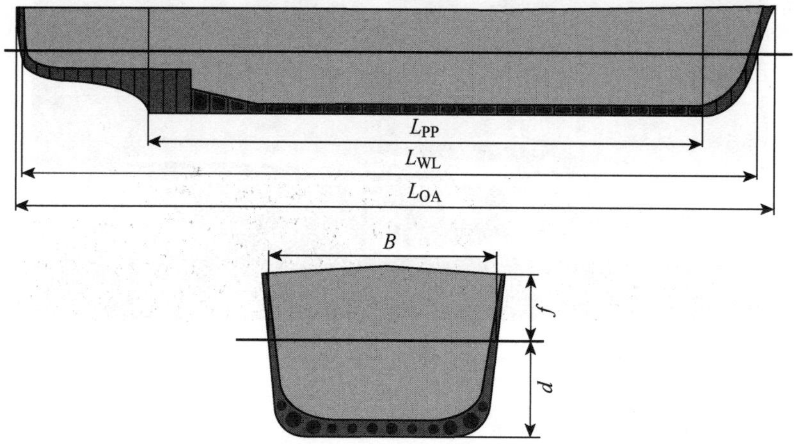

图 4-1-1　术语——主尺度

艇体长度的单位，我国(法定计量单位制)用“米(m)”，英美国家多用“英尺(ft)”或“呎”，两者可用系数“3.28”来换算。从“米”换算到“英尺”须乘以 3.28 倍；若从“英尺”换算到“米”，则须除以“3.28”这个数。例如 20 ft 换算到法定计量单位制，约等于 6 m。

在游艇的统计、买卖、报关和检验上提到的艇长 L，习惯上系指艇在满载排水量下静浮于水面时，其刚性水密艇体位于水线以下部分的长度 L_{WL}，但不包括水线处及以下的附体。

1) 艇体总长 L_{OA}

艇体总长 L_{OA} 也称最大长度，是指艇体首部最前端到尾部最后端之间的最大长度，有些附件或舾装件，如伸出艇首的斜桅、标枪舌，以及伸出艇尾的舵不包含在艇体总长之内。这个长度对玻璃钢船艇有特殊意义，因为玻璃钢游艇是以这个长度作为销售指标或定价的依据的。如 40′艇是指艇的总长度为 40 ft(英尺)。

2) 艇体水线长 L_{WL}

艇体水线长 L_{WL} 是一个用于理论计算艇体排水体积的长度量，它随艇体吃水而变化，通常是指设计水线的长度。设计水线通常是指满载水线。

3) 两柱间长 L_{PP}

两柱间长 L_{PP} 是指艏柱和艉柱间理论线的长度，对驾艇者来说意义不大，但对于艇体设计来说是一个重要的参数。因为设计艇体时通常把艏、艉柱之间划分为十个或二十个等份，这些等分的竖线称为“站线”，艏柱就是首站线，是指通过设计水线的首部端点的一条垂直线；艉柱即尾站线，通常与舵杆的中心线重合，但也不一定。

2. 宽度方向

艇体的宽度有两个主要尺度，即最大宽度 B 和水线宽 B_{WL}。

1) 最大宽度 B

最大宽度 B 是指艇横向的最大尺度，包括防擦的护舷条。

2) 水线宽 B_{WL}

水线宽 B_{WL} 是指设计水线(通常指满载水线)处的最大宽度。对于钢质或铝合金船舶，系指水线最宽处，由一舷的肋骨外缘量至另一舷的肋骨外缘的水平距离(注意：不计入外壳板的厚度)；对于纤维增强塑料船，为船体两侧外表面之间的最大宽度(即包含壳板的厚度在内)，但不包括护舷材等突出物。

3. 深度方向

1) 吃水 d

艇体吃水是经常变化的，它因装载情况的不同而变化，所以具有变量的概念。这里所指的吃水通常是指满载时船中部的吃水(设计吃水)，相当于艏、艉吃水的平均值。艏、艉吃水一般是不相等的。

最大停泊吃水 d 是指艇满载静浮时的最大吃水深度，包括舵、螺旋桨等凸出在船底下面的附件。这个深度对于进出港口和寻觅泊位非常重要。

2) 干舷 f

干舷 f 系指在船长 L 中点处，由满载水线量至干舷甲板(甲板艇)上缘或舷侧板顶端(敞开艇)的垂向距离。

实际上，干舷 f 也具有变量的概念，因型深 D 是不变的，当吃水 d 减小时，干舷 f 就会增加。干舷增加对于艇的抗沉性(又称“不沉性”)是有利的，即万一艇体进水，干舷就起到抵抗下沉的作用。

3) 型深 D

对于常规游艇来说，型深 D 是在船长 L 中点处，沿舷侧由平板龙骨下表面量至上层连续甲板边缘的垂向距离。与吃水不同，它是一个常量而不是变量。

型深 D 和吃水 d、干舷 f 有以下关系：

$$D = d + f$$

玻璃钢船艇的尺度一般都不很大，十几米到二十几米最为常见，小的娱乐艇只有几米长。但为了发挥它的速度优势，体现经济和舒适的双赢原则，还是要遵循常规船艇设计的基本原理。

要设计好一艘船艇，必需具有丰富的经验。这些经验既可以从实践中来，也可以利用已经发表的船模系列试验资料和实艇资料。关键是将搜集到的众多数据转换成特征参数(函数或自变量)，然后拟合成曲线或回归公式，成为设计新艇的指南。

4.1.2　船型系数

常见的单体船属于高速排水量型船型，玻璃钢游艇大多属于这一类型，其排水量傅氏数在 1 左右，在排水量型船型中属于中高速船型，在最大速度时，支承船体重量的成分中有少部分水动力，但基本上没有滑行起来，是属于从排水量型艇过渡到滑行艇之间的速度范畴，所以又称为过渡型快艇。这种船型适应面广，大部分家庭游艇、工作艇、钓鱼艇都采用这种船型。

圆舭快艇的特点是：具有一个切断的方艉、艏部尖瘦、艉部纵剖线较平直、方艉处保持相当大的宽度、中部横剖面的底升角 β 较大、舭部剖面呈圆弧形。

这些体型特征是和主尺度及系数特点分不开的。它们通常被称为“船型系数”，圆舭快艇的船型系数范围如下：

长宽比 L/B	4.5 ～ 7.5
宽吃水比 B/d	3.0 ～ 4.5
方形系数 C_B	0.37 ～ 0.50
中剖面系数 C_M	0.60 ～ 0.75
棱形系数 C_P	0.61 ～ 0.69
排水量长度系数 $C_\nabla = \nabla/(L/10)^3$	2 ～ 6

表 4-1-1 是典型高速圆舭快艇系列的船型系数。

表 4-1-1　典型高速圆舭快艇系列的船型系数

系列名称	C_∇	C_B	C_P	L/B	A_t/A_X	x_B/L 舯后%	B/d	Fr
中国 64-031	1.5～4.0	0.355～0.50	0.63	6～9	0.174	3.2	2.54～5.03	0.278～0.97
英国 NPL	1.63～10.5	0.397	0.693	3.3～7.5	0.52	6.4	1.69～9.83	0.3～1.19
荷兰船模	2.15～7.0	0.421～0.457	0.65～0.677	4.53～7.39	0.17～0.30	1.6～2.64	3.16～3.37	0.2～1.10
瑞典 SSPA	1.96～4.63	0.40	0.68	4.62～8.21	0.42	4.15	3～4	0.4～1.2
美国 64 系列	0.525～1.93	0.35～0.55	0.63	8.45～18.26	0.41	6.56	2～4	0.1～1.5
中国 CSSRC	1.53～5.14	0.39～0.49	0.61	4.16～9.7	0.17	1.9～5.0	3.4～4.5	≤0.86

圆舭快艇航行时呈艉纵倾。由于艏部尖瘦，直到中部还保持较大的底升角，因此其在波浪中不致受到剧烈拍击。由于艉部宽度大，水流大致沿纵剖线流动，故航行中其艉部微沉，不易造成螺旋桨出水。

圆舭快艇随着航速增加，兴波逐渐强烈，产生的横波峰离艏柱的位置也逐渐后移，同时在艉部形成一个凹槽。如果艉板在静止时有一部分浸于水线下，则到达一定速度后，艉板就完全脱开水流（即不溅湿）。通常在 Froude 数（以长度为特征值的傅氏数）Fr=0.65～0.75 时，纵倾达到最大值。此后，纵倾就随航速增加而逐渐减小，而兴波高度及飞溅增加。傅氏数达到 1.0 以后，船舷溅湿情况严重，浪片随风打上甲板，航行困难，摩擦阻力也急剧增长，这时已接近圆舭快艇的速度上限了。

圆舭快艇由于相对速度高，兴波大，在较广的速度范围内，剩余阻力占总阻力的大部分

(图 4-1-2)。但到傅氏数为 0.8～0.9 时摩擦阻力与剩余阻力的大小就很接近了。傅氏数达到 1.0 以后,摩擦阻力将大于剩余阻力,因此必须让位于在高速下能减少湿表面积和摩擦阻力的船型——滑行艇、空气润滑艇(简称气滑艇)。

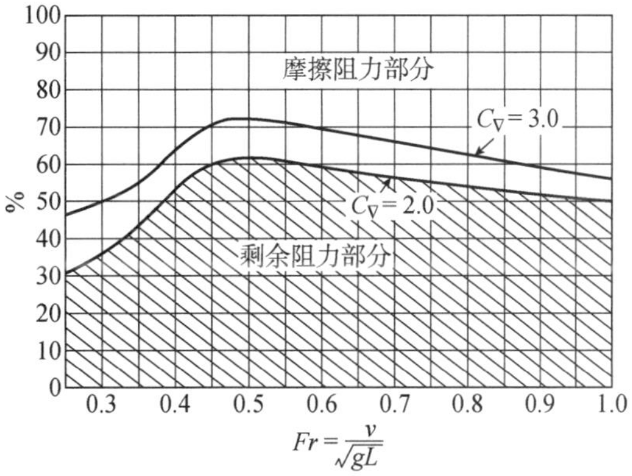

图 4-1-2　圆舭艇剩余阻力与摩擦阻力的百分数

高速排水量艇的主尺度主要从快速性考虑,并结合艇的布置、稳性等加以确定。影响快速性最重要的两个参数是排水体积长度系数 C_∇ 和长度傅氏数 Fr。图 4-1-3 是荷兰水池试验圆舭型快艇的结果。从该图中可以看出,$Fr = 0.35 \sim 0.36$ 时,阻力曲线出现"第一谷",大部份的经济实用艇均设计在这一相对速率范围内。当 $Fr > 0.40$ 之后,剩余阻力系数 C_R 随 C_∇ 增加而急剧增加。因此快艇设计者应特别注意减小艇的重量。另外,在 $Fr = 0.5$ 附近出现剩余阻力峰,设计者应尽量避免设计在此傅氏数附近。

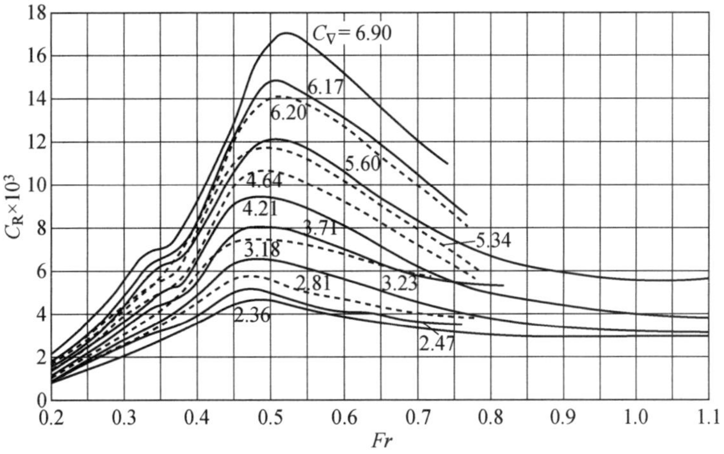

图 4-1-3　剩余阻力系数 C_R 与 Fr 的关系

4.1.3　水线长度

艇的水线长度应力求避开阻力峰区。$Fr = 0.4 \sim 0.6$ 是主峰区,也就是要避开 $Fr = 0.5$ 附近。在 $Fr = 0.40 \sim 0.48$ 区域内,C_R 处于爬坡段,增加艇长,Fr 下降,C_R 急速下降;另外,排水体积长度系数 C_∇ 也因艇长增加而减小。因此,在这个傅氏数范围内,增加艇长,有利于降低傅氏数,使阻力大大下降。事实上,我国排水型快艇的 C_∇ 值均在 4 以下[5]。

在 $Fr = 0.52 \sim 0.60$ 区域内,C_R 处于下坡段,增加艇长使 Fr 更接近阻力主峰区,但 C_∇ 因艇长增加而减小,C_R 仍有所下降,由于此时剩余阻力占总阻力的百分比较大,增加艇长仍能使总阻力下降，但效果不及 C_R 处于爬坡段时明显。

在 $Fr > 0.8$ 的高速段，C_R 变化缓慢，而且此时剩余阻力成分和摩擦阻力成分比较接近，增加艇长从剩余阻力得到的收益被摩擦阻力的增加抵消一部份，效果不甚明显。

增加艇长会引起空船重量增加，即排水体积增加，但 C_∇ 总是能减小，因为空船重量和艇长是一次方正比关系，而 C_∇ 和艇长是三次方反比关系。然而，艇长增加会引起造价上升，型线变瘦，施工不便，设计时应全面加以考虑。

如果按排水量来选择艇长，可参考下式：

$$L_{WL} = (6.3 \sim 6.575)\Delta^{1/3} \tag{4.1.1}$$

4.1.4 排水量估算

如前所述，C_∇ 对阻力影响很大，在阻力峰区域尤其显著。因此，减小重量对高速排水量艇特别重要。选用轻型设备，采用玻璃钢艇体，或者采用先进的复合材料，都是改善排水量艇快速性的有效措施，但造价将大幅度上升。

小艇排水量的估算非常重要，它涉及装机功率或设计航速能否达到的问题，如果已经确定了艇长 L、航速 v、装机功率 P_B，可按图 4-1-4 来估算出第一个排水量 Δ_1。初估时，可取 $P_E = 0.5P_B$。

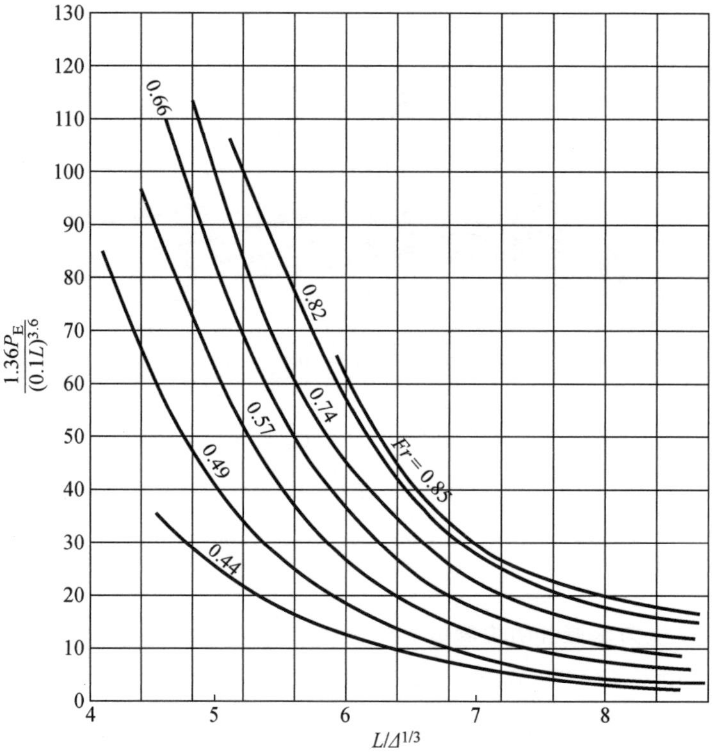

图 4-1-4　有效功率与长度排水量系数的关系

主尺度算出后，可按重量方程式来估算空船重量 W_0：

$$W_0 = W_H + W_E + W_M \tag{4.1.2}$$

式中：W_H——船体结构重量/t；

W_E——舾装重量/t；

W_M——机电设备重量/t。

实艇统计表明，空船重量与排水量之间有下列回归方程，于是通过重量估算可以求得第二个排水量：

$$\Delta_2 = 1.16W_0^{1.02} \tag{4.1.3}$$

第 1 个排水量 Δ_1 和第 2 个排水量 Δ_2 的相差如果在 2%以内，说明主尺度的估算是合理的。当 Δ_1 和 Δ_2 相差较大时，就要对航速或艇长做一些调整，直到两者接近为止。表 4-1-2 列举了近代玻璃钢游艇的主尺度和排水量的参考数据。

表 4-1-2　近代玻璃钢游艇的主尺度和排水量的参考数据

船名	FR-340 钓鱼艇	Atlantic 50	Pershing 50	Manhattan 50	Ferretti 60	Posillipo Technema	118 WallyPower
设计者（营造商）	YAMAHA	荷兰 Eddy Hulsin't Veld	Fulvio De Simoni	Sunseeker		Carlo Galeazzi	Wally
建造厂			Pershing			Cantieri Rizzardi	意大利 Rodriquez
建造年		2003		2003	2006	2004	
总长/m	10.4	14.99	15.83	16	18.33	29.11	36.0
水线长/m			11.25	13.10	15.62		30.4
宽度/m	3.18	4.50	4.35	4.61	5.25	6.80	8.0
水线上高度/m	2.03	3.45		4.90	5.34	3.10	
吃水/m			0.98	0.93	1.58	1.10	1.25
干重/t	3.53				27.0		
排水量/t	4.57	15	20.1	23(半载)	32,5	87	95 (半载)
最大航速/kn		26.4	45	37	34	28	60
巡航速/kn		18.7	38	23	30	24	9 (柴油机)
航程/n mile		324		270	330		2 000 (9 节)
定员/人	12	8		6	18		
发动机型号	Volvo D6 370	Volvo TAMD 740	MAN	CAT C12	MAN V10-1100	MTU 16V2000	DDCTF50 燃气轮机

（续表）

船名	FR-340 钓鱼艇	Atlantic 50	Pershing 50	Manhattan 50	Ferretti 60	Posillipo Technema	118 WallyPower
功率/kW	250	2×353	2×588	2×577	2×809	2×	3×4 117
推进器		螺旋桨	ASD 11 Arneson				KaMeWa 喷推器
发电机				4 kW			2×33 kW
燃油容量/L	500	2 300	2 200	2 500	3 500	10 000	22 000
淡水容量/L	35	875	500	500	660	2 000	1 200

4.1.5 艇宽

艇宽主要从稳性和布置上考虑。特别是双机或多机动力装置，艇宽要考虑机舱的需要，留有必要的维修空间。艇宽过大会导致宽度吃水比很大，湿表面积增加而引起阻力增加；艇宽过大还会引起初稳性值过大而横摇周期减小，在海上摇摆剧烈。

当艇长决定好后，一般轻型艇的艇体宽度 B 可按下式选取：

$$B = (0.65 \sim 0.76)L^{0.6} \tag{4.1.4}$$

此式由长江及内河部分实艇数据整理而得(图 4-1-5)。

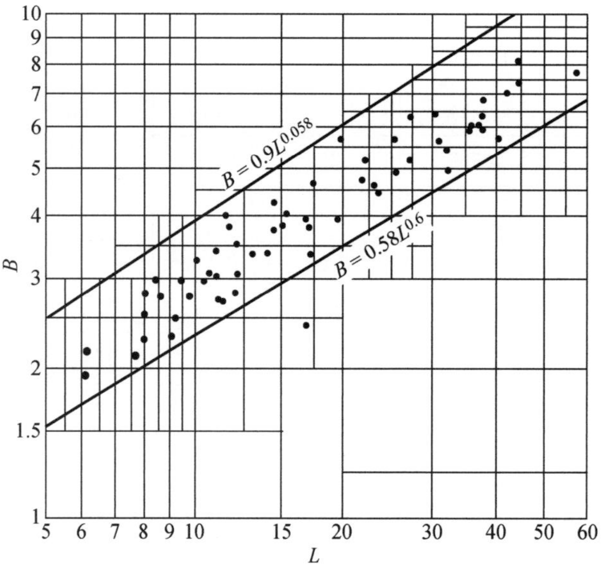

图 4-1-5 圆舭艇长度与宽度关系

文献[7]根据日本实艇资料的统计得到：

$$B = 0.88 + 0.168L \quad (\pm 6\%,\ L \leqslant 25\ \text{m}) \tag{4.1.5}$$

此式算得的值和我国实艇资料也较接近，可供设计时参考。

近代玻璃钢单体艇的宽度可以用下面的公式来估算：

$$B = L_{OA}^{2/3} + 1 \tag{4.1.6}$$

这个公式适用于英制，B 和 L_{OA} 的单位是 ft(1 ft=0.304 8 m)。举例如下：

▶ 一艘常规的 27′(8.23 m)艇，27 的立方根是 3，3 的平方是 9，再加 1 等于 10。许多 27′单体艇的宽度恰好是 10′(3.05 m)。

▶ 对于 Volvo Open 70′艇，它的总长度是 70.5 ft，70.5 的 2/3 次幂为 17，再加 1 等于 18。该艇宽度确实是 18′(5.5 m)。

▶ 741′(226 m)大型游艇，741 的立方根是 9，9 的平方是 81，加 1 等于 82′。这艘巨型艇的宽度恰好落入这个范围。

若使用公制，长度和宽度的单位都用 m(米)，式(4.1.6)可改写成下式：

$$B = 0.673L_{OA}^{2/3} + 0.3 \tag{4.1.7}$$

举例如下：

✲ 大连松辽玻璃钢船厂的 SL550 艇，总长 5.50 m。

$$B=0.673\times5.5^{2/3}+0.3=2.397\approx2.4\ \text{m}$$

此艇实际宽度恰好是 2.4 m。

✲ 又如 BMB 公司的 34 Sporttop 艇，总长 10.7 m。

$$B=0.673\times10.7^{2/3}+0.3=3.568\ \text{m}$$

此艇实际宽度为 3.5 m。

4.1.6　型深和吃水

型深主要从布置方面考虑，并结合艇的造型和干舷等方面确定。但应注意，型深增加会导致空船重量增加，影响艇的快速性能。

下面两式是根据日本实艇资料[7]统计得出的，仅供参考：

$$D = 0.3 + 0.104L \quad (\pm 6\%,\ L \leqslant 25\ \text{m}) \tag{4.1.8}$$

$$d = 0.11 + 0.039L \quad (\pm 12\%,\ L \leqslant 25\ \text{m}) \tag{4.1.9}$$

这里，干舷主要考虑甲板上浪问题，对于内河小艇来说，干舷可适当降低。

4.2　圆舭型艇体设计

4.2.1　圆舭型艇

根据船模试验结果，高速排水量快艇以圆舭型阻力性能为最好。一般的圆舭型艇体横剖面型线如图 4-2-1 所示。但圆舭型艇横摇阻尼小，必须在舭部设置舭龙骨，以改善艇在海上的横摇性能，而舭龙骨会增加阻力。为此也有采用混合型艇体的，其型线如图 4-2-2 所示，即前体为圆舭型,后体接近尾端部份为尖舭型,中间逐步过渡。尖舭部份可起到舭龙骨的作用,因此可以取消舭龙骨。取消舭龙骨后在阻力上的得益可以补偿尾端采用尖舭型所增加的阻力。

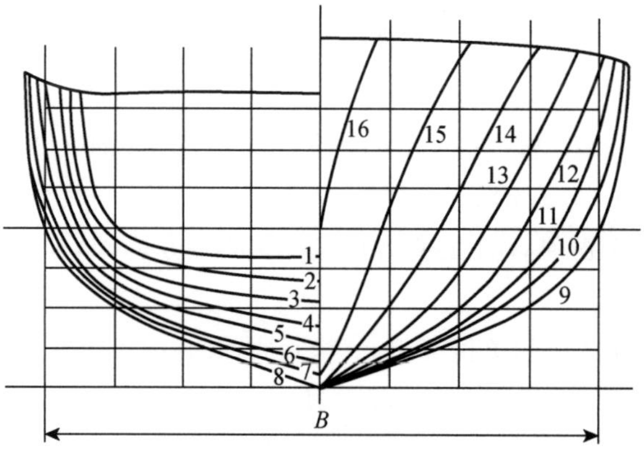

图 4-2-1　圆舭型艇的横剖面型线

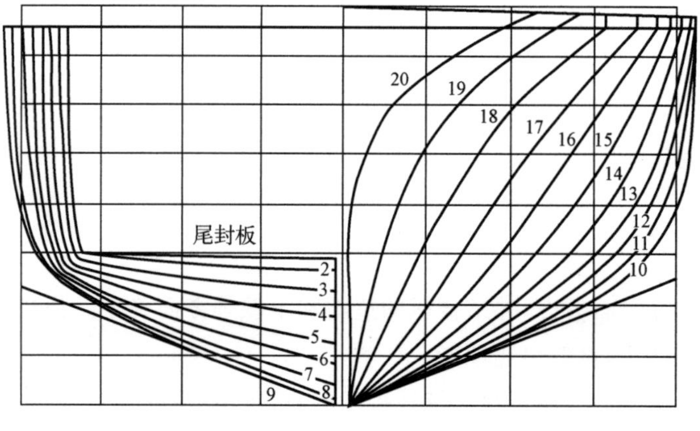

图 4-2-2　圆舭、尖舭混合型线

4.2.2 短折角尾型

短折角尾型是指艉部有一段线型为折角型,也称圆舭、尖舭混合型线,如图 4-2-2 所示。从阻力角度出发,短折角尾型只适用于 $L/\nabla^{1/3}$ 较小,即负荷较大的高速艇。500 t 级的 CSSRC M8320 艇模在 $L/\nabla^{1/3}=7.6, 8.0, 8.5$ 三种负荷状态下,取折角线长度为 $20\% L_{WL}$ 的短折角尾型跟原型做比较,由图 4-2-3 可见,随着艇体负荷增大,短折角尾型在高速段的阻力由偏高而转为愈来愈接近全圆舭的原型。对于 $L/\nabla^{1/3}=7.6$ 负荷状态,在 $Fr>0.5$ 的速度区域,曲线已几乎重合,说明两者的阻力性能已经相当。可以预见,如果负荷进一步加大,短折角尾型在阻力上的优势将逐渐得以发挥。

短折角尾型另一个显著特点是增加横摇阻尼,改善横摇性能和纵向运动。邵世明等人

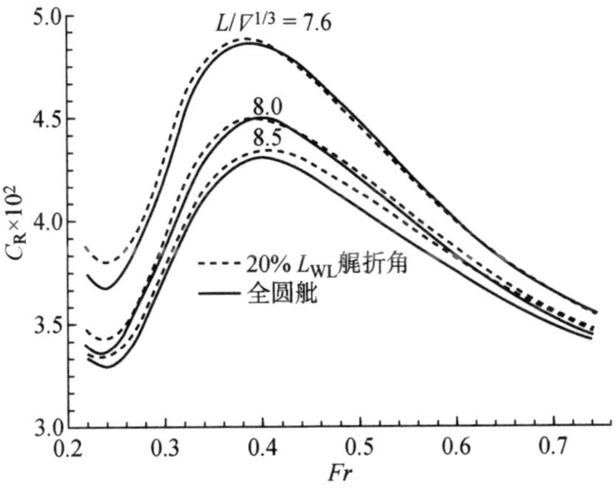

图 4-2-3　短折角尾型对不同 $L/\nabla^{1/3}$ 艇体剩余阻力的影响

的研究[6]表明，当艉折角线长度仅为 10%L_{WL}时，其横摇阻尼就大于全圆舭艇的一倍，实艇横摇减小约 10%。

那么，什么时候应当采用圆舭型线？什么时候应当采用混合型线？邵世明等人[6]做了深入的试验研究后认为，$K_{\nabla Fr}=C_{\nabla}\cdot Fr$ 可作为艇体型线的选择参数。当 $K_{\nabla Fr}>1.70$ 时，采用折角线长度为(10%～20%) L_{WL} 的短折角尾型，不但可降低阻力，而且能改善耐波性，特别是对于 C_{∇} 较大的艇，如重载高速艇，其阻力收益相当明显。

4.2.3　横剖面形状

图 4-2-4 介绍了国内外优秀的圆舭快艇的横剖面形状，其中上面 4 种适用于低速段，下面 4 种适用于高速段。表 4-2-1 列出了这些实艇或船模的船型系数，选用时请注意设计点 Fr。因为每种艇型的效率只有在设计点 Fr 处才是最佳的。

表 4-2-1　圆舭型艇的船型系数

船模代号	C_{∇}	L/B	B/d	C_B	C_P	设计点 Fr
813413A	3.37	5.60	4.17	0.41	0.61	0.38
84101	3.23	5.78	4.00	0.40	0.62	0.405
64-031 母型	2.24	7.28	3.50	0.43	0.625	0.832
CSSRC M8643	5.14	4.17	4.50	0.39	0.61	<0.86
84701	3.77	6.09	3.67	0.44	0.657	>0.70
Nordström 43-Ⅰ	2.17	6.94	3.57	0.373	0.576	<0.40
SSPA 1213A	2.92	6.23	3.50	0.40	0.68	>0.80
NPL 母型	3.64	6.25	2.79	0.397	0.693	>0.80

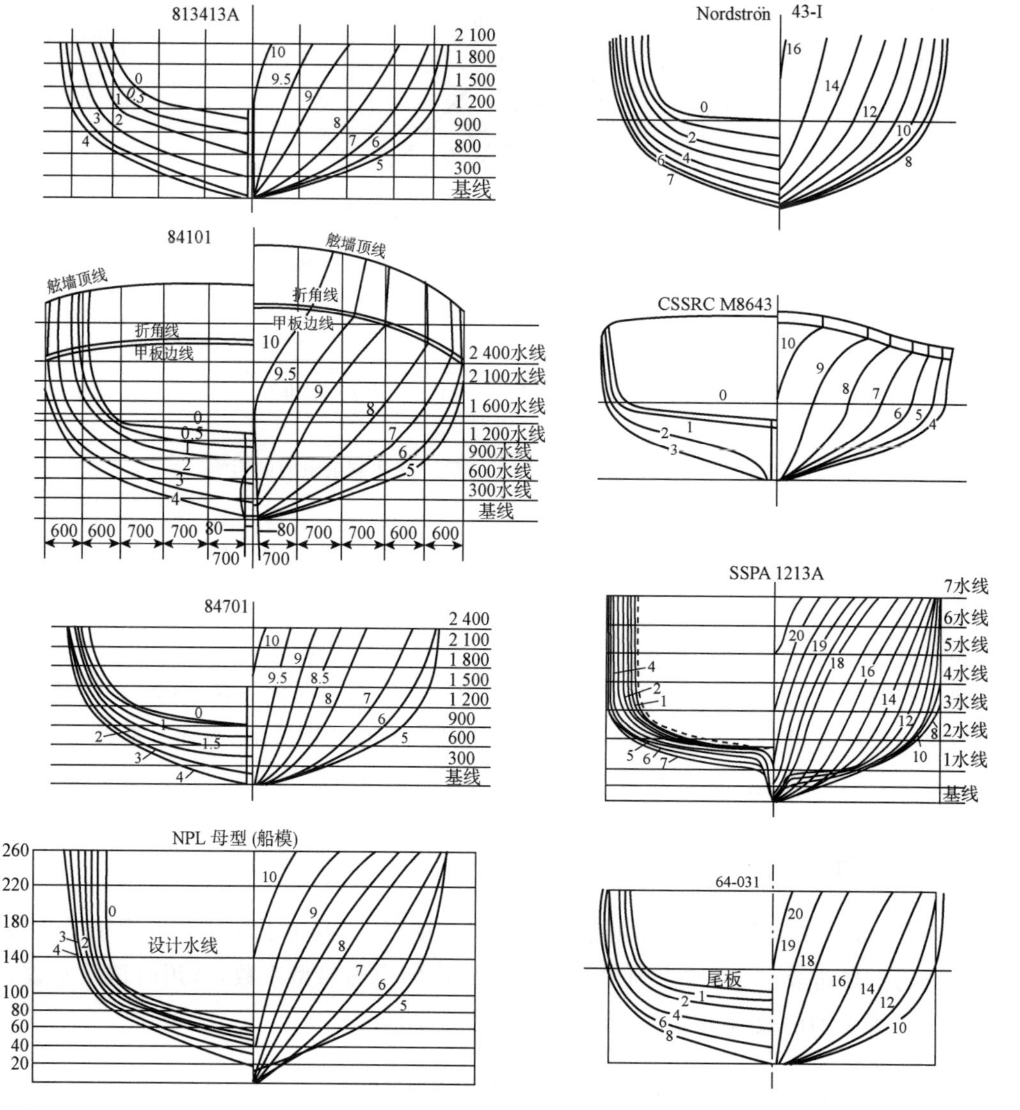

图 4-2-4　圆舭型艇体的横剖面形状

1. 艏部形状

不论在高速段还是低速段，大部分圆舭快艇的艏部横剖面呈微 U 形，少数是 V 形，如英国的 NPL 艇型。

2. 底升角 β

一般圆舭快艇舯部底升角 β_M 在 10°～15°的范围内，个别的为 20°(如 NPL)。方艉处的底升角 β_t 通常在 1°～4°范围内，而 NPL 的 β_t 为 12°（深 V 形)。

3. 舭圆半径

圆舭快艇的舭部绘成圆弧形的居多，舯部舭圆半径为艇宽的 29%～33%，方艉处的舭圆半径为艇宽的 10%～13%。当艉部舭圆半径为零时即构成艉部的折角线型。这种折角线型对于增大横摇阻尼的效果是明显的，但对于阻力来讲在低速段未必有利。

4.2.4 CSSRC 艇型

CSSRC 艇型是中国船舶科学研究中心开发的一种高速圆舭排水艇型，适合用于交通艇、港监艇、消防艇等船，阻力性能较好，并有完整的阻力计算资料[8]可资利用，故本书对其做较为详细的介绍。

CSSRC 组系的母型是一艘驱逐舰，其线型特点是：线型瘦削，横剖面呈中 U 形，水线面从舯部向艏、艉过渡比较平缓、匀称，设计水线在艏部为直线，龙骨从 1 站起向艉端保持水平，方艉。编号为 M7740 的母型线型如图 4-2-5 所示。采用系列化变换方法对线型 M7740 的主尺度和主要船型系数进行修改，派生出 M8030、M8320、M8643 等线型，组成 CSSRC 组系，各船模或实艇的主要参数如表 4-2-2 所示。其中 M8643 的横剖面形状如图 4-2-4 所示，横剖面面积曲线如图 4-2-6 所示。

表 4-2-2　CSSRC 组系船模或实艇主要参数

船模编号	M7740	M8030	M8320	M8643
L/m	3.00	3.12	3.12	18.0
B/m	0.309	0.367	0.405	4.32
d/m	0.091	0.108	0.112	0.960
∇/m^3	0.0414	0.0571	0.0601	29.98
$L/\nabla^{1/3}$	8.67	8.10	7.97	5.79
C_B	0.49	0.46	0.42	0.39
C_P	0.61	0.61	0.61	0.61
C_M	0.803	0.754	0.688	0.650
C_W	—	—	—	0.73
$S/\sqrt{\nabla \cdot L}$	2.68	2.71	2.80	2.94
x_B/%L	−1.91	−2.82	−3.94	−5.0
B_t/B	—	0.77	0.80	0.90

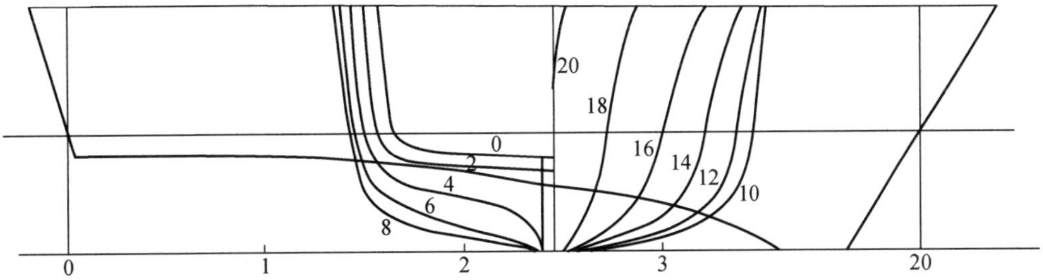

图 4-2-5　CSSRC 的母型 M7740

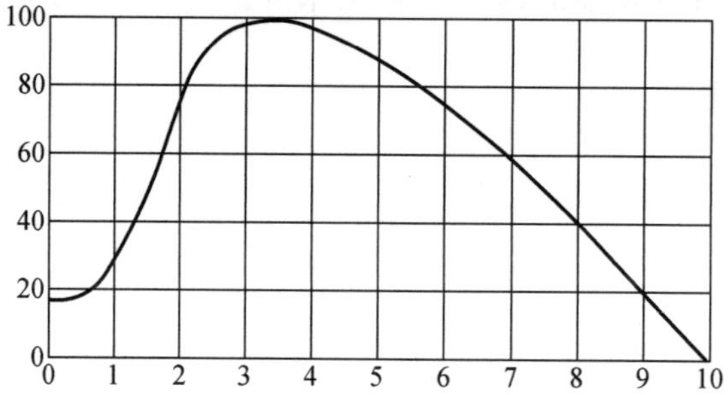

图 4-2-6　CSSRC M8643 的横剖面面积曲线

4.2.5　艉部设计

1. 艉板浸深和浸湿面积 A_t/A_X

艉板浸深和浸湿面积的大小与后体肥瘦度、浮心纵向位置、艉板宽度、艉部纵剖线升高以及螺旋桨直径和桨轴的倾斜度等多种因素有关。通常为避免桨轴倾斜过大而影响推进效率下降和由空泡所致的激振力严重破坏，艉板浸深和浸湿面积的大小首先要服从螺旋桨及其轴线的布置要求，同时也是以上诸多因素妥善协调的结果。

根据 CSSRC(中国船舶科学研究中心)艇型在 $L/\nabla^{1/3}>7.6$ 的各种负荷下的实践经验，一般取艉板浸深为设计吃水的 1/5 左右，并保持艉板相对浸湿面积比(A_t/A_X)在 15%～25%范围内是适宜的。对负荷较大($L/\nabla^{1/3}<6$，注：负荷大则 $L/\nabla^{1/3}$小)，且设计航速进入半滑行速度段的艇来说，只要有可能，就有必要把艉板相对浸湿面积比加大至 40%以上。

根据对模型试验和实艇的观察，在圆舭快艇航行时，由于前体的高压力产生的波峰以及波峰后的波形及后体的低压使艇艉下沉，形成一个强制的低谷。这一现象对于方艉不浸入水中的低速快艇也是存在的。

高速航行时方艉下端低于舷侧水面，水流向后形成一个凹槽，仿佛是方艉未切断前的艇体的延伸(图 4-2-7)，这就是所谓的“虚长度”。Pyszka 认为“虚长度”的作用等于加大了艇长(图 4-2-8)。Baker 也指出应当充分利用“虚长度”。

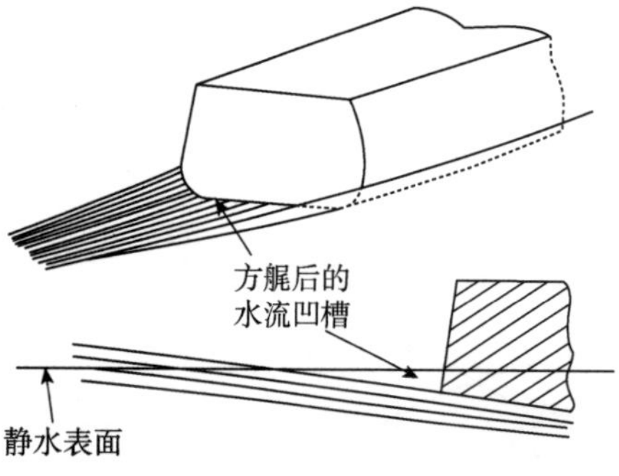

图 4-2-7　方艉后的水流

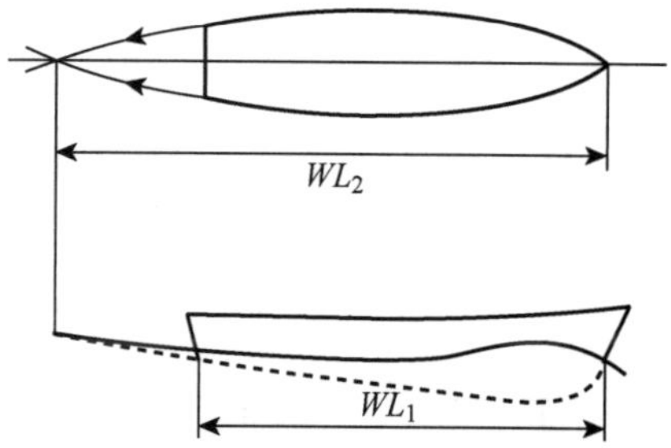

图 4-2-8　Pyszka 的虚长度概念

取较大的艉板宽和浸深虽然有可能形成较大的"虚长度",但如果与艇速(或 Fr)不相适应,则艉部将产生涡流,反而增加阻力。

A_t/A_X 是圆舭型快艇阻力很重要的参数。低速段的圆舭艇,A_t 通常接近于零。如瑞典的诺思聪(Nordström)船模,$A_t/A_X=0$。随着 Fr 的增加,加大 A_t 有利于形成艇艉的"虚长度",对阻力有利,如英国 NPL 系列的 A_t/A_X 比较大,高达 0.52,高速阻力性能较好。但艉封板浸深过大,会影响艉部螺旋桨的布置。高速艇为照顾低速时的阻力,A_t/A_X 也不宜过大。A_t/A_X 还表征快艇后体纵剖线的斜率,A_t/A_X 愈大,纵剖线愈平直。当浮心纵向位置在舯后(2.5%～4.5%) L 范围内,建议 A_t/A_X 根据设计速度的傅氏数按图 4-2-9 阴影线区域选取。该图上标有国外一些专家的建议值和一些系列船模的 A_t/A_X 供参考。

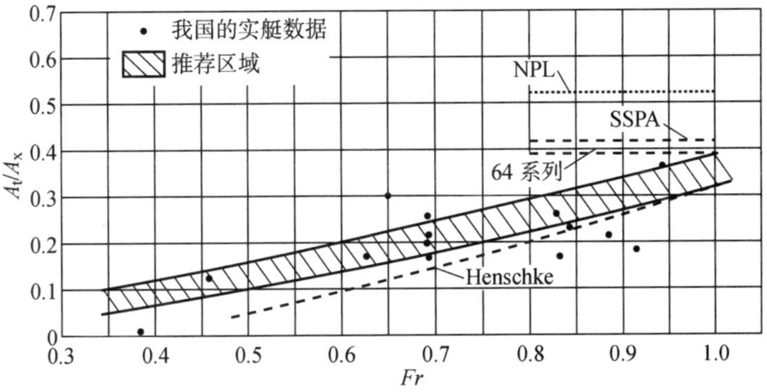

图 4-2-9　圆舭艇艉板相对浸湿面积比选用参考

A_t/A_X 也可按 Fung[2] 提出的回归公式确定:

$$A_t/A_X=-0.0857+0.3967Fr+0.1061Fr^2 \tag{4.2.1}$$

2. **艉板宽度**

对于负荷较大($L/\nabla^{1/3}$较小)的高速排水艇来说,艉板相对宽度为 0.86～0.90 者均比 0.80 者阻力要小。过去关于最佳艉板相对宽度不宜大于 0.8 的认识只适宜在 $L/\nabla^{1/3}$较大($L/\nabla^{1/3}>8.0$)的一定范围内使用。

事实上,较大的艉板宽度有利于艇的多桨布置,减少桨间流动干扰,改善推进性能,获得额外的节能效果。

3. **艉部纵剖线**

高速排水艇的纵向水流的影响比横向绕流更为重要。因此,在线型设计时,不仅要保证艉部纵剖线和面积曲线的光顺,还应避免艉部凹形纵剖线的曲率过大。否则,也会引起纵向流动中的涡流增加。如图 4-2-10 所示,曲率小者可以在整个航速范围内程度不同地降低阻力,在 $Fr\leqslant 0.54$ 区域内降低阻力 3%以上,速度越低,阻力下降越多,同时也使航行纵倾角减小。

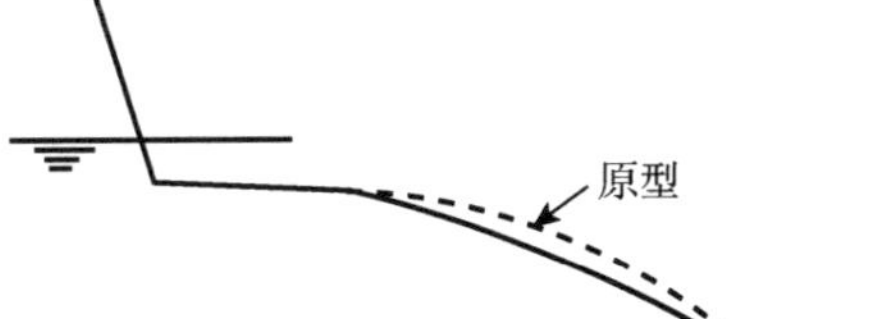

图 4-2-10　改变艉部纵剖线曲率

4.2.6 浮心纵向位置 x_B

圆舭快艇的 x_B 一般都在舯后。低速快艇的 x_B 应位于舯后(1.5%～2.5%) L 处;高速快艇的 x_B 应随 Fr 增加而后移。图 4-2-11 中有两条浮心位置推荐曲线,上面一条是按 Henschke 推荐的横剖面面积曲线改制的,下面一条是 Pyszka 建议的。圆舭快艇在高速段的纵向浮心位置可以在这两条线之间选取。但为了与较大的艉板浸湿面积配合,也可按图 4-2-11 中的阴影区域选取。

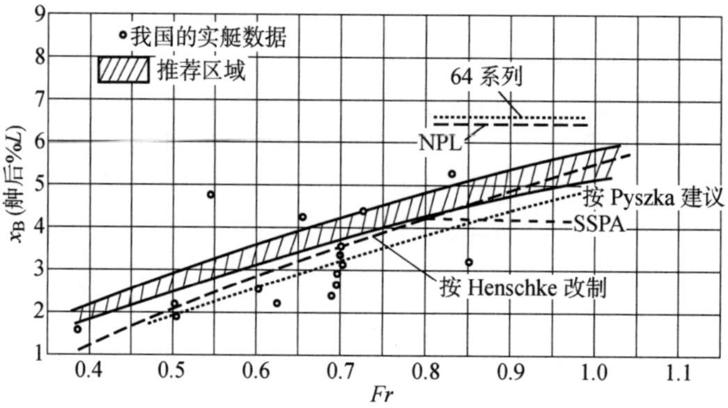

图 4-2-11 圆舭艇浮心位置选用参考

Fung[2] 给出的回归公式如下:

$$x_B = -2.2189 + 12.3505Fr - 5.4048Fr^2 \tag{4.2.2}$$

4.2.7 方形系数 C_B

国内外的圆舭快艇方形系数 C_B 很少超过 0.50,大多数在 0.40～0.45 范围内,也有不少的艇 C_B<0.40。方形系数对剩余阻力系数影响较小,但对湿表面积影响较大。方形系数大,其湿表面积也大,计算摩擦阻力时,湿表面积起较大作用。

4.2.8 棱形系数 C_P

在 Fr=0.35～0.40 的速度范围内,圆舭艇的 C_P 不宜过大,一般应在 0.56～0.60 范围内。高速段由于兴波剧烈,在整个进流段都会激起波浪,所以横剖面面积曲线应平缓过渡,使排水体积较均匀地向艏艉分布。Baker 曾建议 C_P 取 0.61～0.65。国内外高速圆舭快艇系列的 C_P 值可参考表 4-2-1 和图 4-2-12。设计者可按图 4-2-12 中的阴影区域选取 C_P 的值。根据国内实艇的统计,C_P 与 Fr 有如下的回归公式:

$$C_P = 0.6757Fr^{0.14744} \tag{4.2.3}$$

另外,Fung 提出如下的回归公式:

$$C_P = 0.5687 + 0.1538Fr - 0.0701Fr^2 \tag{4.2.4}$$

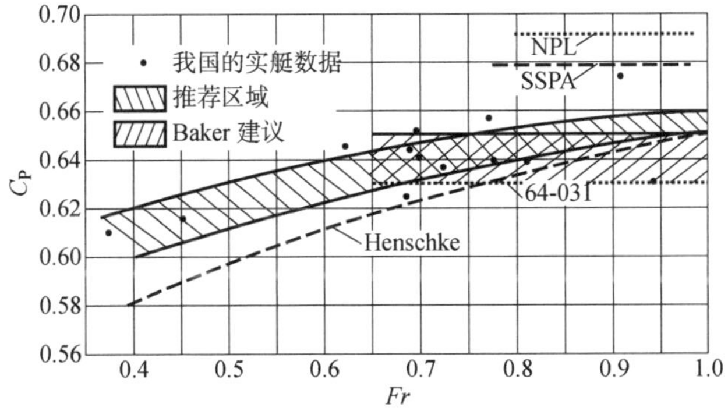

图 4-2-12　圆舭艇 C_P 选用参考

4.2.9　横剖面面积曲线

低速段的横剖面面积曲线前端微凹，最大剖面在舯部略后处，艉端凹下，A_t 为零或接近零，如图 4-2-13 所示。其中曲线 1 和 2 取自我国交通艇[5]，曲线 3 得自 Nordström 的资料。

高速段的横剖面面积曲线前端微凹或稍直，最大横剖面位置应在舯后，并随 Fr 加大而逐渐后移，但最大不超过舯后 7.5%L。这样就增加了前体的长度，使进流段更加光顺。同等重要的是保证去流段的和顺。因此，艉部横剖面面积不能收缩过快，在方艉处应保持相当大的水线宽度和 A_t。图 4-2-14 中曲线 1 和 2 均为我国圆舭快艇的横剖面面积曲线，曲线 3 为代号 64-031 艇艉倾 0.5°的横剖面面积曲线。曲线 4 为 NPL 的横剖面面积曲线。

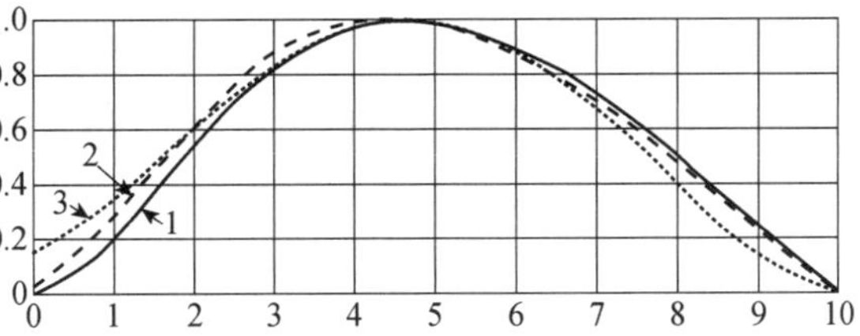

图 4-2-13　低速段圆舭艇横剖面面积曲线

1—代号 84101；2—代号 813413；3—Nordström

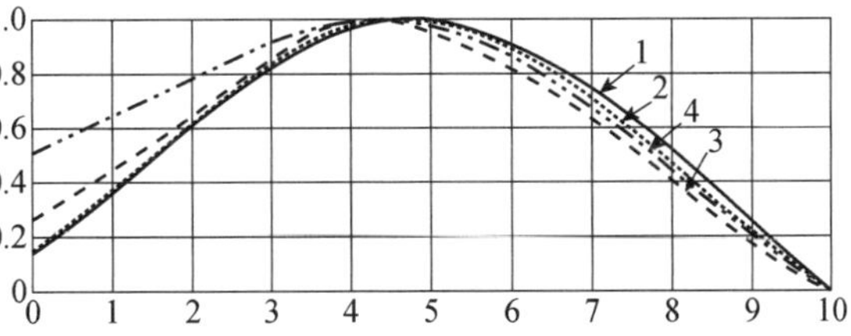

图 4-2-14　高速段圆舭艇横剖面面积曲线

1—代号 84979；2—代号 64-031；3—代号 64-031 艉倾 0.5°；4—NPL

Henschke 曾为不同傅氏数的圆舭快艇绘制了横剖面面积曲线（图 4-2-15），可供设计者参考。这些曲线的艉端坐标值即 A_t/A_X。

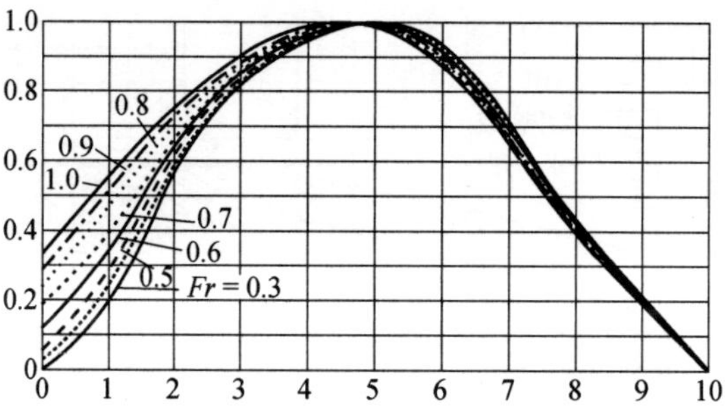

图 4-2-15　不同 Fr 下的圆舭快艇的横剖面面积曲线

4.2.10 艉部升力板

圆舭快艇航行时通常出现艉纵倾角 τ。在中、高速段，艉纵倾角随 Fr 的加大而增加，过大的纵倾角对阻力不利。如果在艉部加装艉部升力板（又称纵倾调节板），减小过大的艉纵倾角，对阻力有好处。从图 4-2-16 中可见，加装不同角度的艉部升力板，艉纵倾角减小的程度也不同。通常艉升力板角度越大，τ 的减少越多。但并非 τ 减小越多越好。最佳阻力在 $\tau=1°\sim1.5°$ 区域内出现。使用于低速段的艇无须加装艉部升力板。

艉部升力板有两种安装方法：一种是安装在距艉 $0.015L$ 处底部；另一种是安装在艉封板的下缘，并向艉端伸出。后一种方法比较简单，调整艉升力板的角度也比较方便。国内采用这种方法较多。

4.2.11 防溅条的设置

圆舭快艇在 $Fr>0.8$ 以后，首波波峰逐渐提高，飞溅增加，甲板上浪，引起阻力增加。为改善高速时的快速性，常在快艇前端两舷水线以上设置防溅条，以减少甲板上浪和飞溅，从而减少溅湿表面积，使阻力下降。图 4-2-17 是防溅条的典型布置。

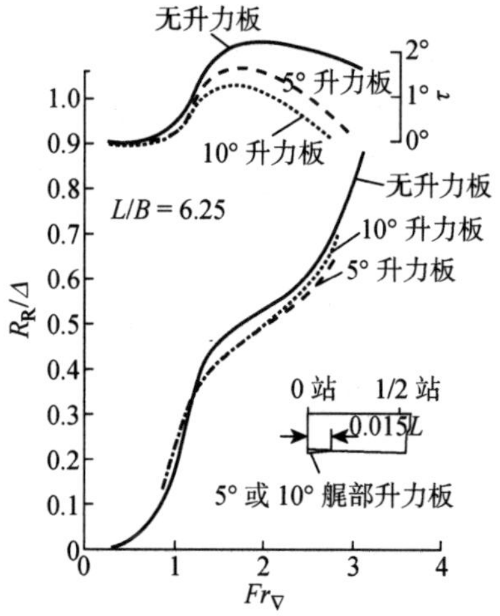

图 4-2-16　艉部升力板的作用

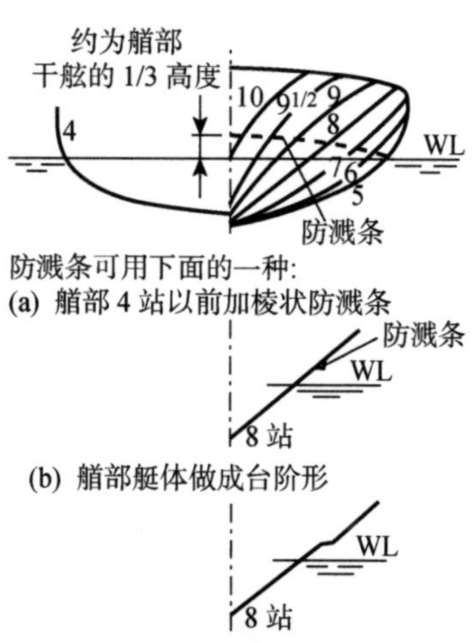

图 4-2-17　防溅条的设置

4.3　折角型艇体设计

4.3.1　折角型艇体

当 $Fr>0.7$ 时，舭部折角的 V 型艇体在阻力性能方面逐渐呈现出优势。若在内河、湖泊等无大波浪的水面上使用，采用一般的 V 型艇体即可，其艇尾的底升角为 1°～4°。若在风浪较大的沿海使用，为了减小上下颠簸的加速度，可以采用深 V 型艇体，其艇尾的底升角加大到 10°左右。

图 4-3-1 是典型的折角型艇体线型，它的主尺度参数中，折角线宽度 B_P 起着重要作用。该图中阴影部分称为折角线投影面积 A_P。

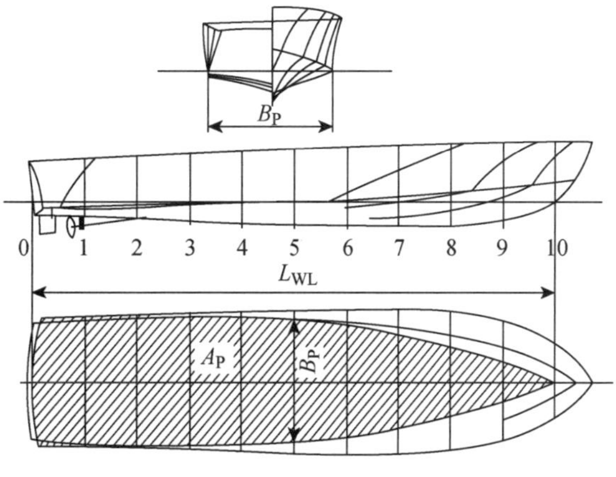

图 4-3-1　折角型艇体线型

折角型艇又称为高速滑行艇，因为它在正常航速时，艇体应当由水动举力支持，好似在水面掠行一般，即滑行状态。它在低速时的阻力性能是不理想的，所以中、低速艇一般都采用圆舭型艇体，只有追求高速的艇才会采用折角型艇体。

由于 V 型艇在高速滑行时，艇体只有一小部分留在水中，水线长度缩短了，并且是一个不稳定的数值，因此在高速滑行艇的性能计算中，有时采用了以排水体积为特征值的傅氏数 $Fr_\nabla = v/\sqrt{g\nabla^{1/3}}$ 来取代以水线长度为特征值的傅氏数 Fr。

高速滑行艇的设计起点：$Fr_\nabla > 3$。

4.3.2　主尺度

作为初始数值，无断级滑行艇的总长可按图 4-3-2 选取。

用于内河滑行艇的折角线宽度可取：

$$B_P = 0.6\,L^{0.7} \tag{4.3.1}$$

用于海上滑行艇的折角线宽度建议：

$$B_P = 0.63\,L^{0.65} \tag{4.3.2}$$

一般说来，过小的 L/B_P 会出现较大的阻力峰，对于适航性不利。通常 $L/B_P>3.5$。L/B_P 过大尽管对低速区阻力有利，但越过阻力峰以后的高速区阻力偏大。

关于 V 型艇体的设计，Henschke 总结的型线设计参数如图 4-3-3 所示。

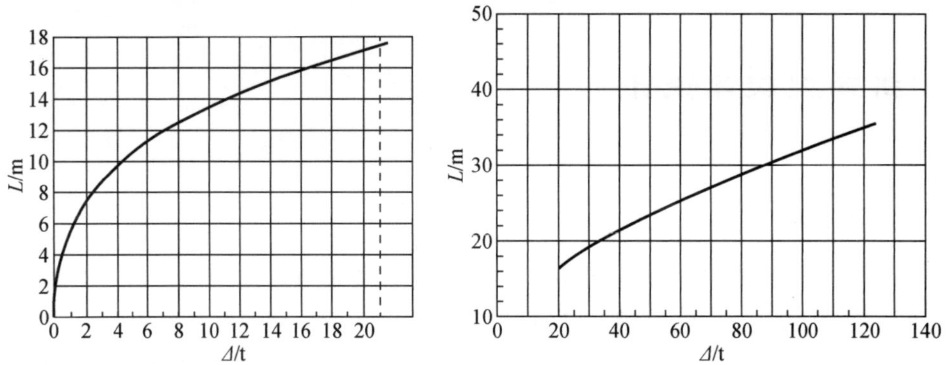

图 4-3-2　无断级滑行艇的总长

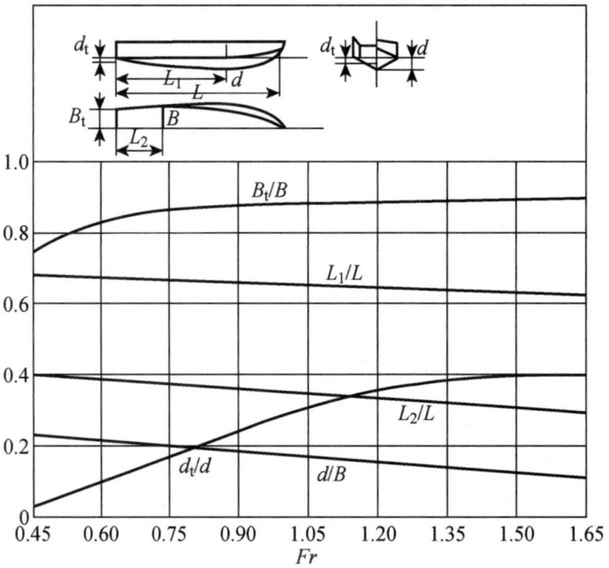

图 4-3-3　V 型艇体型线设计参数

d— 吃水；d_t— 艉板吃水；L— 水线长；B— 水线最大宽度；L_1— 水线与折角线交点至艉板距离；L_2— 水线最大宽度至艉板的距离

4.3.3　面积系数 $A_P/\nabla^{2/3}$

按 Clement 的试验结果，面积系数大，对低速阻力有利，但在高速时阻力迅速上升，因此当 $Fr_\nabla>4$ 时，宜取较小的面积系数，如图 4-3-4 所示。

4.3.4　重心纵向位置 *LCG*

对一定的滑行速度而言，有一个最佳的 *LCG*。这个位置决定艇的航态，因而也决定艇的阻力。一般说来，重心在舭折角线投影面积的形心后(4%～8%)L 较合适(舭折角线投影面积的形心一般在艉封板折角线前(43%～46%)L)。速度更高,则重心可再略后移些,此时航行纵倾角会增加,对阻力仍有利,但以不产生纵向颠簸运动为限。

根据苏联 НИВК 设计高速艇的经验。重心应位于水线与舭部折角线相切的那一点或自此点向艉约 5%此点到艉板的距离内(图 4-3-9)。重心太前会发生埋艏现象,太后会发生过大的艉倾,引起阻力增加,喷溅增多,影响视线。

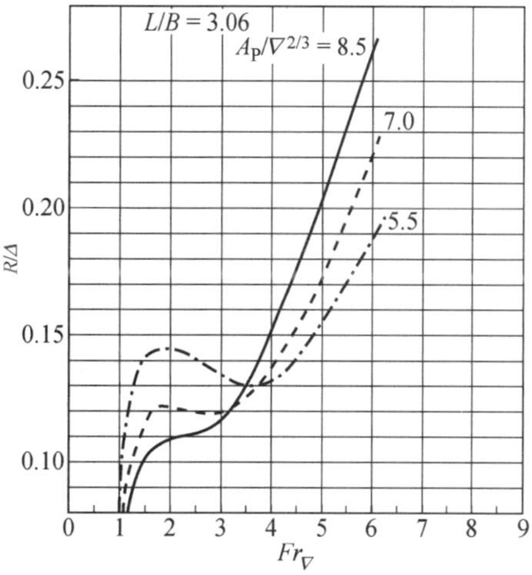

图 4-3-4 面积系数与阻力的关系

4.3.5 斜升角 β

为减少波浪对艇底的砰击,滑行艇艇首横剖面呈尖劈形,即有较大的斜升角 β,由艏向艉,逐渐减小。对于海上滑行艇,舯部 β 一般为 15°～20°,艉部 β 为 2°～8°。内河滑行艇由于波浪不大,舯部 β 为 9°～12°,艉部 β 为 0°～2°。典型的 β 沿艇长变化曲线如图 4-3-5 所示。对于追求速度的娱乐用艇,β 可较上述酌减以提高流体动力特性:海上小艇,舯部 β 以 13°～16°为宜;内河小艇,舯部 β 以 8°～11°为宜。

4.3.6 横剖面形状

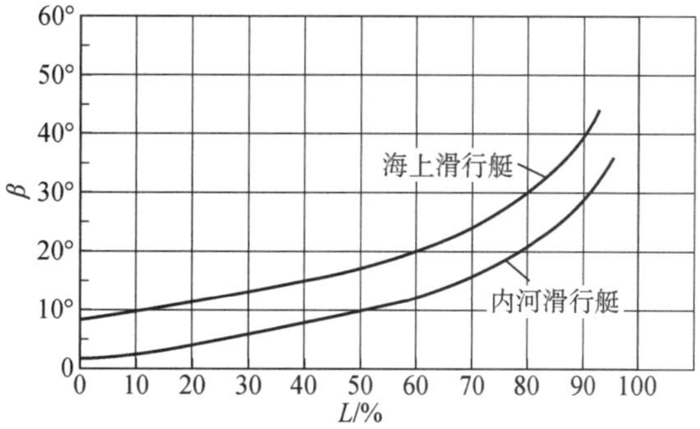

图 4-3-5 典型的 β 沿艇长变化曲线

图 4-3-6 列出了三种比较成功的 V 型艇体横剖面形状。其中,B 艇是一艘长 15 m,服务航速约 14 kn,用于沿海海域的小艇。为了使施工简单,其肋骨尽可能多地采用直线形。这种船型虽然简单,但阻力方面的性能不差[7]。G 艇为一艘长 21 m,服务航速约 26 kn 的沿海艇,阻力性能较好,其前部横剖面形状上凹下凸,略呈 S 形,改善了波浪中的颠簸性能,也有人称之为 Ω 型。O 艇即深 V 型艇体,适合在较大的风浪中运行。表 4-3-1 列出了这三艘艇的主要参数。

表 4-3-1 V 型艇的主要参数[7]

艇型代号	L/m	B/m	Δ/t	C_P	V/kn	设计点 Fr	x_B/%L
B	14.30	—	≈17.2	0.773	14.38	0.624	−7
G	21.00	5.10	40	0.801	26.60	0.953	−8.1
O	31.00	—	—	—	30	0.885	—

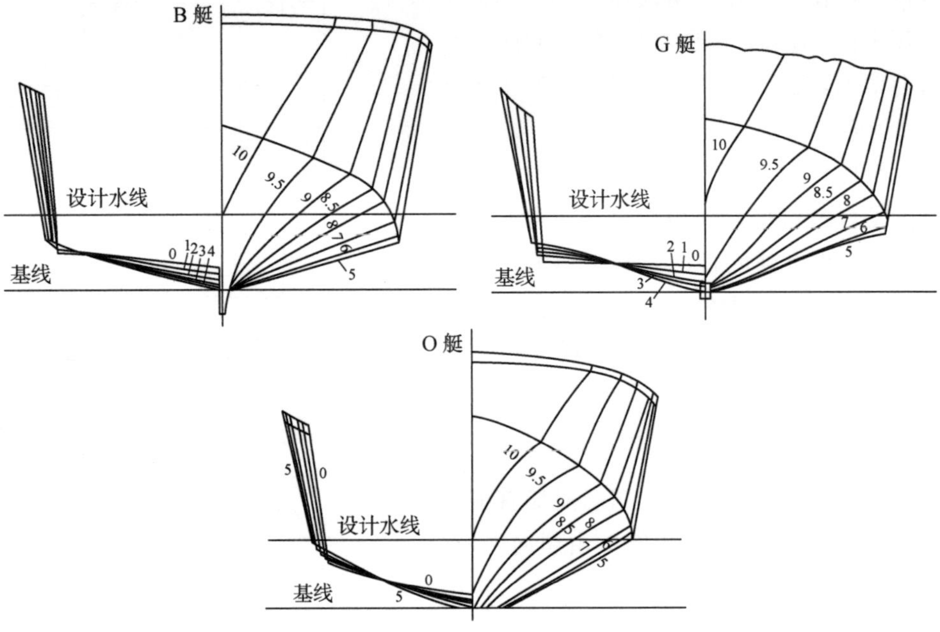

图 4-3-6　V 型艇体横剖面形状

4.3.7　横剖面面积曲线

图 4-3-7 是 Henschke 总结得出的 V 型艇较好的横剖面面积曲线和浮心纵向位置。

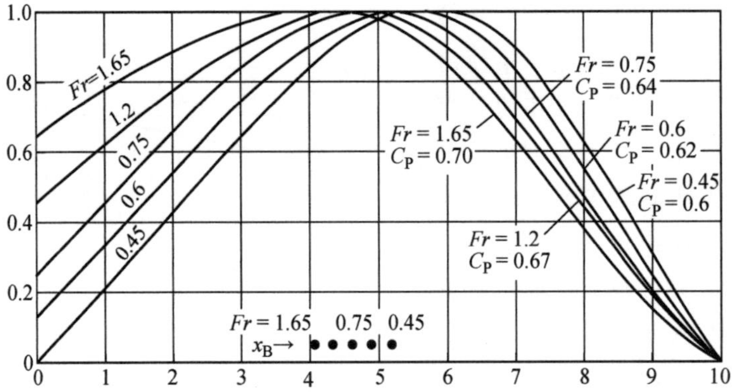

图 4-3-7　横剖面面积曲线和浮心纵向位置

4.3.8　折角线形状

滑行艇的艇底与舷侧以折角线连接，以使艇底水流在舷侧处抛出，减少湿表面积，并使艇底成为一个滑行面。折角线的形状对艇的性能有重要影响。折角线在平面图上的形状如图 4-3-8 所示。一般最大宽度在离艏 40%L 处，在艉板处，宽度 B_t 与最大折角线宽度 B_{Pmax}

的比值在 0.65～0.80 范围内。过大的 B_t 会增加阻力。图 4-3-8 展示了著名的 TMB62 系列、62-A(系 62 系列中的 4667 模型)和 NSRDC 65 系列(65-B)的折角线平面形状,它是用折角线宽度 B_P 与折角线平均宽度 B_{Pa} 的比值来表达的。

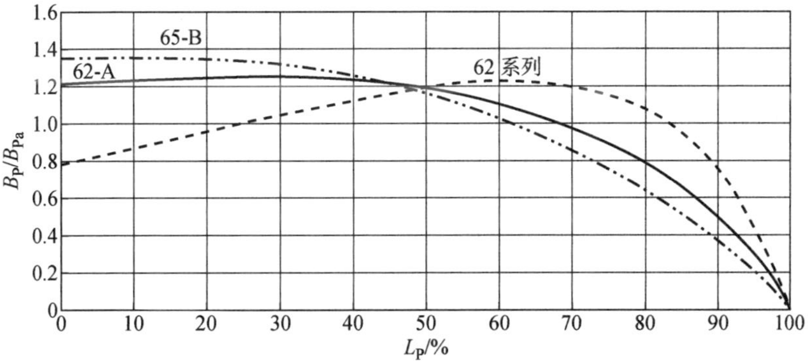

图 4-3-8　无断级滑行艇折角线在平面图上的形状

为了使艇有较佳的起滑性能和起滑航态,折角线与水线的交点通常在离艏 1/4～1/3 艇长处。折角线在舯部以后其侧投影应近于直线或略带微凹(图 4-3-9)。艏折角线与水线所成之角度应在 3.5°～6°的范围内。如此角度远大于 6°或一般地将折角线伸到艏柱的顶点,则在波浪中会引起阻力增长、舭部的冲击加剧和适航性下降。

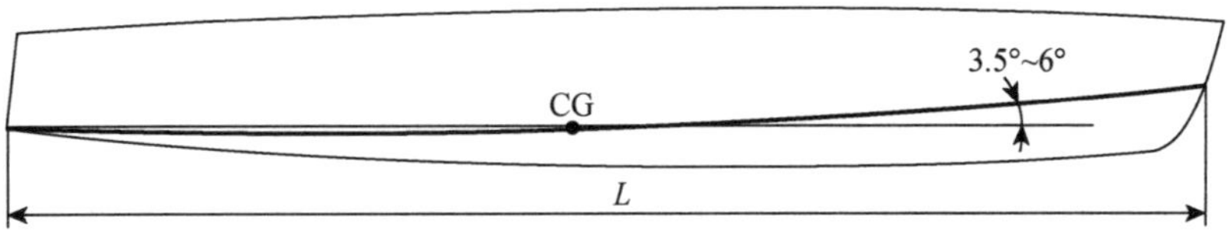

图 4-3-9　无断级滑行艇折角线的侧面形状和重心位置

4.3.9　舭板

为了改善滑行艇的喷溅性能,增加艇底举力。滑行艇舭部一般都装有防溅板条——舭板。舭板的宽度通常为折角线宽度 B_P 的 2%～3%。在舯及舯后的安装角度与水线成 0°,在近艏处与水线成 8° 左右的俯角,由舯至艏逐渐过渡,如图 4-3-10 所示。

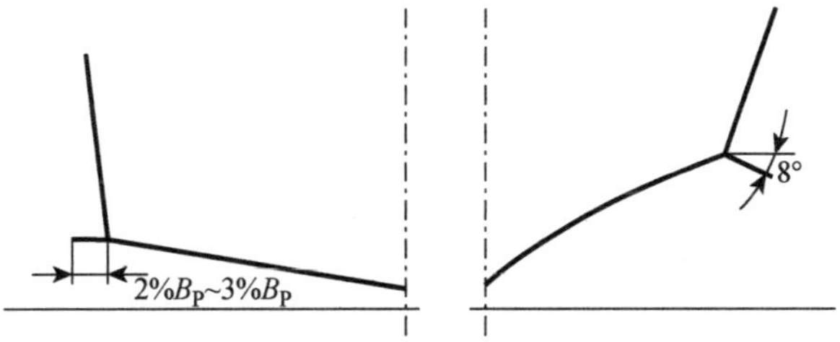

图 4-3-10　舭板安装示意图

4.3.10　滑行艇的纵向稳定性

滑行艇设计中最重要的是力求无颠簸运动(又称海豚式运动)下的低阻性能。颠簸运动是一种纵摇和垂荡的综合运动，在有较高的速度和较大的纵倾角时发生。产生这种不稳定运动的起始速度一般通过船模试验来获得。图 4-3-11 是 62 系列滑行艇颠簸限界图，曲线下方是稳定区，即不会发生颠簸运动；曲线上方则是不稳定区，设计时应予以避免。该图也可作为校核其他艇型颠簸运动是否发生的参考。

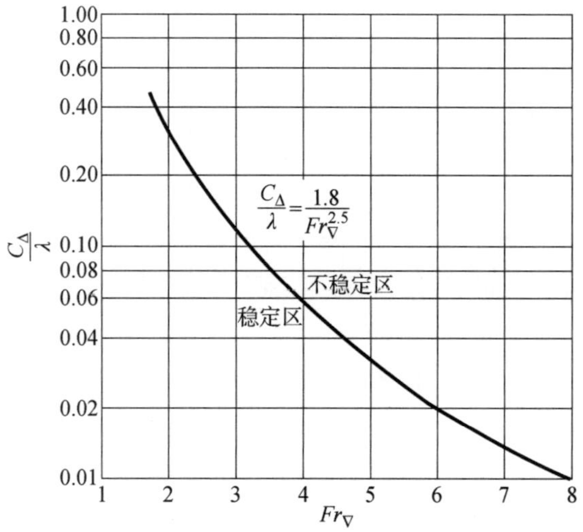

图 4-3-11　62 系列滑行艇颠簸限界图

曲线的拟合公式为

$$\frac{C_\Delta}{\lambda}=\frac{1.80}{Fr_\nabla^{2.5}} \tag{4.3.3}$$

若已知负载系数 C_Δ，则对每一 Fr_∇，可由上式确定最小的 λ 值 λ_{min}。把这个数值与阻力计算中得出的 λ 相比较，如果阻力计算得出的 λ 大于上式计算得出的 λ_{min}，则可保证不产生颠簸运动。关于 λ 的计算请参阅文献[9]第三章“滑行艇水动力计算”。

4.4　多棱形艇体

玻璃钢艇体是在模具中整体成型的，这种工艺特别适合制造艇体形状复杂的小艇。另一方面，为了改善艇在风浪中的适航性，近代快艇船型中出现了双体、三体（M 形）和多棱形艇体。上面两节中介绍的圆舭艇和折角型（V 型）艇都属于单体艇，国外称之为monohedron。本节将介绍多棱形艇体。

4.4.1　三棱形艇体

这种艇型（图 4-4-1）是由 Watercroft 公司开发的，用于 8 m 小艇，具有许多优点，如较佳的纵倾特性，其阻升比比常规 V 型艇更低。这种三棱形线型最适合小型玻璃钢艇，因为它实际上没有支撑船壳所需的内部加筋。苏联的 Zaria 内河客船非常成功地采用了这种三棱形艇体。

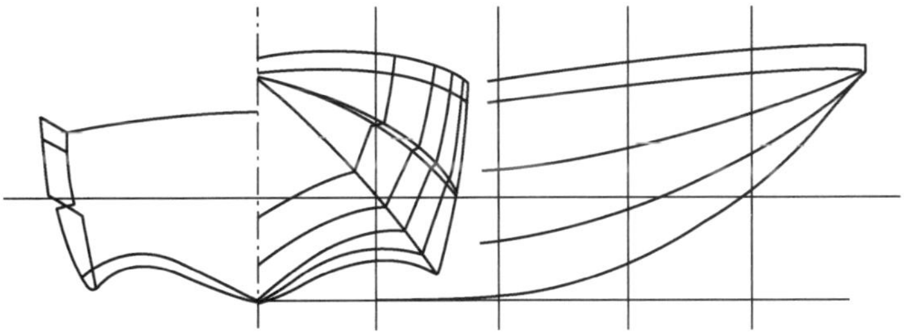

图 4-4-1　三棱形艇体

4.4.2　旋涡(Vortex)型艇体

20 世纪 80 年代初,英国泰勒成型公司推出了一种崭新的船型,英文名 Vortex,意义为“旋涡”。泰勒成型公司 Vortex 43 艇外形如图 4-4-2 所示。

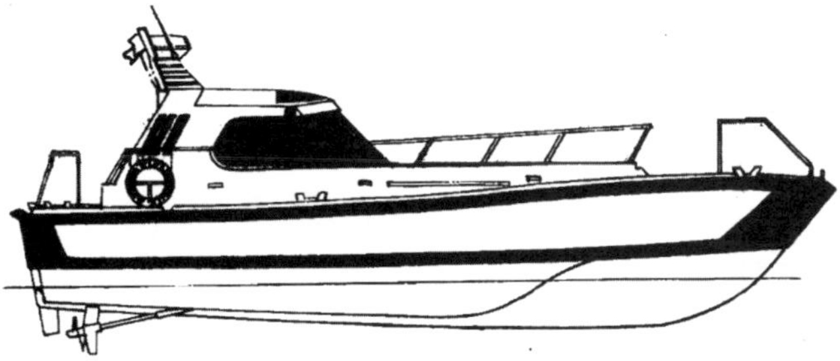

图 4-4-2　英国泰勒成型公司 Vortex 43 艇外形

这艘小艇的主要参数:总长 13.12 m,水线长 11.52 m,型宽 4.25 m,吃水 1.22 m,排水量 12 t,载客 2+4 人,制动功率 2×400 hp,服务航速 27 kn,最大航速 30 kn。艇体中后部两侧舭部各有一道侧壁,如图 4-4-3 所示,其横剖面呈 M 形,如图 4-4-4 所示。

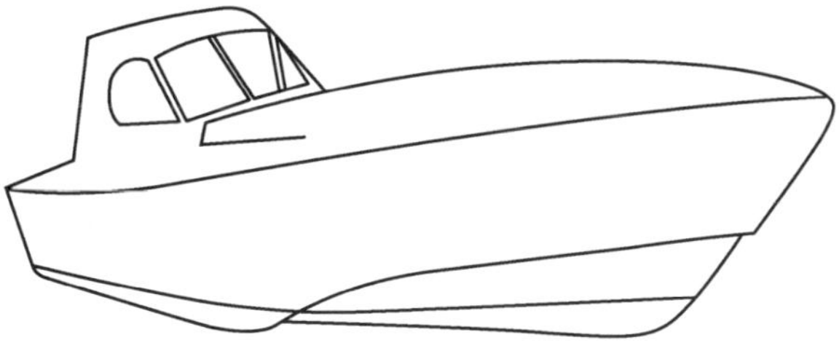

图 4-4-3　Vortex 43 艇体构型

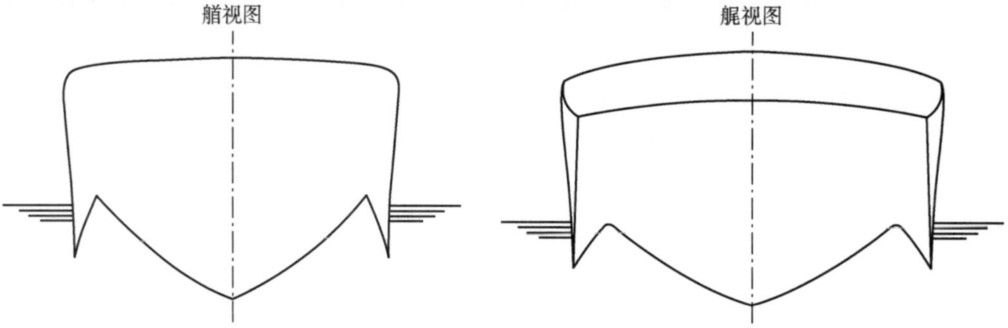

图 4-4-4　Vortex 43 艇体横剖面形状

当航速超过 17.5 kn 时，由于其特殊的横剖面形状，能将艏波引集到艇的舭部，在隧道中形成旋涡，并流向艇尾。旋涡在狭小的隧道中对艇体产生一种附加的升力，减少了水动阻力，提高了推进效率。据称这种艇体要比常规的高速圆舭艇体效率提高 14%～32%，航速可达 30 kn 以上。据称这种艇在高速范围内其载重可增加 20%而不增加燃料的消耗，对航速的影响也很小。例如排水量为 12 t、航速 35 kn 的艇在高速时排水量(载重)可增加 2.4 t，其燃料消耗不变，最高航速仅降低 1 kn。

在适航性方面，由于艇的两个隧道在波浪中上下颠簸时具有缓冲作用，所以艇的垂荡(升沉)、摇摆、失速和偏航等动力性能均优于传统高速艇，回转时稳性良好，倾侧减少。因艏波被利用，高速航行时兴波大为减少。

4.4.3　双体槽道快艇

这种船型最早见于美洲狮造船公司建造的近海竞速快艇，它创造了 84.6 kn 的近海竞速世界记录，1982 年 10 月又刷新为 95.7 kn。由于艇体中间设有槽道，处在高速航行时，槽道顶板和水流之间形成了一层相当厚度的气膜或气水混合层。这种气水两相混合流体的密度比较小，从而既降低了摩擦阻力，又起到了风浪中的减震作用，避免了常规单体滑行快艇严重的拍击现象。这种艇型因超高速，在沿海乃至近海海况下的耐波性、稳性以及舒适性方面的优良性能，已被广泛用于港口警戒、缉私、打击海盗和沿海巡逻。到了 20 世纪 90 年代，高速旅游船、渡船、客船也开始应用这种双体槽道船型。

图 4-4-5　“海豹”号双体槽道艇

我国于 1992 年开发成功第一艘沿海高速双体槽道艇，命名为“海豹”号(代号 584，如图 4-4-5 所示)。图 4-4-6 是“海豹”号的横剖面形状。图 4-4-7 是该艇的总布置图。艇体为玻璃钢结构，采用纵骨架单板形式，肋距 550 mm，甲板和舱壁为夹芯结构。艇尾板上安装有一部 73.5 kW“海马”牌舷外挂机，最高航速大于 27 kn。艇的主要技术参数为：总长 6.40 m；总宽 1.893 m；水线长 5.84 m；最大折角线宽度 1.747 m；型深 0.81 m；平均吃水 0.37 m；艇底中部斜升角 17.9°；艉板底部斜升角 12°；艏高 0.704 m；艉高 0.687 m；重心纵向位置 −0.948 m(舯后)；重心垂向位置 0.68 m(距基线)；满载排水量 1.62 t；初稳性高度 0.812 m；抗风能力 4 级；续航力 100 n mile。

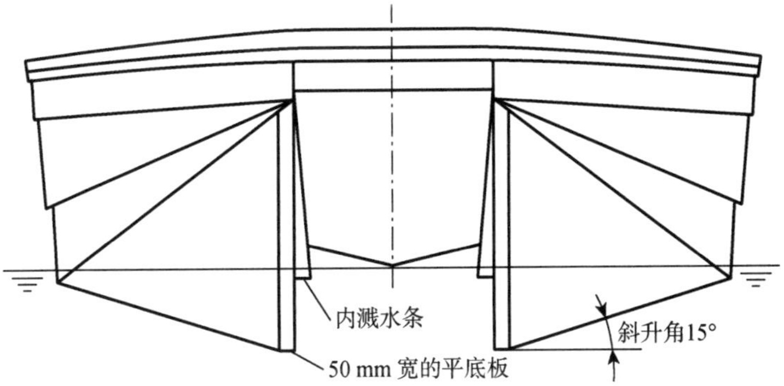

图 4-4-6　“海豹”号的横剖面形状

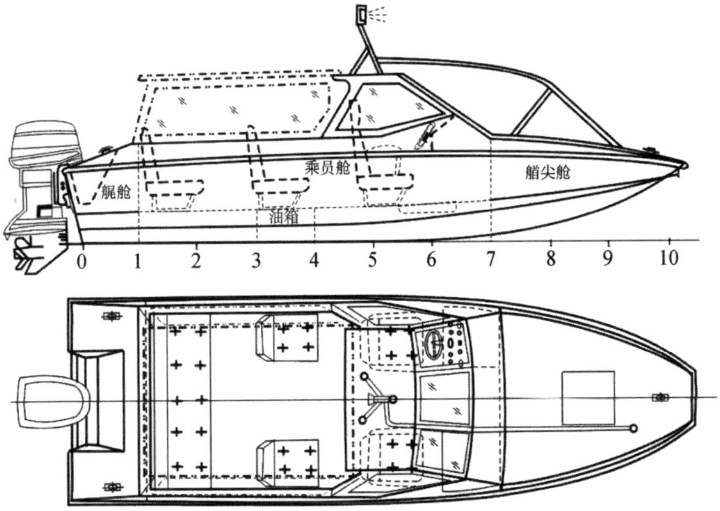

图 4-4-7　“海豹”号的总布置图

之后，中国人民解放军总后勤部军事交通运输研究所成功研制开发出长城系列高速双体槽道滑行艇。双体槽道滑行艇区别于常规滑行艇的特征是艇体中部有一条纵通槽道，此槽道将艇体分成两个片体。该艇型又有别于常规高速双体船。常规高速双体船的船宽较大，中间的通道既宽又深，无论是静浮还是航行状态，通道顶部均处于通气状态。而双体槽道滑行艇在静浮或低速航行时，槽道完全浸没于水中；高速滑行时，槽顶才离水处于通气状态，并形成空气润滑层，从而大幅度减小了摩擦阻力，使艇处于两点支撑的稳定滑行状态。在海上高速航行时，空气润滑层还具有缓冲、减少拍击、减振的作用，相比于常规滑行艇，改善了适航性，较大幅度地拓宽了航行区域。

迄今为止，大多数双体槽道滑行艇系列试验都是针对高速段的，因为高速段（$Fr_{\nabla}>3.5$）是最能充分发挥双体槽道滑行艇快速性及综合优势的区域。双体槽道滑行艇的优势归纳起来有以下几点：

1）较好的耐波性

双体滑行艇在相同风浪的情况下，垂向加速度小，横摇角度小，纵、横向波浪对双体滑行艇艇体的冲击力小，可为乘员提供比同样尺度单体滑行艇更为舒适的航行。

2）良好的操纵性

双体滑行艇桨、舵间距是常规滑行艇的 1.4～2.3 倍，转弯时可提供较大的回转力矩，低速具有良好的机动性，高速回转直径只有 5～6 倍船长。双体槽道滑行艇的航向稳定性、抗侧滑性能及垂荡、纵摇等指标均明显优于常规单体滑行艇。

3）突出的稳性

特有的几何形状和较宽的艇体使其固有的稳性复原能力较强，当艇被迫在较高海况下航行时，始终能正常复原和保持稳定，是一个相当稳定的工作/武器平台。

4）宽敞的甲板面积

双体槽道滑行艇的甲板面积比常规单体滑行艇多 33%～50%，可为乘客提供较大的人均占有面积。

5）独到的超载性能

双体槽道滑行艇的另一个突出优点是额外载荷的增加对速度的影响较小。

1987 年以来，总后勤部军事交通运输研究所针对用于不同水域、不同用途的双体槽道滑行艇船型进行了模型试验和实艇试验的研究[16]。试验的基本模型分为四组：

A 组——宽片体、窄浅槽道型（图 4-4-8(a)）；

B 组——宽片体、宽深槽道型（图 4-4-8(b)）；

C 组——窄片体、宽浅槽道型（图 4-4-8(c)）；

D 组——窄片体、宽浅槽道赛艇型（图 4-4-8(d)）。

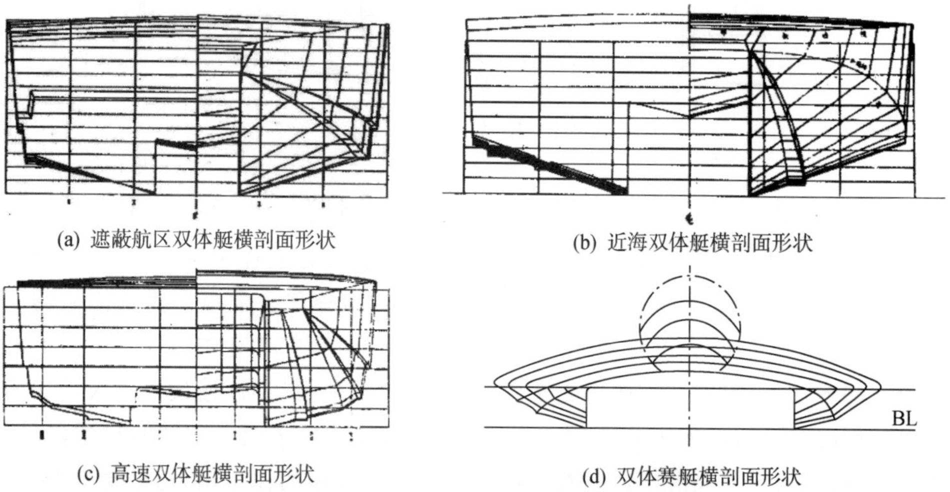

(a) 遮蔽航区双体艇横剖面形状

(b) 近海双体艇横剖面形状

(c) 高速双体艇横剖面形状

(d) 双体赛艇横剖面形状

图 4-4-8　四种典型双体槽道艇的横剖面形状

四种双体槽道艇船模的主要尺度和参数见表 4-4-1。

表 4-4-1　四种双体槽道艇船模的主要尺度和参数

艇型	A	B	C	D
折角线长 L_P/m	2.95	2.61	2.60	2.60
片体折角线宽 B_{PS}/m	0.33	0.64	0.28	0.22
槽道相对宽度 b/B_{PS}	0.33	0.38	0.69	2.30
槽道相对深度 h/B_{PS}	0.43	0.57	0.38	0.43
舯横底斜升角 $\beta_{中}$/(°)	17.5	17	13	8
尾横底斜升角 $\beta_{尾}$/(°)	13	15	13	8
槽顶斜升角 β_C/(°)	10.5	13	6	0
槽顶断级/水翼/个	1/2	无/2	1/2	无/无
片体底部断级/个	无	4	2	无
片体纵向防溅龙筋/条	4	2	2	4
适用范围	适用于Ⅲ类航区以内高速交通及旅游用艇	适用于Ⅱ类航区的特种工作用艇	适用于Ⅲ类航区以内高速巡逻、缉私用艇	适用于沿海竞技用高速赛艇

4.4.4　三体消波型艇体

多年来，狭窄航道，特别是边防界河及航道繁忙地段水域的各种滑行艇，均因兴波大而不能高速航行，否则其艉浪对河床的冲刷和对航道中其他船只及人员的影响颇大。内河三体消波艇横剖面形状如图 4-4-9 所示，船首中间为主船体，两侧为消波船体，从舯部向艉部逐步过渡为异型滑行单体并设有异型断阶。这种艇体实质上并未形成三个独立的艇体，而是形成了几个沿纵向的凸棱；沿海三体消波艇横剖面形状（图 4-4-10）与内河不同，以适应海上骑浪航行要求。图 4-4-11 为一艘内河三体消波型交通艇航行时的水面情况，可以看出，这种艇高速航行时兴起的波浪很小。

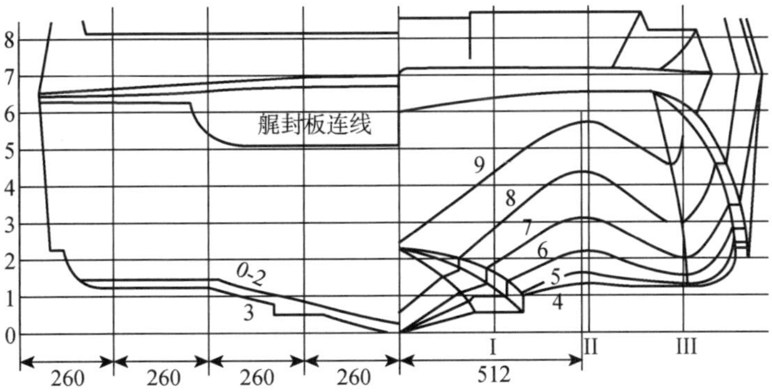

图 4-4-9　内河三体消波艇横剖面形状

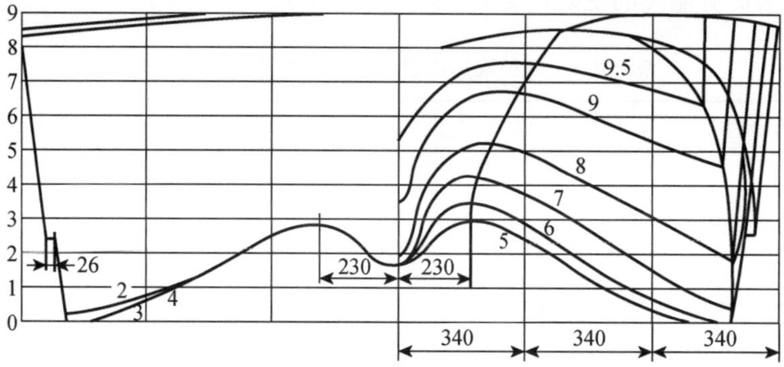

图 4-4-10　沿海三体消波艇横剖面形状

图 4-4-11　长城 420 三体消波型交通艇航行时的水面情况

三体消波型滑行艇应用了流体动力学的原理，依靠随航速增加而增长的水动升力支持了 80％的艇重，艏部船体的三个棱均较尖瘦，有利于劈浪，降低艏波。三棱之间形成两个喇叭口槽道，航行时高速气流进入槽内形成气垫，产生附加升力，空气润滑作用减少了约 11％的阻力。试验结果表明，约 80％的艏波被消除，其艉浪只相当于常规滑行艇的 45％。

4.4.5　M 型艇体

M 型艇体(图 4-4-12)是单体滑行艇、高速双体船和气滑船的组合船型。由于它有两个槽道，分隔成三个艇体，因此又称三体艇型。它集中三种艇型的优势，将流体力学和空气动力学较好地结合起来，其消波性能、有效载荷、操纵性以及在逆风逆浪中高速航行的效果更显出其卓越的性能，是最具竞争力的一种新艇型[10]。

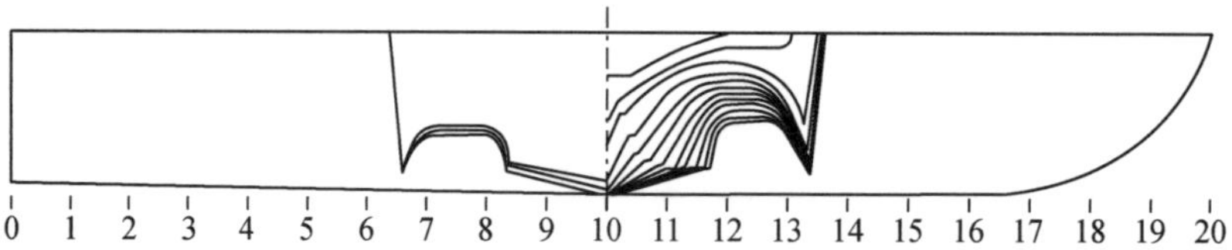

图 4-4-12　M 型艇体

M 型艇体横剖面型线如图 4-4-13 所示。它主要由三部分组成：中间部分是主船体部分，它主要用来排水，为艇体提供足够的浮力；两侧是艇体的围壁，其主要作用类似于气垫船的侧壁；中间的空白部分是空气通道。高速航行时，主船体和气道底部的水动力和气动力向上抬升艇体，使得艇体吃水进一步减小从而大大减小湿表面积。同时，槽道(即空气通道)内做有旋运动的水流，很容易吸捕大气层中的空气，形成高压的气水混合物并被自动压进槽道，在槽道顶部形成一个低黏性的气水二相流边界层，使得艇体得到润滑，其结果使得摩擦阻力降低。这也是气滑船减阻的原理。

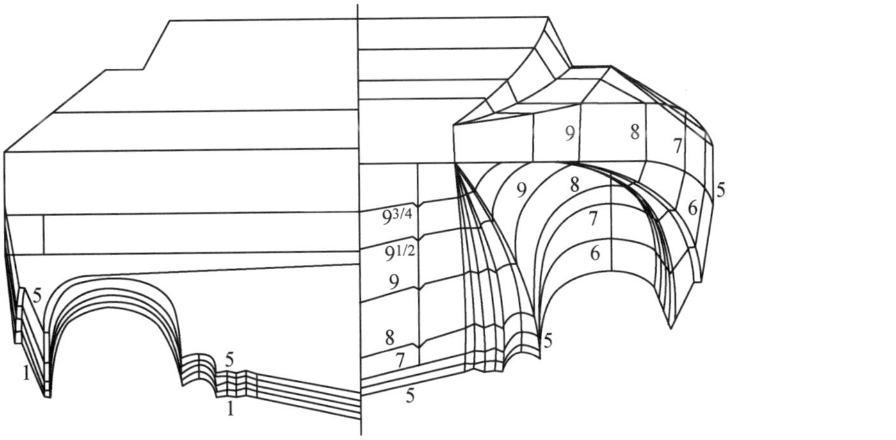

图 4-4-13 M 型艇体横剖面型线

黄武刚[10]用同一尺度的模型做了阻力试验的比较。由试验结果得到的阻升比曲线如图 4-4-14 所示。当 Fr_∇ 大于 1.7 之后，M 型艇体的静水阻力性能均优于槽道艇，在中高速范围内阻力减小值均超过 10%，在 $Fr_\nabla=4.883$（实艇航速约 52 kn）时减小值达到 21.91%。说明 M 型艇体在高速时，两个槽道充分利用了艇首气动冲力的能量形成气垫，改善了艇的阻力性能和适航性能，特别是波浪中的纵摇和垂荡运动有所减小，以及加速度的改善比较明显。

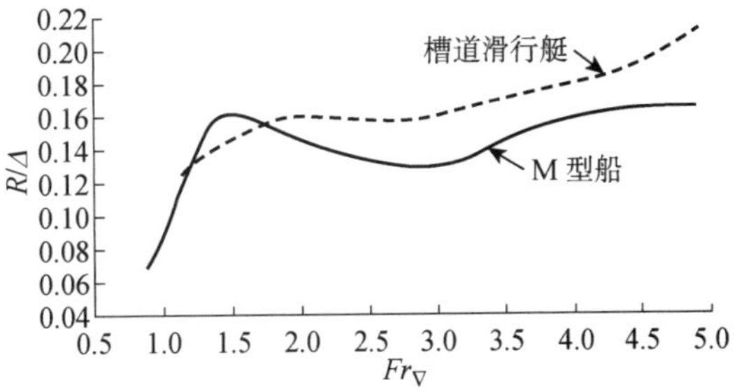

图 4-4-14 M 型艇体与槽道艇体模型试验阻力的比较

4.4.6 倒 V 型槽道滑行艇

文献[15]介绍了倒 V 型槽道滑行艇体，它是在槽道滑行艇的结构特点和三体滑行艇的工作原理基础上，形成的一种全新的滑行艇型。

1. 艇体结构特点

如图 4-4-15 所示，它的两个片体的滑行面为内倾式，中间槽道的横剖面形状为椭圆形。槽道的前端形成喇叭状开口，便于空气的进入，在椭圆形槽道内形成气水两相流，起到减阻和气垫缓冲作用。

该艇体结构有两个明显的特点：

(1) 内倾式滑行面的侧片体。滑行面整体呈倒 V 形，侧片体的舷侧近似直壁，并增设折

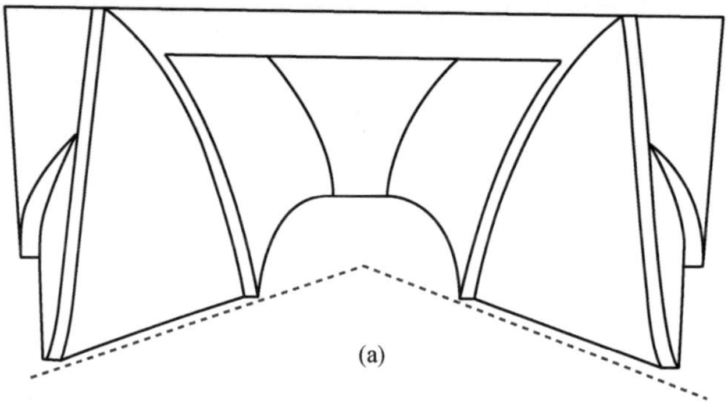
(a)

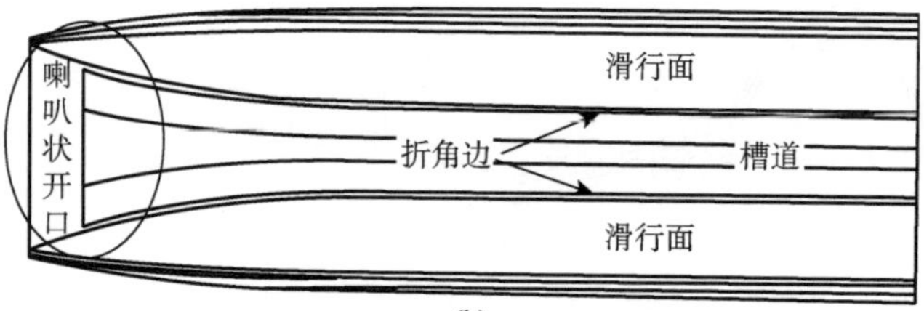

(b)

图 4-4-15　倒 V 型槽道滑行艇艇体结构

角线，滑行面靠近槽道的一侧也设置折角边以改变水流方向，从而减少水流对槽道的冲击，同时有利于槽道内气旋的形成。

(2) 椭圆形槽道。两个侧片体中间由一个横剖面近似为椭圆形的槽道连接，即顶部为平直段，两侧采用圆弧过渡；在纵向上，槽道宽度由艉部向艏部逐渐扩大，在艏部形成喇叭状开口以增加槽道的进气量。

2. 倒 V 型槽道滑行艇的水动力特性

试验所用模型的三维形状如图 4-4-16 所示。船模总长 2.5 m，宽 0.87 m，型深 0.31 m，排水量 130 kg。阻力曲线如图 4-4-17 所示。倒 V 型槽道滑行艇在全速度段只有一个阻力峰值 $R=116.8$ N，出现在 $Fr_{\nabla}=1.82$ 处，越过阻力峰后阻力迅速下降，并在 $Fr_{\nabla}=3.64$ 处取得极小值 $R=81.1$ N，此后随着航速的增加，阻力平缓增长，在最大速度 $Fr_{\nabla}=5.83$ 处，阻力值 $R=97.3$ N，相比于极小值仅增加了 16%，且明显低于低速航行段出现的阻力峰值。由阻力曲线中后段可知，当 $Fr_{\nabla}\geqslant 3.59$ 后，倒 V 型槽道滑行艇阻力增长平缓。

3. 艇体纵倾随速度的变化规律

由图 4-4-18 可知，当航速 $Fr_{\nabla}=0.9$ 时，滑行艇处于排水航行状态，此时纵倾角较小，仅为 3.83°，艇体主要依靠静浮力支持，与一般的排水型船舶的航态相似。随着航速的提高，滑行艇进入过渡航行阶段，艇体姿态发生剧烈改变，纵倾角先急剧增大，并在 $Fr_{\nabla}=1.8$ 处达到在整个速度段的最大纵倾角 8.96°，然后又快速减小。当滑行艇进入相对稳定的滑行阶段后，随着航速的增加，艇体的航行纵倾角保持着单调变小的趋势，但变化平缓，艇体的纵倾逐渐接近于静浮状态。

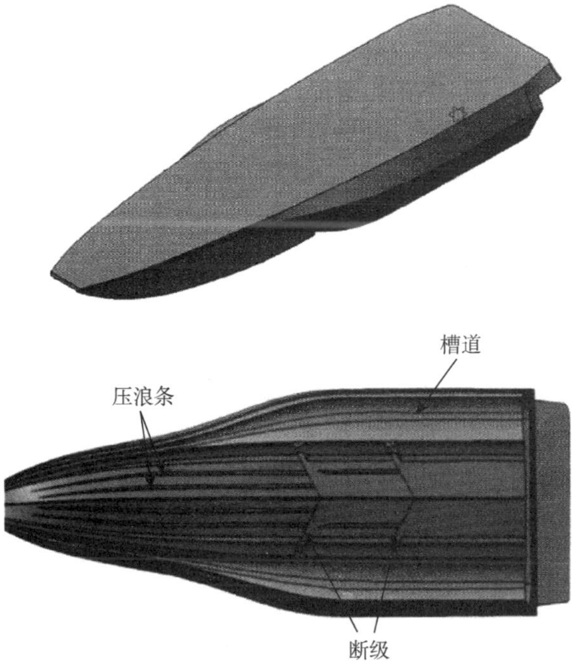

图 4-4-16　实艇模型的三维形状

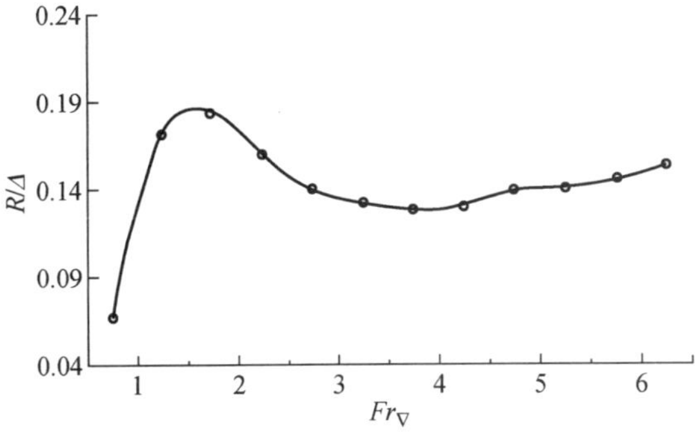

图 4-4-17　阻力曲线

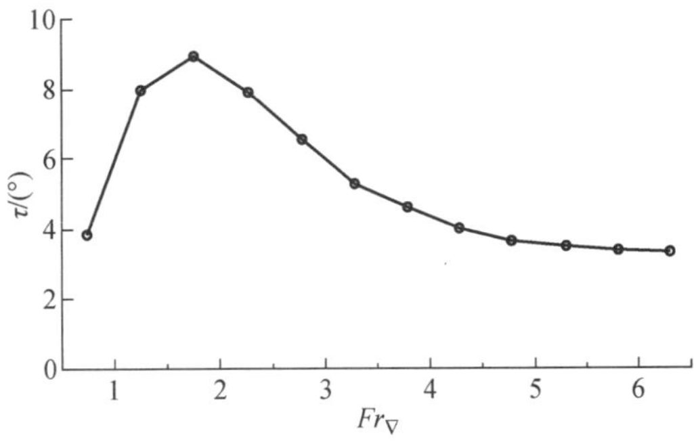

图 4-4-18　纵倾角随速度变化曲线

4. 槽道动升力特性

槽道滑行艇与单体滑行艇的最大区别在于存在槽道升力，改变了艇体的航行姿态进而影响到滑行艇的水动力性能。当倒 V 型滑行艇以 $Fr_{\nabla}<1$ 的速度航行时，处于排水航行状态，两个片体兴波非常小，槽道没有完全浸没在水中，其顶端处于贯通状态。此时，艇体重量几乎全部由静浮力支持。

当倒 V 型槽道滑行艇刚进入到半滑行阶段（$Fr_{\nabla}=1.35$），艇体具有较大的纵倾和吃水。此时，槽道中部首先与自由液面接触，形成一个压力集中区域。其后在槽道的泄流段顶部再次与水面接触，形成另一个压力集中区域。由于槽道内兴波幅度较小，水流速度较低，这两个压力区域的压力值都较小。此外，由艇首部引入的空气在槽道内水流的挤压下，从艇体两侧和艄部大量溢出，槽道内气体被挤压的程度较小，由此引起的槽道气动升力也非常小。

随着航速的提升，槽道内由两片体引起的兴波幅度逐渐增加，槽道壁面受到兴波的拍打程度逐渐增加，因此由槽道内兴波引起的垂向升力也逐渐增加。与此同时，槽道内空气引入量逐渐增加，槽道内水密部分逐渐后移，气体所占区域逐渐增大，气体被挤压的力度也不断增大，因此由气体提供的垂向升力也逐渐增大，从而槽道的垂向升力不断增加。

当航速提高到 $Fr_{\nabla}=4.04$ 时，槽道内的气液分布达到临界状态。槽道内的兴波波面后移到槽道末端，但仍提供较大的水动升力。整个槽道内部被气体所填充，槽道的气动升力达到最大值。当航速再一步提升，滑行艇进入超高速滑行阶段，槽道被气体贯通，槽道尾部的泄流量不断增加，槽道内兴波波面已完全脱离槽道。此时，槽道升力虽略有减小，但变化幅度却很小，如图 4-4-19 所示。

在高速航行时，槽道内纵向高速气流和由倒 V 形滑行面挤压形成的横向水流相互作用形成由艇首部至艇尾部螺旋式的高速气流，如图 4-4-20 所示。椭圆形的槽道壁面能够最大限度地利用水气混合流中的能量（动能和压能）来维持较大的槽道动升力。

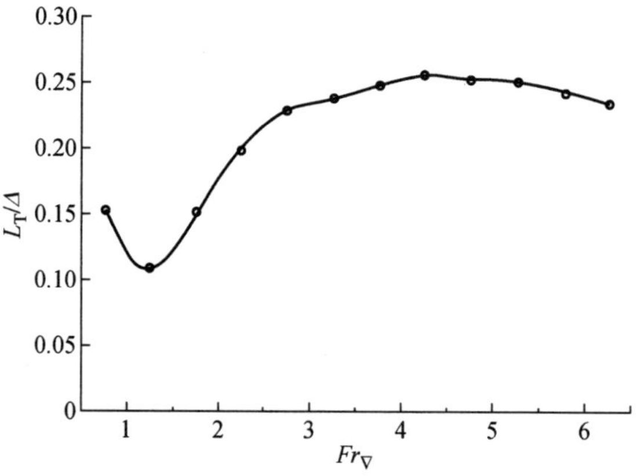

图 4-4-19　槽道内升力变化曲线

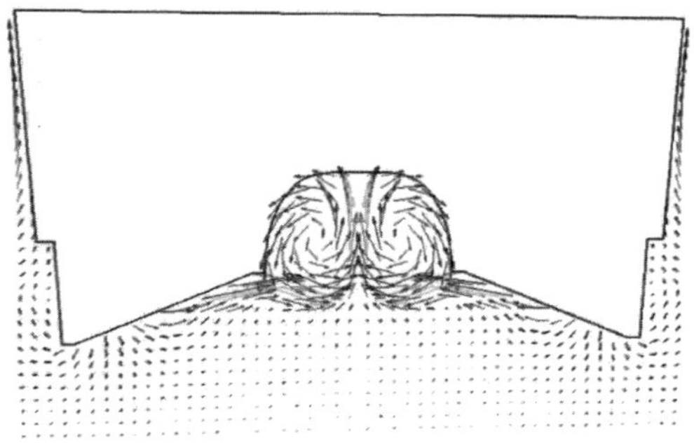

图 4-4-20　槽道内矢量图（$Fr_{\nabla}=5.83$）

4.4.6 “飞鳐”艇

“飞鳐”艇源自中国科学院陈振诚教授的一项发明。他设计的滑行艇，其特征是在艇底的中部向后，两侧各挖一道半圆形的槽道，槽道的首部是封闭的，尾部是开放的，可称之为“半槽道”，如图 4-4-21 所示。

“飞鳐”艇在高速滑行时，半槽道中高速旋涡流动的水动力流场会提升水动举力和水动推力，减少水的阻力而提高航速。其与常规滑行艇相比较，在航向稳定性、横摇性能、操纵性能、适航性能和抗风浪性能方面均得到改善。

陈教授开发了两艘载人实验小艇。其中“飞鳐 2 号”艇（图 4-4-22）艇长 6.3 m，宽 2.1 m，深 0.8 m。艇体用玻璃钢制造，重 800 kg，加上挂机、油料等重量，空船排水量达到

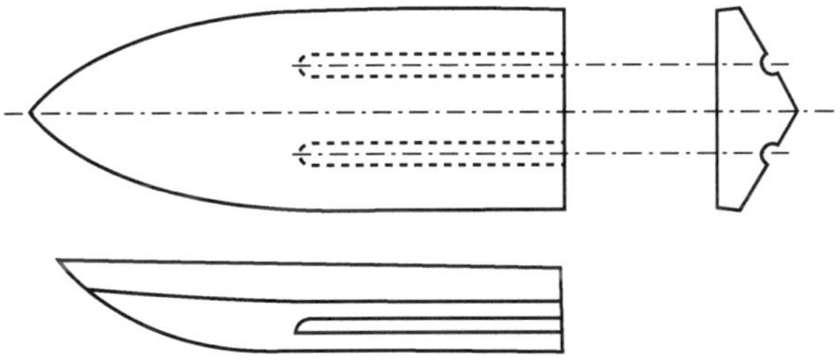

图 4-4-21　“飞鳐”艇底的半槽道

图 4-4-22　“飞鳐 2 号”艇

1 t。挂机为 200 hp,实艇试航出现了如下记录:乘员 8 人,逆水航速为 35.8 kn,顺水航速为 36.5 kn;乘员 15 人,逆水航速为 36.5 kn,顺水航速为 37.4 kn,平均增速 1.0 kn。

这样的记录真是有点出人意料!即载重增加 87.5%,航速非但不下降,反倒增加 1 kn 左右。这种违背常识的现象正是半槽道中水动作用力强劲的结果。根据这两艘实验艇的试航测试结果,证明“飞鳐”艇型具有以下技术优势。

(1) 优良的快速性能。在同推力、同质量条件下比起常规快艇来,速度有较大幅度的提高。

(2) 出色的稳定性。由于艇体在运动中激起强大的水动力横向力矩的作用,使船艇在直线前进时航向稳定,稳性复原能力强。特别是在转弯时,由于强大水动力横向力矩的扶正作用,能在高速前进时不降速急转弯,自动保持约 10°的横倾角,而不会出现大于 12°的倾覆危险倾角。

(3) 突出的操纵性能。机动、灵活,高速前进时能不减速绕圈急转弯,回转直径 2.5～3 倍艇长。

(4) 卓越的载重性能。航速对载重增加的反应特别不敏感。在同一“飞鳐”艇上,挂机功率为 115 hp 时,乘员从 6 人增加到 12 人,航速相应地从 26.24 kn 降低到 24.85 kn,降速 1.39 kn。偶然的情况下,还会出现增速的现象。

(5) 良好的耐波性和抗风浪性能。艏部的 V 形,使艉部的升力面远大于艏部的升力面。因此,前进运动时,艇体的艉倾小,遇到迎面波浪的抬艏作用时,艉倾的略微增加导致艉部滑行面升力的迅速增长,从而抵消抬艏力矩,保持适合的滑行面攻角。遇到横向波浪冲击时,半槽道中产生的强大横向稳定力矩起扶正作用而消除横摇。

(6) 良好的消波性能。独特的艇型结构使艏波大量地消除,两舷外侧的水面涌高降低,并且有效地遏制了水花的上翻。高速航行时,航行攻角 2°～3°,航迹缩小成船后的一条窄小的尾迹,乘员的四周视野没有水花溅流的干扰。

陈教授是一位流体力学专家。他不仅制造了实验艇以证实其设计理论,还用三维流体力学方法求解了半槽道内有旋水流产生的水动力和水动力矩[11],为“飞鳐”艇的设计奠定了理论基础。

目前,“飞鳐”型艇体虽在国内尚未见实艇应用,但在 2012 年的上海国际船艇展会上美国 Norseman 公司展示的一款艇的设计采用了类似“飞鳐”型艇的设计原理,如图 4-4-23

所示。

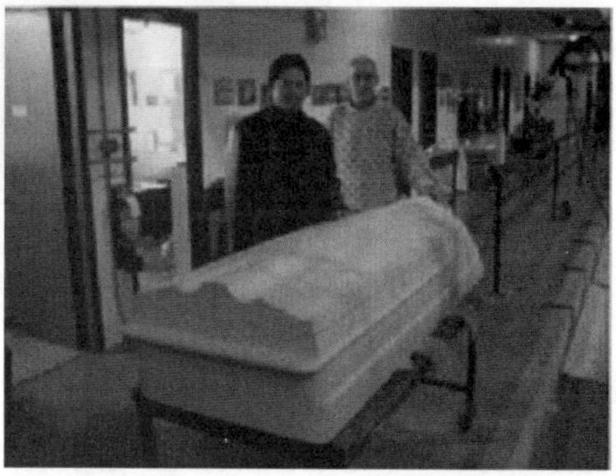

图 4-4-23　美国 Norseman 公司展示的艇体设计

4.4.7　多棱形艇体

高速艇的底部一般每侧都有 2～3 条纵向棱条(图 4-4-24)，沿纵剖线布置，其作用主要是使水流顺着纵剖线流动，减少横向流动，提高水动力的效率，对适航性的改善也有很大的好处。这些纵向棱条一般只从艏部延伸至舯部稍后，很少延伸至艇尾部，如图 4-4-25 所示。

图 4-4-24　每侧具有两条纵向棱条的小艇

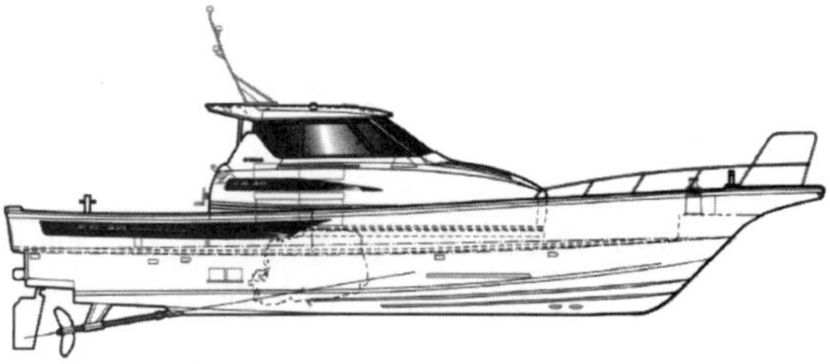

图 4-4-25　纵向棱条设计

图 4-4-26 为 Regal 游艇公司小型高速运动艇的艇体设计特色。它的艇体注册商标为 FasTrac，属于深 V 型断级艇(图 4-4-27)，艇底纵长方向有一个断级；前部艇底上设有多条水平向的纵向棱条，底部开有二条凹槽，还有竖向棱条。总的设计理念是阻止水流沿着斜坡向上运动，在高速时，这些竖向棱条促使水流分离，减少了湿表面积，降低了艇的阻力。但在低

图 4-4-26　Regal 游艇公司的棱条设计

速时，这些棱条会增加阻力，所以只适合高速的运动艇。

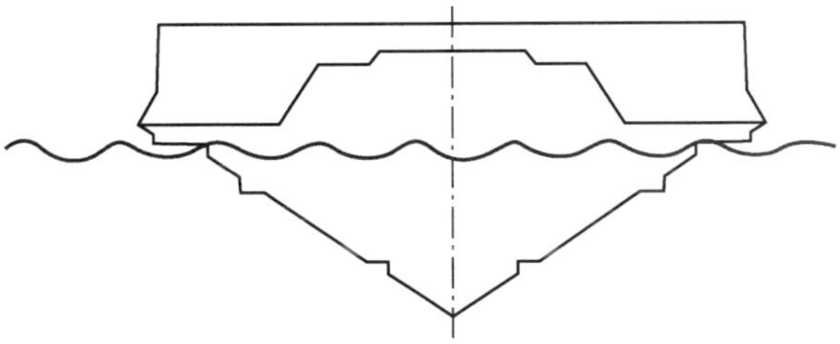

图 4-4-27　FasTrac 深 V 型艇体

Higgins 公司于 1959 年推出了一艘全新设计的快艇，用于运送墨西哥湾海上油井的工作人员。艇的主要参数为：艇长 16.12 m；艇宽 4.84 m；舷高 2.41 m；最大吃水 1.22 m；空船排水量 12.70 t；满载排水量 18.18 t；船员 2 人；载客 30 人；主机为 2 台 Solar 公司的燃气轮机，功率各为 367.65 kW；巡航速度 34.75 kn。艇底形状的特征是有多条纵向棱状条肋，使艇底部横向呈阶梯状(图 4-4-28)。这种"阶梯"所引起的横向斜升总高度有可能比具有相同面积的光滑艇底的斜升大得多，以此提供一个较小的进水角以减少波浪的冲击。"阶梯"阻碍水沿艇体由龙骨到舭部的横向运动，以减少飞溅以及当艏部产生下沉运动时能起气垫缓冲作用。据称，这种"多棱形"艇体在风浪中能发挥高速并有更好的航海性能，在 1 m 波高的海情下可以达到 34.7 kn 的全速航行。这种多棱形艇体问世以后，在各类快艇设计中被广泛采用。

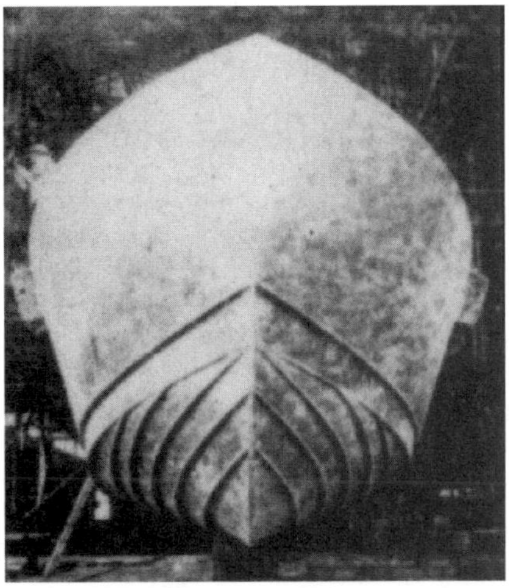

图 4-4-28　多棱形艇体

4.5　航行纵倾角和艇尾底楔板

大量船模试验表明，航行纵倾角的大小与艇体阻力性能密切相关，纵倾过大或过小都会导致阻力增加。不同艇型的航行纵倾角虽不尽相同，但阻力性能优良的艇，一般其纵倾角在同类艇中均为较小者。

在船艇设计阶段，航行纵倾角的控制主要是通过控制船艇的纵向重心位置和浮心位置来实现的。在实艇建造中，各种设备的重量和重心位置难免与设计图纸有出入，导致航行纵倾角偏离设计值。如果实艇的航行纵倾角偏大或偏小，可以通过在艇尾设置纵倾调节板来调节。艇尾底楔板就是用来调节航行纵倾角的。本节将介绍航行纵倾角和艇尾底楔板的设计方法。

4.5.1 航行纵倾角

文献[13]介绍的一艘内河消防艇模型上安装了$-8°$尾楔板后使高速时的航行纵倾角降低了近0.8°，减小阻力2%～3%，如图4-5-1所示，图上R/R_0为安装尾楔板后的艇体阻力与无尾楔板时总阻力之比。

对于一个给定的艇型来说，负荷($L/\nabla^{1/3}$)是决定航行纵倾角大小的主要因素。负荷大(负荷大则$L/\nabla^{1/3}$小)者其纵倾也大，反之亦然；就CSSRC(中国船舶科学研究中心)高速圆舭艇组系来说，若以$Fr=0.70$速度为例，当$L/\nabla^{1/3}$值分别为8.08,7.52,5.84时，对应的航行纵倾角τ分别为1.32°,1.65°,2.30°,图4-5-2所示的曲线大致描绘了这一关系。

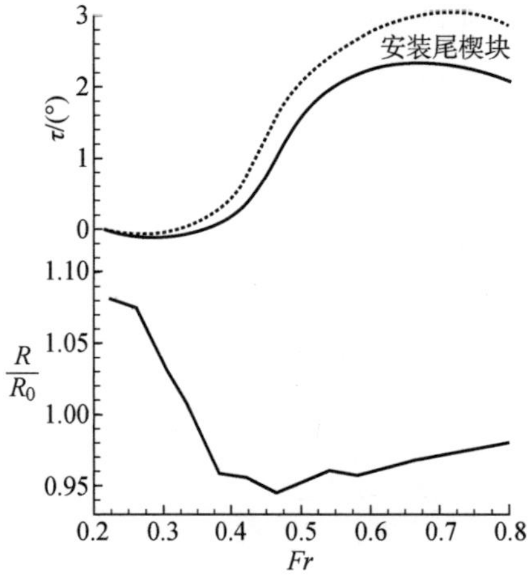

图4-5-1　尾楔板对航行纵倾角和阻力的影响

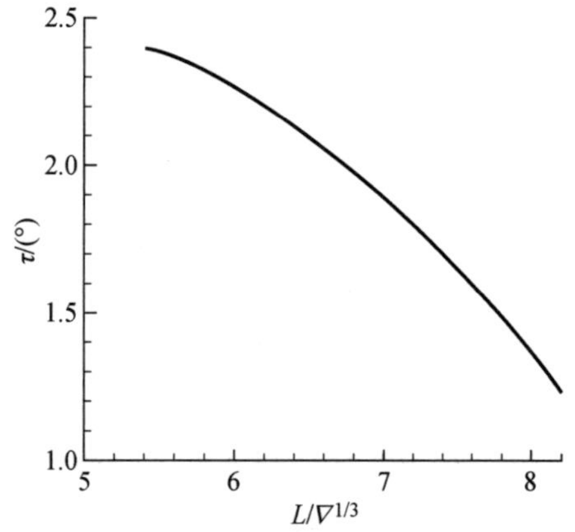

图4-5-2　艇体负荷对航行纵倾角的影响

尾楔板一般用于负荷较大，且航行纵倾角偏大的高速艇上。通常把尾端5% L_{WL}长的一段龙骨线拉平，相当于零角度的尾楔板，起到减小航行纵倾角、降低阻力的作用。但是，对于负荷较大的艇来说，有时拉平尾端龙骨线还不足以使航行纵倾角降低到合适的地步，就有必要安装负角度的尾楔板或尾压浪板(又称纵倾调节板)。然而，应当指出，在$L/\nabla^{1/3}$较大(即负荷较轻)的艇上却不宜安装尾楔板，否则，就可能弄巧成拙。

4.5.2 艇尾底楔板

在试航中，以设计速度航行时，艇尾纵倾过大的现象屡见不鲜，而在这种情况下就会产生驾驶室前方的视界变坏、船舶阻力增大等不良影响。作为补救措施，在艇尾装一底楔板，产生一个抬高艉部的升力，从而减少航行中的艇尾纵倾，是一个不错的选择。图4-5-3为艇尾底楔板的安装示意图。

下面介绍设计方法和计算公式。

1. 升力的计算公式

$$P = 14.2K_1 \cdot K_2 \cdot A^{1.1} \cdot B^{1.5} \cdot C^{-0.6} \cdot V_S^2 \tag{4.5.1}$$

式中：P——底楔板上的水动压力(升力)/kg；

A,B,C——底楔板的尺寸(图 4-5-4)/m；

V_S——航速/kn；

K_1——考虑计算值与实测值之差异的修正系数(图 4-5-5)；

K_2——艉部底板斜升角 β 的修正系数(图 4-5-6)。

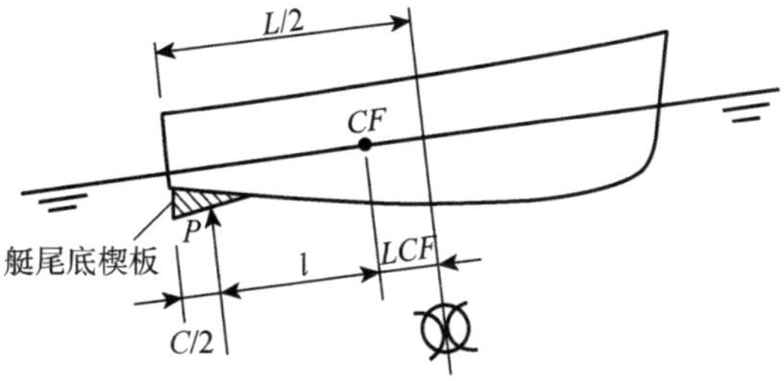

图 4-5-3　艇尾底楔板的安装示意图

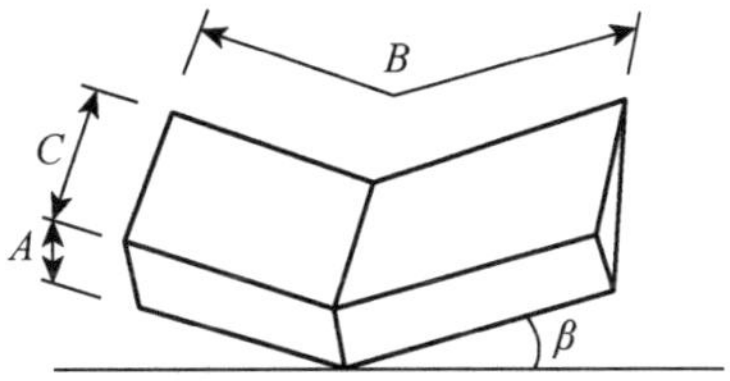

图 4-5-4　底楔板尺寸

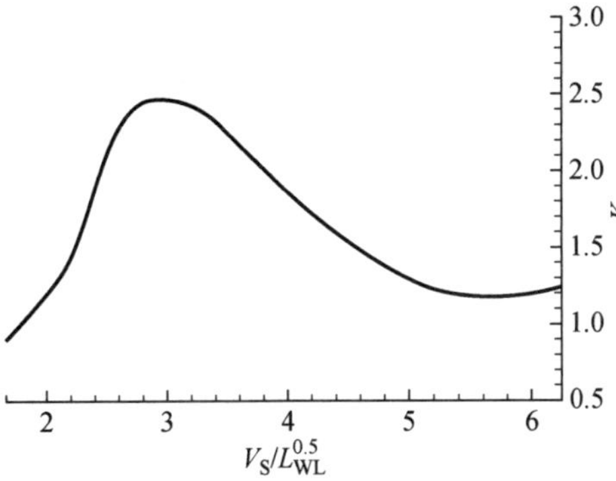

图 4-5-5　K_1

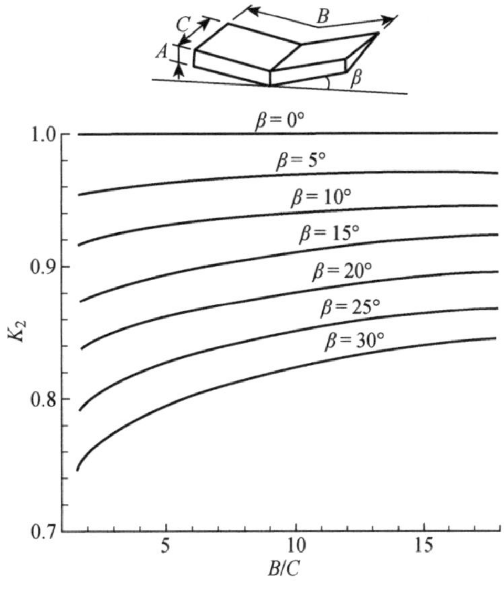

图 4-5-6　K_2

2. 纵倾平衡力矩和纵倾修正量

纵倾平衡力矩 M_P：

$$M_P = P \cdot l \tag{4.5.2}$$

$$l = \frac{L}{2} - LCF - \frac{C}{2} \tag{4.5.3}$$

式中：L——计算每厘米纵倾力矩(MTC)时使用的长度/m；

LCF——漂心距舯距离(舯后)/m；

MTC——每厘米纵倾力矩/(t·m/cm)。

纵倾值 ΔT(单位为 cm)：

$$\Delta T=\frac{M_P}{MTC}=\frac{Pl}{MTC} \tag{4.5.4}$$

纵倾修正量 $\Delta\tau$(单位为(°))：

$$\Delta\tau=\frac{57.3\times10^{-2}M_P}{L\cdot MTC} \tag{4.5.5}$$

[例题] 艇长为 15 m 时：

$A=0.04$ m，$A^{1.1}=0.029$

$B-2.6$ m，$B^{1.5}=4.19$

$C=0.5$ m，$C^{-0.6}=1.51$

$\beta=2°$，由图 4-5-6 得 $K_2=0.986$

$B/C=5.2$，由式(4.5.1)得：

$P=14.2K_1\cdot0.986\cdot0.029\cdot4.19\cdot1.51\cdot V_S^2=2.57K_1\cdot V_S^2$

$L=L_{WL}=14.4$ m

$LCF=0.63$ m，$MTC=0.403$ t·m/cm，$l=7.2-0.63-0.25=6.32$ m

根据上面的数据，列表计算，见表 4-5-1。

表 4-5-1 纵倾角修正量计算

V_S/kn	10	13	16	19
$V_S/\sqrt{L_{WL}}$	2.64	3.43	4.22	5.01
K_1(查图 4-5-5)	2.38	2.26	1.70	1.28
V_S^2	100	169	256	361
$P=2.57K_1\cdot V_S^2$/kg	611.66	981.59	1 118.46	1 187.54
$P\cdot l=0.00632P$/(t·m)	3.87	6.20	7.07	7.51
$\Delta\tau=\frac{57.3\times10^{-2}M_P}{L\cdot MTC}=0.0986P\cdot l$/(°)	0.38	0.61	0.70	0.74

另外，当 $A=0.065$ m 时，纵倾修正量分别为 0.67°，1.21°，1.28°。

将以上计算结果与实测值比较，示于图 4-5-7，同时还将航速与主机输出功率的关系示于该图中。

3. 阻力最小时的航行纵倾角

滑行艇航行时，有一个最佳航行纵倾角，偏离这个最佳航行纵倾角，无论是纵倾过大或过小，阻力都要增加。滑行艇阻力计算也能揭示有一个最佳航行纵倾角，这个角度一般在 4°

以下。由图 4-5-7 可见，当底楔板的尺寸为 40/500 和 65/500 时，主机输出功率与航速基本相同，所以阻力最小的航行纵倾角似为 2.0°～2.5°。各种艇的最佳航行纵倾角并不相同。

根据一些艇的海上试验结果（图 4-5-8、图 4-5-9）来判断[14]，当 $V_S/L_{WL}^{0.5}=4\sim5$ 时，航行纵倾角如从 4.5°～5.0°减少 1°，航速增加 5%左右；如从 3.2°～3.7°减少 1°，航速增加 4%左右。

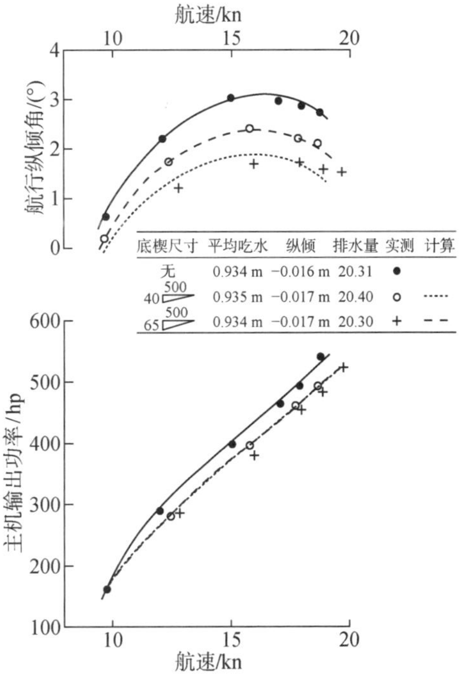

图 4-5-7　15 m 艇计算值与实测值比较

4. 尾楔板的应用

一开始就画阻力最小的型线图是极其困难的，所以航行中出现艇尾纵倾过大时，作为补救措施，安装艇尾底楔板是最好的方法。等找到一个最佳航行纵倾角，在后续的艇建造时适当修改尾部型线就能取得较好的效果。

如将艇尾底部肋骨长度的中点沿艏艉方向的连线定义为船的平均纵剖线，则可以认为艉部平均纵剖线倾斜角的大小（以逆时针旋转为

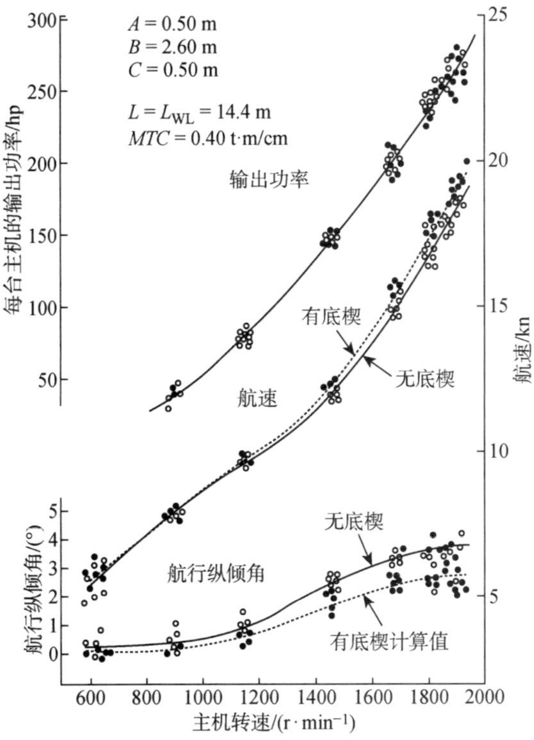

图 4-5-8　15 m 艇海上试验结果

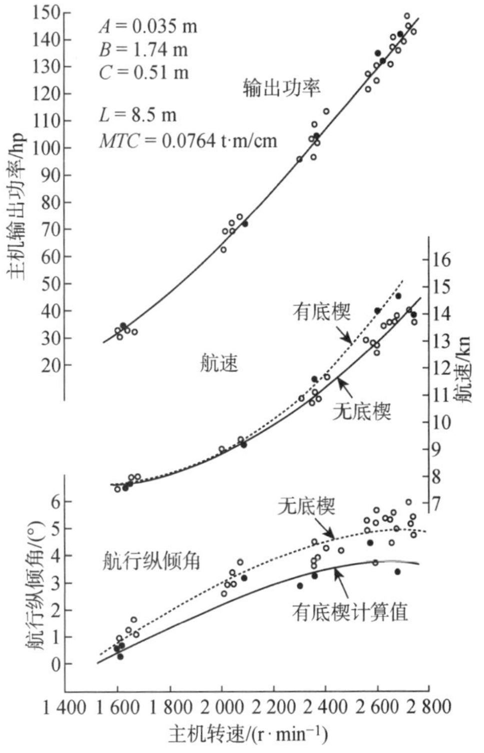

图 4-5-9　8 m 艇海上试验结果

正)与航行纵倾角的大小是有关系的。由图 4-5-10 可知,因 15 m 艇尾部平均纵剖线的倾斜度比 21 m 艇大,所以其航行纵倾角就小。

艇造好后,将木制楔板沿横向对接起来,然后用胶合剂和双头螺栓将其安装上去。如艇体为玻璃钢,则先放入填料,然后用 FRP 做外罩包好。试航得到最佳楔板尺寸后,从同型艇的第二艘开始,将艇尾底部外板向下方弯曲,如图 4-5-11 右图所示,即可形成一体化构造。

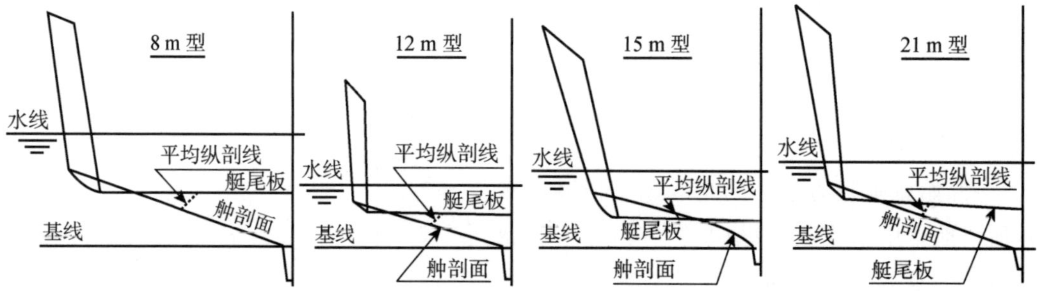

图 4-5-10　后半部平均纵剖线的倾斜度(以反时针旋转为正)

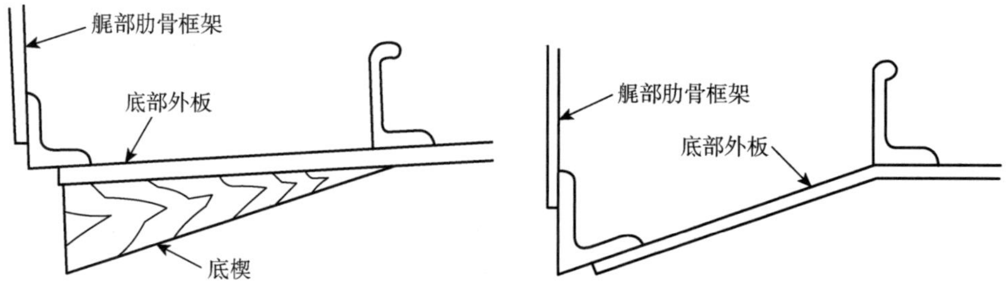

图 4-5-11　底楔板的施工方法

4.6 玻璃钢小游艇设计

图 4-6-1 为一艘 4.5 m 玻璃钢小游艇。这类小游艇的特点是:

(1) 艇长一般都在 10 m 以下;

(2) 傅氏数均属滑行快艇范围;

(3) 动力以舷外挂机为主,舷内装机舷外驱动方式次之;

(4) 以载客观光旅游为主,使用经济性要求较高,造价低廉。

4.6.1 主尺度选择

艇长的选择主要取决于乘员舱的布置。小艇用于载人,总布置比较简洁,乘员舱长度一般占艇长的 55%以上。考虑乘坐舒适性及视野,座椅宜向前顺向排列。座椅间距不应小于 0.75 m。根据乘员定额要求,合理布置其舱室后就不难选定合适的艇长。图 4-6-2 为 4.5 m

图 4-6-1　4.5 m 玻璃钢小游艇

艇典型的总布置图。艉部为机器安装空间,为了保护机器,增强造型美观性,可增设一定长度的假艉。

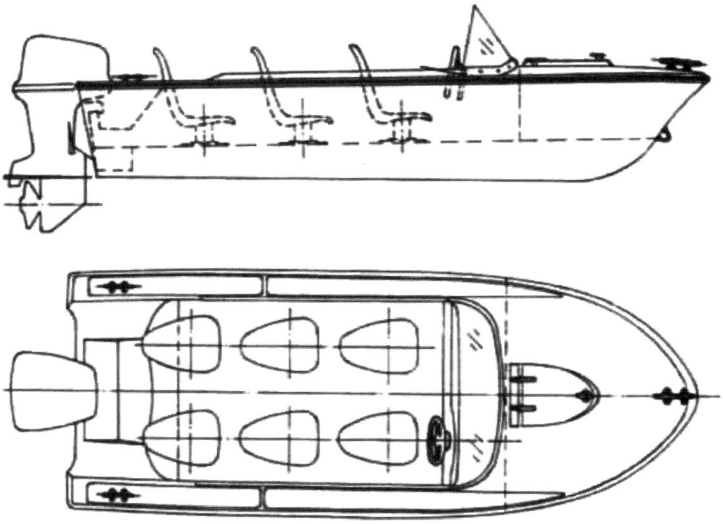

图 4-6-2　4.5 m 玻璃钢游艇总布置

艇宽的选择依据主要是满足总体布置及稳性要求。高速游艇的安全性十分重要,稳性要求较高,一般初稳性高度不宜小于 0.5 m。应根据不同航区的要求来决定艇宽。

型深的选取主要取决于稳性、主机的安装空间以及造型的需要。

国内小游艇主尺度比大致如下。

长宽比:$L/B \approx 3$,略大于国外艇(国外艇 $L/B < 2.8$)。选取较大的 L/B 对快速性较为有利,但 L/B 过大,将影响艇的刚性,增加艇的造价。

长深比:$L/D = 7 \sim 8$,也较国外艇的统计值略大(国外艇 $L/D = 6 \sim 7$)。

宽深比:$B/D \approx 2.3$,与国外艇相接近。

4.6.2 线型设计

玻璃钢小游艇因相对航速要求都很高，均属滑行艇范围。线型以折角型为主，也有为消除飞溅影响而产生的W型，以及在折角线型基础上增设“隧道”的槽道型。无论何种线型都必须确保艇底有足够的滑行面使艇产生足够的升力，突破滑行艇阻力峰值使艇进入滑行状态。这对延长机器使用寿命，提高航速，产生足够的营运经济性是必不可少的。如果艇达不到滑行状态，主机长期处于重负荷下工作有百害而无一利。所以，线型设计应以快速性要求为主，兼顾适航性要求。

1. 艇底斜升角

艇底斜升角的大小对滑行艇升力面的效率起到决定性的作用，选取合适的艇底斜升角是线型设计的关键。原则上讲，艇底斜升角越小，升力作用越大，滑行面效率(升阻比)越高。但过小的斜升角将导致波浪中拍击加重，艏部拍击导致产生严重的纵摇，艇像脱缰的野马，使驾驶员难于驾驭，乘员也不堪承受因重力加速度产生的不适。为了解决快速性与适航性这一对矛盾，建议小游艇艇底斜升角舯部取18°～22°，艉部取10°～16°。

2. 横剖面形式

玻璃钢游艇横剖面形式大致有图4-6-3所示几种。对于玻璃钢艇，考虑到其材料刚性差的特点，在设计艇横剖面时，应在顾及施工工艺的前提下尽量增加其刚性。一般玻璃钢艇在满足刚度的同时强度容易满足。艇的破坏大都因刚度不足，产生过度变形后发生。因此，玻璃钢艇不像钢质艇那样采用如图4-6-3(a)所示的标准折角线型，而是采用图4-6-3中(b)和(c)所示的两种剖面形式。其共同点是增加艇底板的折皱，产生数个小滑行平面，在增加滑行效果的同时增加了艇底板的刚性。如果这些小折角线很光顺，对艇的阻力增加可以忽略不计。

在舷侧板上增设折筋，对增加舷侧刚性极为理想。国外有些艇在舷侧不设肋骨就是基

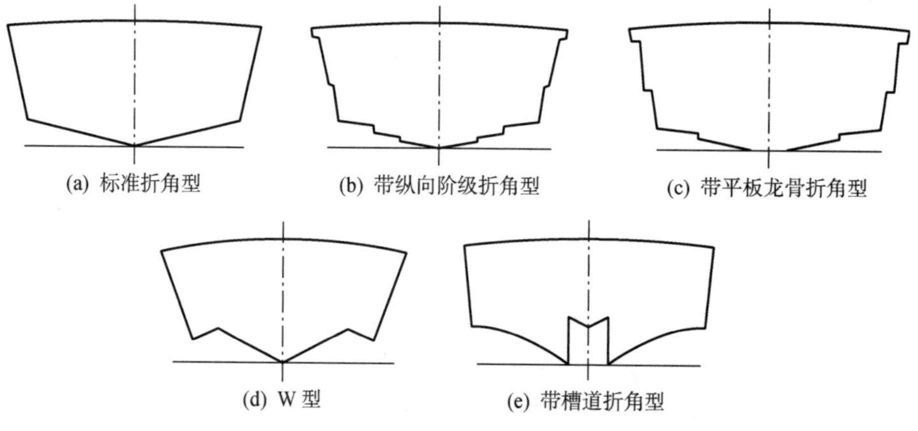

(a) 标准折角型 (b) 带纵向阶级折角型 (c) 带平板龙骨折角型

(d) W型 (e) 带槽道折角型

图4-6-3 玻璃钢游艇横剖面形式

于这一措施,它可使艇内装潢简易化,值得借鉴。另外,舷侧板应尽量避免大平板式,因为玻璃钢艇通过模具来制作,而大平面对模具制作极为不利,不仅增加制模难度,而且产品在大平面处易产生折痕,影响产品的美观、光顺。因此,舷侧板宜带有一定曲度,特别是在舭部。

3. 几个船型特征参数

参阅图 4-6-4,折角线与水线交点距艏距离与水线长度之比 $x_f/L_{WL}>20\%$,如果此值过小,波浪飞溅可能上甲板。

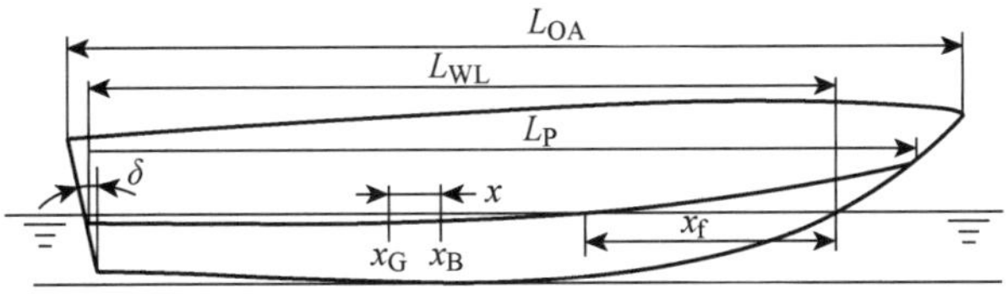

图 4-6-4　船型特征参数

艇尾板后倾角 $\delta\approx12°$可谓标准倾角,它与舷外挂机的安装要求相适应。

最大折角线宽与型宽之比 $B_P/B\approx1.1$。

总长与折角线长度之比 $L_{OA}/L_P\approx1.05$。

重量重心与浮心之间距离与艇体总长之比 $x/L_{OA}<5\%$。如果此值过大,初始纵倾角会大于 2°。当重心在浮心后时,艇显艉重。艇起滑时间长,所需动力将增大,滑行前进时昂艏过高,艇速将受影响。当重心在浮心前时,艇将产生埋艏现象,特别是停车时沉艏幅度很大,航速也将受影响。一般滑行艇在进入滑行状态前有一个沉艉→抬起的过程,正常情况历时 2～3 s,然后保持一定的艉倾攻角滑行前进,比较理想的艉倾角为 2°～3°,此角过大,航速将受影响。

敞篷艇挡风玻璃倾角不宜大于 45°,倾角小,迎风阻力小。国外艇最小采用 30°,国内艇一般采用 35°和 40°两种倾角。

对于玻璃钢小艇,主机均采用舷外挂机,少数采用舷内机。对于标准轴长的这两种机型,其安装的最小空间尺寸和要求如图 4-6-5、图 4-6-6 所示。图 4-6-6 中 z 值为开孔中心(轴中心)至艇底板的距离,根据艉封板后倾角 δ 值选取,见表 4-6-1。

表 4-6-1　舷内机舷外驱动装置安装尺寸 z

δ/(°)	10	11	12	13	14	15
单机 z/mm	351	354	357	360	363	366
双机 z/mm	339	342	345	348	351	354

4.6.3　结构

玻璃钢游艇由于在波浪中滑行前进,艇底板受力非常大。一般受力最大区域为艉封板前 1 m 左右以及舯前 1 m 左右。前者为滑行水动力作用区,后者为波浪中拍击最严重区域。

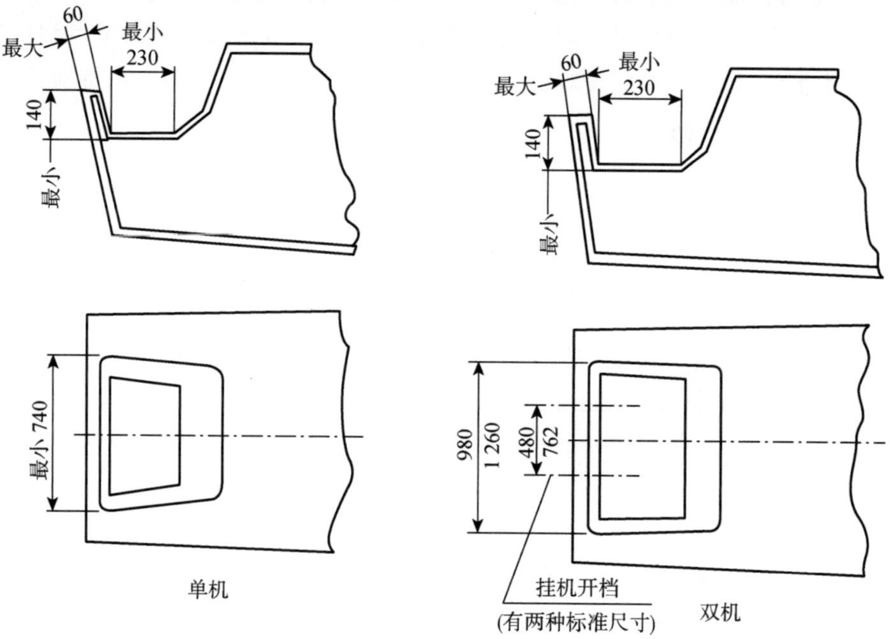

图 4-6-5　舷外挂机安装空间尺寸

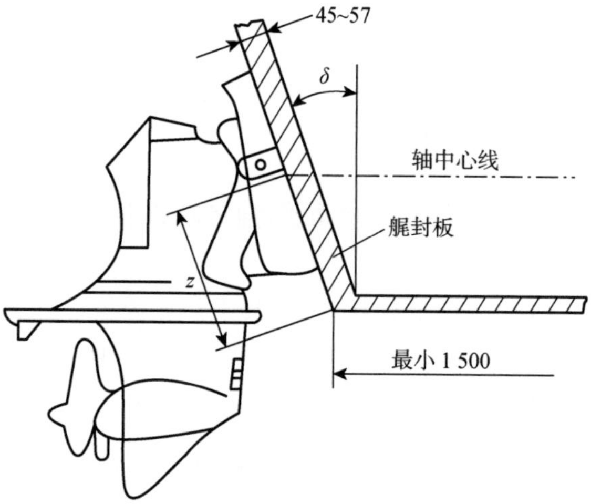

图 4-6-6　舷内机舷外驱动装置安装尺寸

艇的破坏也大都发生在这两个区域。因此，这两部分艇底板须特别加强。

艉封板是全艇受力最严重的板，它承受主机作用的推力和弯矩，并须以绝对刚性保证动力的传递，一般应采用厚防水胶合板作芯材，外包覆玻璃钢，此胶合板必须有效地与玻璃钢粘接，绝不能产生分层现象。

玻璃钢小艇一般有内底板（地舱板），此板可以采用玻璃钢预制，也可直接在艇内糊制。其高度值应根据总布置要求决定，艇底骨架也应与之相适应，因此产生高实肋板的艇底骨架的特点。为了解决骨架高厚比过大易产生失稳的问题，实肋板也应用胶合板或木板为芯材包覆玻璃钢。

玻璃钢艇由于滑行时产生纵摇，对艇纵向刚性要求较高，艇体构架宜采用纵骨架式。

4.6.4　使用经济性衡准

如何衡量一艘高速游艇的使用经济性？不同尺度、不同功率主机的艇如何进行比较？目前还找不到一个完全合理的标准。文献[3]建议用 $\Delta \cdot V/P_B$ 来衡准。根据国内小游艇的统计值（表 4-6-2），可以认为 $\Delta \cdot V/P_B$ 值达到 0.5 以上即为良好，超过 0.7 可认为优秀。从表 4-6-2 中可以看出国内艇的 $\Delta \cdot V/P_B$ 值均大于国外进口艇。当然对于一定排水量的艇选择功率大小合适的主机十分重要。选择主机功率不同，$\Delta \cdot V/P_B$ 值也将不同。一般在选择主机功率时应确保艇能达到滑行状态，并留有一定储备功率。初估时以每吨排水量配备 29 kW 功率较为合宜。不能片面地追求过高航速而随意增大主机功率，导致使用经济性下降。

表 4-6-2　玻璃钢小游艇数据一览表

产品型号	CJ 435	JN 450	CJ 468	JN 538	CJ 550	CJ 606	JN 608	RB 620	BC 630	BC 640	BC 908	CJ 930
L_{OA}/m	4.35	4.5	4.68	5.38	5.5	6.06	6.08	6.20	6.30	6.40	9.08	9.30
甲板宽/m	1.72	1.76	1.45	1.8	2.2	2.0	2.1	2.25	2.1	1.9	2.7	3.05
D/m	0.55	0.6	0.55	0.75	0.98	0.85	0.9	1.0	0.9	0.8	1.25	1.29
d/m	0.28	0.29	0.28	0.335	0.345	0.36	0.42	0.51	0.4	0.28	0.5	0.51
Δ/t	0.78	0.841	0.76	1.2	1.56	1.65	1.92	1.795	1.96	1.31	4.225	5.31
乘员人数	7	7	6	10	10	8	8	8	12	6	23	16
P_B/kW	29.4	22	35.3	35.3	62.5	62.5	84.6	128.7	62.5	44.1	147	294
V/kn	25	23.2	28.8	22.7	27.9	27.9	32.4	32.4	23.5	25.4	22.7	35.2
航区	内河 B 级	内河 B 级	内河 B 级	内河 B 级	Ⅲ类海区	Ⅲ类海区	Ⅲ类海区	Ⅲ类海区	Ⅲ类海区	内河 B 级	Ⅲ类海区	Ⅲ类海区
上棚形式	敞棚	敞棚	敞棚	敞棚	敞棚	全棚	全棚	敞棚	敞棚	全棚	全棚	全棚
艇体形式	折角	折角	W 型	折角	折角	折角	折角	折角	折角	折角	折角	折角槽道
C_B	0.38	0.37	0.4	0.37	0.42	0.38	0.36	0.306	0.35	0.385	0.385	0.51
B_P/m	1.46	1.62	1.28	1.54	1.916	1.69	1.89	2.03	1.90	1.78	2.34	2.80
艉 β/(°)	16	16	17	14	14.4	14	13.5	20.4	13.9	0	13.5	12
舯 β/(°)	21	20	20	19.5	20.1	18	20	27.2	19	10	18	17.8
x_B 距舯/m	−0.71	−0.69	−0.24	−0.8	−0.742	−0.72	−0.68	−2.10	−0.72	−0.43	−1.29	−1.41

（续表）

产品型号	CJ 435	JN 450	CJ 468	JN 538	CJ 550	CJ 606	JN 608	RB 620	BC 630	BC 640	BC 908	CJ 930
x_G 距舯/m	−0.69	−0.9	−0.1	−0.78	−0.804	−0.71	−0.81	−1.98	−0.78	−0.174	−1.05	−1.745
h_0/m	0.671	0.875	0.76	0.685	1.067	0.82	0.71	1.04	0.778	0.86	1.778	1.74
$\Delta \cdot V/P_B$	0.66	0.89	0.62	0.77	0.70	0.73	0.73	0.45	0.73	0.756	0.65	0.637
$\frac{x_B - x_G}{L_{OA}}$	0.4%	4.6%	3%	0.4%	1.5%	0.17%	2.1%	1.9%	0.95%	4%	2.6%	3.6%
备注	—	—	—	—	—	—	—	美国引进	—	—	—	双机

4.7 高性能双体槽道滑行艇设计实例

本实例来源于参考文献[4]，是一艘双体槽道玻璃钢滑行艇（图 4-7-1），船型代号为长城 1110。

图 4-7-1　长城 1110（40 客位）交通艇，适用于沿海Ⅲ类航区

4.7.1 设计任务书要求

（1）在沿海Ⅲ类航区及港湾狭窄航道具有良好的耐波性、操纵性和稳性；

（2）航速（35±0.5）kn，在较宽的航速范围内具有良好的巡航营运经济性；

（3）最大程度地减小本艇的吃水，要求吃水不大于 1.00 m（含螺旋桨）；

（4）载客 40 人；

(5) 既要具有综合性能指标的先进性，又要考虑改装的可能性，以便为派生其他艇型打下良好基础；

(6) 艇总长不大于 13 m，设计排水量不大于 8.50 t。

4.7.2　主尺度及槽道参数的确定

排水量的大小通常对滑行艇航速的影响十分敏感。因此，在设计中严格控制排水量是非常重要的。此外，高速艇主机功率相对较大，故对主机和推进装置的选择是一个值得重视且要认真解决的问题。

在滑行艇初始设计阶段，我们可以用图 4-7-2 所示的 $Fr_{\nabla}-k\cdot\eta$ 统计曲线对该艇的功率进行初估。本艇初估排水量 $\Delta=7.95$ t，航速 35 kn 时，Fr_{∇} 达到 4.07。由图 4-7-2 知，设计良好的双体快艇的 $k\cdot\eta$ 为 3.5～3.6。$k\cdot\eta$ 反映了运输效率，其表达式为

$$k\cdot\eta=5.05\,\frac{\Delta\cdot V}{P_B} \tag{4.7.1}$$

式中：Δ——排水量/t，本艇为 7.95 t；

V——航速/kn，本艇为 35 kn；

P_B——装机功率/kW。

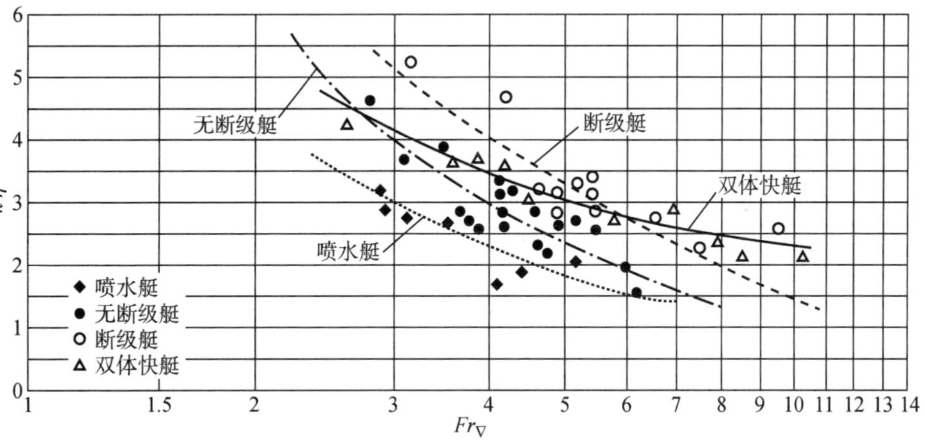

图 4-7-2　各种滑行艇的 $Fr_{\nabla}-k\cdot\eta$ 曲线

若以 $k\cdot\eta=3.5\sim3.6$ 代入上式可估得本艇装机功率 P_B 需 390～401 kW。

1. 艇长 L 的确定

排水体积系数 $\nabla/(L/10)^3$ 对于圆舭型排水量航海快艇来说有着重要意义，但对于滑行艇来说，选取较长的船长 L 对高速阻力并无好处，反而会导致重量增加以致影响滑行性能。当 $\Delta=7.95$ t 时，查图 4-3-2，L 可取 12.60 m。这对沿海巡逻艇来说是适宜的。根据部分水域狭窄多弯的特点及总布置要求，取 $L=11.10$ m 即能满足要求。综合分析表明，这是对航速、吃水、排水量来说均为有利的尺度。此时，折角线长度 L_P 约为 9.84 m。

2. 片体折角线宽度 B_{PS} 的选取

对双体滑行艇来说，片体折角线宽度的选取比长度更重要。它是提供有效升力的一个重要参数。在加速时，若不将此宽度加大到必需的数值，将直接影响起滑时间和起滑状态。然而，过宽的片体折角线宽度会使航行纵倾角过小，喷溅增加，浸湿面积加大，导致摩擦阻力增加很多。双体槽道滑行艇舯部和艉部片体宽度基本相同，且重心靠后，若片体过宽会使船的长宽比过小，在高速时，容易产生纵向颠簸。

试验表明，在槽道宽度不变的情况下，适当加宽 B_{PS} 可明显减小阻力，而过宽的 B_{PS} 在高速段反而有增加阻力的趋势。当 $Fr_{\nabla} \geqslant 4.07$ 时，本艇取 $B_{PS}=1.33$ m 时阻力较小。

3. 槽道参数的确定

在折角线长度和片体宽度确定之后，双体快艇主尺度设计中最重要的是纵通槽道参数的确定。槽道参数的确定目前仍不得不依赖船模试验。与槽道参数有关的有：槽道相对宽度 b/B_{PS}、槽道相对高度 h/B_{PS}、槽顶斜升角 β_C、槽顶纵剖线和槽顶诱导断级。

1）槽道相对宽度 b/B_{PS}

试验结果表明：过窄的槽道由于阻塞严重，不仅导致阻力增大，在高速段还因出现海豚式运动而被迫中止试验。在相同重量、重心的情况下，槽道相对宽度 b/B_{PS} 由 0.46 加大到 0.51 则一切正常；槽道相对宽度 b/B_{PS} 由 0.51 加大至 0.55，在 $Fr_{\nabla}=3.5$ 时，其阻力减少 8%。从追求快速性的角度出发，本艇槽道相对宽度 b/B_{PS} 取 0.62。

2）槽道相对高度 h/B_{PS}

实验结果表明：从追求适航性的角度出发，槽道相对高度 h/B_{PS} 取 0.57 较好，而从快速性的角度出发，槽道相对高度 h/B_{PS} 取 0.35 较为理想。权衡得失本艇取 0.40。

3）槽顶斜升角 β_C

在静浮或 $Fr_{\nabla}<4$ 时，双体滑行艇槽道顶部起着类似于常规单体滑行艇主滑行面的作用；而在 $Fr_{\nabla} \geqslant 4$ 时，槽道顶部完全脱离水面，处于完全通气状态并形成了一个存在气垫减阻、减振的特殊滑行面。从缓冲、减振的角度出发，槽顶斜升角取大一些为好；从提高滑行效率的角度出发，槽顶斜升角越小越好。槽顶斜升角 β_C 一般为 6°～13°，本艇舯部 β_C 取 8.5°。

4）槽顶纵剖线

双体滑行艇在高速航行时，高速气流从前部矩形喇叭口进入槽道形成气垫，既可产生附加升力，进一步托起船体，又可减少湿表面积增强空气润滑，减小航行阻力。设计中应在布置和强度允许的情况下，尽量升高艏部槽顶纵剖线，以达到加大垂向开口尺寸，增加艏部进气量的目的，同时可减缓波浪对艇体的拍击，降低垂向加速度。

5）槽顶诱导断级

对窄、浅槽道双体滑行艇而言，在各主要参数配合较好的情况下，一般 $Fr_{\nabla} \geqslant 4$ 时，槽道处于全通气状态。此后槽顶滑行面完全脱离水面，处于阻力较小、滑行效率较高的使用范围，亦即达到发挥该船型优势的区域。在槽顶距尾 2 站处增设诱导通气断阶可促使槽道提前通气，减小滑行阻力。槽道加断阶后的模型试验表明：槽顶在 $Fr_{\nabla} \geqslant 3.6$ 左右处于通气状态；在 $Fr_{\nabla}=3.6$ 时，减阻约 2%；在 $Fr_{\nabla} \geqslant 5$ 时，减阻约 6%。

4. 型深 D 的选取

型深 D 对快速性没有直接的影响，但与槽道相对高度 h/B_{PS} 有密切关系，而槽道相对高度 h/B_{PS} 对快速性有直接影响。通常 D 与艇的总纵强度、储备浮力以及艇在航行中甲板的干湿性有关系。如果 D 取得太小，初看似乎可以减小重量，但要满足沿海拍击比较严重的滑行艇强度要求，必然使构件尺寸加大，艇体重量仍然不能减小；若 D 取得过大，重心升高，艇体重量也必然增加，从而对快速性产生不利影响。根据国外一些小型双体滑行艇的干舷值 $f=0.7\sim0.85$ m 来看，在风浪中高速航行时效果甚好，综合考虑，本艇型深 D 取 1.44 m。

5. 重心纵向位置 LCG 的确定

双体滑行艇的重心纵向位置是与航行纵倾角和阻力密切相关的一个参数。重心后移有利于宽度增大，使滑行效率提高，从而可达到提高快速性的目的。但重心越往后移，低速阻力增加且阻力峰值提高，对避免海豚式运动发生和艇在波浪中的运动响应等带来不利影响。根据其他实艇的试验验证，本艇 LCG 取距舯 -1.63 m(舯后)。

6. 艇体负荷系数 $A/\nabla^{2/3}$ 的选择

有些资料把滑行面积负荷系数 $A/\nabla^{2/3}$ 作为艇的主要船型系数。其实该系数对滑行艇的浮态、低速航行性能及起滑有重要影响，而对滑行状态的性能影响不大。双体滑行艇在静浮或低速航行时，由于槽顶滑行面承担了部分负荷，所以单位面积上的负荷比单体滑行艇要小得多。试验研究表明：$A/\nabla^{2/3}$ 对双体槽道滑行艇而言，一般是在长度、片体宽度和槽道宽度确定后，被动地被确定。通常军用单体滑行艇 $A/\nabla^{2/3}=5.0\sim7.0$，双体滑行艇 $A/\nabla^{2/3}=6\sim11$，本艇选用 $A/\nabla^{2/3}=6.6$。

7. 排水量的确定

对于小型快艇艇体材料的选择，应力求重量小并满足强度要求。本艇采用玻璃钢作为艇体材料。其结构重量系数可参考相关玻璃钢船型资料选取。

鉴于本艇有前后舱棚，排水量傅氏数较高，底部冲击负荷相对较大，主机功率也相对较大，要求机座有足够刚度等特点，本艇选取结构重量系数为 $C_H=44.656\ \text{kg/m}^3$，则结构重量：

$$W_H=C_H\cdot L\cdot B\cdot D=44.656\times9.84\times3.48\times1.44=2\ 202\ \text{kg}$$

轮机重量根据所选美国水星 V8 柴油机机型来估算，取 $W_M=1\ 323$ kg。

舾装设备重量是结合船用设备分项估算的，估算结果取 $W_E=719$ kg。

电气及通信导航设备比较简单，不设辅机发电机组，采用 12 V 电瓶供电，配备 414 型无线电话及台式 130 磁罗经各一部，分项估算结果取 $W_P=210$ kg。

其他装载重量估算：

艇员及行李(1 人)	$90\times1=90$ kg
乘员 40 人	$70\times40=2\ 800$ kg
燃油	$255\times397\times185/65\times1.2=346$ kg
主机内液重	60 kg

备品及建造余裕　　　　　　　200 kg

以上总计排水量 7.95 t,符合设计要求。

4.7.3 型线设计和阻力试验

本艇的型线是在仿英国 CAT900 系列型线的基础上经过改进得到的(图 4-7-3),改进的主要点有:槽顶横向斜升角 β_C 由原来的 5°提升为 8.5°;槽顶相对高度 h/B_{PS} 由原来的 0.39 加大到 0.40;在距尾 2 站处增设一个诱导通气断阶;增设 4 道纵向防溅龙筋。

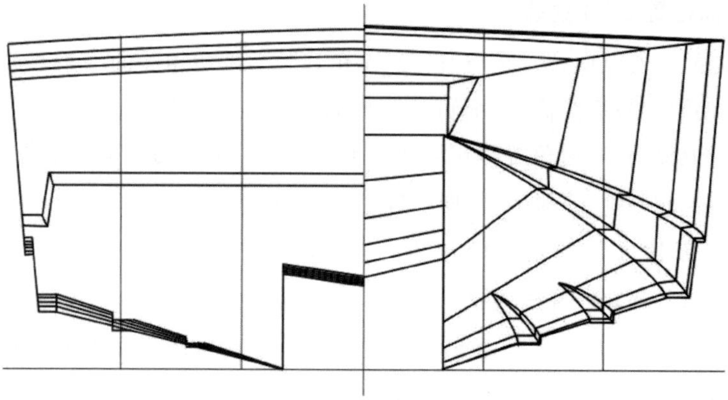

图 4-7-3　经改进的双体槽道滑行艇型线

CAT900 艇型线主要特点是双折角,宽片体,窄、浅槽道,并认为这是低阻最佳船型,特别是当 $Fr_{\nabla} \geqslant 5.6$ 时比其他设计为佳。本艇保留了 CAT900 的特点,并考虑到浅吃水要求,从快速性角度出发,通过调整片体折角线宽度和槽道顶线高度,增设槽顶诱导断阶、底部纵向防溅龙筋,以有效地缩短起滑时间,减小喷溅阻力。经过多方案综合论证,最终选定了下列尺度:

折角线长度:$L_P = 9.84$ m

最大艇宽:$B_{Pmax} = 3.48$ m

排水容积:$\nabla = 7.95$ m^3

片体折角线宽度:$B_{PS} = 1.33$ m

型深:$D = 1.44$ m

舯部横向斜升角:$\beta_M = 17.5°$

艉部横向斜升角:$\beta_t = 12°$

槽顶横向斜升角:$\beta_C = 8.5°$

负荷系数:$A/\nabla^{2/3} = 6.6$

重心距舯:$LCG = -1.63$ m

计算的阻力值 R 见表 4-7-1。

表 4-7-1　长城 1110 型双体槽道快艇阻力计算结果

V/kn	10.37	13.93	17.82	21.27	25.00	28.50	32.00	35.48	38.93
R/kN	10.73	12.74	13.23	12.07	11.34	11.00	11.56	12.50	13.33

本艇型线设计完成后进行了阻力试验。在相同重心位置、相同排水量的前提下比较了改进型线与仿 CAT900 艇型线的阻力性能，如图 4-7-4 所示。

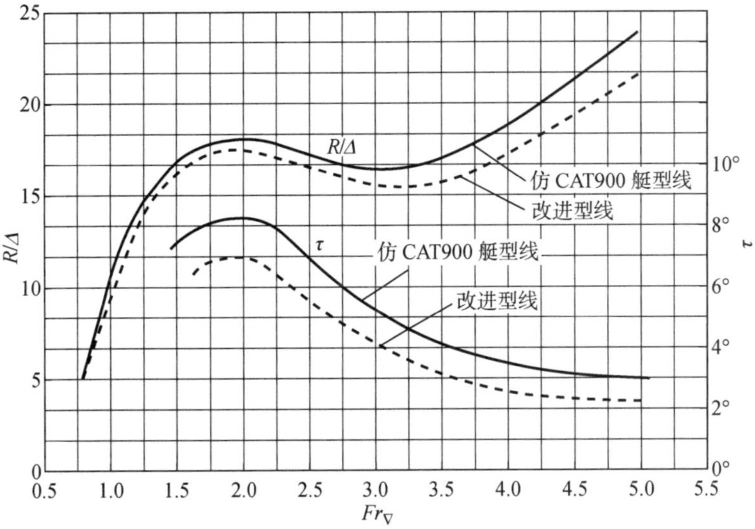

图 4-7-4　阻力性能比较

由图 4-7-4 可知，改进后的型线较仿 CAT900 艇的型线阻力要小。这是由于加大片体宽度相当于增大滑行面的展弦比，而在理想流体中增加展弦比可以提高滑行效率。同时，由于适当升高槽道高度，增设诱导断阶，可促使槽道提前通气并缩短起滑时间。增设底部纵向防溅龙筋，在低速航行时增加阻力；在高速航行时（$Fr_\nabla>3.5$）可明显减小喷溅，减小约 4％的航行阻力。

对比试验表明，改进后的型线设计是比较成功的。首先，艇的航态好，在设计速度下航行纵倾角 $\tau=2.3°\sim2.6°$；其次，阻力特性良好，在阻力峰过后的设计点附近，阻力增加缓慢，推力稍有增加，航速明显提高。

4.7.4　动力装置

1. 主机选型

在初始设计阶段，为了达到设计航速，长城 1110（40 客位）艇需采用两台 190 kW 左右的主机。由于国内尚没有合适的船用高速机，故只能从进口机型中进行选型。现将部分有关机型主要数据列于表 4-7-2。

表 4-7-2 供选型的机型主要参数

机 型	喜运来 300 W	YAMAHA 250AET	富豪 AQ311/SP	水星 270	红星 260TD
排量/L	4	3.13	5.73	7.30	7.30
最大功率/kW	220.6	183.8	202	198.5	193.8
转速/(r·min^{-1})	5 500	5 500	4 900	3 400	3 400
油耗/(g·kW^{-1}·h^{-1})	383	380		250	264.9
外形尺寸(长×宽×高)/mm	410×420×838	420×385×845	1 646×734×720	1 157×737×822	1 245×732×884
重量(含减速器)/kg	263	230	398	658	635
使用寿命/h	500～700	500～700	～3 000	～4 500	～4 500
全套机组价格(2000 年)/万元	14.3	14.2	17.6	24.2	23.8
生产厂地点	美国	日本	瑞典	美国	美国
备注	汽油挂机	汽油挂机	汽油座机	柴油座机	柴油座机

从表 4-7-2 中可以看出，日制 YAMAHA 和美制海马汽油挂机有较大的比功率。功率为 183.80 kW 的机器(包括离合器、热交换冷却装置和螺旋桨)仅重 230～263 kg，比功率达 0.80～0.84 kW/kg。美国水星 270 柴油舷内外机的比功率为 0.30 kW/kg。仅从达到更高航速而言，选择比功率大的 YAMAHA 250AET 是最佳的。但这仅仅从发动机本身的重量考虑，如果考虑耗油量，YAMAHA 250AET 为 380 g/(kW·h)，水星 270 为 250 g/(kW·h)，前者比后者大 52%，以功率为 198.5 kW，日航行 5 h，每日应多耗油 129 kg。以时价每吨油 2 000 元计，年航运 100 天，则全年多耗油资约 2.58 万元。虽然 YAMAHA 250AET 的售价不到水星 270 的 60%，但后者的寿命是前者的 6～9 倍。由此可见，虽然汽油座机和挂机具有较大的比功率，且售价较低，但排量小、转速高、强化程度高、寿命短、可靠性差，特别是燃油、滑油消耗量太大，以及汽油闪点低，储存、运输均不方便，从全寿命管理和安全使用的角度来考虑不是理想的选择。

两种柴油座机的重量较大，价格较高，但可靠性、经济性、实用性、安全性较好，特别是水星 270 柴油座机综合指标更为突出，所配同轴反转串列螺旋桨直径小、吃水浅、振动小，且推进效率较高，故作为首选方案。

2. 传动方式选择

目前，国内外小型艇的动力传动方式主要有直轴传动、V 型传动和 Z 型直角传动。经综合分析比较，选用直角传动，并适当加大两桨间距，不仅可满足灵活操纵的要求，且可简化舵装置的传动系统。该方案布置紧凑，占用舱容小，可使居住及工作舱室集中设计在艇的中部和前部，既开阔了视线，又便于减少噪声，保证了客舱噪声级达到规定的指标，有效地改善了艇员和乘员的工作、生活条件。

对小型高速艇而言，理想动力装置的部位一般设在船的尾部，因为这种布置有如下的优点：

(1) 减少轴系的长度和质量；

(2) 使螺旋桨轴对船艇其他空间的影响较小，这对使用多桨推进装置的船艇尤为重要；

(3) 有利于主机舱与艇的安静区的物理隔绝；

(4) 能尽可能地在艇的重心附近设置消耗性物品，这对高速船艇是十分重要的；

(5) 有利于发动机的船尾排气以及降低艇的噪声，同时还保证了天线和探测设备不受热排气的影响。

4.8 小型高速玻璃钢艇设计

4.8.1 总体概述

随着城乡经济的发展，大多数城乡的水网地区对小型高速艇的需求也日趋增加。这些艇均作为交通、旅游、公安、渔政、水上巡逻等用途。表 4-8-1 为 20 世纪 90 年代初，上海船舶设计研究院开发的高速玻璃钢艇系列[17]，稳性满足长江 A 级或 B 级船舶的要求。

表 4-8-1　高速玻璃钢艇系列

艇型	4.9 m 艇	5.4 m 艇	6.8 m 艇	8 m 艇	10 m 艇
水线长/m	4.03	4.94	6.02	7.24	9.30
型宽/m	1.90	1.80	2.10	2.10	2.10
型深/m	0.75	0.708	0.87	0.89	0.877
设计吃水/m	0.34	0.31	0.33	0.35	0.36
额定乘员/人	4～6	4～6	10	12	20
设计排水量/t	0.77	1.127	2.10	2.77	3.61
挂机功率/hp	60	33	88	88	88
航速/(km · h^{-1})	48	25	52	43	37

表 4-8-1 中 4.9 m 艇是按全滑行艇要求设计的，其余均为半滑行艇。图 4-8-1 为 4.9 m 艇总布置；图 4-8-2 为 8 m 艇总布置；图 4-8-3 为横剖面面积曲线。本系列艇的型线均为折角型无断级艇，由于相应于 $v/\sqrt{L_{WL}}$ 的最小阻力的航行纵倾角是不同的，所以后半艇体底部的中纵剖线的倾斜度也不相同。根据多艘实艇数据及本系列艇的实践，认为 $v/\sqrt{L_{WL}}$ 与适宜的中纵剖线倾斜度的关系如图 4-8-4 所示。图 4-8-5 为 4.9 m 艇横剖面型线；图 4-8-6 为

8 m 艇横剖面型线。

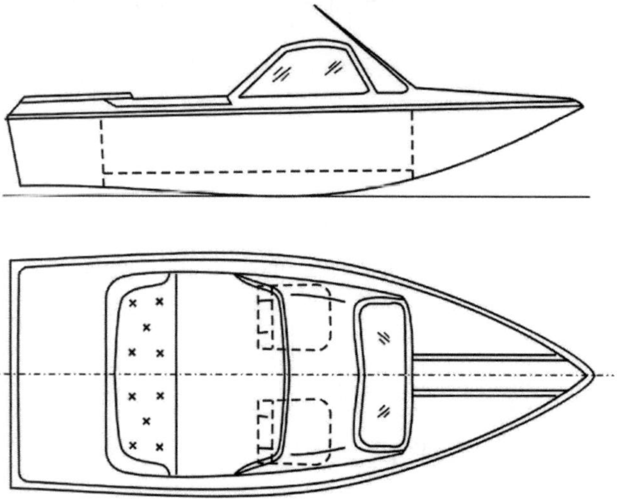

图 4-8-1　4.9 m 艇总布置

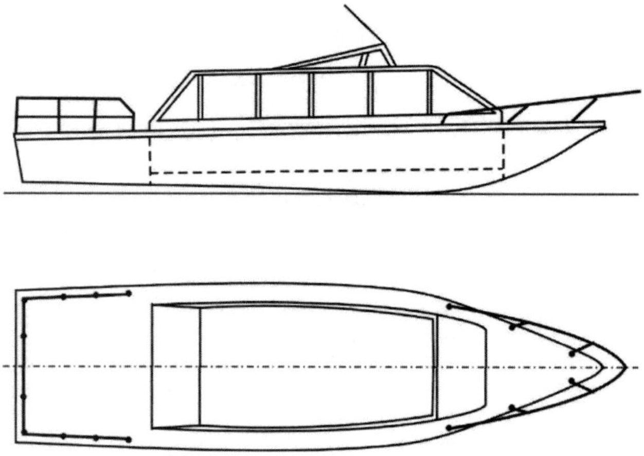

图 4-8-2　8 m 艇的总布置

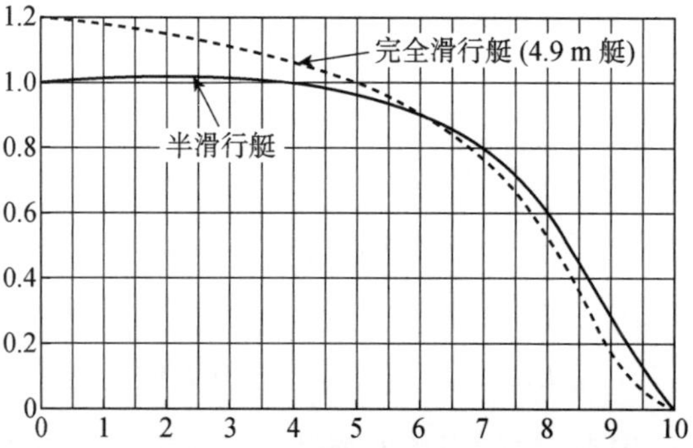

图 4-8-3　横剖面面积曲线

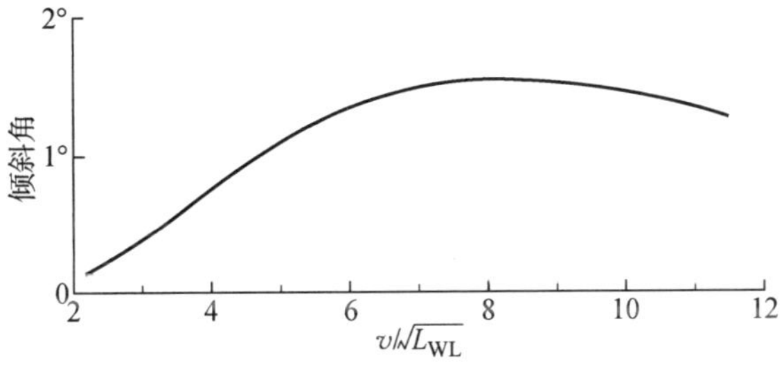

图 4-8-4　中纵剖面线艉部倾斜角随 $v/\sqrt{L_{WL}}$ 变化曲线

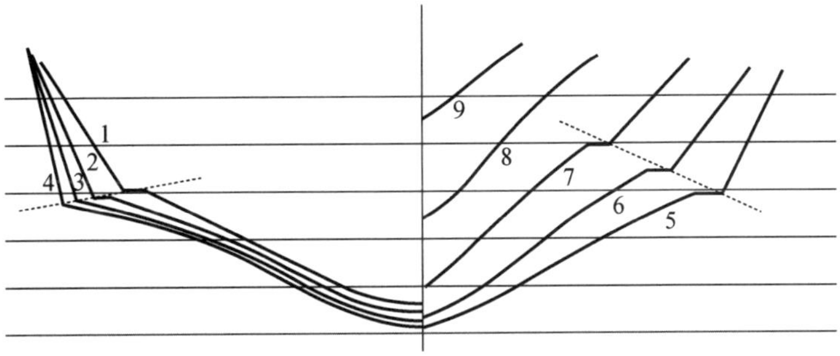

图 4-8-5　4.9 m 艇横剖面型线

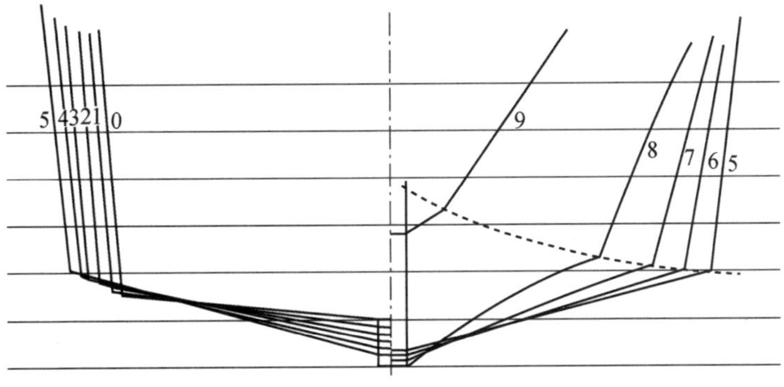

图 4-8-6　8 m 艇横剖面型线

本系列艇制造所采用的玻璃纤维增强塑料：

(1) 树脂：189# 不饱和聚酯树脂，艇体结构玻璃钢中树脂含量一般为 50%(重量比)。

(2) 增强材：无碱玻璃纤维无捻粗纱布，含碱量不大于 2%。

(3) 脱模剂：33# 胶衣，胶衣厚度一般不大于 0.5 mm。

艇体制造采用玻璃钢阴模。

4.8.2 结构

艇体结构的连接采用胶接方法。尽量减少连接处的应力集中，节点处理应特别注意：

(1) 层板对接采用多层重叠方法，且被连接件的各层边缘应有倒角，如图 4-8-7(a)所示。

(2) 甲板与艇壳板的连接应保证良好的纵向连续性，如图 4-8-7(b)所示。

(3) 舱壁与艇壳板的连接应呈逐步过渡的阶梯形，如图 4-8-7(c)所示。

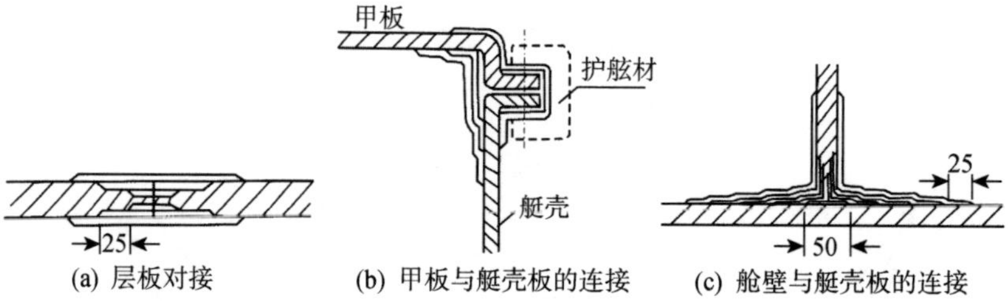

图 4-8-7 典型节点的连接

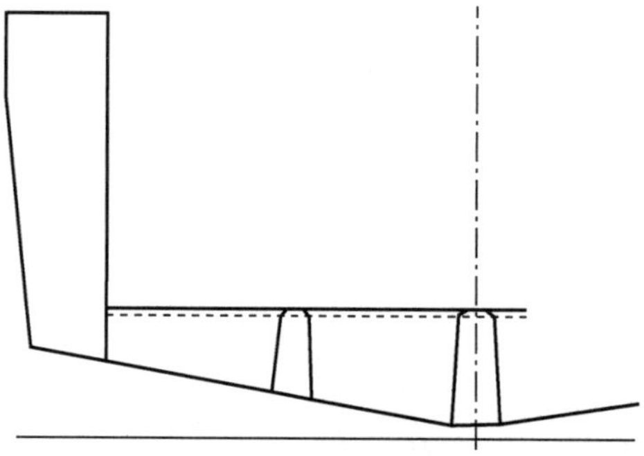

图 4-8-8 横剖面结构

图 4-8-8 为本系列艇的横剖面结构。艇侧为密封的箱体结构，一方面可以增强扭转强度和刚度，另一方面也可以充塞泡沫后作为浮力箱，且在箱内隔一定距离设置横向隔板以提高横向刚度。纵向构件自艏至艉连续，保证纵强度。

4.8.3 试验

1. 玻璃钢材料性能试验

艇体试样取自成型的延伸部分。试样大小为 300 mm×300 mm，待固化后进行有关物理和机械性能试验，各项指标应满足规范规定的指标要求。

2. 艇体静负荷强度试验

每种艇型的首制艇均应进行静负荷强度试验，即将空艇吊起，吊点设在艏艉端，艇内平均分布试验荷重(以满载重量的 1.25 倍计)，5 min 后测量艇体变形：艇宽变化应不超过 0.3%B；龙骨变形应不超过 0.25%L。当荷重全部卸去后，艇不允许有永久变形。

3. 艇体水密性试验

水密性试验应在强度试验后进行，艇上载足满载重量，置艇于水中，2 h 后检查艇内应无任何漏水和渗水现象。

4.9　隧道尾巡逻快艇设计

4.9.1　总体设计

为改善内河艇吃水小、螺旋桨直径较小的问题，采用隧道尾以增大螺旋桨直径，是提高推进效率的一条途径。本节介绍了一艘隧道尾巡逻艇的设计案例[18]。

图 4-9-1 为隧道尾的横剖面型线图。实艇为一艘 25 m 内河巡逻艇，设计傅氏数 $Fr=0.7$，处于排水型快艇的中速段。其船型参数见表 4-9-1。

表 4-9-1　25 m 内河巡逻艇船型参数

船型系数	符号	数值
长度排水体积比	$L/\nabla^{1/3}$	6.608
长宽比	L/B	5.435
宽度吃水比	B/d	4.18
方形系数	C_B	0.428
棱形系数	C_P	0.656
中剖面系数	C_M	0.652
浮心纵向位置	x_B	$-4\%L_{WL}$
尾板浸湿面积比	A_t/A_x	0.343

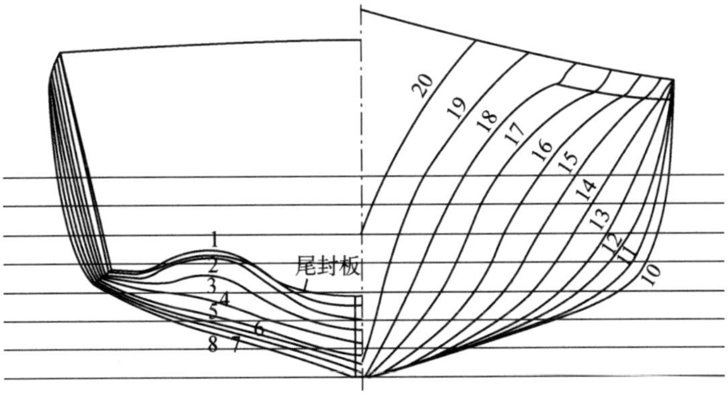

图 4-9-1　隧道尾滑行快艇横剖面型线图

4.9.2　隧道尾设计参数

隧道尾的设计采取了如下措施：

（1）隧道顶线最高点位于设计水线以下，可避免尾部纵剖线凹形曲率过大，保持艇底水流顺畅。

（2）采用平行于纵剖线的隧道顶线，避免水流在隧道出口形成阻塞。

（3）艉部取 15%L 的折角线型并将舭部线型适当下弯，以防止高速航行时隧道内水流横向流动过大，形成两舷舭部的冲刷。

（4）采用开式隧道及切断的方艉形式，使艇底水流顺畅并与艉板顺利分离。

隧道尾的主要特征量度为：隧道顶线最高点距设计水线距离 $b=0.1d$（d 为吃水）；隧道顶线最高点距艇尾端长度 $a=1.5D_P$（D_P 为螺旋桨直径）；隧道长度 $c=0.2L_{WL}$；隧流角 $\theta_T=7.8°$；桨盘处隧道侧壁沉深 $e=2.6b$。

隧道尾艇的航行纵倾角偏大，因此在艉板下设置压浪板，考虑到艉板下沿受隧道影响是波浪形的，所以艉压浪板也做成波浪形，而非平板形状，长度为 2% L_{WL}。

船模试验表明，隧道尾艇的航行纵倾角偏大，在 Fr=0.66～0.7 时达到最大值。裸体状态 τ=2.65°，带附体状态 τ=3.17°，说明隧道尾可能引起尾部升力降低，导致艇体航态恶化。但安装艉压浪板后调整航态效果明显，航行纵倾角从 3.17°（带附体）减小到 1.7°，可降低总阻力约 7%。

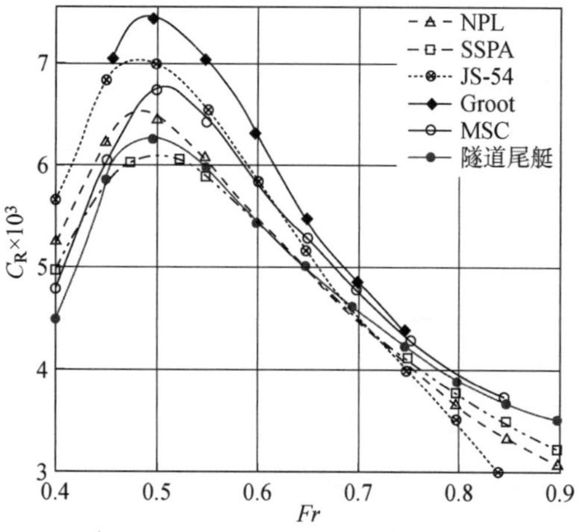

图 4-9-2　剩余阻力系数曲线的比较

4.9.3　阻力性能

阻力性能的比较如图 4-9-2 所示。该图中相关艇型的主要参数见表 4-9-2。当 $Fr\leqslant0.7$ 时，隧道尾艇的 C_R 与 NPL、SSPA 艇型大体相当，处于很低的水平，只在 $Fr>0.7$ 后，才逐渐高于 JS-54、NPL、SSPA 等艇型。这说明隧道尾艇在中、低速段内具有优良的阻力性能。另外，采用隧道尾后由于螺旋桨直径可加大，因此可以提高推进效率，故可明显提高艇的快速性能。

表 4-9-2　相关艇型的主要参数

艇型	C_B	C_P	x_B/%L	L/B	B/d	A_t/A_{max}	B_t/B_{max}	d_t/d_{max}
NPL	0.397	0.693	6.4	5.435	～3.9	0.52	0.815	0.513
SSPA	0.40	0.68	4.15	～5.4	4.0	0.40	0.77	0.41
JS-54	0.48	0.673	3.122	6.585	3.6	0.426	0.898	～0.338
隧道尾艇	0.428	0.656	4.0	5.435	4.18	0.343	0.889	0.427
MSC	0.44～0.45	0.61～0.63	2.8～4.4	4.5～8.0	3～4	0.17～0.32	0.88～0.91	0.27～0.3
Groot	0.42～0.46	0.65～0.68	1.6～3.6	4.6～7.4	3.2～3.6	0.17～0.3	0.75～0.79	0.18～0.20

4.9.4　自航因子

本艇做了自航试验，图 4-9-3 为几种排水型快艇的自航因子曲线。其中，曲线 1 和 2 为 NPL 圆舭艇系列自航试验中两个双桨模型的试验结果，该系列自航试验的参数范围为 $L/\nabla^{1/3}=5\sim7$，$Fr=0.3\sim1.05$，且模型的艉部布置各不相同，包含了轴系角度、托架形式及尾楔板的影响；曲线 3 为 6 条中速艇模型的试验结果，速度范围为 $Fr=0.45\sim0.85$；曲线 4 为一条圆舭型艇模型对应 $Fr=0.48$ 时的自航因子测试值；⊙为本隧道尾艇自航因子的测试结果。图中，各自航因子数值变化的大致范围为：$w=-0.07\sim0.03$；$t=0\sim0.12$；$\eta_R=0.9\sim1.0$。伴流分数在多数情况下为负值。此图可供圆舭高速艇设计螺旋桨参考。

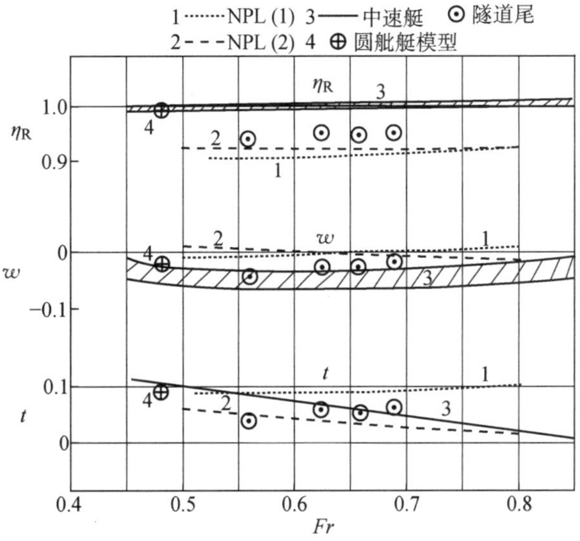

图 4-9-3　自航因子曲线

η_R—螺旋桨相对旋转效率；w—伴流分数；t—推力减额

4.10　330 kW 喷水巡逻艇设计

我国对高速喷水推进技术的研究始于 20 世纪 70 年代初，由上海 708 所设计的 330 kW 喷水推进滑行艇（图 4-10-1）是一个很成功的例子，其快速性指标 $Fr_\nabla\sim k\cdot\eta$ 值已达到世界同类喷水推进滑行艇的水平[19]。

图 4-10-1　330 kW 边防巡逻艇（982C 型）

4.10.1 982C 型喷水巡逻艇主要量度

主尺度 $L \times B \times D$：11.50 m×3.15 m×1.05 m

吃水：0.458 m

排水量：7.4 t (72.52 kN)

乘员：7

配备动力：12V150 增压柴油机，330 kW@1450 r/min

推进：双级∅400 轴流泵

航速：60 km/h (32.3 kn=16.62 m/s)

航区：B 级

艇体材料：全艇均为玻璃钢

快速性指标：$Fr_\nabla = \dfrac{v_s}{\sqrt{g\,\nabla^{1/3}}} = 3.812$；$k \cdot \eta = \dfrac{\rho \cdot \Delta \cdot v_s}{10^3 P_B} = 3.654$

建造年份：1979 年

本艇为单甲板，滑行快艇船型，由一台 12V150 柴油机驱动双级轴流泵，单喷口，喷水推进。船体结构为纵构架式，艇体及上层建筑均采用玻璃纤维增强塑料，适合内河航道航行，也可在 0.5 m 以上水深的浅水航道中航行，主要执行巡逻、交通任务。首制艇于 1974 年 12 月建成(代号 982)，后经过多次改进，1979 年主机改为增压，代号为 982C 型。图 4-10-2 为该艇总布置图。

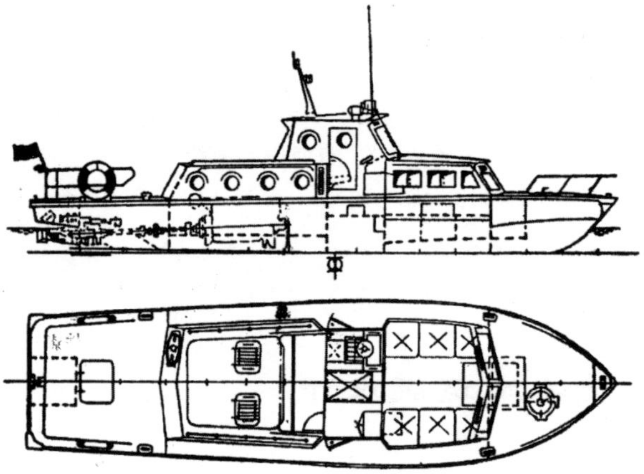

图 4-10-2　330 kW 边防巡逻艇总布置图

4.10.2 最佳尺度和船型系数的选择

1. 艇长 L

对于圆舭排水量快艇，增加艇长 L 有利于减小阻力。所以，圆舭快艇常取较大的长宽比，$L/B=5\sim7$。但对于滑行快艇，选取较大的长宽比会使摩擦阻力增加，一般滑行快艇常取 $L/B=2.5\sim4.5$。本艇 $L/B=3.65$。

2. 折角线平均宽度 B_{CP}

滑行艇的重量在滑行时是靠动升力来支持的，而艇折角线平均宽度 B_{CP}是提供动升力的重要尺度。美国泰勒水池对 TMB 62 系列做了试验，得出：当 $Fr_\nabla<2.5$ 时，艇的比阻力 R/Δ 随L_P/B_{CP}的增大而降低；但当 $Fr_\nabla>2.5$ 时，艇的比阻力 R/Δ 随L_P/B_{CP}的增大而增大。因此，应当根据排水量傅氏数 Fr_∇ 的不同来选择 B_{CP}。

艉部折角线宽度的选择不仅与保持合适的浮心纵向位置有关，也是调节艇航行纵倾角的有效手段，它与最大折角线宽度之比（称为收缩系数）常取 0.7～0.85；过宽的艉折角线宽度会使摩擦阻力增加，对动升力并无好处。本艇 $Fr_\nabla=3.812$，$L_P/B_{CP}=3.93$，收缩系数取 0.77，航行纵倾角 $\tau=2.5°$，航态良好。

3. 型深 D

型深 D 不但与艇的总强度、储备浮力以及甲板上浪有关，而且与艇重有更直接的关系。因为艇重与航速关系极大，所以，从艇具有足够的干舷来选择型深 D 是适当的。国内内河小型快艇干舷 $f=0.5\sim0.8$ m 已是安全可靠，故本艇 $D=1.05$ m，在航行实践中证明是适宜的。

4. 纵向重心位置 LCG

对于滑行艇来说，LCG 将影响艇的航态、阻力以及阻力峰值所对应的速度位置。一般认为，LCG 在折角线投影面积的形心位置后（4%～12%）L 时阻力性能较好。低 Fr_∇ 时，LCG 取得较前为好；高 Fr_∇ 时，应取得稍后为好。本艇 $Fr_\nabla=3.812$，LCG 在艉板前 4.158 m，相当于在折角线投影面积形心之后 5.5%L 处。

5. 艇体负荷系数 $A/\nabla^{2/3}$

在已发表的滑行艇系列试验中，美国克莱门特在 EMB 50 系列试验中给出了最佳负荷系数 $A/\nabla^{2/3}$（A 为艇底折角线投影面积）随 L_P/B_{CP}变化的曲线，又在 TMB 62 系列试验中得出了比阻力变化的大小和规律。克莱门特在 TMB 62 系列试验中给出下列范围，见表 4-10-1。

表 4-10-1 TMB 62 系列比阻力与 $A/\nabla^{2/3}$ 的关系

$A/\nabla^{2/3}$		5.5	7	8.5
比阻力 R/Δ	$Fr_\nabla=3.0$	0.136	0.132	0.135
	$Fr_\nabla=3.5$	0.139	0.137	0.149
	$Fr_\nabla=4.0$	0.145	0.148	0.170
	$Fr_\nabla=4.5$	0.150	0.168	0.186

注：LCG 与 A 形心之间距为 6%L；$L_P/B_{CP}=4.09$。

6. 舭升角 β

滑行艇在航行中的拍击比其他高性能艇更为严重，在风浪较高的海况中尤甚，这是滑行艇的致命缺点，因此诸多滑行艇舭升角的选取更多地考虑了适航性要求。但内河风浪小，舭升角的选取可以更多地考虑滑行效率，将舭升角取得小些以减少动升力的横向分力。本艇取 $\beta_{舯}=10°$，$\beta_{艉}=1.0°$。

4.10.3 喷水推进主要要素的确定

喷水推进的总效率由喷水泵效率 η_P、系统效率 η_C 和轴系传动效率 η_S 三部分组成。当轴系传动布置方式确定后，η_S 就基本确定了。设计中主要关注和追求的就是如何提高喷水泵效率 η_P 和系统效率 η_C。

当采用轴流泵且应用轴流泵变环量设计方法时，喷水泵效率 η_P 可达到 87%～90%。

管道的存在是常规螺旋桨推进和喷水推进的重要区别之一。它不仅起着保护推进器的作用，还使液流流动受到约束，它使流场均匀，免受船后伴流周期性影响，减少了推进器激振力的来源，也有利于叶轮空泡问题的解决。然而，管道的存在必然使液流增加了流动损失。

喷水推进系统推动船舶前进做的有用功为推力 T 与航速 v_s 的乘积。水泵的输出功为 ρgQH（式中：ρ 为密度，g 为重力加速度，Q 为流量，H 为扬程），其比值即为喷水推进的系统效率，即

$$\eta_C = \frac{Tv_s}{\rho gQH} \tag{4.10.1}$$

当考虑边界层影响之后，系统的推力 T 为

$$T = \rho Q(v_j - \alpha v_s) \tag{4.10.2}$$

式中，α 为考虑边界层影响的修正系数；v_j 为喷流速度。

又根据水泵系统所需的扬程 H 为

$$H = \frac{(1+K_j)v_j^2}{2g} + \frac{K_1 v_s^2}{2g} - \frac{\gamma v_s^2}{2g} + h_C \tag{4.10.3}$$

式中，K_j 为喷口损失系数，高速艇常取 0.02～0.03；K_1 为从进口到喷口的管道阻力损失系数；h_C 为喷出水流重心离开水面的高度；γ 为冲压头利用系数，常取 $\gamma=\alpha^2$。

将式(4.10.2)、式(4.10.3)代入式(4.10.1)，并令速比 $K=v_j/v_s$，此处，v_j 为喷流速度，v_s 为航速。为简化起见，令 $h_C=0$，整理后得

$$\eta_C = \frac{2(K-\alpha)}{(1+K_j)K^2} + K_1 - \gamma \tag{4.10.4}$$

由式(4.10.4)可知，喷水推进系统效率 η_C 取决于速比 K 及管道阻力损失系数 K_1，且随边界层影响修正系数 α 的减小而增大，随管道阻力损失系数减小而增大，当不考虑船体与系统相互作用时，对速比 K 取偏导数并令其等于零，得最佳速比 $K_{opt}=1+\sqrt{K_1}$。

滑行快艇的边界层修正系数 α 常取 0.92～0.95，$\gamma=\alpha^2$，则式(4.10.4)可绘成不同管道阻力损失系数 K_1 的 $\eta_C=f(K_1)$ 族曲线。

从以上分析可知，在寻求提高系统效率 η_C 时，应在确定推进泵主要要素时就注意速比

K 的影响，并且在管道设计中努力降低阻力损失系数 K_1。为此，必须使进口流道曲率变化小，弯道少，流道内格栅、轴支架、整流片等必要装置应做成流线型且顺流线布置，管道的收缩扩大要缓和，不能出现凸台等。

喷水泵主要要素的确定也是船、机、泵三者最佳配合的确定：泵的推力 T 与船的阻力 R 平衡；主机轴功率 P_B 与泵吸收功率 P_P 平衡；水泵所提供的扬程与管道所需扬程 H 相平衡。已知船体阻力、主机功率和转速，可按下列步骤确定水泵的主要要素：

(1) 假定管道阻力损失系数 K_1；

(2) 假定若干个速比 K；

(3) 按式(4.10.4)计算管道系统效率 η_C；

(4) 计算总推进效率 $\eta=\eta_C \cdot \eta_P \cdot \eta_S$，其中 η_P 可按国内水泵水平假定；

(5) 计算出推力功率 $P_T=\eta \cdot P_B$(单位为 kW)；

(6) 计算船达到某一航速 v_s 所需的有效功率 $P_E=f(v_s)$，在 $P_T=P_E$ 处得到航速 v_s；

(7) 计算喷口速度 $v_j=K \cdot v_s$(单位为 m/s)；

(8) 按式(4.10.3)计算水泵扬程 H(单位为 m)；

(9) 通过泵的收到功率 P_P 计算流量 $Q=\dfrac{10^3 P_P \cdot \eta_P}{\rho \cdot g \cdot H}$(单位为 m^3/s)；

(10) 计算喷口直径 $D_j=\sqrt{\dfrac{4Q}{\pi \cdot v_j}}$(单位为 m)；

(11) 计算叶轮盘面处速度 $v_z=(0.06 \sim 0.08)\sqrt[3]{Q \cdot n^2}$(式中 n 为泵转速，单位为 s^{-1}；v_z 的单位为 m/s)；

(12) 计算叶轮直径 $D=\sqrt{\dfrac{4Q}{\pi \cdot v_z(1-\varepsilon)^2}}$(其中 ε 为毂径比)；

(13) 计算水泵比转速 $n_s=\dfrac{3.65n\sqrt{Q}}{H^{3/4}}$，落入不同的泵型范围，依据比转速选择泵型；

(14) 计算叶轮导边端在达到汽化压力前的最小剩余吸高：

$$H_{min}=\frac{1}{1.15}\left(\frac{p_a}{\rho g}-\frac{p_d}{\rho g}-K\frac{v_s^2}{2g}+\gamma\frac{v_s^2}{2g}\right)-h_b \tag{4.10.5}$$

式中：p_a 为大气压；p_d 为该温度下汽化压力；1.15 为考虑不确定因素的储备系数；h_b 为泵叶最高位置离水面距离；H_{min} 的单位为 m；

(15) 计算水泵所要求的汽蚀比转速 $C=\dfrac{5.62n\sqrt{Q}}{H_{min}^{3/4}}$。

至此，v_s，Q，H，D_j，D，n 都已求出，但还必须校核管道阻力损失系数，验证 K_1 的假定是否正确。总体设计师应根据总布置要求，考虑吃水、推进效率、航速以及水泵比转速 n_s 和汽蚀比转速 C 进行综合权衡，确定出喷水泵的主要要素。这是一个逐步逼近的过程。

符号表

A——滑行面在基线面上的投影面积/m^2

A_P——折角线投影面积/m^2

A_t——尾封板浸湿面积/m^2

A_X——最大横剖面(浸湿)面积/m^2

b——槽道宽度/m

B——艇宽或计算宽度,载荷系数中指平均折角线宽度/m

B_{Pmax}——最大折角线宽度/m

B_P——折角线宽度/m

B_{Pa}——折角线平均宽度/m;$B_{Pa}=A_P/L_P$

B_{PS}——片体折角线宽度/m

B_{WL}——水线宽/m

C_B——方形系数

C_M——中剖面系数

C_P——棱形系数

C_R——剩余阻力系数

C_S——湿表面积系数,$C_S=S/\sqrt{\nabla L}$

C_W——水线面系数

C_∇——排水体积长度系数,$C_\nabla=\dfrac{\nabla}{\left(\dfrac{L}{10}\right)^3}$

C_Δ——载荷系数,$C_\Delta=\dfrac{\Delta}{0.5\rho v^2 B^2}$

CF——漂心

CG——重心

d——艇体吃水/m

D——艇的型深/m

f——干舷/m

Fr——长度傅氏数, $Fr=\dfrac{0.514\,4V}{\sqrt{gL_{WL}}}=\dfrac{v}{\sqrt{gL_{WL}}}$

Fr_∇——排水容积傅氏数, $Fr_\nabla=\dfrac{0.514\,4V}{\sqrt{g\ \nabla^{1/3}}}=\dfrac{v}{\sqrt{g\ \nabla^{1/3}}}$

h——槽顶高度/m

h_0——初稳性高度/m

l——平均浸湿长度/m

L_P——折角线长度/m

L——艇长或计算长度,一般指设计水线长/m

L_{OA}——艇的总长/m

L_T——槽道内升力/N

L_{WL}——水线长,通常指设计水线长或载重水线长/m

LCG——重心纵向位置/%L

L_{PP}——船的两柱间长/m

P_B——主机功率/kW

R——船之阻力/kN

R_R——剩余阻力/kN

S——艇体湿表面积/m^2

t——推力减额

v——计算艇速/(m/s)

V——最大试航速/kn

w——伴流分数

W_E——舾装设备重量/kg

W_H——船体结构重量/kg

W_M——轮机重量/kg

W_P——电气设备重量/kg

x——重心与浮心纵向间距/m

x_B——浮心纵向位置/%L 舯后

x_G——重心纵向位置/m

x_f——艄部折角线与水线交点距艄垂线距离/m

β——斜升角/(°)

β_C——槽顶斜升角/(°)

β_t——尾部底升角/(°)

∇——最大排水体积/m^3

λ——相对浸湿长度,$\lambda=l/B$

τ——尾纵倾角/(°);航行纵倾角/(°)

Δ——排水量/t(在载荷系数中作重力计算时,应乘以 9.81,单位化为 kN)

η_R——螺旋桨相对旋转效率

参考文献

[1] 陆文祥. 滑行艇静水阻力的估算方法[J]. 中国造船,1984(3):11-19.

[2] SIU C F. Resistance predictions and parametric studies for high-speed displacement hulls [J]. Naval Engineers Journal, 1987(3).

[3] 刘才法. 小型玻璃钢游艇设计经验[J]. 江苏船舶,1994,11(1):5-10.

[4] 刘谦,庞立国,王鲁,等. 高性能双体滑行艇设计[J]. 船舶,2001(1):26-32.

[5] 金平仲,苏拔英. 圆舭快艇主尺度和系数对静水阻力的影响[J]. 中国造船,1980(3):31-44.

[6] 邵世明,王云才,程斌,等. 高速排水型艇的艇体线型试验研究[J]. 中国造船,1985(1):40-49.

[7] 大隅三彦. 中速艇的主尺度和船体线型的确定方法[J]. 船の科学,1979,32(8).

[8] 仇道良. 高速圆舭排水艇的线型设计和阻力试验研究[J]. 中国造船,1987(1):7-14.

[9] 朱珉虎. 高速艇与游艇设计手册[M]. 珠海:珠海出版社,2008.

[10] 黄武刚. M 型艇与槽道型艇的阻力和耐波性比较[J]. 船海工程,2015,44(1):56-59.

[11] 陈振诚,陈昕,陈旸. 水动推进力及其应用[J]. 船舶,2011,22(2):15-19.

[12] 仇道良. 高速圆舭排水艇的船型设计[J]. 中国造船,1991(4):13-19.

[13] 仇道良,程明道. 高速圆舭排水艇三个系列船型阻力性能的比较[J]. 船舶工程,1989(3):15-20.

[14] 大隅三彦. 中速艇のっ设计法(3)[J]. 船の科学,1979,32(6):89-93.

[15] 邹劲,韩晓坤,张元刚,等. 倒 V 型槽道滑行艇船型的水动力性能研究[J]. 船舶,2017(6):13-20.

[16] 刘谦,谭永祥. 单、双体滑行艇的区别及双体滑行艇的适用范围研究[J]. 江苏船舶,1999(2):33-36.

[17] 冯允修. 小型高速艇的系列设计[J]. 船舶设计通讯,1990(1):12-17.

[18] 王广东,戴彤宇. 隧道尾排水型快艇性能试验研究[J]. 船舶工程,2000(2):17-20.

[19] 沈奉海,邹伯甫. 浅论内河浅吃水喷水推进滑行艇的总体设计[J]. 船舶,1990(5):20-26.

第5章 阻力、功率和航速的估算

在船艇的设计任务书中一般都有航速的要求，这就需要计算出艇的阻力，匹配主机的功率。一些形状特殊的艇须通过船模试验才能得到准确的阻力预报，但一些常规的艇型或有系列船模试验资料的艇型，则可以利用现成的模型试验资料、回归公式或图谱来预报同一类型艇的阻力。如果运用得当，则预报的阻力或功率相当准确，可以省去一大笔船模试验的费用。本章汇编了各种艇型阻力预报的公式和方法，使用时要根据新艇型的特征，选择合适的方法，才能收到事半功倍的效果。

5.1 阻力计算的基本公式

船艇的总阻力由摩擦阻力、兴波阻力、黏压阻力等部分组成。由于黏压阻力一般所占比重不大，且实际上也难以同兴波阻力分开，故通常把黏压阻力与兴波阻力合并在一起称为剩余阻力 R_R。于是，船艇总阻力可简单地表达成

$$R_T = R_F + R_R + R_D \tag{5.1.1}$$

式中：R_T——总阻力/N；

R_F——摩擦阻力/N；

R_R——剩余阻力/N；

R_D——附加阻力/N。

5.1.1 摩擦阻力

$$R_F = (C_F + \Delta C_F)\frac{1}{2}\rho v^2 S \tag{5.1.2}$$

式中，C_F 称为摩擦阻力系数，一般先算出实艇的雷诺数 Re，再按第八届国际船模试验池会议

(ITTC)推荐的公式计算：

$$C_F = \frac{0.075}{(\lg Re - 2)^2} \tag{5.1.3}$$

$$Re = v \cdot L/\nu \tag{5.1.4}$$

ΔC_F 称为粗糙度补贴系数，一般取为 0.4×10^{-3}。

5.1.2 剩余阻力

$$R_R = C_R \cdot \frac{1}{2}\rho v^2 S \tag{5.1.5}$$

式中，C_R 称为剩余阻力系数，一般是通过船模试验得到模型的总阻力系数 C_T：

$$C_T = \frac{R_T}{\frac{1}{2}\rho v^2 S} \tag{5.1.6}$$

再扣除船模的摩擦阻力系数，即可得到船模的剩余阻力系数。一般认为实艇的剩余阻力系数是和船模的剩余阻力系数相等的，可以直接拿来使用。当没有船模试验资料时，或不可能每一艘船艇都去做船模试验时，可按同类型系列模型试验得出的图谱资料选取。但各种图谱适用的范围不尽相同，采用的参数和计算方法也各不相同，使用时应加以注意。

5.1.3 附加(体)阻力

附加阻力主要有上层建筑的空气阻力和水下附属体的水阻力。有时候也笼统地称之为“附体阻力”。

在高速艇上，空气阻力不可忽视。航速越高，空气阻力与裸船体阻力之比值越大。大约在1%～3%范围内。由舵、艉轴支架、海水吸口等附加物造成的水阻力与裸船体阻力之比值随速度增加而逐渐变小，每轴约5%～10%。为简便起见，忽略艇的长度和速度大小，可取空气阻力为3%的裸船体阻力，附属体阻力取平均值，每轴为7%。即附加阻力系数 κ 为

$$\kappa = 0.03 + 0.07 \times \text{轴数} \tag{5.1.7}$$

阻力计算时，一般先算出不包含附加阻力的裸船体有效功率 P_E，然后按下式计算含附体的有效功率 P_{E+D}：

$$P_{E+D} = (1 + \kappa) P_E \tag{5.1.8}$$

大隅三彦建议的附体阻力占裸船体总阻力的百分比就是这样算出来的：单轴艇为10%；双轴艇为17%；三轴艇为24%；四轴艇为31%。

5.2 计算无断级滑行艇阻力的回归公式

参考文献[1]提供了计算无断级滑行艇阻力的公式。这些公式是基于 TMB 62 和 NSRDC 65 系列的试验数据，通过回归分析的方法建立起来的，用于预报无断级滑行艇在静

水中的裸船体阻力和航行纵倾角，适用的容积傅氏数范围为 1～4，适合使用回归公式的船型参数覆盖范围如下（表 5-2-1 提供了用于建立回归公式的艇体特征值，可供参考）：

$4.25 < A_P / \nabla^{2/3} < 9.50$

$30.0 < 100 \cdot LCG/L_P < 44.3$

$2.36 < L_P / B_{Pa} < 6.72$

$13.0° < \beta_m < 37.4°$

表 5-2-1　用于建立回归公式的无断级滑行艇的艇体特征值

船型系列	L_P/m	A_P/m^2	B_{Pa}/m	B_{Pt}/m	B_{Px}/m	$\frac{L_P}{B_{Pa}}$	$\frac{L_P}{B_{Px}}$	$\frac{B_{Px}}{B_{Pa}}$	$\frac{B_{Pt}}{B_{Px}}$	$\frac{\odot A_P}{L_P}$	β_m	β_t
65-B 系列												
5237	1.872 1	1.100 9	0.588 0	0.792 5	0.798 0	3.18	2.35	1.36	0.99	0.397	21.2	16.3
5340	1.872 1	0.778 5	0.415 7	0.560 2	0.564 5	4.50	3.32	1.36	0.99	0.397	21.2	16.3
5239	2.647 8	1.100 9	0.415 7	0.560 2	0.564 5	6.36	4.69	1.36	0.99	0.397	21.2	16.3
5186	1.872 1	0.778 5	0.415 7	0.560 2	0.564 5	4.50	3.32	1.36	0.99	0.397	28.7	22.5
5184	1.872 1	0.550 0	0.294 1	0.396 2	0.399 0	6.36	4.69	1.36	0.99	0.397	28.7	22.5
5236	1.872 1	0.550 0	0.294 1	0.396 2	0.399 0	6.36	4.69	1.36	0.99	0.397	37.4	30.4
62 系列												
4665	1.192 4	0.601 1	0.504 1	0.477 0	0.596 2	2.36	2.00	1.18	0.80	0.475	13.0	12.5
4666	1.824 8	0.903 0	0.494 7	0.422 5	0.596 2	3.69	3.06	1.21	0.71	0.482	13.0	12.5
4667-1	2.438 4	1.189 2	0.487 7	0.381 0	0.596 2	5.00	4.09	1.22	0.64	0.488	13.0	12.5
4668	2.438 4	0.884 4	0.362 7	0.284 7	0.443 5	6.72	5.50	1.22	0.64	0.488	13.0	12.5
DL-62-A	0.912 6	0.221 1	0.242 3	0.292 0	0.298 1	3.77	3.06	1.23	0.98	0.424	20.0	13.0

注：$\tau_0 = 0°$时 LCG/L_P 的值，65-B 系列统一为 0.38；62 系列中 4665 模型为 0.41，4666 模型为 0.42，4667、4668 模型为 0.43。

5.2.1　回归公式

回归公式使用的独立变量有 4 个，它们的取值范围在 −1～+1 范围内：

$$x_1 = \frac{A_P / \nabla^{2/3} - 6.875}{2.625} \qquad x_2 = \frac{100(LCG/L_P) - 37.15}{7.15}$$

$$x_3 = \frac{L_P / B_{Pa} - 4.54}{2.18} \qquad x_4 = \frac{\beta_m - 25.2}{12.2}$$

回归公式预报的裸船体阻力已统一换算至排水量 45.36 t（Δ=100 000 lb=45.36 t=445 kN），无粗糙度补贴。使用这些公式预报阻力时，若新设计艇的排水量接近 45 t，则可直接应用其计算结果，无须额外修正。若新设计艇的排水量比 45 t 大或小得多，则需作摩擦阻力修正。表 5-2-2 为用于预报航行纵倾角的回归公式；表 5-2-3 为用于预报裸船体每吨排水量阻力的回归公式；表 5-2-4 为用于计算浸湿面积系数的回归公式；表 5-2-5 为用于计算浸湿面积平均长度系数的回归公式。

表 5-2-2　用于预报航行纵倾角的回归公式

Fr_{∇}	用于预报航行纵倾角的回归公式
1.00	$\tau_{1.00}=0.874\,8-0.978\,2x_1-3.630\,4x_2-2.099\,1x_3+0.968\,3x_1x_2+0.358\,3x_1x_3+0.394\,3x_1x_4+1.374\,2x_2x_3-0.55x_2x_4-3.200\,9x_3x_4+0.645\,6x_1^2-0.579\,1x_2^2+2.548\,2x_3^2+2.297\,9x_4^2+0.856\,7x_1x_2^2-0.849\,9x_1x_4^2+0.583\,5x_2x_1^2-1.953\,1x_3x_4^2+2.984\,6x_4x_3^2$
1.25	$\tau_{1.25}=2.332\,2-1.637\,3x_1-3.193\,1x_2-1.590\,9x_3-0.443\,9x_4+0.779\,1x_1x_2+1.319\,4x_1x_3+0.325\,3x_1x_4+1.711\,8x_2x_3-0.465\,6x_2x_4+0.825\,2x_1^2+1.220\,1x_3^2+1.979\,5x_4^2-0.457\,6x_1x_3^2-0.906\,9x_1x_4^2-0.685\,3x_2x_3^2-0.588\,6x_3x_1^2-1.642\,5x_3x_4^2$
1.50	$\tau_{1.50}=2.835\,2-1.317\,5x_1-3.061\,8x_2-2.043x_3+1.006\,3x_1x_2+1.108\,4x_1x_3+0.771\,4x_1x_4+1.753\,5x_2x_3-0.520\,6x_3x_4+0.708\,8x_1^2+1.523\,1x_3^2+2.660\,2x_4^2-0.617\,5x_1x_3^2-1.258\,5x_1x_4^2-6.552\,6x_2x_3^2-2.143\,9x_3x_4^2-0.645\,3x_4x_1^2$
1.75	$\tau_{1.75}=2.902\,5-1.465x_1-3.265\,1x_2-2.768\,2x_3+1.407\,8x_1x_2+1.066\,2x_1x_3+1.143\,8x_1x_4+1.483\,5x_2x_3-1.638\,5x_3x_4+1.103\,6x_1^2+2.216\,2x_3^2+3.181\,8x_4^2-1.914\,4x_1x_4^2-2.502\,6x_3x_4^2-1.221\,6x_4x_1^2+1.286\,9x_4x_3^2$
2.00	$\tau_{2.00}=3.180\,9-2.069\,4x_1-3.623\,4x_2-4.762\,2x_3+1.101\,1x_1x_2+0.967\,7x_1x_3+0.984\,1x_1x_4-5.586\,7x_3x_4+1.236\,7x_1^2+4.470\,3x_3^2+3.677\,5x_4^2-1.130\,2x_1x_4^2+2.399\,4x_2x_3^2-3.169\,3x_3x_4^2-1.002\,2x_4x_1^2+5.905\,6x_4x_3^2$
2.50	$\tau_{2.50}=4.771\,2-2.231\,3x_1-2.183\,3x_2-1.367\,4x_3-0.451\,4x_4+0.312\,8x_1x_4-0.604\,3x_2x_4+0.922\,4x_1^2-0.904\,3x_3^2+0.518x_4^2+0.445x_2x_3^2$
3.00	$\tau_{3.00}=4.942\,5-1.722\,7x_1-1.388\,2x_2-0.731\,9x_1x_3-0.635x_2x_4+1.494\,3x_3x_4+0.735\,3x_1^2-2.629\,5x_3^2+1.003\,7x_1x_3^2-0.822\,1x_1x_4^2+0.843\,6x_3x_1^2+1.098\,7x_3x_4^2-2.166\,1x_4x_3^2$
3.50	$\tau_{3.50}=3.887\,1-1.137\,2x_1-0.388x_2+1.158\,5x_4+0.783\,1x_1x_2-0.328\,1x_1x_3+0.552\,6x_1x_4-0.638\,1x_2x_3-2.816\,8x_3x_4+0.599\,4x_1^2+1.024\,8x_3^2+1.757\,6x_4^2-0.482\,8x_1x_4^2-1.370\,9x_2x_1^2-0.507\,7x_2x_4^2-2.379\,8x_3x_4^2-0.818x_4x_1^2+1.250\,7x_4x_3^2$
4.00	$\tau_{4.00}=3.964\,1-1.310\,2x_1-0.723x_2+1.318\,6x_4+0.675\,8x_1x_4-0.331\,8x_2x_3-0.139\,8x_2x_4-0.786\,1x_1^2-1.163\,8x_3^2+1.103\,3x_4^2+0.782\,4x_1x_4^2-0.572\,3x_3x_1^2+0.381\,7x_3x_4^2-1.080\,3x_4x_1^2-1.069\,5x_4x_3^2$

表 5-2-3　用于预报裸船体每吨排水量阻力的回归公式

Fr_{∇}	用于预报裸船体每吨排水量阻力的回归公式(适用于排水量 45.36 t 的艇)
1.00	$(R/\Delta)_{1.00}=0.047\,74-0.024\,59x_1-0.022\,89x_2-0.036\,52x_3-0.020\,79x_4+0.005\,47x_1x_3+0.008\,11x_2x_3-0.010\,66x_2x_4+0.011\,34x_1^2+0.036\,75x_3^2+0.013\,63x_1x_2^2+0.013\,28x_2x_1^2+0.010\,16x_4x_1^2+0.025\,63x_4x_3^2$
1.25	$(R/\Delta)_{1.25}=0.080\,49-0.044\,86x_1-0.032\,3x_2-0.054\,19x_3+0.007\,4x_1x_2+0.014\,68x_1x_3-0.009\,48x_2x_4-0.022\,84x_3x_4+0.018\,57x_1^2+0.048\,51x_3^2+0.019\,09x_4^2+0.009\,15x_1x_2^2-0.008\,23x_3x_1^2-0.011\,03x_3x_2^2-0.016\,53x_3x_4^2-0.021\,79x_4x_2^2+0.025\,85x_4x_3^2$
1.50	$(R/\Delta)_{1.50}=0.095\,31-0.040\,27x_1-0.031\,31x_2-0.061\,57x_3+0.011\,12x_4+0.012\,48x_1x_3+0.011\,25x_2x_3-0.011\,95x_2x_4-0.040\,25x_3x_4+0.014x_1^2+0.054\,56x_3^2+0.025\,34x_4^2-0.031\,05x_3x_4^2-0.007\,21x_4x_1^2-0.016\,55x_4x_2^2+0.038x_4x_3^2$
1.75	$(R/\Delta)_{1.75}=0.100\,32-0.044\,35x_1-0.032\,28x_2-0.069\,58x_3+0.022\,15x_4+0.017\,22x_1x_3+0.016\,84x_2x_3-0.068\,61x_3x_4+0.020\,53x_1^2+0.064\,24x_3^2+0.046\,1x_4^2-0.049\,02x_3x_4^2-0.011\,37x_4x_1^2-0.018\,61x_4x_2^2+0.054\,02x_4x_3^2$
2.00	$(R/\Delta)_{2.00}=0.108\,56-0.045\,02x_1-0.035\,86x_2-0.079\,3x_3+0.017\,87x_4+0.020\,15x_1x_3-0.099\,14x_3x_4+0.023\,88x_1^2+0.077\,16x_3^2+0.045\,38x_4^2+0.025\,06x_2x_3^2-0.013\,26x_3x_1^2-0.046\,35x_3x_4^2-0.016\,23x_4x_2^2+0.093\,37x_4x_3^2$
2.50	$(R/\Delta)_{2.50}=b_0-0.038\,68x_1-0.007\,31x_2-0.033\,54x_3+0.009\,36x_1x_2+0.013\,57x_1x_3+0.023\,51x_1^2+0.008\,97x_2^2-0.017\,66x_4^2-0.015\,49x_2x_4^2-0.010\,77x_3x_1^2+0.006\,23x_3x_2^2+0.022\,91x_3x_4^2+0.005\,16x_4x_3^2$ 此处：对于 65-B 系列 $b_0=0.148\,97$； 对于 62 系列 $b_0=0.154\,84$；对于 62-A 系列 $b_0=0.109\,35$
3.00	$(R/\Delta)_{3.00}=b_0-0.026\,85x_1+0.010\,04x_1x_3-0.010\,04x_1x_4+0.075\,13x_3x_4+0.020\,06x_1^2-0.036\,95x_3^2-0.076\,63x_4^2-0.019\,94x_2x_3^2+0.074\,69x_3x_4^2-0.048\,07x_4x_3^2$ 此处：对于 65-B 系列 $b_0=0.166\,29$； 对于 62 系列 $b_0=0.202\,64$；对于 62-A 系列 $b_0=0.120\,61$
3.50	$(R/\Delta)_{3.50}=0.118\,6+0.045\,08x_4+0.035\,18x_1x_2+0.016\,58x_1x_4-0.089\,11x_3x_4+0.029\,12x_1^2+0.070\,52x_3^2+0.055\,25x_4^2-0.018\,43x_1x_4^2-0.039\,5x_2x_1^2-0.087\,02x_3x_4^2$ $0.031\,28x_4x_1^2+0.070\,88x_4x_3^2$
4.00	$(R/\Delta)_{4.00}=0.176\,96-0.010\,42x_1+0.018\,34x_2+0.076\,6x_3+0.051\,18x_4+0.017\,52x_1x_2+0.051\,08x_1x_4-0.013\,09x_2x_3-0.050\,89x_1^2+0.061\,09x_1x_4^2-0.029\,88x_2x_1^2-0.022\,31x_3x_1^2-0.062\,21x_3x_4^2-0.090\,36x_4x_1^2$

表 5-2-4　用于计算浸湿面积系数的回归公式

Fr_∇	用于计算浸湿面积系数的回归公式
1.00	$(S/\nabla^{2/3})_{1.00}=5.37952(x_1+2)^{0.41303}(x_3+2)^{0.05523}$
1.25	$(S/\nabla^{2/3})_{1.25}=4.7053(x_1+2)^{0.50516}(x_3+2)^{0.12746}$
1.50	$(S/\nabla^{2/3})_{1.50}=4.33148(x_1+2)^{0.50044}(x_3+2)^{0.22126}$
1.75	$(S/\nabla^{2/3})_{1.75}=3.17517(x_1+2)^{0.58373}(x_2+2)^{0.13799}(x_3+2)^{0.30087}(x_4+2)^{0.15321}$
2.00	$(S/\nabla^{2/3})_{2.00}=2.58605(x_1+2)^{0.63831}(x_2+2)^{0.20897}(x_3+2)^{0.3589}(x_4+2)^{0.23357}$
2.50	$(S/\nabla^{2/3})_{2.50}=1.64002(x_1+2)^{0.78471}(x_2+2)^{0.33271}(x_3+2)^{0.46006}(x_4+2)^{0.35309}$
3.00	$(S/\nabla^{2/3})_{3.00}=1.41518(x_1+2)^{0.79689}(x_2+2)^{0.4079}(x_3+2)^{0.40932}(x_4+2)^{0.40559}$
3.50	$(S/\nabla^{2/3})_{3.50}=1.38851(x_1+2)^{0.82331}(x_2+2)^{0.41104}(x_3+2)^{0.26385}(x_4+2)^{0.44908}$
4.00	$(S/\nabla^{2/3})_{4.00}=1.24764(x_1+2)^{0.8234}(x_2+2)^{0.53144}(x_3+2)^{0.1816}(x_4+2)^{0.45328}$

表 5-2-5　用于计算浸湿面积平均长度系数的回归公式

Fr_∇	用于计算浸湿面积平均长度系数的回归公式
1.00	$(l/L_P)_{1.00}=0.6173-0.22775x_1-0.21161x_2-0.26926x_4-0.13419x_2^2+0.08056x_4^2+0.20855[(\tau-5)/5]^2$
1.25	$(l/L_P)_{1.25}=0.58769-0.25523x_1-0.17644x_2-0.08678x_3-0.21372x_4-0.32253[(\tau-5)/5]+0.05693x_3^2+0.06951x_4^2$
1.50	$(l/L_P)_{1.50}=0.69055-0.16999x_1-0.0489x_2-0.14964x_4-0.18665[(\tau-5)/5]$
1.75	$(l/L_P)_{1.75}=0.68576-0.17138x_1-0.11535x_4-0.23353[(\tau-5)/5]+0.05985x_1^2-0.04085x_4^2$
2.00	$(l/L_P)_{2.00}=0.66283-0.17622x_1-0.0883x_4-0.2912[(\tau-5)/5]+0.06376x_1^2-0.03785x_3^2$
2.50	$(l/L_P)_{2.50}=0.58577-0.18669x_1-0.03974x_4-0.39382[(\tau-5)/5]+0.08003x_1^2$
3.00	$(l/L_P)_{3.00}=0.55239-0.05062x_1+0.10345x_2+0.06486x_3+0.02605x_4-0.16273[(\tau-5)/5]$
3.50	$(l/L_P)_{3.50}=0.46499-0.07668x_1+0.11518x_2+0.05926x_3+0.03841x_4-0.27889[(\tau-5)/5]+0.06641x_1^2$
4.00	$(l/L_P)_{4.00}=0.48142+0.15419x_2+0.0592x_3+0.04169x_4-0.03088x_3^2+0.22132[(\tau-5)/5]^2$

5.2.2　计算程序和方法

初步设计阶段对计划中的艇体(新艇)计算程序如下。

(1) 计算主要的艇体形状参数：$A_P/\nabla^{2/3}$，LCG/L_P，L_P/B_{Pa}，β_m。检查上述参数是否在建立回归公式艇型特征参数的覆盖范围内。

(2) 计算 4 个主要独立变量：x_1，x_2，x_3 和 x_4。

(3) 按照表 5-2-2、表 5-2-3 和表 5-2-4 将独立变量按 τ，R/Δ 和 $S/\nabla^{2/3}$ 分别乘以相应的回归系数。对 R/Δ 来说，当 $Fr_\nabla = 2.50$ 和 $Fr_\nabla = 3.00$ 时，应当弄清楚新设计艇最接近何种系列。

(4) 把所有的项加起来（对 $S/\nabla^{2/3}$ 是乘起来）得到不同傅氏数时 τ，$(R/\Delta)_{45t}$ 和 $S/\nabla^{2/3}$ 的值，必要时进行光顺。

如果新设计艇的质量接近 100 000 lb≈45 t，结束计算程序。否则转向第(5)步。

(5) 按表 5-2-5 的回归公式计算得出每一个傅氏数对应的浸湿面积的平均长度系数 $(l/L_P) = f(Fr_\nabla)$，必要时用光顺过的 (l/L_P) 值。

(6) 按下式计算缩尺比：

$$\lambda = \sqrt[3]{(\Delta_s/\Delta_m)\cdot(\rho_m/\rho_s)} = \sqrt[3]{2.3\Delta_s/\rho_s} \tag{5.2.1}$$

式中：$\Delta_m = 100\ 000\ \text{lb} = 45.36\ \text{t} = 445\ \text{kN}$；$\rho_m = 1\ 026\ \text{kg/m}^3$；$\Delta_s$ 是新设计艇的排水量，单位为 kN；ρ_s 是新设计艇的流体密度，单位为 kg/m^3，一般淡水取 $1\ 000\ \text{kg/m}^3$，海水取 $1\ 026\ \text{kg/m}^3$。

(7) 计算模型艇的折角线投影长度：$L_{Pm} = L_P/\lambda$。然后对每一个傅氏数计算模型艇和新设计艇的浸湿面积平均长度：

$$l_m = (l/L_P)L_{Pm} \tag{5.2.2}$$

$$l_s = (l/L_P)L_P \tag{5.2.3}$$

式中：L_{Pm} 是模型艇的折角线投影长度；L_P 是新设计艇的折角线投影长度。

(8) 计算模型艇和新设计艇的雷诺数：

$$Re_m = 4.942\ 3\times10^6\ l_m\cdot Fr_\nabla \tag{5.2.4}$$

$$Re_s = l_s\cdot Fr_\nabla\cdot\sqrt{g\cdot\nabla^{1/3}}/\nu \tag{5.2.5}$$

式中：∇ 是新设计艇的排水容积，用新设计艇的排水质量 Δ_s（单位是 kg）除以流体密度 ρ_s（单位是 kg/m^3）得到；ν 是水的动粘滞系数，海水取 $1.190\ 7\times10^{-6}$，淡水取 $1.141\ 3\times10^{-6}$。

(9) 计算模型艇和新设计艇的摩擦阻力系数。

对模型艇来说，应当按桑海(Schoenherr)公式计算摩擦阻力系数：

$$0.242/\sqrt{C_F} = \lg(Re\cdot C_F) \tag{5.2.6}$$

但桑海公式含隐函数，计算较烦琐，一般须按 Re 通过查表来得到 C_F 的值，不易编写计算机程序。目前把船模试验结果换算到实船，摩擦阻力系数推荐使用第八届 ITTC 公式：

$$C_F = \frac{0.075}{(\lg Re - 2)^2} \tag{5.2.7}$$

在高 Re 时，ITTC 公式与桑海公式相差甚微，因此本书推荐用式(5.2.7)取代桑海公式来计算模型艇的摩擦系数。

同样，对新设计艇来说，摩擦阻力系数也可用式(5.2.7)计算；粗糙度补贴系数（也称船模与实船相关系数)ΔC_F 可酌情选取,也可取 $\Delta C_F=0$。

(10) 按式(5.2.8)计算新设计艇的 R/Δ:

$$R/\Delta = (R/\Delta)_{45t} + ((C_F + \Delta C_F)_s - (C_F)_m) \cdot \frac{1}{2}(S/\nabla^{2/3}) \cdot Fr_\nabla^2 \tag{5.2.8}$$

5.2.3 计算实例

某艇(船模试验编号为 114) $\Delta=16.0$ t,$L_P=15.0$ m,$\beta_m=27°$,$\beta_t=24°$,$L_P/\nabla^{1/3}=6.0$,$A_P/\nabla^{2/3}=7.20$,$LCG/L_P=36.7$,$L_P/B_{Pa}=5.0$,$L_P/B_{Px}=4.0$,$B_{Px}/B_{Pa}=1.25$,$B_{Pt}/B_{Px}=0.83$,$\odot A_P/L_P=0.433$。要求预报其裸船体阻力。

本艇所有船型参数全部落入回归公式覆盖的范围之内,且接近 65-B 系列。计算本艇 4 个独立变量如下:

$$x_1 = \frac{A_P/\nabla^{2/3} - 6.875}{2.625} = \frac{7.20 - 6.875}{2.625} = 0.123\,81$$

$$x_2 = \frac{100(LCG/L_P) - 37.15}{7.15} = \frac{36.7 - 37.15}{7.15} = -0.062\,937$$

$$x_3 = \frac{L_P/B_{Pa} - 4.54}{2.18} = \frac{5.0 - 4.54}{2.18} = 0.211$$

$$x_4 = \frac{\beta_m - 25.2}{12.2} = \frac{27 - 25.2}{12.2} = 0.147\,541$$

按 Fr_∇ 计算 τ,R/Δ,$S/\nabla^{2/3}$,l/L_P,并作光顺的值列于表 5-2-6 中。

由于本艇排水量只有 16 t,小于模型艇的排水量 45 t,所以要做雷诺数修正。首先计算缩尺比 λ:

$$\lambda = \sqrt[3]{\frac{\Delta_s}{\Delta_m} \cdot \frac{\rho_m}{\rho_s}} = \sqrt[3]{\frac{\Delta_s}{\rho_s} \cdot 2.3} = \sqrt[3]{2.3\,\frac{16 \times 9.81}{1\,026}} = 0.706$$

本艇　$L_P=15$ m

模型艇　$L_{Pm}=L_P/\lambda=15/0.706=21.246\,46$ m

模型艇的雷诺数按式(5.2.4)计算,新设计艇的雷诺数按下式计算:

$$Re_s = \frac{l_s \cdot Fr_\nabla \sqrt{9.81 \times (16\,000/1\,026)^{1/3}}}{1.190\,7 \times 10^{-6}} = 4.157\,774 \times 10^6 l_s \cdot Fr_\nabla$$

摩擦阻力系数按式(5.2.7)计算,取 $\Delta C_F=0$;

最后,新设计艇经过修正的每吨排水量阻力按式(5.2.8)计算。

计算结果与船模试验值的比较见图 5-2-1。由图 5-2-1 的比较结果看,两条曲线的形态基本符合,在中高速段,计算曲线略偏高。应当指出,用表 5-2-2、表 5-2-3、表 5-2-4、表 5-2-5 的回归公式进行计算,各计算点的值并不光顺,在光顺的过程中须采用人工干预,不同的人工干预会产生不同的结果。如果你对船模试验的曲线形态有较好的了解,则会产生较好的吻合度。图 5-2-2 是本例计算中对航行纵倾角 τ 所作的人工光顺曲线与船模试验曲线的比较。由此可见,人工光顺曲线与船模试验曲线还是有些差别的,会导致计算结果产生一定误差。

表 5-2-6　114 艇阻力计算表

项号	Fr_∇	1.5	1.75	2.0	2.5	3.0	3.5	4.0
1	按表 5-2-2 公式计算 τ	2.566 2°	2.483 4°	2.318 9°	4.272 4°	4.740 9°	3.947 0°	4.012 6°
2	光顺后的 τ	2.566 2°	3.20°	3.65°	4.272 4°	4.45°	4.30°	4.012 6°
3	按表 5-2-3 计算 R/Δ	0.083 25	0.087 81	0.093 66	0.137 99	0.162 46	0.127 28	0.198 05
4	光顺后的 R/Δ	0.083 25	0.105	0.12	0.137 99	0.15	0.165	0.198 05
5	按表 5-2-4 计算 $S/\nabla^{2/3}$	7.526 30	7.706 73	7.632 15	6.963 26	6.372 24	5.886 84	5.383 64
6	光顺后的 $S/\nabla^{2/3}$	7.60	7.5	7.365	6.963 26	6.6	6.05	5.383 64
7	按表 5-2-5 计算 l/L_P	0.741 35	0.731 62	0.705 90	0.615 32	0.575 04	0.506 48	0.497 61
8	光顺后的 l/L_P	0.72	0.70	0.67	0.615 32	0.575 04	0.54	0.497 61
9	$l_m=(8)\times 21.246\ 5$ m	15.751 2 m	14.872 5 m	14.235 1 m	13.073 4 m	12.217 6 m	11.473 1 m	10.572 5 m
10	$l_s=(8)\times 15$ m	10.8 m	10.5 m	10.05 m	9.229 8 m	8.625 6 m	8.10 m	7.464 2 m
11	Re_m	1.167×10^{8}	1.286×10^{8}	1.407×10^{8}	1.615×10^{8}	1.811×10^{8}	1.984×10^{8}	2.090×10^{8}
12	Re_s	6.735×10^{7}	7.640×10^{7}	8.357×10^{7}	9.593×10^{7}	1.076×10^{8}	1.179×10^{8}	1.241×10^{8}
13	C_{Fm}	2.037×10^{-3}	2.009×10^{-3}	1.984×10^{-3}	1.946×10^{-3}	1.915×10^{-3}	1.891×10^{-3}	1.877×10^{-3}
14	C_{Fs}	2.208×10^{-3}	2.167×10^{-3}	2.138×10^{-3}	2.096×10^{-3}	2.061×10^{-3}	2.034×10^{-3}	2.020×10^{-3}
15	按式(5.2.8)修正的 R/Δ	0.084 71	0.106 81	0.122 28	0.141 25	0.154 35	0.170 32	0.204 17
16	模型试验的 R/Δ	0.095	0.108	0.112 5	0.125	0.133	0.15	0.17
17	R 计算值	13 295 N	16 764 N	19 192 N	22 171 N	24 226 N	26 733 N	32 046 N
18	按式(5.2.9)计算的 R	9 998 N	12 682 N	14 957 N	18 885 N	21 825 N	23 636 N	24 664 N
19	R 试验值	14 911 N	16 952 N	17 658 N	19 620 N	20 876 N	23 544 N	26 683 N

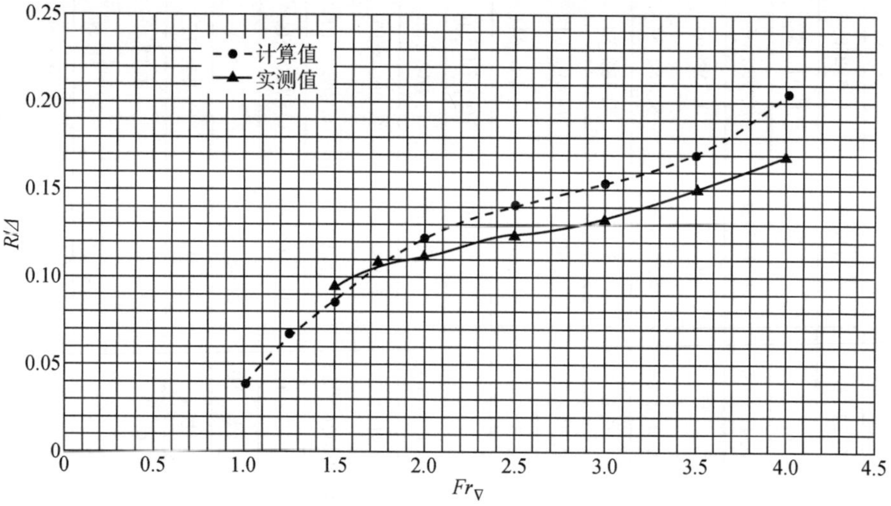

图 5-2-1　114 艇每吨排水量阻力计算值与船模试验值的比较

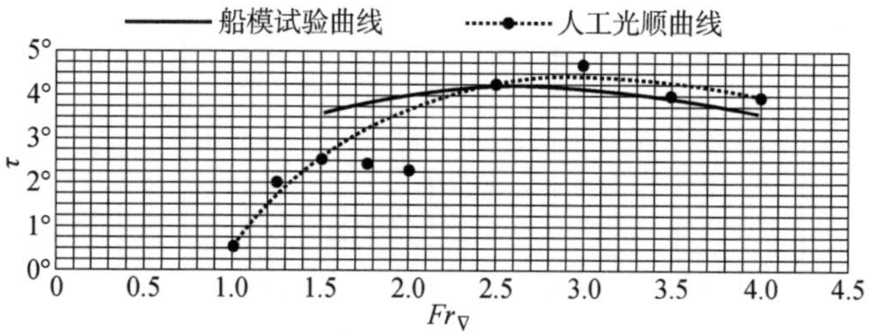

图 5-2-2　114 艇航行纵倾角人工光顺曲线与船模试验曲线的比较

运用这些回归公式计算阻力的另一种方法是利用计算得到的人工纵倾角 τ、浸湿面积系数 $S/\nabla^{2/3}$、浸湿面积平均长度系数 l/L_P 按下式直接计算阻力：

$$R = \Delta \cdot \tan\tau + \frac{1}{2}C_F \cdot Fr_\nabla \cdot \left(\frac{S}{\nabla^{2/3}}\right) \cdot \Delta \tag{5.2.9}$$

式中，排水量 Δ 的单位要换算成 N，方能与阻力的单位一致。

这种方法的优点是计算步骤可以减少，省去计算 R/Δ 及雷诺数修正等步骤。但计算结果在很大程度上依赖于航行纵倾角曲线。按式(5.2.9)计算的阻力与船模试验曲线以及按每吨排水量阻力计算结果的比较见图 5-2-3。由图 5-2-3 可见，两种方法计算结果趋势一致，按式(5.2.9)计算结果在低中速段偏低，在高速段与船模试验结果较为接近。

5.3　圆舭快艇阻力计算方法

这种方法的基本思路是得知圆舭艇的主要参数后，先按图 5-3-1 查取设计艇的剩余阻力

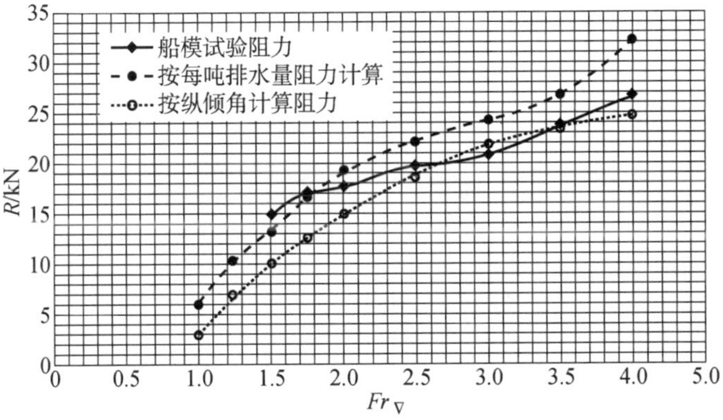

图 5-2-3 二种方法阻力计算结果与船模试验结果的比较

系数,再按 ITTC 的摩擦阻力系数公式求取摩擦阻力系数,加上粗糙度补贴,得到总阻力系数。然后,按图 5-3-2 求得湿表面积系数,进而得到湿表面积,这样就能计算出裸船体总阻力,加上附体阻力得到实艇的总阻力,乘以速度得到有效功率 P_E,除以轴系传动效率和推进效率,即可得到达到设计速度所需的主机功率。如果主机功率已确定,则可估算出航速。本节提供了计算实例,读者可细心体会。

5.3.1 圆舭快艇的剩余阻力系数图谱

图 5-3-1 是将圆舭艇船模阻力图谱转换成的剩余阻力系数图谱。用此图,设计人员可简易地对不同的 C_∇ 值用插值法直接求取设计艇的剩余阻力系数。

5.3.2 圆舭艇的湿表面积

湿表面积计算的正确与否直接影响到阻力计算的正确性。推荐用图 5-3-2 求取湿表面积系数 C_S,按下式计算湿表面积:

$$S = C_S \sqrt{\nabla \cdot L} \tag{5.3.1}$$

初步设计阶段,可用下式估算圆舭艇的湿表面积:

$$S = 2.75 \sqrt{\nabla \cdot L} \tag{5.3.2}$$

5.3.3 计算示例

圆舭快艇[7]:$L=39.5$ m,$B=5.64$ m,$d=1.77$ m,$\Delta=203$ t,$C_B=0.505$,$C_P=0.675$,三桨三舵,轴支架用人字架,设舭龙骨。计算此艇 $V_S=28$ kn 航速时所需的有效功率 P_E。

计算如下:

$\nabla = \Delta/\rho = 203/1.025 = 198.05\ \text{m}^3$

$C_\nabla = \nabla/(0.1L)^3 = 198.05/3.95^3 = 3.214$

$B/d = 5.64/1.77 = 3.186$

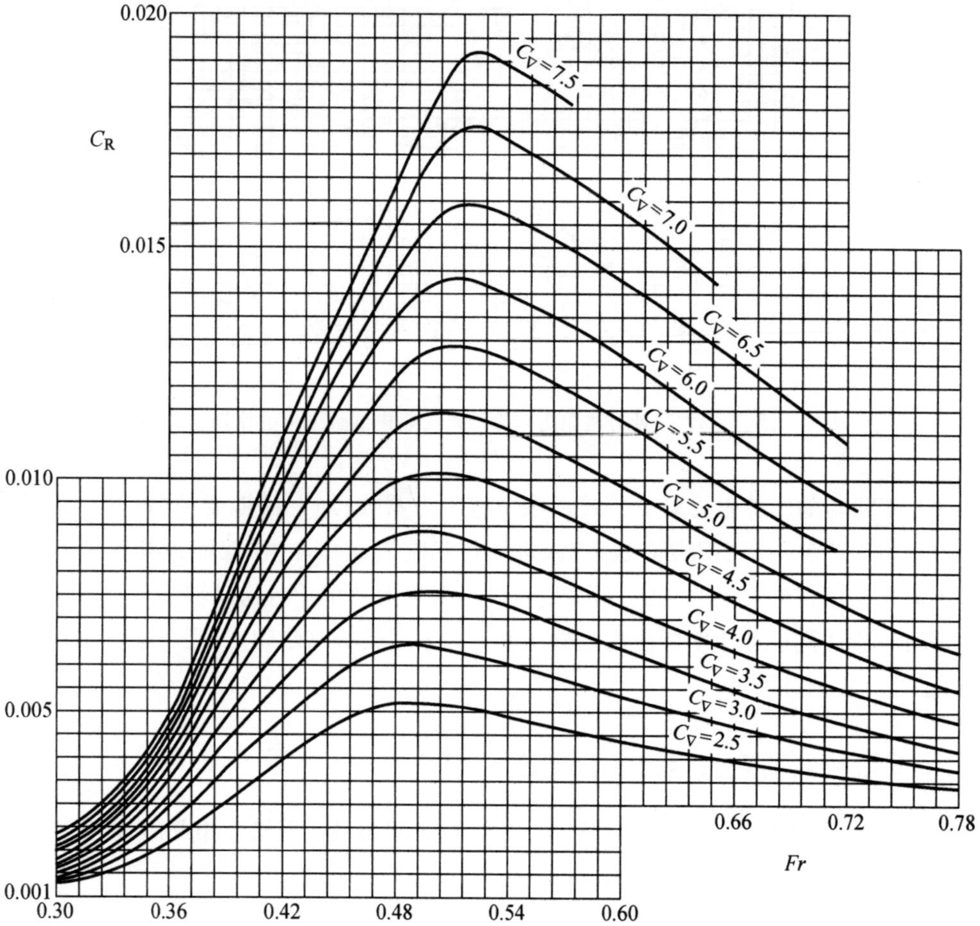

图 5-3-1　圆舭艇的剩余阻力系数图谱

$[(B/d)\cdot C_P]^{0.5} = (3.186 \times 0.675)^{0.5} = 1.467$

$v = 0.5145V_S = 0.5145 \times 28 = 14.406\ \text{m/s}$

$Fr = v/\sqrt{gL} = 14.406/\sqrt{9.81 \times 39.5} = 0.732$

$Re = vL/\nu = 14.406 \times 39.5/(1.1907 \times 10^{-6}) = 6.776 \times 10^8$

$$C_F = \frac{0.455}{(\lg Re)^{2.58}} = \frac{0.455}{(\lg 6.776 \times 10^8)^{2.58}} = 1.649 \times 10^{-3}$$

$\Delta C_F = 0.4 \times 10^{-3}$

$C_\nabla = 3.0$ 时查图 5-3-1 得 $C_{R(C_\nabla=3.0)} = 4.10 \times 10^{-3}$

$C_\nabla = 3.5$ 时查图 5-3-1 得 $C_{R(C_\nabla=3.5)} = 4.82 \times 10^{-3}$

线性内插得 $C_\nabla = 3.214$ 时的 $C_R = 4.408 \times 10^{-3}$

$C_T = C_R + C_F + \Delta C_F = (4.408 + 1.649 + 0.4) \times 10^{-3} = 6.457 \times 10^{-3}$

查图 5-3-2 得 $C_S = 2.65$

$S = C_S\sqrt{\nabla \cdot L} = 2.65\sqrt{198.05 \times 39.5} = 234.39\ \text{m}^2$

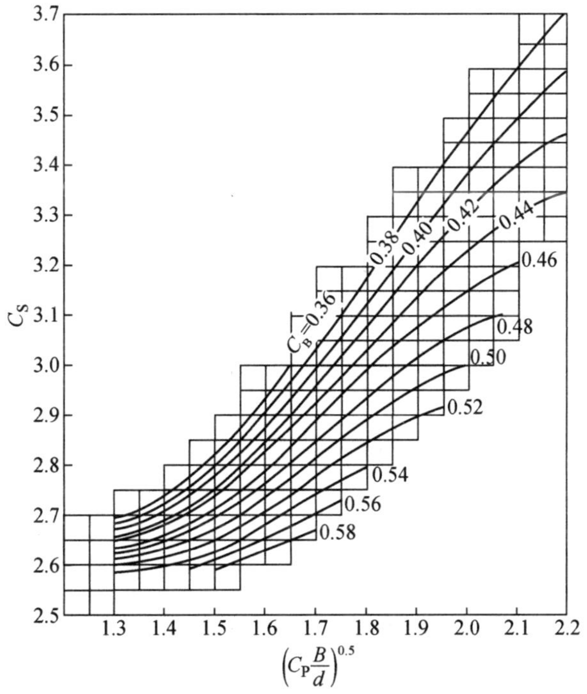

图 5-3-2　湿表面积系数

$$R_T = \frac{1}{2}\rho v^2 S \cdot C_T = \frac{1}{2} 1\,025 \times 14.406^2 \times 234.39 \times 6.457 \times 10^{-3} = 160\,972 \text{ N}$$

$$P_E = R_T \cdot v = 160\,972 \times 14.406 = 2\,318\,963\text{W} = 2\,319 \text{ kW} = 3\,153.8 \text{ hp}$$

附体阻力取 20%P_E，则 $P_{E+D}=1.2P_E=1.2\times3\,153.8=3\,784.6$ hp

本计算结果与船模试验曲线十分吻合。

5.4　CSSRC 艇型剩余阻力估算图谱

在第 4 章总体设计中介绍了 CSSRC 艇型，现介绍其阻力计算方法。图 5-4-1 和图 5-4-2 提供了 CSSRC 艇型的剩余阻力估算图谱，共 8 张。$L/\nabla^{1/3}$ 从 7.9 变化到 8.6，每隔 0.1 就给出一张图。当采用 CSSRC 艇型，其艇长排水体积系数又符合图谱范围时，可从图谱上直接查得每吨排水量的剩余阻力 R_R，再按式(5.1.2)计算出摩擦阻力 R_F，即可求得艇的裸体总阻力。

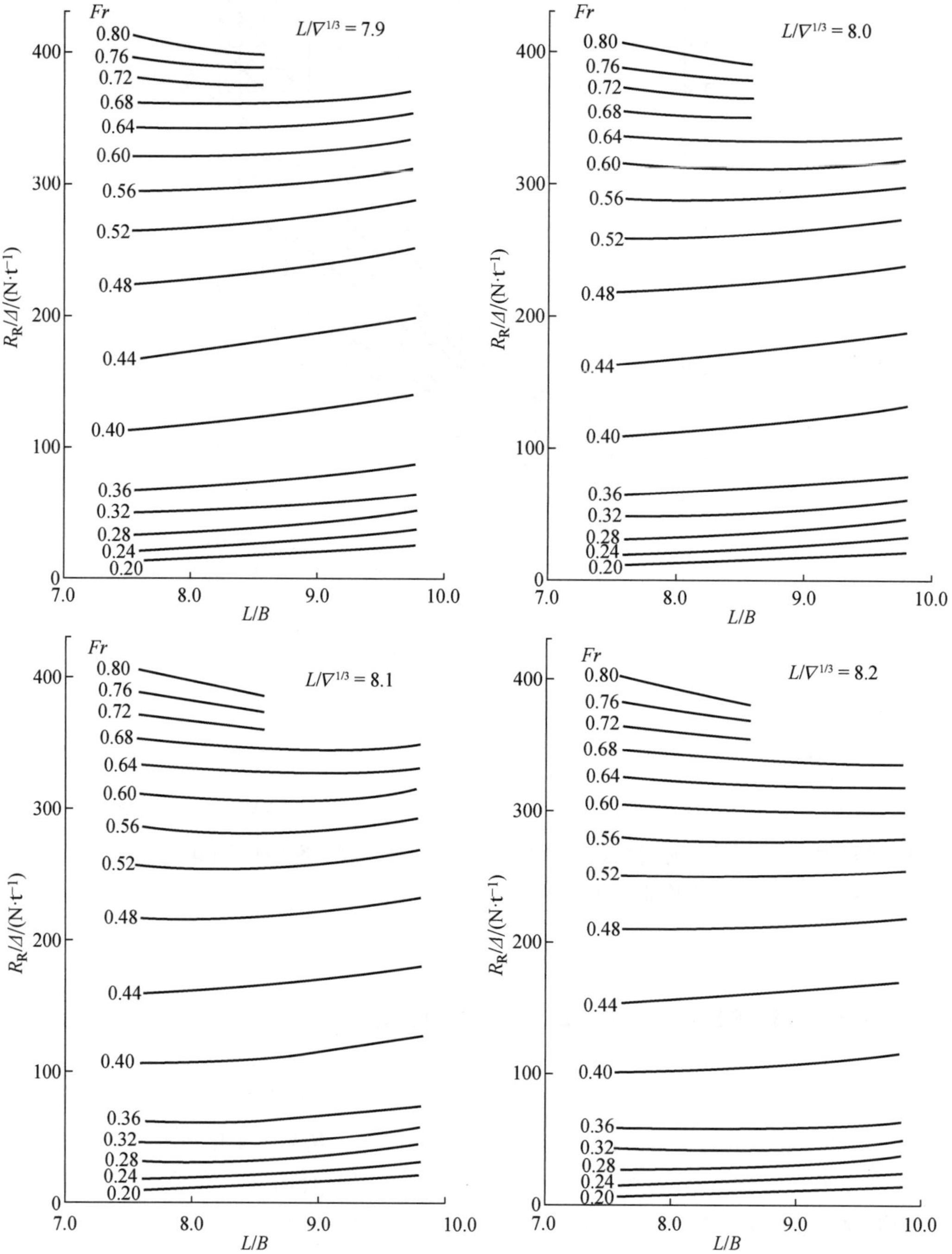

图 5-4-1　CSSRC 艇型的剩余阻力估算图谱(1)

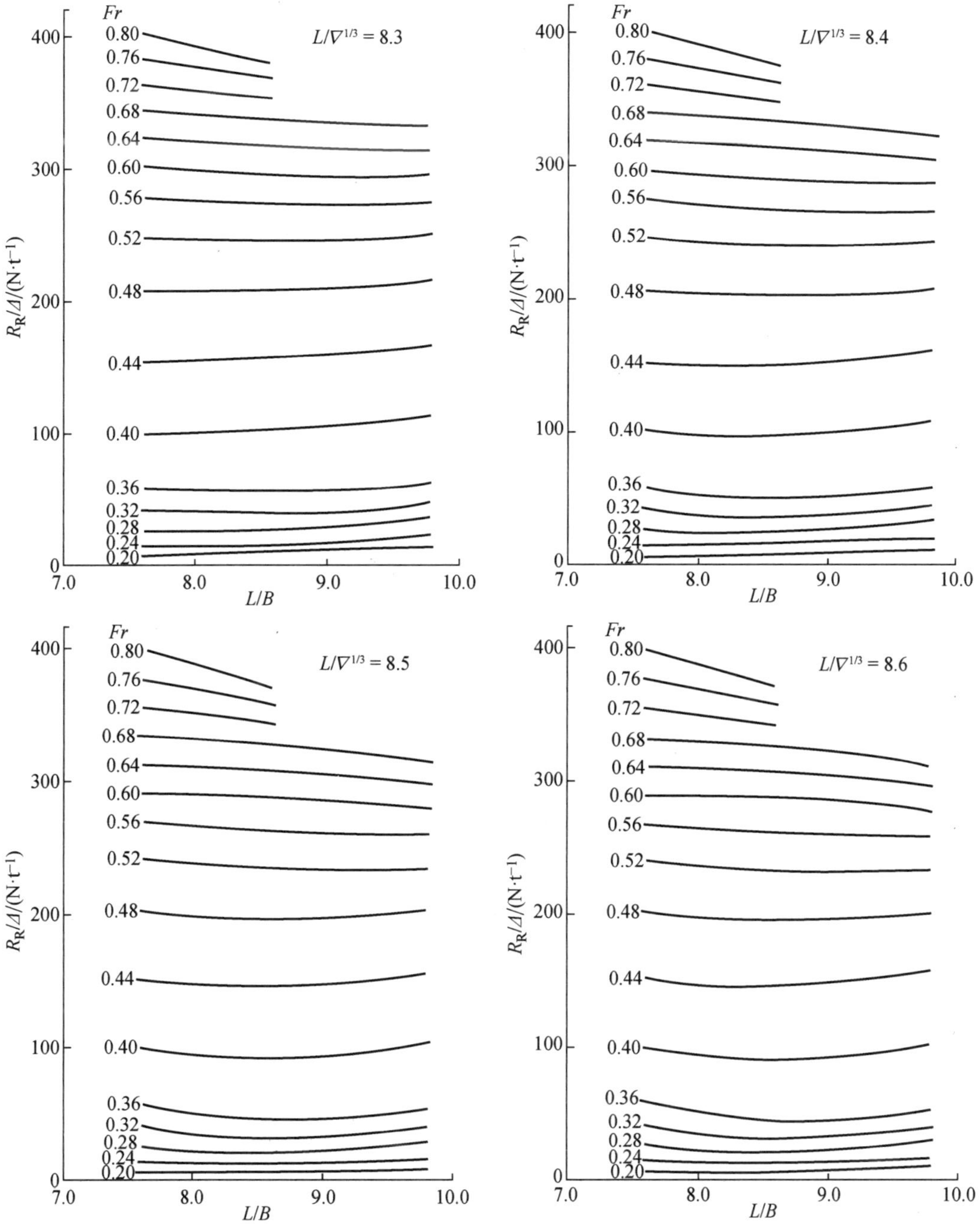

图 5-4-2　CSSRC 艇型的剩余阻力估算图谱(2)

5.5 估算圆舭摩托艇功率的图谱

5.5.1 计算公式和图谱

K. Kafali[9] 以船模试验图谱为基础，提出了估算圆舭摩托艇功率的方法。该方法适用的艇体几何形状如图 5-5-1 所示，估算功率的图谱如图 5-5-2、图 5-5-3 所示。计算公式为

$$P_E = 0.842C \cdot \Delta \cdot V\left(\frac{v}{\sqrt{L}}\right)^2 \tag{5.5.1}$$

式(5.5.1)中的系数 C 可通过图 5-5-2、图 5-5-3 查得，图 5-5-2 对应于 $B/d = 3.65$，图 5-5-3 对应于 $B/d = 4.45$。介于两者之间的 B/d 值可采用插值法求取。利用这两张图谱可以估算圆舭摩托艇的功率。但按式(5.5.1)算出的结果只相当于裸船体的情况，还需考虑附体阻力，一般还需增加 5%(单轴)到 10%(双轴)的有效功率。

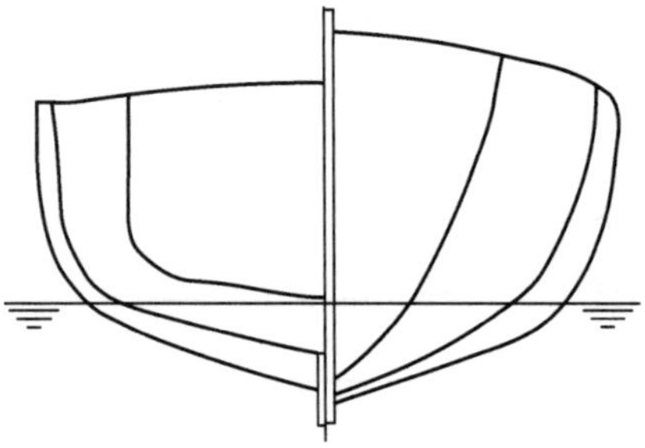

图 5-5-1 圆舭摩托艇的形状

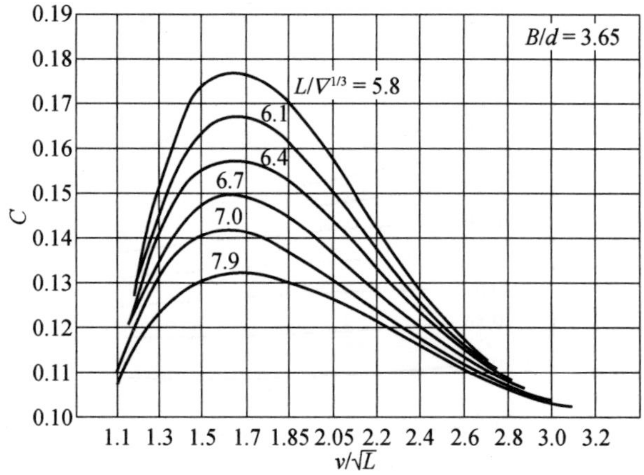

图 5-5-2 估算功率的图谱(B/d=3.65)

5.5.2 双舵双桨圆舭摩托艇算例

水线长 L	34.15 m
水线宽 B	5.56 m
B/d	3.65
排水量 Δ	85.00 t

本艇 $\nabla = \Delta/1.0 = 85\ m^3$，$L/\nabla^{1/3} = 7.77$，有效功率估算按表 5-5-1 进行。双舵双桨，附体阻力取裸艇体阻力的 10%较为合理。

本法计算结果与实艇航海试验结果绘于图 5-5-4 上，可以看出实测数值与本方法计算结

果非常接近。

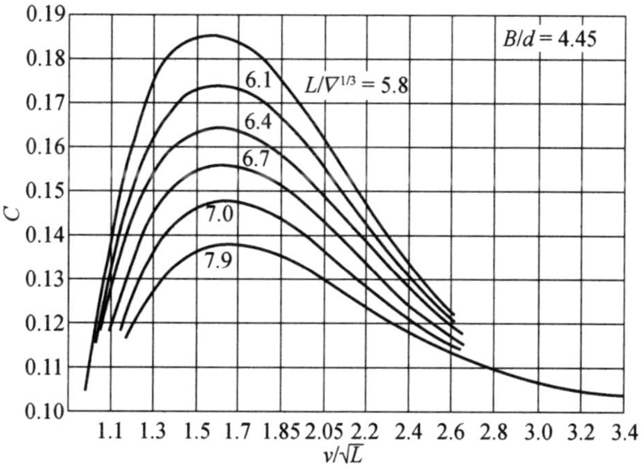

图 5-5-3　估算功率的图谱($B/d=4.45$)

表 5-5-1　34 m 摩托艇有效功率估算

$\frac{v}{\sqrt{L}}$	V/kn	C 查图 5-5-2 ($L/\nabla^{1/3}=7.77$)	裸艇体 P_E/kW	附体阻力增加 10%后 P_E/kW
1.10	12.48	0.109	118	130
1.28	14.56	0.125	213	235
1.46	16.64	0.132	335	369
1.65	18.72	0.133	485	534
1.83	20.80	0.131	653	718
2.01	22.88	0.127	840	925
2.20	24.94	0.122	1054	1159

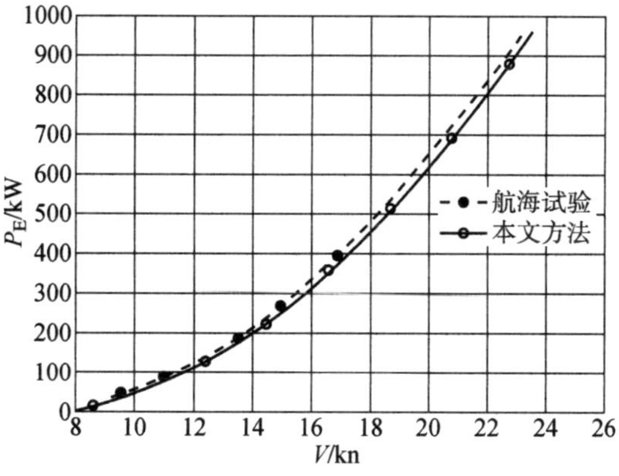

图 5-5-4　34 m 圆舭摩托艇有效功率曲线

5.5.3 6 m 圆舭摩托艇算例

水线长 L　　6.34 m

水线宽 B　　1.70 m

吃水 d　　0.40 m

宽度吃水比 B/d　　4.25

排水量 Δ　　1.512 t(裸艇体)

本艇 $L/\nabla^{1/3}=5.52$,$B/d=4.25$ 介于两张图谱之间,故要用插值法求取。裸艇体有效功率按表 5-5-2 估算。本艇只有船模试验结果可供比较,因此无须考虑附体阻力。本方法估算结果与船模拖曳试验结果的比较如图 5-5-5 所示。

表 5-5-2　6 m 圆舭摩托艇裸艇体有效功率估算

$\frac{v}{\sqrt{L}}$	V/kn	C 值 $B/d=3.65$ 查图 5-5-2	C 值 $B/d=4.45$ 查图 5-5-3	C 值 $B/d=4.25$ 插值	裸艇体 P_E/kW
1.10	5.38	0.113	0.143	0.136	1.127
1.28	6.26	0.158	0.185	0.178	2.324
1.46	7.15	0.183	0.196	0.193	3.745
1.65	8.08	0.184	0.195	0.192	5.377
1.83	8.96	0.178	0.185	0.184	7.029
2.01	9.84	0.162	0.169	0.168	8.503
2.20	10.77	0.146	0.151	0.150	9.954

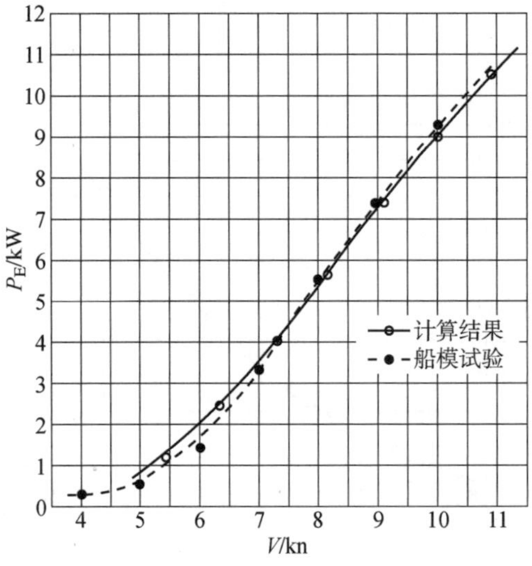

图 5-5-5　6 m 圆舭摩托艇有效功率曲线

5.6　由船模阻力换算

5.6.1　换算方法及图谱

D. De. Groot[10]将美国司蒂汶司工学院研究的 V 型快艇船模(图 5-6-1)试验资料及其他水池发表的 V 型摩托艇船模试验资料整理成了 V 型快艇阻力计算图谱(图 5-6-2),又根据荷兰船模试验池及 Nordström[11]发表的圆舭型摩托艇船模试验资料绘制出了圆舭型艇阻力计算图谱(图 5-6-3),可供阻力换算之用。两张图谱中,船模长度都定为 2.25 m。当已知实艇数据后,可按常规的阻力换算方法通过这两张图谱计算出实艇阻力。即将船模的阻力分解成摩擦阻力和剩余阻力两部份,求出船模的剩余阻力系数 C_R 作为实艇的剩余阻力系数,而实艇的摩擦阻力可按下式计算:

$$R_F = (C_F + \Delta C_F)\frac{1}{2}\rho v^2 S \tag{5.6.1}$$

式中,摩擦阻力系数 C_F 按第 8 届国际船模试验池会议(ITTC・1957)推荐的公式计算:

$$C_F = \frac{0.075}{(\lg Re - 2)^2} \tag{5.6.2}$$

所不同的是粗糙度补贴系数 ΔC_F,根据中武一明等[12]的研究,高速时可取为 0。按船模换算得到的是不含附体的裸艇体阻力。附体阻力的计算见 5.1.3 小节,粗略估计可按裸船体阻力 10%来考虑。

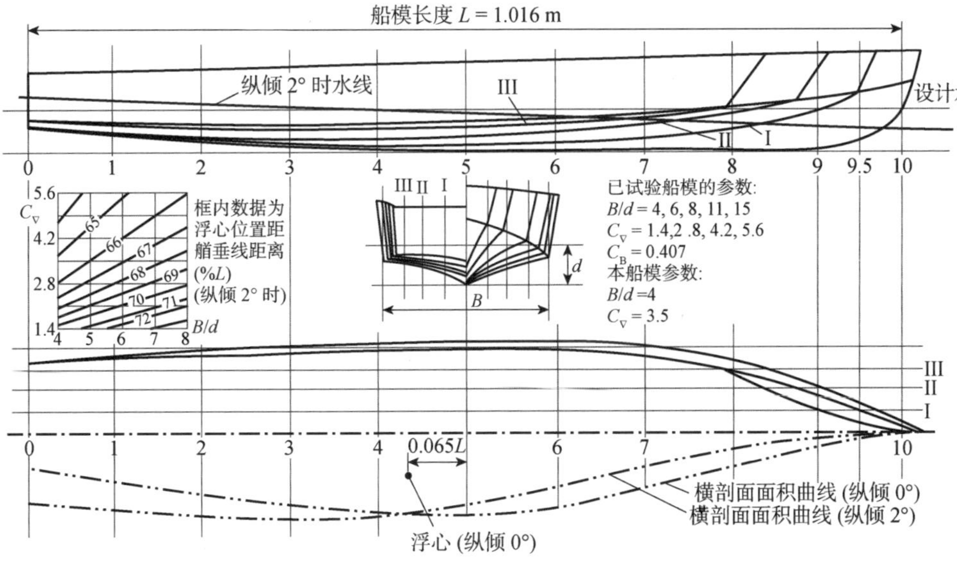

图 5-6-1　司蒂汶司工学院研究的 V 型快艇船模型线图

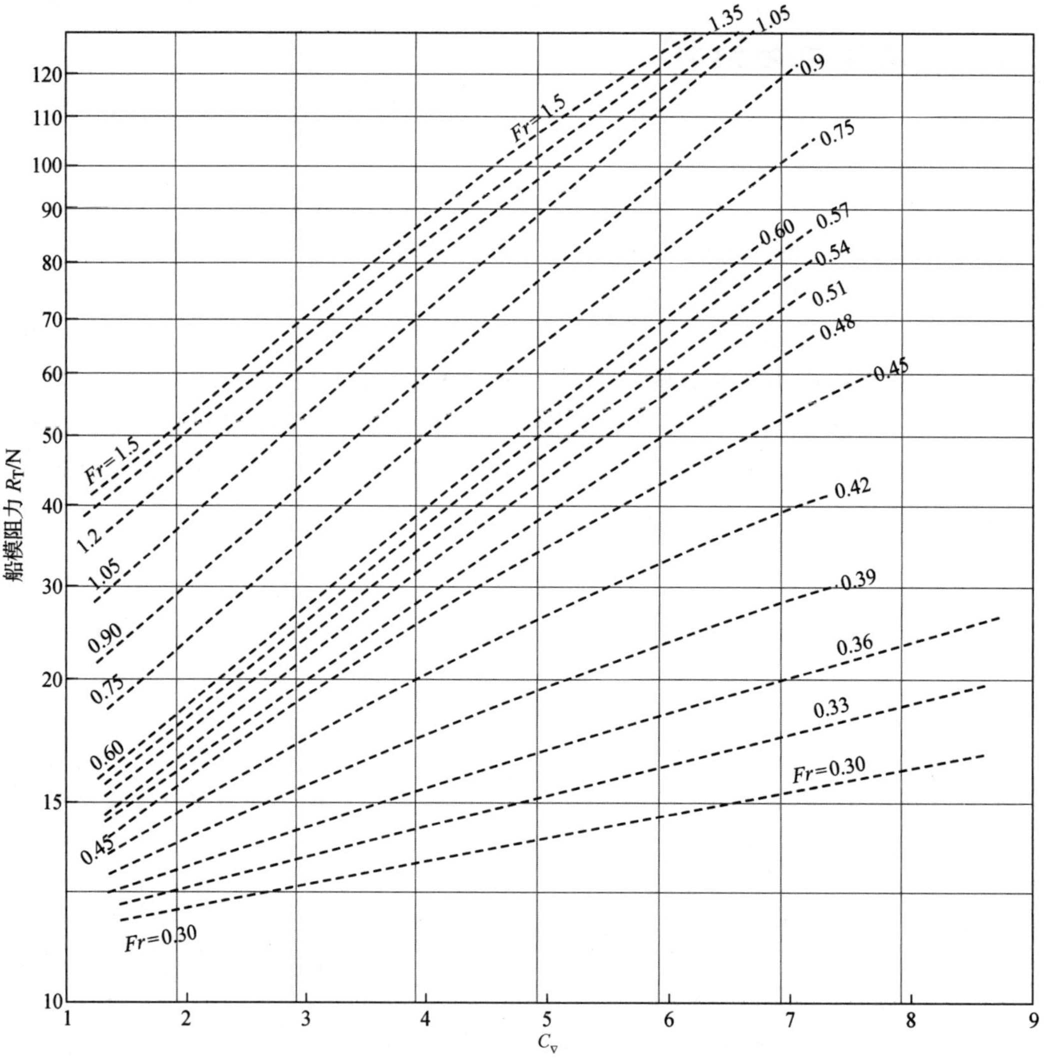

图 5-6-2 V 型快艇的船模阻力(L_m=2.25 m)

5.6.2 计算实例

本例为圆舭艇,V 型艇计算方法类同。

某圆舭艇 $L=28$ m, $B=4.5$ m, $d=1$ m, $\Delta=58.8$ t, $C_B=0.467$, $C_P=0.631$, $C_M=0.74$, $C_W=0.732$, $x_B=-0.68$ m,主机 12V150Ca 型 2 台,额定功率 2×353 kW@1800 r/min。求深水阻力曲线。

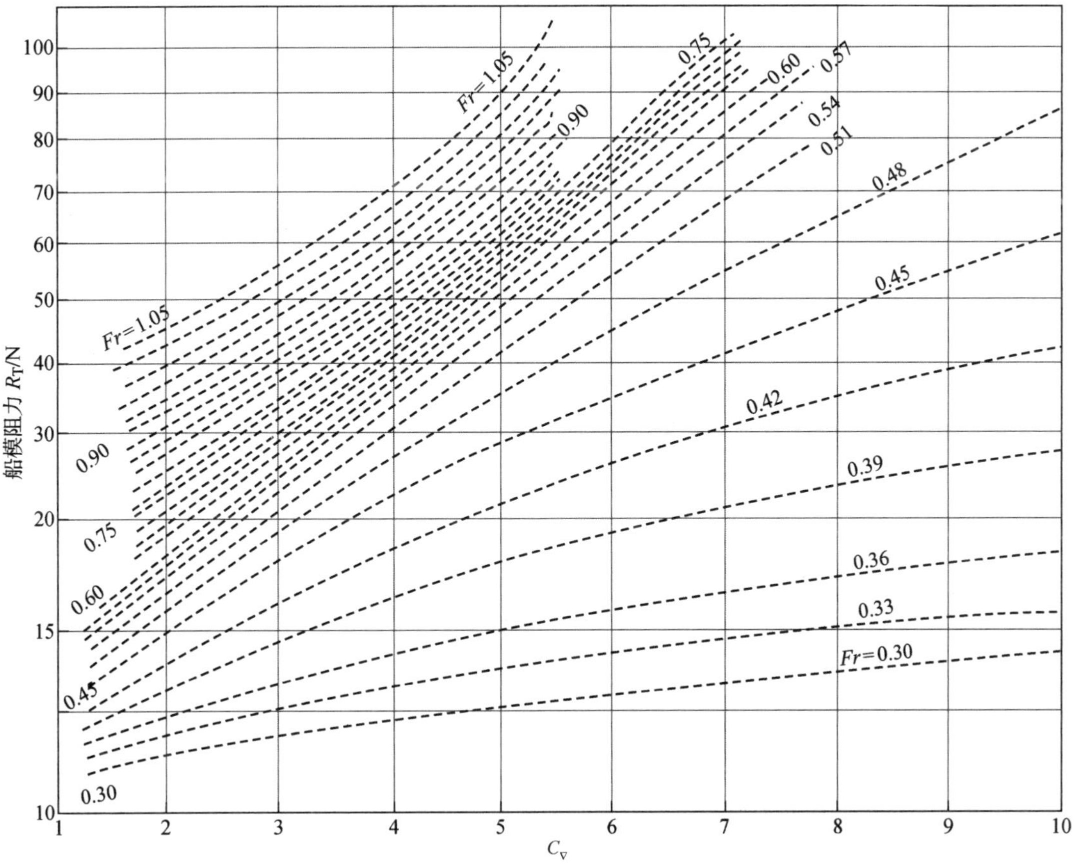

图 5-6-3　圆舭艇的船模阻力(L_m=2.25 m)

预先计算：

实艇湿面积　　$S_S=2.75\sqrt{\nabla\cdot L}=111.6\ m^2$

缩尺比　　$\lambda=L/L_m=28/2.25=12.44$

船模湿面积　　$S_m=S_S/\lambda^2=111.6/12.44^2=0.72\ m^2$

排水体积长度系数　　$C_\nabla=\dfrac{\nabla}{(0.1L)^3}=2.68$

本艇航行于淡水　　$\rho=1\ 000\ kg/m^3$；$\nu=1.14\times10^{-6}\ m^2/s$

其余列表计算(表 5-6-1)。该表中最后 1 项为实艇有效功率的模型试验结果，说明按图谱换算结果与本艇的船模试验结果十分接近。本艇装机功率 706 kW，若假定传动与推进效率为 0.5，则可获得 353 kW 有效功率，本艇航速可达 34 km/h，与实艇试航结果 34.0 km/h 相符。

表 5-6-1　28 m 圆舭艇阻力及有效功率计算

序	计算项目	提示	单位	计算结果				
1	实艇 V	假定	km/h	28	30	32	34	36
2	实艇 v	$V/3.6$	m/s	7.78	8.33	8.89	9.44	10
3	Fr	$v/(g \cdot L)^{0.5}$		0.469	0.503	0.536	0.570	0.603
4	船模 R_T	按 C_∇ 查图 5-6-3	N	17	18.5	20	22	23
5	船模 v_m	$Fr \cdot (9.81\times2.25)^{0.5}$	m/s	2.20	2.36	2.52	2.68	2.83
6	船模 C_T	$R_T/(0.5\rho v_m^2 S_m)$		9.76×10^{-3}	9.23×10^{-3}	8.75×10^{-3}	8.51×10^{-3}	7.98×10^{-3}
7	船模 Re	$2.25v_m/1.14E\text{-}6$		4.34×10^{6}	4.66×10^{6}	4.97×10^{6}	5.29×10^{6}	5.59×10^{6}
8	船模 C_F	$0.075/(\lg Re\text{-}2)^2$		3.49×10^{-3}	3.44×10^{-3}	3.40×10^{-3}	3.36×10^{-3}	3.33×10^{-3}
9	C_R	$C_T\text{-}C_F$		6.27×10^{-3}	5.78×10^{-3}	5.35×10^{-3}	5.15×10^{-3}	4.65×10^{-3}
10	实艇 Re	$28v/1.14E\text{-}6$		1.91×10^{8}	2.05×10^{8}	2.18×10^{8}	2.32×10^{8}	2.46×10^{8}
11	实艇 C_F	$0.075/(\lg Re\text{-}2)^2$		1.90×10^{-3}	1.88×10^{-3}	1.87×10^{-3}	1.85×10^{-3}	1.84×10^{-3}
12	实艇 C_T	C_R+C_F		8.17×10^{-3}	7.67×10^{-3}	7.22×10^{-3}	7.00×10^{-3}	6.49×10^{-3}
13	实艇 R_T	$0.5\rho v^2 S_S C_T$	N	27 582	29 684	31 840	34 808	36 214
14	实艇 P_E	$R_T \cdot v/1\,000$	kW	214	247	283	329	362
15	带附体 P_E	增加 10%后	kW	236	272	311	362	398
16	试验结果	有附体 P_E	kW	199	250	302	353	421

5.7　估算摩托艇剩余阻力用的图谱

5.7.1　估算剩余阻力的图谱

利用船模阻力换算实艇阻力比较烦琐。因为需要扣除船模总阻力成分中的摩擦阻力成分才能获得剩余阻力系数，所以经过各种换算后，将 Nordström[11] 和 De Groot[10] 发表的模型试验阻力资料转换成估算剩余阻力用的图谱。这两个文献发表的艇型参数范围包括：

$0.293 \leqslant C_B \leqslant 0.536$

$0.503 \leqslant C_P \leqslant 0.784$

$4.55 \leqslant L/B \leqslant 7.41$

$3.07 \leqslant B/d \leqslant 4.37$

图 5-7-1 是按 Nordström 资料换算的圆舭型艇的剩余阻力系数 $C_{R\nabla}$（注意：这个剩余阻力系数与常见的表达式不同，它用 $\nabla^{2/3}$ 来取代湿表面积 S，所以得出的值也相去甚远，切勿混淆）：

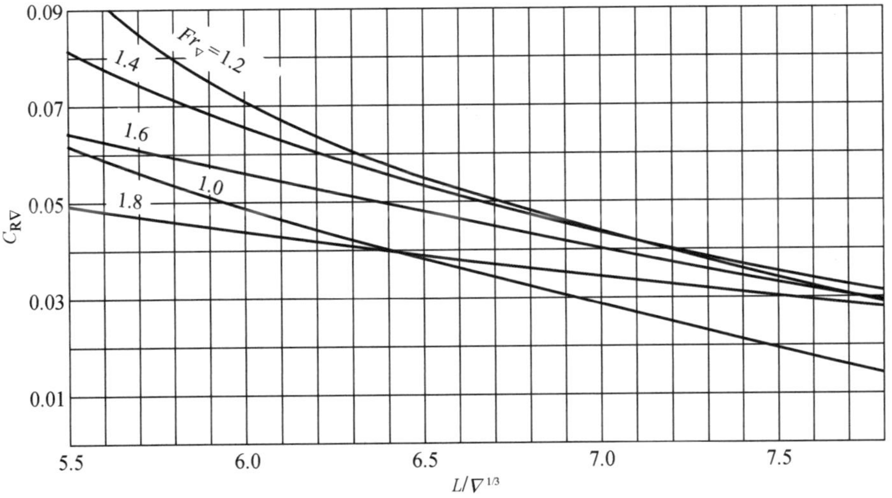

图 5-7-1　按 Nordström 资料换算的剩余阻力估算图谱(适用于圆舭艇)

$$C_{R\nabla} = \frac{R_R}{\frac{1}{2}\rho v^2 \ \nabla^{2/3}} \tag{5.7.1}$$

De Groot 在文献[10]中总共讨论了 79 艘圆舭艇和 25 艘 V 型艇(其中 4 艘是根据 Nordström,其余大多数是根据司蒂汶司工学院)。图 5-7-2 和图 5-7-3 是按 De Groot 资料转换的剩余阻力估算图谱,图 5-7-2 适用于圆舭型艇,图 5-7-3 适用于 V 型艇。在这两张图谱中,De Groot 提供的是单位排水量的剩余阻力,相当于用剩余阻力表达的阻举比 ε:

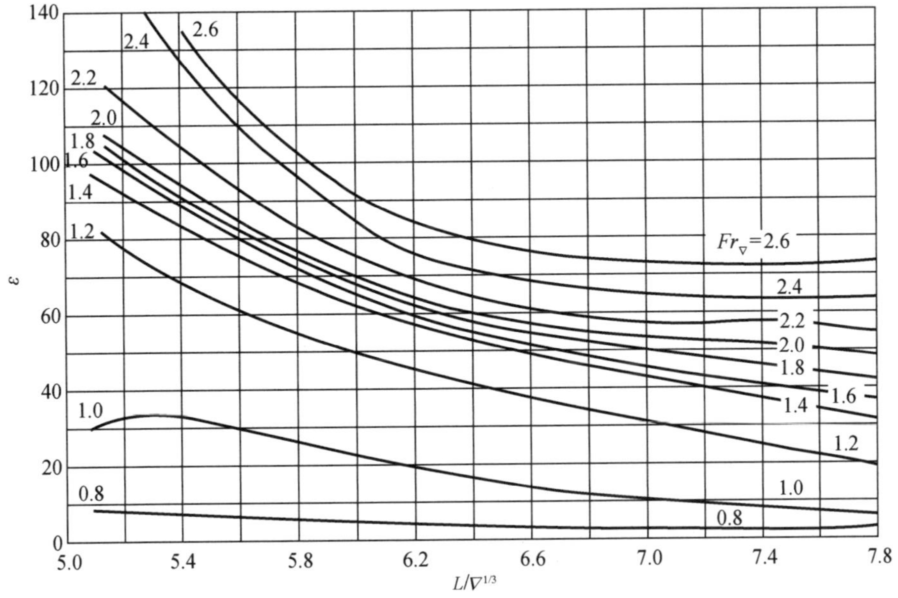

图 5-7-2　按 De Groot 资料估算圆舭型艇阻举比的图谱

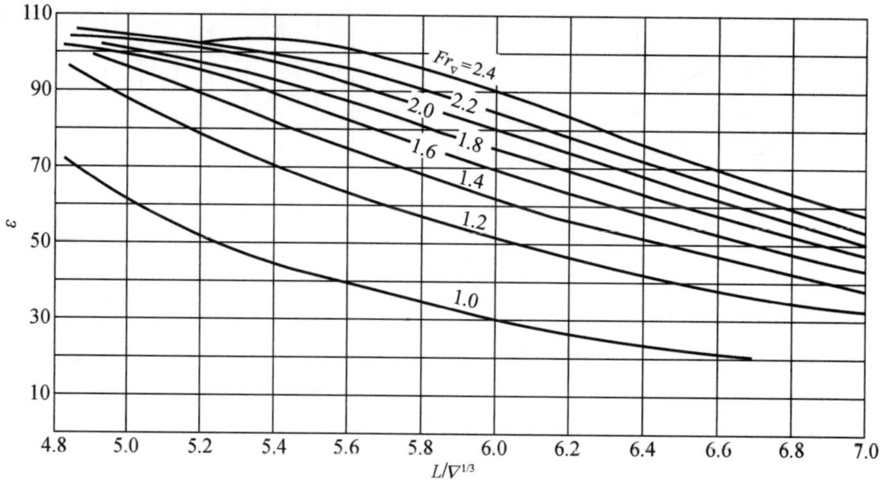

图 5-7-3　按 De Groot 资料估算 V 型艇阻举比的图谱

$$\varepsilon = R_R/\Delta \tag{5.7.2}$$

注意：当阻力的单位为"N"时，排水量的单位也要换算成重力的单位"N"，即将排水量 Δ（单位为 t）乘以重力加速度 g。

在计算艇的总阻力时，摩擦阻力仍按式(5.6.2)计算，粗糙度补贴 ΔC_F 可取 0.000 3～0.000 5。关于浸湿表面积的大小，圆舭艇推荐按下式计算：

$$S = 2.75\sqrt{\nabla \cdot L} \tag{5.7.3}$$

所引起的误差可忽略不计。计算结果表明，排水容积在 10 m^3 与 90 m^3 之间，图谱适用性较好。按图谱计算得到的是裸艇体阻力，实艇附体阻力还需增加一定的百分比。

5.7.2　计算实例：34 m 双舵双桨圆舭摩托艇

水线长 L	34.15 m
水线宽 B	5.56 m
B/d	3.65
排水量 Δ	85.00 t

本艇 $L/\nabla^{1/3}=7.77$，双舵双桨，附体阻力取裸艇体阻力的 17%。

预先计算：

$\nabla^{2/3}=19.332$　　淡水 $\rho=1\ 000\ \mathrm{kg/m^3}$　　$\nu=1.14\times10^{-6}$

$S=2.75(85\times34.15)^{0.5}=148.16\ \mathrm{m^2}$

其余列表计算，见表 5-7-1 和表 5-7-2。结果表明，按 Nordström 图谱（图 5-7-1）算得的阻力略高于按 De Groot 图谱（图 5-7-2）算得的阻力，但均低于实测阻力。按 Nordström 图谱算得的阻力比实测阻力低 6%～9%；按 De Groot 图谱算得的阻力比实测阻力低 8%～14%。但本艇 $L/\nabla^{1/3}$ 达 7.77，已接近图谱的边缘，说明艇型偏离本图谱的最佳范围。之所以选择本艇作为算例，是因为有实测阻力可资比较。

表 5-7-1　34 m 圆舭艇按 Nordström 图谱（图 5-7-1）计算阻力

V/kn 假定	$v/(m\cdot s^{-1})$	Fr_∇	$C_{R\nabla}$	R_R/N 按式 (5.7.1)	Re	C_F	$C_F+\Delta C_F$	R_F/N	$R=R_R+R_F$	附加 17%后	实测 R/N
12.48	6.42	0.98	0.016	6374	1.92×10^8	1.90×10^{-3}	2.30×10^{-3}	7 023	13 397	15 674	18 692
14.56	7.49	1.14	0.026	14 099	2.24×10^8	1.86×10^{-3}	2.26×10^{-3}	9 392	23 491	27 484	29 372
16.64	8.56	1.30	0.032	22 665	2.56×10^8	1.83×10^{-3}	2.23×10^{-3}	12 105	34 770	40 681	43 224
18.72	9.63	1.47	0.033	29 581	2.88×10^8	1.80×10^{-3}	2.20×10^{-3}	15 114	44 695	52 293	55 036
20.80	10.70	1.63	0.030	33 200	3.21×10^8	1.77×10^{-3}	2.17×10^{-3}	18 405	51 605	60 378	65 420
22.88	11.77	1.79	0.028	37 494	3.53×10^8	1.75×10^{-3}	2.15×10^{-3}	22 065	59 559	69 684	76 465

表 5-7-2　34 m 圆舭艇按 De Groot 图谱（图 5-7-2）计算阻力

V/kn 假定	$v/(m\cdot s^{-1})$	Fr_∇	ε	R_R/N 按式 (5.7.2)	Re	C_F	$C_F+\Delta C_F$	R_F/N	$R=R_R+R_F$	附加 17%后	实测 R/N
12.48	6.42	0.98	6	5 003	1.92×10^8	1.90×10^{-3}	2.30×10^{-3}	7 023	12 026	14 070	18 692
14.56	7.49	1.14	15.8	13175	2.24×10^8	1.86×10^{-3}	2.26×10^{-3}	9 392	22 567	26 403	29 372
16.64	8.56	1.30	26	21 680	2.56×10^8	1.83×10^{-3}	2.23×10^{-3}	12 105	33 785	39 528	43 224
18.72	9.63	1.47	34	28 351	2.88×10^8	1.80×10^{-3}	2.20×10^{-3}	15 114	43 465	50 854	55 036
20.80	10.70	1.63	37	30 852	3.21×10^8	1.77×10^{-3}	2.17×10^{-3}	18 405	49 257	57 630	65 420
22.88	11.77	1.79	42	35 022	3.53×10^8	1.75×10^{-3}	2.15×10^{-3}	22 065	57 087	66 792	76 465

5.8　主机功率简易估算法

5.8.1　山县昌夫的简易估算法

山县昌夫[13]统计分析了丹羽诚一发表的 48 艘圆舭艇、44 艘 V 型艇及 F. McAlister 发表的 17 艘圆舭艇资料，推荐按下列各式来估算圆舭艇和 V 型艇的主机功率：

1. 圆舭型艇

当 $V/\Delta^{1/6}=8\sim20$ 时：

$$P_B=0.14\Delta^{0.79}\cdot V^{1.84} \tag{5.8.1}$$

当 $V/\Delta^{1/6}=20\sim30$ 时：

$$P_B = 0.155\Delta^{0.875} \cdot V^{1.77} \quad (5.8.2)$$

2. V 型艇

当 $V/\Delta^{1/6}=6\sim20$ 时：

$$P_B = 0.277\Delta^{0.83} \cdot V^{1.6} \quad (5.8.3)$$

当 $V/\Delta^{1/6}=20\sim46$ 时：

$$P_B - 0.196\Delta^{0.89} \cdot V^{1.69} \quad (5.8.4)$$

注意：上述各式中 V 的单位是 kn。当主机功率已知时，上述各式也可以用来估算航速 V。鉴于推进器设计等原因，上述各式估算的 P_B 大约有 15%的误差。因此，通常把螺旋桨的收到功率设计得比主机持续功率低 5%～10%，留有一点裕度是一种切合实际的考虑方法。

5.8.2 大隅三彦功率估算法

大隅三彦等[14]根据实艇的阻力试验资料，经过适当的修正、扩充后绘成供估算有效功率用的图谱（图 5-8-1）。纵坐标为裸艇体$(1.36P_E)/\Delta^{1.14}$，横坐标为 $V/L^{0.5}$，中间参数为 $L/\nabla^{1/3}$。图谱的适用范围较大，从中速艇到超高速艇均囊括在内。日本人把排水浮力为主，动举力为辅的艇称为"中速艇"，大体上指 $Fr<1$ 的艇。而我国把这种艇称为"高速圆舭艇"，实为中速艇。

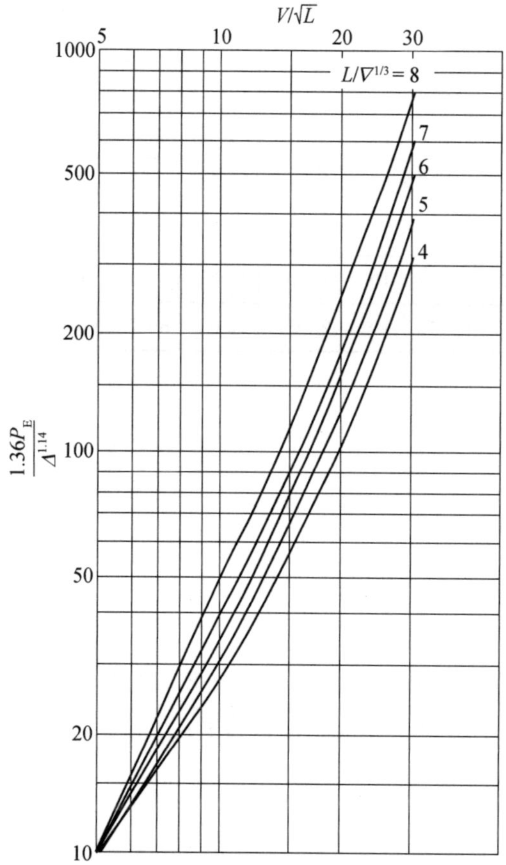

图 5-8-1 大隅三彦估算有效功率的图谱

高速艇是指流体动举力为主，浮力为辅的这部分艇。超高速艇则指完全滑行的艇，如赛艇、娱乐艇、缉私艇之类。由图 5-8-1 估算得到的有效功率中不包含附体阻力。

为了估算推进效率，图 5-8-2 给出了船身效率等系数。当螺旋桨参数选定之后，查螺旋桨图谱即能得到敞水效率 η_O，则总的推进效率等于 $\eta_O \cdot (\eta_H \cdot \eta_R \cdot \eta_S)$，于是可由有效功率 P_E 求得艇所需的主机功率 P_B：

$$P_B = \frac{P_E}{\eta_O \cdot (\eta_H \cdot \eta_R \cdot \eta_S)} \quad (5.8.5)$$

注意：图 5-8-2 只适用于 $Fr \leqslant 1$ 的中速艇。对于高速艇，可取下列定值，而与航速无关：$w=0$；$t=0$；$\eta_H=1$；$\eta_R=0.97$；$\eta_S=0.95$；$(\eta_H \cdot \eta_R \cdot \eta_S)=0.92$。

算例：

已知：$L=21.7$ m，$\Delta=30.1$ t。

求深水阻力曲线。

预先计算：$\Delta^{1.14}=48.48$

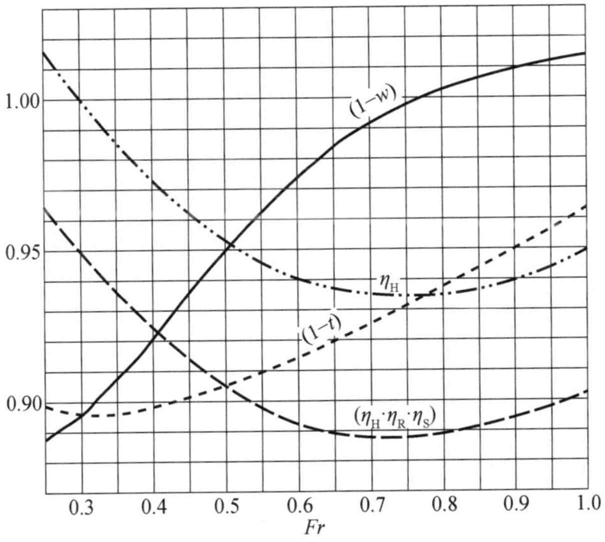

图 5-8-2　确定推进效率的图谱

$L/\nabla^{1/3}=6.98$

列表计算，见表 5-8-1。

表 5-8-1　21 m 艇深水阻力计算

设定 $V/\sqrt{L}$	5	6	7	8
V/kn	23.29	27.95	32.61	37.27
(查图 5-8-1)$1.36P_E/\Delta^{1.14}$	10	14.6	20	25
P_E/kW	356.5	520.4	712.9	891.2

对于中速艇，大隅三彦等[14]给出了估算制动功率（相当于艇的装机功率）P_B 和航速 V_S 的近似公式：

$$P_B=\frac{1.07\beta\cdot\Delta^{1.14}\cdot V_S^{1.611}}{L_{WL}^{0.806}} \tag{5.8.6}$$

$$V_S=\frac{L_{WL}^{0.5}\left(\dfrac{1.36P_B}{\beta}\right)^{0.621}}{1.259\Delta^{0.708}} \tag{5.8.7}$$

式中：$\beta=1.12-0.0048L_{WL}\leqslant 1$。计算误差在±10%的范围内，这在实用中是十分精确的。

5.9　日本造船协会滑行艇阻力计算图谱

5.9.1　计算图谱及其使用说明

日本造船协会通过船模试验得到滑行艇阻力计算的图谱，如图 5-9-1 所示。这种计算方法的裸船体阻力表达式为 $R_T = C_T \cdot \Delta \cdot g$。其中 C_T 为总阻力系数，由图 5-9-1 求得，Δ 为排水量，g 为重力加速度。从图谱中知：总阻力系数与排水量 Δ、体积傅氏数 Fr_∇，艇尾斜升角 β_t 及从艉至重心的距离 L_G 有关。在设计中，Δ、β_t、L_G 皆已知，通过假定不同的航速 V 可得出不同的体积傅氏数 Fr_∇，利用线性插值法可求得不同航速下艇的裸艇体阻力 R_T。在实艇阻力计算中，考虑到空气及附体阻力还应在 R_T 的基础上增加 8%～10%余量，进而求得相应的有效功率 P_E 和一定的主机功率下的航速。

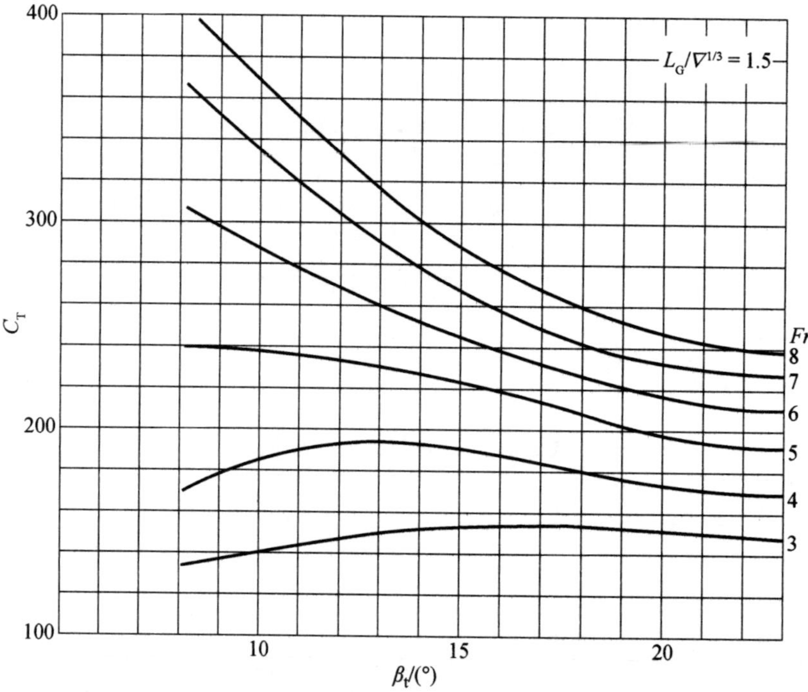

图 5-9-1　日本造船协会滑行艇阻力计算图谱(适用于 $L_G/\nabla^{1/3} = 1.5$)

5.9.2　计算实例：6.3 m 滑行艇设计

6.3 m 滑行艇是海军第 4807 厂为福州渔港监督处设计并建造的一艘玻璃钢渔政船[2]，该船的主要量度如下：总长 6.3 m，设计水线长 5.52 m，型宽 2.2 m，型深 1.0 m，设计吃水 0.45 m，排水量 2.51 t，设计航速 30 kn。图 5-9-2 为 6.3 m 滑行艇总布置图。图 5-9-3 为 6.3 m 滑行艇型线图。

考虑到艇要求在三级海况下正常航行，故在艇体设计中采取如下措施(图 5-9-3)：

(1) 艇的前部线型采用微凸的 V 形剖面；

(2) 从舯至艉采用深 V 形剖面；

(3) 艉部斜升角取 16°；

(4) 艇底每舷增设三条压浪条；

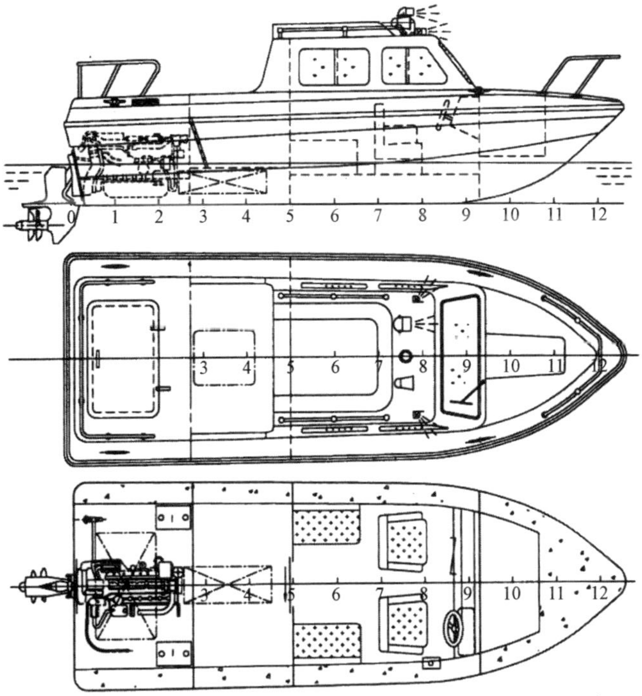

图 5-9-2　6.3 m 滑行艇总布置

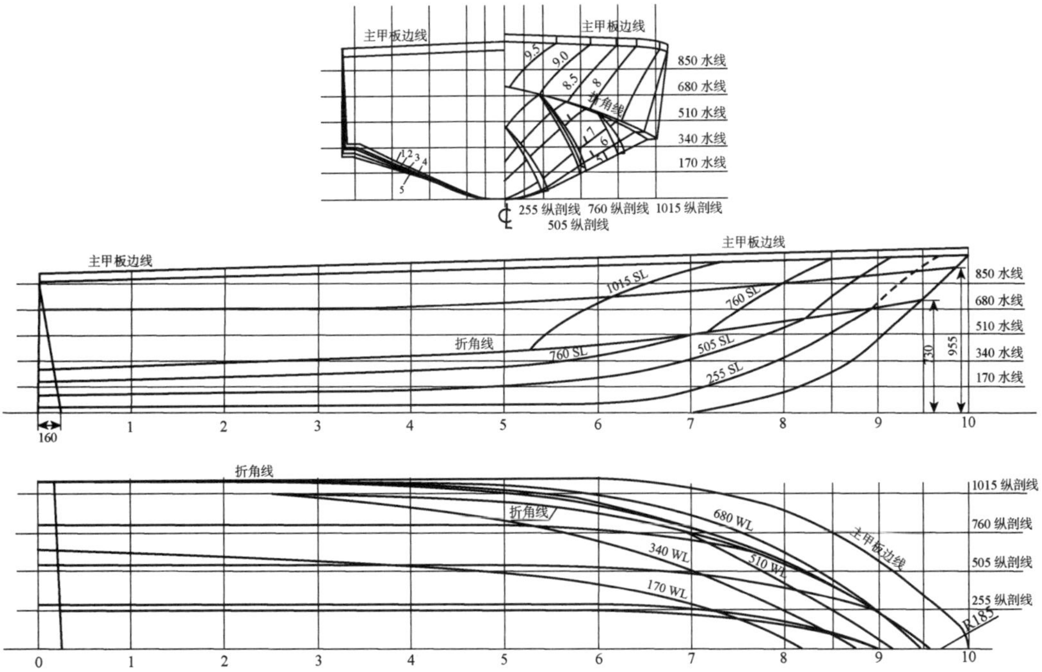

图 5-9-3　6.3 m 滑行艇型线图

(5) 折角线处每舷加设 80 mm 宽的压浪板。

1. 阻力计算

在方案设计阶段，我们利用日本造船协会提供的阻力估算图谱(图 5-9-1)，对该艇的阻力进行估计。

本艇 $L_G/\nabla^{1/3}=1.5$，$\beta_t=16°$，$\nabla=\Delta/1.026=2.45\ m^3$，附体阻力取 8%，阻力计算见表 5-9-1。

表 5-9-1　6.3 m 艇阻力计算

航速 V/kn	28	30	32	34
航速 $v/(m\cdot s^{-1})$	14.4	15.43	16.46	17.49
Fr_∇	3.95	4.23	4.52	4.8
C_T	185	193	207	216
$R_T=1.08C_T\times24.623$/N	4 915	5 127	5 499	5 579
$P_E=R_T\cdot v$/kW	70.78	79.11	90.51	97.58

根据任务书的要求，设计航速选定为 $V=32$ kn，确定此时匹配的主机功率。

要求的主机功率 P_B 按下式计算：

$$P_B=P_E/[(1-10\%)\cdot\eta_S\cdot\eta_P]$$

式中，10%为储备功率，$\eta_S=0.97$ 为轴系传递效率，$\eta_P=0.6$ 为推进效率。则：

$$P_B=90.51/(0.9\times0.97\times0.6)=172.8\ kW$$

本艇主机采用瑞典 VOLVO 公司生产的 180 kW@3 800 r/min 的带对转螺旋桨的舷内外机。

2. 试航测速

本艇建造完工后，在满载情况下进行了试航，在各个主机转速下用 GPS 测量了航速，结果见表 5-9-2。

表 5-9-2　主机不同转速时的航速

$N/(r\cdot min^{-1})$	2 600	3 000	3 600	3 800
V/kn	25.7	27.2	33.0	34.7

在额定转速 $N=3\ 800$ r/min 时，航速 $V=34.7$ kn。高出预定的估计。

本艇在试航中，受波浪影响较小，特别是距艏(0.3～0.4)L 区域的飞溅小，航行状况稳定。艉流平直推移，$V>22$ kn 以后未出现“鸡尾波”。在满舵回转时，艇体横倾不到 10°，各方面性能达到设计的要求。

5.10　金平仲的剩余阻力系数回归公式

5.10.1　剩余阻力系数的回归公式

金平仲等[15]对 111 组圆舭艇阻力资料的 1 194 个剩余阻力系数 C_R 数据进行回归分析，得到如下的回归方程：

$$C_R = \exp\left[\sum_{i=0}^{50} B_i u_1^{a_i} u_2^{b_i} u_3^{c_i} u_4^{d_i} u_5^{e_i} u_6^{f_i} u_7^{g_i} u_8^{h_i}\right] \tag{5.10.1}$$

式中：B_i 是回归系数；$a_i, b_i, c_i, d_i, e_i, f_i, g_i, h_i$ 为相应自变量的幂次，其数值见表 5-10-1；$u_1, \cdots, u_8$ 为经过变换后的自变量：

$$u_1 = Fr^{-0.7}$$

$$u_2 = \cos[(1.41C_P - 0.03L/B)Fr^{-1.93}] \cdot \exp(-0.2/Fr^2)$$

$$u_3 = C_\nabla^{0.5}$$

$$u_4 = A_t/A_M$$

$$u_5 = C_P^2$$

$$u_6 = x_B \times 100/L$$

$$u_7 = B/L$$

$$u_8 = \ln(90 - i_E)$$

该回归公式适用的傅氏数范围为 0.3～1.0。Siu C. Fung[16]建议按下述方法计算艇体湿表面积：

$$S = C_S \sqrt{\nabla \cdot L} \tag{5.10.2}$$

式中：C_S 为湿表面积系数，有如下的回归方程式：

$$C_S = 6.6912 - 6.674188(B/d)^{0.5}C_P^{0.5} + 2.8909(B/d)C_P - 0.1155977C_B(B/d)^{2.5}C_P^{2.5} - 0.1590808C_B \tag{5.10.3}$$

注意到表 5-10-1 中的自变量幂次除 0 次幂外只有 1 次幂和 2 次幂两种情况。为了列表计算方便，本书作者设计出表 5-10-2，将自变量直接填入表头栏中，然后在该列下面的细实线方框中填入该列表头的自变量值(即自变量的 1 次幂)，而在带有虚线的方框中填入该列自变量的平方值。无须填值的空格用黑色圈点表示自变量的 0 次幂，即数值为 1。这样每一行可以表达成一个连乘积，计算后记入表的最右一列中，然后求最右一列之和，记入该列的最后一行中。C_R 即是以该数为指数，底数为 e(e=2.718 28)的乘幂。该表中数据为下面计算实例中 Fr=4 的演算数值。

5.10.2　计算实例

某圆舭艇水线长 L=25 m，宽度 B=4 m，吃水 d=1.15 m，排水体积∇=45.94 m^3，艉

板浸湿面积比 $A_t/A_M=0.168$，棱形系数 $C_P=0.617$，浮心纵向位置 $x_B=2.6\%L$（舯后），水线半进角 $i_E=12°$，要求预报海水温度 15 ℃时的裸船体的有效功率。

预先计算：$C_\nabla=45.94/2.5^3=2.94$

$C_B=0.399$

C_S 按式(5.10.3)计算，得 $C_S=2.758$

$S=2.758\ (45.94\times25)^{0.5}=93.47\ m^2$

表 5-10-1 回归系数和自变量的幂次

i	B_i	a_i	b_i	c_i	d_i	e_i	f_i	g_i	h_i
0	2.400 60	0	0	0	0	0	0	0	0
1	−4.065 83	1	0	0	0	0	0	0	0
2	−1.024 38	0	1	0	0	0	0	0	0
3	3.147 68	0	0	1	0	0	0	0	0
4	−4.495 24	0	0	0	1	0	0	0	0
5	−9.140 13	0	0	0	0	1	0	0	0
6	−18.465 30	0	0	0	0	0	0	1	0
7	−1.228 39	0	0	0	0	0	0	0	1
8	0.380 28	2	0	0	0	0	0	0	0
9	−0.686 77	1	0	1	0	0	0	0	0
10	3.841 87	1	0	0	1	0	0	0	0
11	6.318 89	1	0	0	0	1	0	0	0
12	0.066 36	1	0	0	0	0	1	0	0
13	18.233 00	1	0	0	0	0	0	1	0
14	−2.781 13	0	1	1	0	0	0	0	0
15	2.219 29	0	1	0	1	0	0	0	0
16	4.467 47	0	1	0	0	1	0	0	0
17	12.800 10	0	1	0	0	0	0	1	0
18	−0.220 12	0	0	2	0	0	0	0	0
19	−1.263 06	0	0	1	1	0	0	0	0
20	−0.688 97	0	0	1	0	0	0	1	0
21	8.466 96	0	0	0	2	0	0	0	0
22	−0.016 33	0	0	0	0	0	2	0	0

（续表）

i	B_i	a_i	b_i	c_i	d_i	e_i	f_i	g_i	h_i
23	−0.837 67	2	0	0	1	0	0	0	0
24	−4.145 94	2	0	0	0	0	0	1	0
25	0.740 61	1	2	0	0	0	0	0	0
26	0.813 99	1	1	1	0	0	0	0	0
27	−0.881 76	1	1	0	1	0	0	0	0
28	−0.045 11	1	1	0	0	0	1	0	0
29	−5.974 69	1	1	0	0	0	0	1	0
30	0.568 65	1	0	1	1	0	0	0	0
31	−0.034 22	1	0	1	0	0	1	0	0
32	−2.333 85	1	0	0	2	0	0	0	0
33	0.044 40	1	0	0	1	0	1	0	0
34	−3.840 71	1	0	0	1	0	0	1	0
35	0.200 00	0	2	1	0	0	0	0	0
36	−1.761 42	0	2	0	1	0	0	0	0
37	5.811 99	0	2	0	0	1	0	0	0
38	−0.736 49	0	2	0	0	0	0	0	1
39	0.175 36	0	1	2	0	0	0	0	0
40	0.049 16	0	1	1	0	0	1	0	0
41	−0.124 45	0	1	0	1	0	1	0	0
42	−1.970 52	0	1	0	1	0	0	1	0
43	−0.338 79	0	0	2	1	0	0	0	0
44	1.090 70	0	0	1	2	0	0	0	0
45	5.846 26	0	0	1	1	0	0	1	0
46	0.010 98	0	0	1	0	0	2	0	0
47	−1.102 41	0	0	0	2	0	1	0	0
48	−9.034 93	0	0	0	2	0	0	1	0
49	0.048 44	0	0	0	1	0	2	0	0
50	−0.045 54	0	0	0	0	0	2	1	0

表 5-10-2　圆舭艇剩余阻力系数计算表

i	B_i	u_1 = 1.899	u_2 = −0.187 2	u_3 = 1.714 6	u_4 = 0.168	u_5 = 0.380 7	u_6 = 2.6	u_7 = 0.16	u_8 = 4.356 7	连乘积
0	2.400 60	●	●	●	●	●	●	●	●	2.400 60
1	−4.065 83	1.899	●	●	●	●	●	●	●	−7.721 01
2	−1.024 38	●	−0.187 2	●	●	●	●	●	●	0.191 76
3	3.147 68	●	●	1.714 6	●	●	●	●	●	5.397 01
4	−4.495 24	●	●	●	0.168	●	●	●	●	−0.755 20
5	−9.140 13	●	●	●	●	0.380 7	●	●	●	−3.479 65
6	−18.465 30	●	●	●	●	●	●	0.16	●	−2.954 45
7	−1.228 39	●	●	●	●	●	●	●	4.356 7	−5.351 73
8	0.380 28	3.606 2	●	●	●	●	●	●	●	1.371 37
9	−0.686 77	1.899	●	1.714 6	●	●	●	●	●	−2.236 14
10	3.841 87	1.899	●	●	0.168	●	●	●	●	1.225 68
11	6.318 89	1.899	●	●	●	0.380 7	●	●	●	4.568 24
12	0.066 36	1.899	●	●	●	●	2.6	●	●	0.327 65
13	18.233 00	1.899	●	●	●	●	●	0.16	●	5.539 91
14	−2.781 13	●	−0.187 2	1.714 6	●	●	●	●	●	0.892 67
15	2.219 29	●	−0.187 2	●	0.168	●	●	●	●	−0.069 80
16	4.467 47	●	−0.187 2	●	●	0.380 7	●	●	●	−0.318 38
17	12.800 10	●	−0.187 2	●	●	●	●	0.16	●	−0.383 39
18	−0.220 12	●	●	2.939 85	●	●	●	●	●	−0.647 12
19	−1.263 06	●	●	1.714 6	0.168	●	●	●	●	−0.363 83
20	−0.688 97	●	●	1.714 6	●	●	●	0.16	●	−0.189 01
21	8.466 96	●	●	●	0.028 22	●	●	●	●	0.238 97
22	−0.016 33	●	●	●	●	●	6.76	●	●	−0.110 39
23	−0.837 67	3.606 2	●	●	0.168	●	●	●	●	−0.507 50
24	−4.145 94	3.606 2	●	●	●	●	●	0.16	●	−2.392 17
25	0.740 61	1.899	0.035	●	●	●	●	●	●	0.049 22
26	0.813 99	1.899	−0.187 2	1.714 6	●	●	●	●	●	−0.496 15
27	−0.881 76	1.899	−0.187 2	●	0.168	●	●	●	●	0.052 66

（续表）

i	B_i	$u_1=$ 1.899	$u_2=$ −0.187 2	$u_3=$ 1.7146	$u_4=$ 0.168	$u_5=$ 0.380 7	$u_6=$ 2.6	$u_7=$ 0.16	$u_8=$ 4.356 7	连乘积
28	−0.045 11	1.899	−0.187 2	●	●	●	2.6	●	●	0.041 69
29	−5.974 69	1.899	−0.187 2	●	●	●	●	0.16	●	0.339 83
30	0.568 65	1.899	●	1.714 6	0.168	●	●	●	●	0.311 06
31	−0.034 22	1.899	●	1.714 6	●	●	2.6	●	●	−0.289 70
32	−2.333 85	1.899	●	●	0.028 22	●	●	●	●	−0.125 09
33	0.044 40	1.899	●	●	0.168	●	2.6	●	●	0.036 83
34	−3.840 71	1.899	●	●	0.168	●	●	0.16	●	−0.196 05
35	0.200 00	●	0.035	1.714 6	●	●	●	●	●	0.012 00
36	−1.761 42	●	0.035	●	0.168	●	●	●	●	−0.010 36
37	5.811 99	●	0.035	●	●	0.380 7	●	●	●	0.077 44
38	−0.736 49	●	0.035	●	●	●	●	●	4.356 7	−0.112 30
39	0.175 36	●	−0.187 2	2.939 85	●	●	●	●	●	−0.096 51
40	0.049 16	●	−0.187 2	1.714 6	●	●	2.6	●	●	−0.041 03
41	−0.124 45	●	−0.187 2	●	0.168	●	2.6	●	●	0.010 18
42	−1.970 52	●	−0.187 2	●	0.168	●	●	0.16	●	0.009 92
43	−0.338 79	●	●	2.939 85	0.168	●	●	●	●	−0.167 33
44	1.090 70	●	●	1.714 6	0.028 22	●	●	●	●	0.052 78
45	5.846 26	●	●	1.714 6	0.168	●	●	0.16	●	0.269 45
46	0.010 98	●	●	1.714 6	●	●	6.76	●	●	0.127 27
47	−1.102 41	●	●	●	0.028 22	●	2.6	●	●	−0.080 90
48	−9.034 93	●	●	●	0.028 22	●	●	0.16	●	−0.040 80
49	0.048 44	●	●	●	0.168	●	6.76	●	●	0.055 01
50	−0.045 54	●	●	●	●	●	6.76	0.16	●	−0.049 26
									$C_R=\exp$	−5.586 05

本船剩余阻力系数回归公式中的自变量计算以 $Fr=0.4$ 为例演算如下：

$u_1=0.4^{-0.7}=1.899$

$u_2=\cos[(1.41\times0.617-0.03\times25/4)\times0.4^{-1.93}]\cdot\exp(-0.2/0.4^2)=$

$\cos[(0.869\,97-0.187\,5)\times5.861\,7]\times0.286\,5=-0.653\,7\times0.286\,5=-0.187\,2$

注意：上式方括号内算得的角度值单位是弧度，故算得的余弦值是负数。

$u_3=2.94^{0.5}=1.7146$

$u_4=0.168$

$u_5=0.617^2=0.3807$

$u_6=2.6\%L\times100/L=2.6$

$u_7=4/25=0.16$

$u_8=\ln(90-12)=4.3567$

将上述各自变量填入表 5-10-2 中计算得：

$$C_R=\exp(-5.58605)=3.7498\times10^{-3}$$

各 Fr 的 C_R 值仿照上述过程算出之后，即可列表计算有效功率(表 5-10-3)。

表 5-10-3　25 m 圆舭艇裸体阻力和有效功率计算

Fr	$v/(\mathrm{m\cdot s^{-1}})$	V/kn	$Re=\frac{vL}{\nu}$	$C_F+\Delta C_F$	C_R	C_T	$R_T=C_T\cdot0.5\rho v^2S$	$P_E=\frac{R_T\cdot v}{1000}$
0.4	6.25	12.15	1.312×10^8	2.404×10^{-3}	3.750×10^{-3}	6.514×10^{-3}	11 530 N	72.11 kW
0.5	7.81	15.20	1.640×10^8	2.342×10^{-3}	5.499×10^{-3}	7.841×10^{-3}	22 920 N	179.00 kW
0.6	9.39	18.28	1.975×10^8	2.293×10^{-3}	4.938×10^{-3}	7.231×10^{-3}	30 550 N	286.90 kW
0.7	10.95	21.28	2.305×10^8	2.252×10^{-3}	4.139×10^{-3}	6.391×10^{-3}	36 720 N	402.10 kW
0.8	12.52	24.40	2.635×10^8	2.219×10^{-3}	3.492×10^{-3}	5.711×10^{-3}	42 900 N	537.10 kW
0.9	14.09	27.40	2.960×10^8	2.191×10^{-3}	2.990×10^{-3}	5.181×10^{-3}	49 290 N	694.50 kW

注：$\Delta C_F=0.4\times10^{-3}$；$\rho=1025\ \mathrm{kg/m^3}$；$\nu=1.19\times10^{-6}\ \mathrm{m^2/s}$。

符号表

A_M——艇中部最大横剖面浸湿面积/$\mathrm{m^2}$

A_P——折角线投影面积/$\mathrm{m^2}$

$\odot A_P$——A_P 形心距尾板的距离/m

A_t——艇尾板浸湿面积/$\mathrm{m^2}$

B——滑行面的宽度或艇宽/m

B_P——折角线宽度

B_{Pa}——折角线平均宽度，$B_{Pa}=A_P/L_P$

B_{Pt}——艉板折角线宽度/m

B_{Px}——折角线最大宽度/m

C_B——方形系数

C_F——摩擦阻力系数

C_M——舯剖面系数

C_P——棱形系数

C_R——剩余阻力系数

C_S——湿表面积系数

C_T——总阻力系数

C_W——水线面系数

C_∇——排水体积长度系数，$C_\nabla = \nabla/(0.1L)^3$

d——艇的吃水/m

Fr_∇——容积傅氏数，$Fr_\nabla = \dfrac{v}{\sqrt{g\ \nabla^{1/3}}}$

Fr——长度傅氏数

g——重力加速度，9.807 m/s^2

i_E——半进水角/(°)

L——水线长/m

L_m——船模的水线长/m

L_P——折角线投影长度/m

l_s——实艇平均浸湿表面投影长度/m

l_m——模型(Δ_m=100 000 lb=45.36 t)平均浸湿表面投影长度/m

LCG——重心纵向位置

P_B——装机功率，一般指主机额定功率/kW

P_E——有效功率/kW

P_{E+D}——包含附加阻力的有效功率/kW

Re——雷诺数，$Re = v \cdot L/\nu$

R_F——摩擦阻力/N

R_R——剩余阻力/N

R_T——总阻力/N

S——湿表面积/m^2

t——推力减额

v——航速/(m·s^{-1})

V——艇的航速/kn

w——伴流系数

x_B——浮心距舯的纵向位置，一般用%L 表示(舯前为正，舯后为负)

x_G——重心距艉板距离/m

β——艇底斜升角/(°)

β_m——50% L_P 处斜升角/(°)

β_t——艉板处斜升角/(°)

Δ——艇静止时的排水量/t

ΔC_F——粗糙度补贴系数(又称实艇与模型相关系数)

ε——单位排水量的剩余阻力，又称阻举比

η_H——船身效率

η_O——螺旋桨的敞水效率

η_R——螺旋桨的相对旋转效率

η_S——轴系传动效率

κ——附加阻力系数

λ——模型艇的缩尺比

ν——水的动力黏性系数，15 ℃时，海水取 $1.19\times10^{-6}\ m^2/s$，淡水取 $1.14\times10^{-6}\ m^2/s$

ρ——水的密度/$(kg\cdot m^{-3})$

τ——航行(滑行面)纵倾角/(°)

∇——艇静止时的排水体积/m^3

参考文献

[1] D Radojcic. A statistical method for calculation of resistance of the stepless planning hulls [J]. International Shipbuilding Progress, 1984,31(364).

[2] 汪建午，柯建平. 对滑行艇设计的几点思考[J]. 江苏船舶，2001(4):5-8.

[3] Toro A I. Shallow water performance of a planning boat[D]. Michigan University, 1969.

[4] Yonkers W. Smooth and rough water tests of a 50ft ASPB in deep and shallow water [R]. Davidson Laboratory Letter Report 1356, 1969.

[5] Brown P W. An experimental study of planning surface with trim flaps [R]. Davidson Laboratory Letter Report 1463, 1971.

[6] Reyling C J. An experimental study of planning surfaces operating in shallow water [R]. Report SIT-DL-76-1835, 1976.

[7] 顾小霖. 计算圆舭快艇阻力的一种简便方法[J]. 中国造船，1984(1):41-49.

[8] Payne Peter R. Contributions to the virtual mass theory of hydrodynamic planning [J]. Ocean Engineering, 1982, 9(6): 515-545.

[9] K Kafali. 圆舭摩托艇的马力[J]. International Shipbuilding Progress, Feb. 1959, 6(1): 72-75.

[10] De Groot. Resistance and propulsion of motorboat [J]. International Shipbuilding Progress, 1955, 2(6): 61-80.

[11] Nordström. Some tests with models of small vessels. Swedish State Shipbuilding Exp. Establishment [R]. [S. L. : s. n.], 2013.

[12] 中武一明，片冈克己，廖又明. ITTC 1978 年功率估算方法在高速艇上的适用性[J]. 日本：江苏船舶，1993, 10(1): 5.

[13] 山县昌夫. 中速艇の所要马力の概算法[J]. Ship Magazine, 1953, 26: 33-36.
[14] 大隅三彦,傅文昌. 小型高速艇推进性能的估算方法[J]. 日本:国外舰船工程,1989(6):17.
[15] 金平仲,苏拔英,谭仲楷,等. 圆舭快艇剩余阻力系数的再回归[J]. 船舶工程,1988(06): 48-55.
[16] Siu C Fung. Resistance predictions and parametric studies for high-speed displacement hulls [J]. Naval Engineers Journal, 1987(3): 17-20.

第6章　玻璃钢艇体结构设计

玻璃钢艇体结构设计就是根据船艇的使用目的，合理地确定外力，选用规范，并针对复合材料的力学性能和工艺特点进行各部板架和框架的优化组合及对比计算，系统地求得能满足设计条件的最轻解。

FRP/CM 艇体与金属艇体在设计方面的最大区别是其材料和结构都具有可设计性，FRP/CM 性能的可设计性为其高水平的结构优化设计奠定了技术可行性。

复合材料可以选择不同聚合物和增强材料以及不同的配方、不同的成型工艺等达到不同的性能。以纤维增强塑料为例，通过对纤维的种类和含量，纤维的长短，纤维铺设的方向，基体的种类等精心设计，即使利用相同的基体树脂和纤维，也能设计出不同性能的材料。因此，可根据船艇不同部位的结构要求，进行材料、铺层和结构的优化设计。

6.1　玻璃钢船艇的结构形式

玻璃钢艇体的典型结构形式大致有单板加筋结构、夹层结构、硬壳式结构、波形结构以及混杂结构，而结构的优化选型及设计技巧的发挥对艇体性能有至关重要的影响。

6.1.1　硬壳式结构

硬壳式玻璃钢结构最早出现于意大利建造的“勒里希”级猎雷舰上，系一种特别能抗冲击的艇体结构。这种艇体的显著特点是无纵、横骨材加强，玻璃钢壳体依靠其厚度的变化来调节强度和刚度，如图 6-1-1(c)所示的猎雷舰艇体，其厚度从龙骨处的 150 mm 变化到上甲板处的 50 mm。

这种艇体的优点是二次粘接少，艇体强度高，有良好的抗冲击能力和抗碰撞能力；缺点是艇体重量大，材料费用高，所以在商用艇上尚未出现这样的结构。

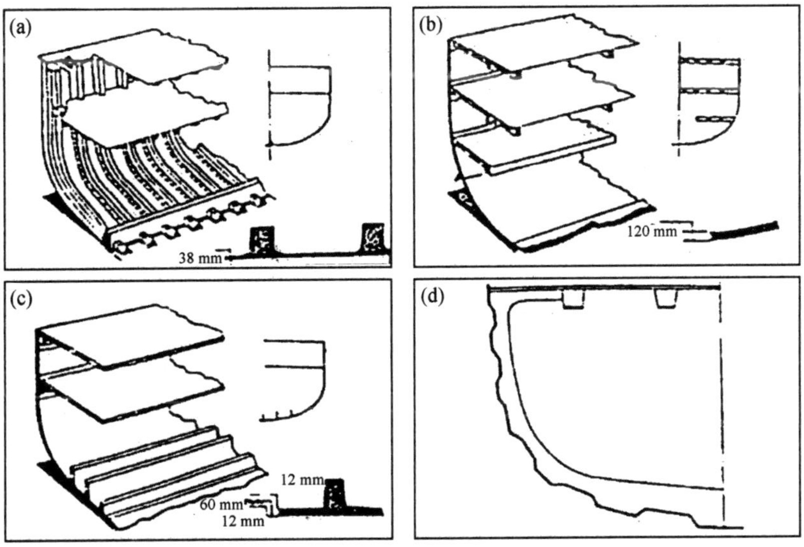

图 6-1-1　四种结构的简化示图

(a)单板加筋结构；(b)夹层结构；(c)硬壳式结构；(d)波形结构

6.1.2　帽型加筋单板结构

帽型加筋单板结构是最常规的玻璃钢艇体结构形式。它的壳板是玻璃钢积层板，又称"单板"，内部用帽型材加强，如图 6-1-1(a)所示，艇体舷侧的肋骨和艇底的纵桁都是帽型材。帽型材内部的芯材有用木材的，也可用泡沫塑料，视强度的要求而定。外部用"⊓"形玻璃钢积层板粘接到艇体壳板上，就构成了"帽型加筋"构造。

这种结构的优点是易于安装固定各种机械设备，易于建造，造价相对较低。

6.1.3　玻璃钢夹层艇体结构

玻璃钢夹层艇体结构有两类：一类采用蜂窝夹芯结构；另一类采用硬质泡沫塑料做芯材。例如瑞典建造的艇长 47.5 m，排水量 360 t 的"兰德苏尔特"级猎雷艇船壳就是玻璃钢夹层结构，其中间夹芯材料是密度为 100～200 kg/m^3 的聚氯乙烯硬质泡沫塑料，典型厚度为 60 mm。内外蒙皮为 E 玻璃或间苯二酸聚酯玻璃钢积层板。该艇的建造方法是先将聚氯乙烯硬质泡沫塑料制成条料粘贴在倒置的木模框架上以构成一表面，在其上面用手工铺糊外层玻璃钢积层板(外蒙皮)，待其具有足够的刚度后用吊车将船壳翻转过来，接着再糊内层玻璃钢积层板(内蒙皮)。这样做的优点是可以省去模具的制造，重量轻，弯曲刚度大，减少二次粘接，制造费用低，但其外表的光洁度不如阴模制造那么好。

采用蜂窝夹芯结构可以减小夹芯板的厚度，重量更轻，刚度更好，但造价也高得多，一般多使用在大型玻璃钢船艇上。

玻璃钢夹层结构如图 6-1-1(b)所示。

6.1.4 波形艇体结构

就常规的玻璃钢艇体结构而言，无论纵构架式还是横构架式结构，都需要加工制造大量的帽型加强筋。其制造工艺复杂，且加强筋之间的交叉接头不够可靠。因此，有人提出了波形艇体结构，如图 6-1-1(d)所示，它的外壳制成波形，里面用横向肋骨加强。图 6-1-1(d)所示的波形结构是内凹的，也有采用外凸三角形波纹的，常用于滑行快艇。这种波形艇体在等强度条件下，大大减轻了艇体重量，节省造价。如果采用的浅波纹尽可能按照设计流线布置，则其流体动力性能可与表面光滑的常规艇体相当，但其纵向强度则得到了很大改善。

图 6-1-1 为四种结构的简化示图，表 6-1-1 给出了四种结构形式的比较。

船舶设计师的任务是充分利用各种 FRP/CM 原材料和结构形式的优点，扬长避短，有选择地将它们应用于各种特定的船舶中，使之各得其所；也可根据特定船舶的不同要求，在同一艘船上混杂地采用几种结构形式。

表 6-1-1 四种结构形式的比较

结构形式	单板加筋	夹层		硬壳式	波形
		泡沫	蜂窝		
艇体重量	较重	轻	轻	重	较轻
艇体挠度	较大	较小	较小	小	较小
抗冲击性能	一般	一般	较好	好	较好
水下噪声幅射	一般	较好	好	较好	一般
耐火性能	一般	差	较好	较好	一般
横向刚度和强度	较好	较好	较好	一般	较差
建造方便性	较差	较好	较好	好	一般
质量控制	一般	较差	较好	好	一般
修理和改装性	较差	较差	较差	较好	较差
生产周期	一般	较短	较短	较短	较短
着火毒气性	较好	较差	一般	较好	较好

6.2 玻璃钢船体结构设计的基础知识

6.2.1 概述

船体结构设计是在船艇总体设计决定了船艇尺度、完成了型线图和总布置图之后进行的。结构设计的任务是在已知船艇主要尺度、总布置及型线基础上，决定船体结构的型式、构件尺寸和连接方法，合理地选择船体建造材料、铺层形式、结构节点，在保证结构具有必需的强度和刚度条件下，达到最轻的结构重量指标。

船体构件尺寸通常是根据船舶检验机关颁布的建造规范决定的，既方便、安全又有保证。自 1991 年以来，我国船检已相继颁布了《纤维增强塑料船建造规范》以及包括玻璃钢船艇在内的海上高速船、小艇、内河高速船、玻璃钢渔船、游艇等方面的入级与建造规范，在设计时可以遵循。

一般在内河或沿海使用的船艇的结构按规范设计，其强度和刚度足以得到保证，无须进行复杂的结构应力计算和强度校核。但对于一些特殊的船艇，或未能按规范设计的新结构船艇，如槽道艇、夹层结构艇，应当补充进行总纵强度计算以及局部强度校核。

CCS 对纤维增强塑料船的设计要求及设计实例请参阅第 7 章。

6.2.2 玻璃钢的物理力学性能

玻璃钢的物理力学性能是在成型过程中形成的，没有固定的指标，且具有可设计性，它本身不仅仅是材料，也是结构，这就使得玻璃钢船艇在结构设计上具有独特之处。

船用玻璃钢的物理力学性能与玻璃纤维的品种和树脂的类型有关，也与单位面积玻璃纤维的绝对含量和单位重量玻璃钢中玻璃纤维的相对含量有关，更与成型方法和成型时的外界条件有关。

我国有关方面制定的船用玻璃钢制品手糊成型工艺中规定，用玻璃纤维粗纱方格布和 189# 不饱和聚酯树脂成型的积层板（含胶量 50%）的物理力学性能为：

弯曲强度　　　1 700～2 200 kg/cm²（167～216 MPa）；
弯曲弹性模量　$1.0\times10^5\sim1.5\times10^5$ kg/cm²（9.81～14.71 GPa）；
拉伸强度　　　1 500～2 000 kg/cm²（147～196 MPa）；
拉伸弹性模量　$1.0\times10^5\sim1.5\times10^5$ kg/cm²（9.81～14.71 GPa）；
冲击强度　　　180～250 kg/cm²（17.66～24.53 MPa）。

根据 CCS《材料与焊接规范》(2006)第 2 篇第 3 章“纤维增强塑料船体材料”3.1 节，一般规定每艘新艇在开工前，建造厂要按送审的工艺规程糊制一块供校验用的试板，其性能指标应符合表 6-2-1 的要求。在没有其他可供参考的设计资料时，该性能指标可作为设计依据，称为标准性能指标。

表 6-2-1 聚酯玻璃钢试板的性能指标

性能指标	增强材料			
	短切毡	短切毡与无捻粗纱正交布交替	无捻粗纱正交布	4：1 无捻粗纱单向布
拉伸强度/MPa	80	100	180	350
拉伸模量/MPa	5 000	7 000	11 000	20 000
弯曲强度/MPa	125	150	180	350
弯曲模量/MPa	5 000	7 000	11 000	20 000
压缩强度/MPa	80	90	119	180
压缩模量/MPa	5 000	7 000	11 000	20 000
树脂含量/%(重量)	65～75	55～65	45～55	45～55
巴柯尔硬度	≥40	≥40	≥40	≥40

注：①表中树脂含量范围上、下限均不应超越。

②表中 4：1 无捻粗纱单向布的性能为经向性能。

由于玻璃纤维增强材料和树脂是两种性能各异的成分，共同变形后，使玻璃钢具有与传统金属材料不同的特点。玻璃钢的变形在几乎达到破坏前还能很好地服从胡克定律。由于玻璃钢不存在塑性变形，它对应力集中非常敏感，所以在玻璃钢船体的结构设计时要注意消除应力集中，避免硬点。

6.2.3 船体受力状态及计算载荷确定

船体可看作一根由板及骨架组成的变截面薄壳梁，在水中受到重力、浮力、阻力和摇摆惯性力的作用。就整个船体来说，这些力是相互平衡的，但是在外力作用下，船体受到弯曲，在构件剖面上产生切应力、弯曲应力。此时，船舶总体弯曲变形称为总纵弯曲变形，直接受到上述力作用且支持在刚性构件(舱壁)之间的船体构件，除了总纵弯曲变形外，还产生局部弯曲变形。

使船舶产生总弯曲变形的弯矩称为总弯矩，船舶抵抗总弯矩变形的能力与刚度 EI 成正比，此处 E 为材料的弹性模量，I 为船舶舯剖面惯性矩。若玻璃钢船与钢船具有同样的舯剖面惯性矩 I，则玻璃钢船的刚度只有钢船的 1/15 至 1/20，即 $E_{玻}\ I/E_{钢}\ I = 1/15 \sim 1/20$。

船体总纵弯矩 M：

$$M_{max} = \frac{\Delta \cdot L}{K} \tag{6.2.1}$$

式中：M_{max}——最大弯矩/t · m；

Δ——船舶排水量/t；

L——船长/m；

K——弯矩系数(对于玻璃钢船，$L=5\sim15$ m，$K=10$；$L=16\sim19$ m，$K=15$；$L=20\sim30$ m，$K=20$)。

船体结构是由许多构件组成的，这些构件各自承担一定的作用，其中有一些是直接承受外力的构件，另一些则承受别的构件传递过来的力。以船底板架为例，直接承受水压力的构件是外底板，外底板将水压力传递给骨架（肋板、船底纵桁以及纵骨），然后再传递到板架的支承周界（横舱壁、纵舱壁或船侧）上去。

由于构件相互连接，受力很复杂，以纵骨架式船底为例，外板承受水压力时将产生弯曲应力，然后将水压力传给纵骨，再由纵骨传给肋板。纵骨在传递水压力时也将产生弯曲变形，与纵骨相连接的外板也将承受纵骨弯曲变形而产生的弯曲应力。这样，外板将产生受水压力产生的弯曲应力、纵骨弯曲引起的应力、板架弯曲引起的应力以及总纵弯曲引起的应力，共四种弯曲应力。由此可见，船体构件往往要承受多种力的作用，产生多种应力。

以上各种弯曲变形中，除总纵弯曲变形外，均称局部弯曲变形。在计算中，要考虑到这种多重作用的特征，目前一般是先分别计算这些构件在各个弯曲动载荷作用下所引起的应力，然后再根据这些应力的代数和来校核强度。

船舶外载荷（局部载荷）以静水压头表示，除规范另有规定外，表6-2-2是局部载荷常用的计算值。船艇的载货甲板取与货物重量相当的水柱高度。

表6-2-2　典型的局部载荷计算值

区域	水压头/m	压强/(kg·cm^{-2})	压强/MPa
露天非载货甲板	0.5	0.05	0.005
底板	$T+r$	$(T+r)\times10^{-1}$	$(T+r)\times10^{-2}$
舷板	$H/2$	$(H/2)\times10^{-1}$	$(H/2)\times10^{-2}$
旅客舱室甲板	0.45	0.045	0.004 5
顶篷甲板	0.2	0.021	0.002 1

注：H——自平板龙骨至甲板的高度/m；

T——船之吃水/m；

r——船舶入级航区的半波高/m。

6.2.4　玻璃钢船体结构设计的一般原则

在玻璃钢结构设计中，必须考虑玻璃钢物理-机械性能及工艺性能具有的独特之处，正确选择结构形式及构件尺寸，使由玻璃钢的缺点所引起的不良后果减少到最小，最大限度地利用玻璃钢的优点。

1. 玻璃钢弹性模量低的问题

在设计中首先遇到的是玻璃钢弹性模量低的问题。相同尺度玻璃钢船的总挠度要比钢船大5～8倍。玻璃钢船结构设计的衡准应以计及剪切影响的挠度大小以及临界欧拉应力为依据。在这种情况下，保证结构稳定性是决定构件尺寸的主要因素。也就是在玻璃纤维绝对含量相等的条件下，采用玻璃布制的强度较高的板不如采用玻璃毡制的强度较低的板，因为前者强度虽高，但利用率低，又会由于刚度不足而使板格失稳破坏；后者虽然强度不高，但利用率较高，又由于截面较厚，不会因刚度不足而失稳。目前，从便于铺敷、降低劳动量、加速成型过程的角度考虑，最好采用粗纱方格布和毡交替积层的方法。

2. 各向异性问题

玻璃钢是各向异性的脆性材料，相对伸长率很小（$\varepsilon \leqslant 3\%$），在受拉破坏时具有脆性特征，不存在塑性变形，易因产生应力集中而破坏。设计中要根据这一特性采取措施，如沿船纵向铺单向布，以增加抗弯能力；沿船侧45°方向铺设单向布，以增加抗剪能力；构件开孔必须给予补强；截面不连续处必须光顺连续变化。

3. 连接强度问题

对玻璃钢连接强度不等于基材强度的特点必须给予充分注意。设计中尽量减少结构的接头，并且避免将接头布置在最大弯矩、最大剪力及最大振动区域，即使较大的船舶外板也最好用整体建造。从这一观点出发，舱壁、甲板、外板最宜采用槽形板来建造。槽与板一起成型可以大大减少成型工作量。玻璃钢胶接的抗剥离强度较低，故平板龙骨、船侧顶列板、甲板边板、舱的角隅板等处的加厚要在各基本层之间交替敷设，直至达到所要求的厚度。

4. 蠕变问题

玻璃钢在持久载荷作用下会产生蠕变。蠕变程度，即蠕变变化速度与大小取决于构件应力的大小、温度的高低、载荷作用的时间（不变载荷、静变载荷、动载荷、冲击载荷）和特征（拉伸、压缩、弯曲、剪切），设计中采用的构件材料、形状、尺寸都要具有可靠性和耐久性。

5. 建造方法和工艺条件

玻璃钢结构构件的物理机械性能还取决于建造方法和工艺条件，特别是玻璃纤维增强材料的含量。这里有两个概念：一个是单位重量中玻璃纤维增强材料的相对含量（即含玻量）；另一个是单位面积中玻璃纤维增强材料的绝对含量。现在，通常在图纸中构件尺寸上不记厚度，只标注每平方米的玻璃纤维增强材料的绝对含量。一般说来，用玻璃毡成型玻璃钢的含玻量在30%左右，用方格布成型玻璃钢的含玻量在50%左右，处于这个范围之内的玻璃钢密度才是正常的。控制玻璃钢单位面积的玻璃纤维增强材料的绝对含量对于船板材料的选择有深远的意义。因为需考虑的主要问题不仅是厚度本身，还需考虑这一厚度内玻璃纤维的数量，因为它决定着玻璃钢的强度性能。

根据单位面积玻璃纤维的重量，可换算出玻璃钢的绝对厚度。设玻璃纤维的绝对含量为 P_f，相对含量为 C_f，则玻璃钢的重量 Q：

$$Q = \frac{P_f}{C_f} \tag{6.2.2}$$

又玻璃钢的重量 $Q = V\rho$，$V = S\delta$，其中 V 为体积，ρ 为密度，S 为面积，δ 为厚度。则

$$\delta = \frac{P_f}{C_f \cdot S \cdot \rho} \tag{6.2.3}$$

6.2.5 许用应力的选择

对造船工程来说，结构设计若能保证结构的强度和刚度，则这种结构在正常营运中所产

生的变形并不会威胁结构的正常使用。船舶在正常营运中所产生的最大变形超过允许范围导致结构破坏才是结构的危险状态。

由于玻璃钢是脆性材料，在静变或动变载荷作用下，会出现疲劳裂纹，其疲劳极限仅为强度极限的50%至30%。

在持续载荷作用下，玻璃钢会产生蠕变。船舶结构长期承受各种载荷的作用，经过一段时间，就可能出现结构所不能允许的变形，在各种剪切变形条件下，情况可能更为严重。因此，实际结构不可能获得实验室条件下所具有的物理机械性能。又由于受潮、太阳辐射、温度、老化等作用都会使玻璃钢强度性能降低，因此实际设计时，对于实验室获得的强度要乘以一个折减系数 ξ 方能作为玻璃钢结构的危险应力。这个系数 $\xi=0.2\sim0.3$。

在确定许用应力时，还要考虑一个安全系数或安全储备 $n=2$ 以应对各种不确定性问题。这样，许用应力可由下列各式确定。

拉伸许用应力：

$$[\sigma]=\xi\cdot\sigma/n=0.2\sigma/2=\sigma/10 \tag{6.2.4}$$

同理，剪切许用应力：

$$[\tau]=\tau/10 \tag{6.2.5}$$

许用抗弯弹性模量：

$$[E]=0.5E \tag{6.2.6}$$

许用剪切弹性模量：

$$[G]=0.5G \tag{6.2.7}$$

上述各式中，σ，τ，E，G 均为实验室条件下，试样取得的拉伸强度极限、剪切强度极限、抗弯弹性模量和剪切弹性模量的值。带方括号的即为许用应力值。

几条大型玻璃钢船的建造实践[4]证明了它是可靠的。

6.2.6　高速船和低速船

无论是按船级社的入级与建造规范设计，还是按船舶结构力学原理设计，对于高速船和低速船的要求是不同的。根据CCS“海上高速船入级与建造规范”(2005)的规定，高速船系指满载排水量时的最大航速 v 同时满足下列两式的船舶：

$$v\geqslant 3.7\,\nabla^{0.1667}$$

$$v\geqslant 5.145\ \mathrm{m/s}$$

式中：∇——设计水线对应的排水体积/m^3；

v——船舶处于最大营运重量以最大持续推进功率，在静水中航行能达到的航速/(m/s)。

对于不超过上述速度的低速船，可按6.2.3小节的方法确定船舶总纵弯矩和局部载荷，校核船体构件的应力，若不超过许用应力，则认为是安全的。一般情况下，若船舶总纵强度能满足要求，则局部强度应该不成问题。

对于高速船艇来说，船底上不仅承受静水力载荷，还承受水动压力的作用，这种水动力载荷远比静水力载荷大，因此高速船的结构都是按局部(动)载荷的要求设计的，除按照规范设计外，针对不同结构的船艇，理论计算的方法也多种多样，本章后续的章节将介绍动载荷设计方法。一般认为，高速艇如果局部强度满足要求，则总纵强度应该不成问题。

6.2.7 简单梁的计算公式

船舶结构设计的的传统方法是将船体结构近似地看作一条梁来分析估算。船体梁分析方法一般适用于船长与型深(L/D)之比大于或等于 12 的瘦长船型。

船体结构中的纵桁和肋骨等型材可以简化为两支点梁来分析估算。

承受均布水压力的壳板也可以简化为单位宽度的细长梁来分析估算。

简单梁的计算公式因两端的固定形式而不同。中内龙骨、舷侧、舱壁、甲板等强力构件的支承可作为“固支”考虑，其他强力构件(如纵桁)可作为“简支”考虑。表 6-2-3 列出了梁的几种简单的载荷类型、最大弯矩、最大剪力和最大挠度。

表 6-2-3 某些简单梁的计算公式

载荷	最大剪力 N	最大弯矩 M	最大挠度 f
	P	Pl	$\frac{Pl^3}{3EI}$
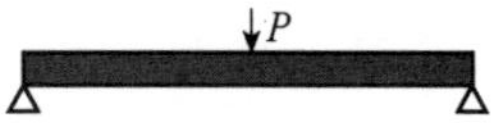	$\frac{P}{2}$	$\frac{Pl}{4}$	$\frac{Pl^3}{48EI}$
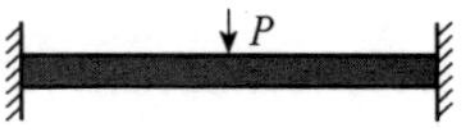	$\frac{P}{2}$	$\frac{Pl}{8}$	$\frac{Pl^3}{192EI}$
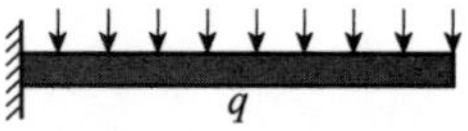	ql	$\frac{ql^2}{2}$	$\frac{ql^4}{8EI}$
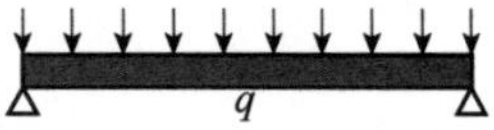	$\frac{ql}{2}$	$\frac{ql^2}{8}$	$\frac{5ql^4}{384EI}$
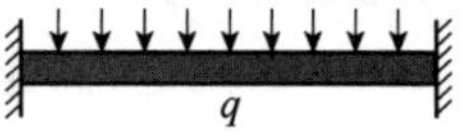	$\frac{ql}{2}$	$\frac{ql^2}{12}$	$\frac{ql^4}{384EI}$

表中：N—剪力；M—弯矩；f—挠度；P—集中载荷；q—单位长度上的载荷；l—梁的长度；E—梁的弹性模量；I—梁的惯性矩。

6.3 滑行艇艇体外载荷的简化计算法

在结构设计之前，首先要确定船体的外载荷。

关于滑行艇艇体外载荷的计算方法和算例在《高速艇与游艇设计手册》[1] 中有详细介绍，这里介绍一种便于设计应用的计算方法。输入的原始数据仅限于初步设计阶段容易得到的一些参数，却不失设计应用的正确性。

6.3.1　艇底结构计算压力沿艇长的分布

将计算长度 L 等分为 20 个理论站距，自艏部起，各理论站依次编号为 0～20 号，根据这些特征，画出艇底结构计算压力沿艇长的分布如图 6-3-1 所示。按艇体处于中垂(艏部冲击)和中拱(艉部冲击)两种状态分别进行计算。中垂时，冲击力作用中心在第 4 号理论站上；中拱时，冲击力作用中心在第 10 号理论站上；无论中垂还是中拱时，艉部水动力作用中心都在第 16 号理论站上。

图 6-3-1 中计算压力：

$p_1(x)$——对于艇底平均斜升角小于 15° 的底部板架，从一舭至另一舭整个艇底板架上承受的均布压力/Pa；x 为理论站号；

$p_2(x)$——当艇底平均斜升角大于或等于 15° 时，自中内龙骨至舭部半个艇底板架上的均布压力/Pa；x 为理论站号；

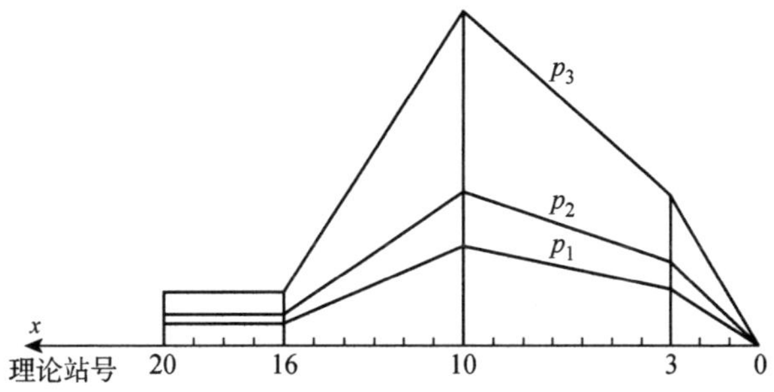

图 6-3-1　艇底结构计算压力沿艇长分布

$p_3(x)$——艇底纵骨和艇底外板上的均布压力/Pa；x 为理论站号。

6.3.2　重心惯性系数

艇体重心惯性系数是一个重要的物理量。它表示艇经受波浪冲击的程度，艇的总强度和底部结构强度均与之密切相关。

重心处($x=x_G$)的惯性系数为

$$\eta_G = \frac{P^\circ}{W}\left(1+\frac{P_t^\circ}{P^\circ}\right)-1 \tag{6.3.1}$$

式中：η_G——重心处的惯性系数，惯性系数又称动载荷系数，相当于冲击力产生的加速度与重力加速度的比值；

P°——波浪对艇体的冲击力/N；

P_t°——艉部的水动力/N；

W——艇的重量/N。

6.3.3　排水量因子 f_Δ

在计算滑行艇重心惯性系数时，用得到排水量因子 f_Δ，下面建立 f_Δ 的近似公式。根据 f_Δ 的定义：

$$f_\Delta = \frac{10m_b^{2/3}}{\Delta} \tag{6.3.2}$$

式中：m_b——艏部冲击时，艇体的冲击相当质量/t；

Δ——排水量/t。

对于现有滑行艇，应用计算机根据重量分布曲线计算排水量因子 f_Δ，然后通过这些数据建立 f_Δ 的近似计算公式：

$$f_\Delta = -0.8 \log \Delta + 2.54 \tag{6.3.3}$$

6.3.4 重心惯性系数的简化计算公式

引进排水量因子后，可导出艇重心处惯性系数的简化计算公式：

艏部受冲击，中垂状态，重心处的惯性系数：

$$\eta_{Gb} = 0.612 \frac{f_\Delta H_{1/3}}{\tan^{2/3}\beta_4}(Fr_\nabla - 1) \tag{6.3.4}$$

舯部受冲击，中拱状态，重心处的惯性系数：

$$\eta_{Gm} = 0.744 \frac{f_\Delta H_{1/3}}{\tan^{2/3}\beta_{10}}(Fr_\nabla - 1.51) \tag{6.3.5}$$

式中：β_4——第 4 号理论站处的艇底平均斜升角/(°)；

β_{10}——第 10 号理论站处的艇底平均斜升角/(°)；

Fr_∇——排水体积傅氏数；

$H_{1/3}$——(设计)有义波高/m。

对于滑行艇和其他水面船，Alien 等人根据在最不利气象条件下的实船试验资料，作出了重心惯性系数的极限曲线(图 6-3-2)。一般情况下，滑行艇的惯性系数不会超过这条曲线，因此式(6.3.4)、式(6.3.5)预报的惯性系数值超过该曲线时，取极限曲线值作为重心惯

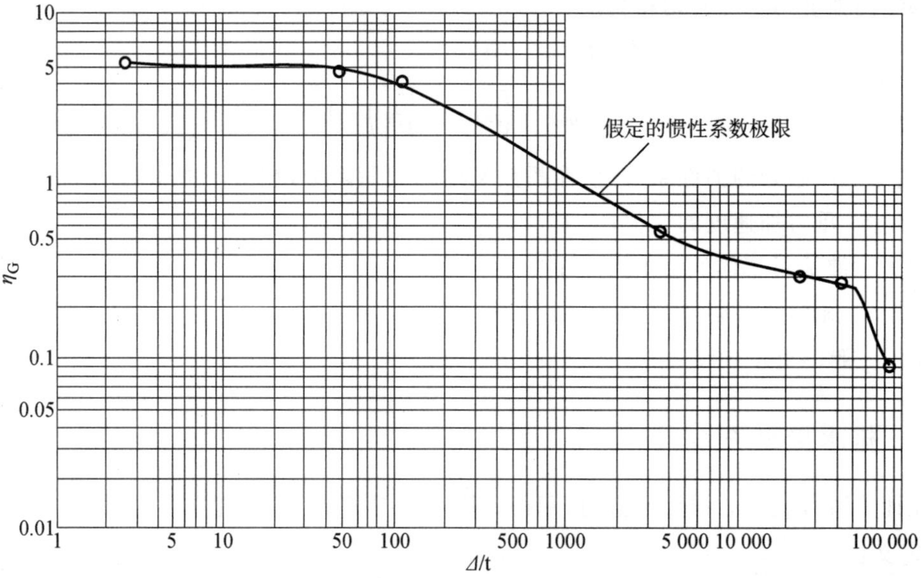

图 6-3-2 由试验资料汇集的重心惯性系数极限曲线

性系数的设计值。

6.3.5　剪力和弯矩的简化计算

艇体的剪力和弯矩可由作用在艇体上的平衡力系(水动力、惯性力、重力和浮力)沿艇长的积分获得,也可方便地通过经验公式进行计算:

$$M_{10} = 0.817\Delta L(\eta_G + 1) \tag{6.3.6}$$

式中:M_{10}——船舯剖面(即第 10 号理论站剖面)弯矩/kN·m;

η_G——重心处的惯性系数,中垂时取 η_{Gb},中拱时取 η_{Gm}。

最大剪力可近似地取为

$$N_{max} = \frac{4|M_{10}|}{L} \tag{6.3.7}$$

弯矩和剪力的分布如图 6-3-3 所示。

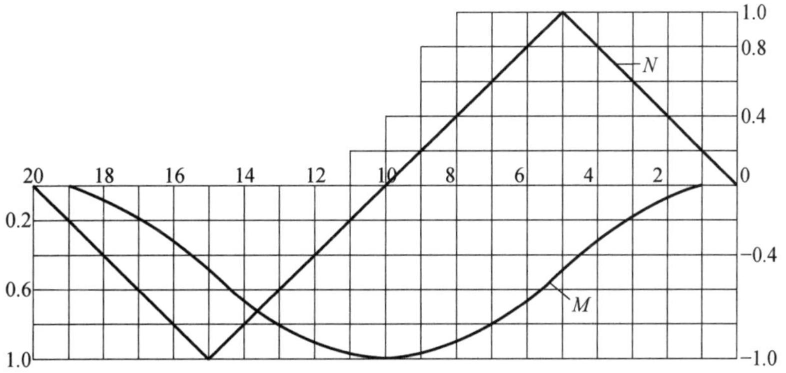

图 6-3-3　弯矩和剪力的分布

6.3.6　底部结构设计压力的简化计算公式

求出重心惯性系数之后,即可推导出底部结构设计压力的简化计算公式。注意到下列关系式:

$$P^\circ = \frac{\eta_G W}{1.2} \tag{6.3.8}$$

式中:P°——波浪对船体的冲击力/N。

对于艇底平均斜升角小于 15°的底部板架,从一舭至另一舭整个板架上承受的均布压力 $p_1(x)$按下列各式计算:

$$p_1(3) = \frac{W(\eta_{Gb} + 0.5)}{0.3LB_4} \tag{6.3.9}$$

$$p_1(10) = \frac{W(\eta_{Gm} + 0.5)}{0.3LB_{10}} \tag{6.3.10}$$

$$p_1(16) = \frac{W(\eta_G + 3)}{1.8LB_{16}} \tag{6.3.11}$$

式中：B_4——第 4 号理论站处艇底从一舭至另一舭的周界长度/m；

B_{10}——第 10 号理论站处艇底从一舭至另一舭的周界长度/m；

B_{16}——第 16 号理论站处艇底从一舭至另一舭的周界长度/m；

L——艇的水线长/m。

当艇底平均斜升角大于或等于 15° 时，自中内龙骨至舭部半个板架上的均布压力 $p_2(x)$ 按下列各式计算：

$$p_2(3) = 1.5p_1(3) \tag{6.3.12}$$

$$p_2(10) = 1.5p_1(10) \tag{6.3.13}$$

$$p_2(16) = p_2(20) = 1.25p_1(16) \tag{6.3.14}$$

对于底纵骨和底板，均布压力 $p_3(x)$ 按下列各式计算：

$$p_3(3) = 0.85\left(4.5 - \frac{\beta_4}{25^\circ}\right)p_1(3) \tag{6.3.15}$$

$$p_3(10) = 0.85\left(4.5 - \frac{\beta_{10}}{25^\circ}\right)p_1(10) \tag{6.3.16}$$

$$p_3(16) = p_3(20) = 2p_1(16) \tag{6.3.17}$$

6.3.7 算例

下面举一数值例子，说明简化方法的计算过程。艇的有关参数如下：

$L=25.83$ m　　$H_{1/3}=2$ m　　$V=33.9$ kn　　$\Delta=74.29$ t　　$W=\Delta \cdot g=728\ 785$ N

$B_4=5.64$ m　　$B_{10}=5.46$ m　　$B_{16}=4.51$ m　　$\beta_4=41°$　　$\beta_{10}=23°$

1. 傅氏数

$$Fr_\nabla = \frac{0.514\ 4 \times 33.9}{\sqrt{9.81 \times 74.29^{1/3}}} = 2.715$$

2. 排水量因子

$$f_\Delta = -0.8\log 74.29 + 2.54 = 1.04$$

3. 惯性系数

$$\eta_{Gb} = 0.612\frac{f_\Delta H_{1/3}}{\tan^{2/3}\beta_4}(Fr_\nabla - 1) = 0.612\frac{1.04\times 2}{\tan^{2/3}41}(2.715-1) = 2.40$$

$$\eta_{Gm} = 0.744\frac{f_\Delta H_{1/3}}{\tan^{2/3}\beta_{10}}(Fr_\nabla - 1.51) = 0.744\frac{1.04\times 2}{\tan^{2/3}23}(2.715-1.51) = 3.30$$

4. 艇舯弯矩

$$M_{10} = 0.817\Delta L(\eta_G + 1) = 0.817\times 74.29\times 25.83(3.30+1) = 6\ 741\ \text{kN}\cdot\text{m}$$

注意：此处 η_G 取上面计算结果中之大者。

5. 底部结构设计压力

(1) 对于艇底平均斜升角小于 15°，由横舱壁、舷侧结构围成的底部板架，其上承受的均布压力 $p_1(x)$ 按下列各式计算：

第 3 号理论站：

$$p_1(3)=\frac{W(\eta_{Gb}+0.5)}{0.3LB_4}=\frac{728\ 785(2.40+0.5)}{0.3\times 25.83\times 5.64}=48\ 358\ \text{Pa}$$

第 10 号理论站：

$$p_1(10)=\frac{W(\eta_{Gm}+0.5)}{0.3LB_{10}}=\frac{728\ 785(3.30+0.5)}{0.3\times 25.83\times 5.46}=65\ 455\ \text{Pa}$$

第 16 号理论站至第 20 号理论站：

$$p_1(16)=\frac{W(\eta_G+3)}{1.8LB_{16}}=\frac{728\ 785(3.30+3)}{1.8\times 25.83\times 4.51}=21\ 896\ \text{Pa}$$

(2) 当艇底平均斜升角大于等于 15°时，由横舱壁、舷侧和中央龙骨围成的底部板架，其上的均布压力 $p_2(x)$按下列各式计算：

$$p_2(3)=1.5p_1(3)=1.5\times 48\ 358=72\ 537\ \text{Pa}$$

$$p_2(10)=1.5p_1(10)=1.5\times 65\ 455=98\ 182\ \text{Pa}$$

$$p_2(16)=p_2(20)=1.25p_1(16)=1.25\times 21\ 896=27\ 370\ \text{Pa}$$

(3) 对于底板和纵骨，均布压力 $p_3(x)$按下列各式计算：

$$p_3(3)=0.85\left(4.5-\frac{\beta_4}{25°}\right)p_1(3)=0.85\left(4.5-\frac{41}{25}\right)48\ 358=117\ 558\ \text{Pa}$$

$$p_3(10)=0.85\left(4.5-\frac{\beta_{10}}{25°}\right)p_1(10)=0.85\left(4.5-\frac{23}{25}\right)65\ 455=199\ 180\ \text{Pa}$$

$$p_3(16)=p_3(20)=2p_1(16)=2\times 21\ 896=43\ 792\ \text{Pa}$$

p_1、p_2 和 p_3 沿艇长的分布如图 6-3-1 所示。

本例中，艇底斜升角 $\beta_{10}>15°$，故只需按上述第 5 小点(底部结构设计压力)中的(2)和(3)项的要求对各结构进行局部强度校核(若艇底斜升角 $\beta_{10}<15°$，则须按(1)和(3)项的要求对各结构进行局部强度校核)。本例简化方法计算结果与《滑行艇体结构设计计算规则》计算结果做了比较，略偏于安全，详见参考文献[1]。

6.4　双体槽道快艇的结构设计

6.4.1　双体槽道快艇结构设计的特点

文献[2]介绍了双体槽道快艇的结构设计。双体槽道快艇因主尺度、几何形状及受力情况较单体艇区别较大(表 6-4-1)，所以给结构设计增添了新的研究内容。由表 6-4-1 可以看出双体槽道快艇长宽比较小，底部设有纵通槽道且型深较大。这导致舯部横剖面面积相对较大，对结构设计有利。但纵通槽道的存在，对艇体的横向强度和刚度不利，应引起设计人员的重视。

表 6-4-2 列出了典型双体槽道快艇的主尺度和参数。由表 6-4-2 可以看出，双体槽道快艇的速度范围较宽，$Fr_\nabla=3\sim5$，而最能发挥双体槽道快艇综合技术优势的是高速段，$Fr_\nabla>$

3.5，在高速段，双体槽道快艇槽道顶部外力、横向强度和刚度随槽道高度的增加而减小，使槽侧顶部的应力集中问题随槽道高度的增加而更加突出。

表 6-4-1　单、双体快艇主要参数区别

序号	参数	单体滑行艇	双体滑行艇	主要区别
1	折角线长度与最大宽度比 $L_P/B_{P\max}$	4～6	2.5～3.2	双体艇宽而短
2	折角线宽度 B_P	折角线宽度是影响滑行效率的首要因素	两个片体折角线宽度是影响滑行效率的重要因素之一	单、双体艇横向剖面及外力区别甚大（图 6-4-1）
3	艉部折角线宽度 B_t	$(0.7\sim0.8)B_{P\max}$	舯部以后，宽度基本一样	单体快艇通常艉部收窄；双体艇舯、艉部基本一样
4	型深 D	较小	相对较大	槽道高度 h_c 是影响双体艇 D 大小的重要参数
5	舯部横向斜升角 β_M	内河 10°～12°；沿海 15°～17°	12.5°～12.8°	双体艇较大
6	艉部横向斜升角 β_t	0～2°	12°～16.5°	双体艇明显大
7	甲板面积 A	窄而小	宽而大	双体艇比单体艇大 33%～50%
8	槽道相对高度 h_c/B_{PS}	—	0.35～0.57	单体不存在

表 6-4-2　典型双体快艇的主尺度和参数

船名	艇长 L/m	型宽 B/m	型深 D/m	排水体积 ∇/m³	航速 V/kn	Fr_∇	有义波高 $H_{1/3}$/m	实际波高 /m
CC930 高速交通艇	9.30	3.05	1.29	5.60	35.47	4.38	0.88	1.0～1.5
CC509 高速交通艇	5.09	1.98	0.74	1.40	35.10	5.45	0.31	0.75
CC1110 高速交通艇	11.10	3.37	1.44	7.60	31.90	3.63	0.88	1.0～1.5
CC1420 60 客位客船	14.20	4.34	1.85	16.50	34.56	3.56	0.88	1.0～1.5

注：除 CC509 高速交通艇采用汽油挂机外，其余艇型均采用 2 台柴油机，分别安装在尾部片体内。

玻璃钢艇体结构设计要求能最大限度地发挥复合材料的优点，把快艇固有缺点所引起的不良后果减小到最低限度。现结合典型双体槽道快艇的主尺度和参数对相关内容加以讨论。

6.4.2　艇体冲击力分布及特点

滑行艇由于航速高,使得艇底部在波浪中遭受巨大的冲击力。波浪中的冲击力是滑行艇结构设计中的首要问题。只有了解了冲击力的分布情况和大小,才能有效地进行复合材料和艇体结构的设计。

通常冲击力由两方面原因形成:一是波浪对艇体的直接冲击,由于航速高,这种冲击力比一般排水量船艇要大得多;二是波浪作用下,船底动水压力的变化造成艇体在波浪中的颠簸,使艇体具有垂向速度和加速度,从而使艇底拍击水面,引起底部的巨大冲击力。其中,第二种冲击力可以大到艇重的数倍,甚至十几倍,给艇上携带的仪器设备和乘员带来很大影响,严重的还导致艇体破损。

双体快艇在迎浪规则波中的试验结果表明:冲击力沿艇长的分布与常规快艇相似,只是垂向加速度比常规快艇小 14%～15%,而横向冲击力分布与常规滑行艇相比区别甚大。从图 6-4-1 可见双体快艇两个片体底部的冲击力分布与常规快艇基本一样,而槽道侧壁及顶部的冲击力仅相当于片体底部冲击力的 21%和 32%。

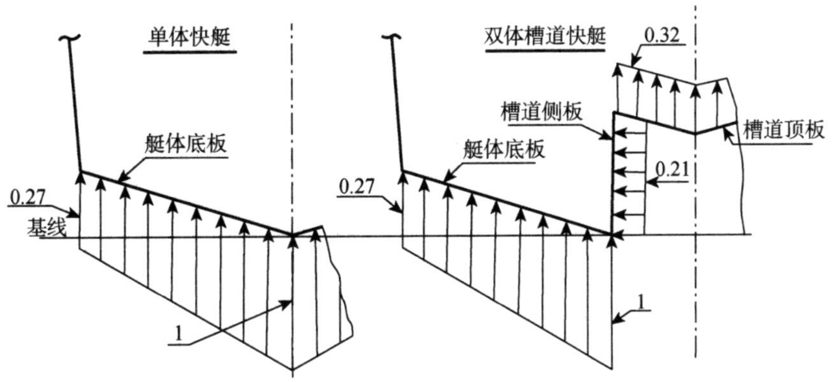

图 6-4-1　单体、双体快艇冲击压力横向分布

实艇使用和外力测试结果表明,双体快艇槽侧顶部不规则应力集中问题较为突出,特别是沿海宽深槽道双体艇型,不仅要增设 $R30$ 以上的圆角以缓解应力集中,且应适当补强。在设计中,连接桥的结构及连接强度也应引起足够的重视,即横向承载构件无论是在全船的纵向中心线处还是片体内舷处,都必须有足够强度的剖面并通过内舷延伸至片体底部。同时沿整个艇长的横向承载构件视外力大小酌情补强。横向承载构件的刚度及其与两个片体的连接必须保证横向承载构件与片体共同参与总横弯曲和总纵弯曲。

6.4.3　结构和材料

考虑到玻璃钢强度有余而刚度不足的特点,加之双体快艇纵通槽道对横向刚性带来的不利因素,在结构设计中应将满足艇体刚度列为重点。因为刚度满足标准后,强度不会有问题。至于结构的稳定性问题可由核算确定。经对比分析后认为，国内外高速快艇一般均采用单板结构(或薄壳加筋结构)。

单板玻璃钢艇体与金属艇体一样，可以有不同的骨架形式。通常，纵骨架式或纵横混合骨架式要轻一些。但后者节点较多，施工相对复杂些，故采用薄壳加筋纵式结构。骨材采用适合玻璃钢工艺的帽形材。它具有较好的抗扭刚性和横向稳定性，对板的支撑效果较好。

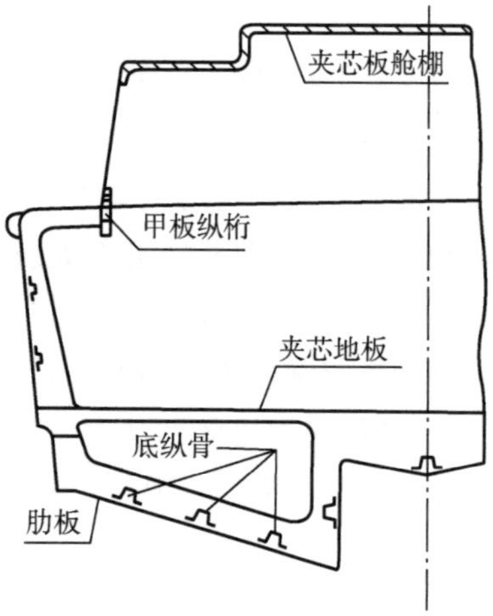

图 6-4-2 典型横剖面结构

为了合理地确定板格间距，进行了多方案论证。结果表明，如果玻璃钢艇体的纵横骨架间距与钢质艇体相同，则玻璃钢板和整个艇体的重量比钢质艇体还要重，这就不可能合理利用玻璃钢的比强度高的优点。由此得出结论：玻璃钢艇体板架上的梁要布置得比金属艇体密些。经优化组合计算和对比使用试验，我们建议小型玻璃钢艇体肋距取金属母型艇体肋距的 0.77 倍；对于横骨架式，最大肋距为 400～450 mm；对于纵骨架式和纵横混合骨架式取 500～750 mm；纵骨间距一般取 250～350 mm。采用小板格间距布局对减轻艇体重量有好处。但取得太小会增加施工工作量；若取得太大，则失去了采用纵骨架式结构的意义。本艇(表 6-4-2 中的 CC930 高速交通艇)的 Fr_∇ 相对较高，为了充分发挥纵骨架式的优势，纵骨间距取 260～300 mm，肋骨间距按艇体外力分布及总布置要求，各舱不一，最大为 650 mm。由于双体槽道快艇特殊的几何形状，用槽道侧壁即可替代中内龙骨和旁内龙骨。典型横剖面结构如图 6-4-2 所示。艇体的隔壁、甲板和舱壁采用夹层结构，如图 6-4-3 所示。夹芯材料为聚氯乙烯硬质泡沫塑料。

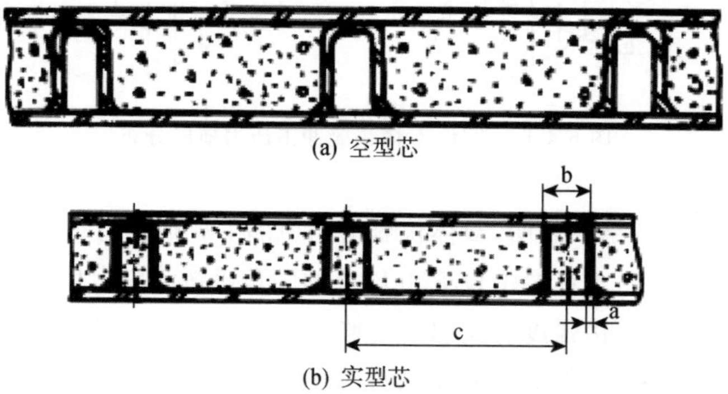

图 6-4-3 具有帽形加强筋的夹层结构

为了使纵横骨材交叉处保持足够的强度，纵骨和肋板的高度相差 1.7～2.0 倍，并使小骨材穿过大骨材。但缺点是需要多次成型，施工周期较长。

6.4.4 复合材料设计及许用应力

玻璃钢艇体结构设计中，复合材料设计及其性能是一个极为重要的问题。为了最大限度地利用复合材料各向异性来减轻结构的重量，我们在设计之初就根据艇体结构类型、大小、不同部位结构受力的特点，改变增强材料、粘结剂和偶联剂的类型，采用复合铺布方式和不同成型工艺，以取得设计所需的材料力学性能，然后制成玻璃钢标准试件，进行力学性能数据测定。

根据艇体各部位构件应力分析情况，我们以聚酯树脂为粘结剂，设计了四种复合铺布方式：

A 型铺布法：面层为表面毡 2 层，然后短切毡与平纹布交替铺设。这种毡、布混合使用方法，既能改善粘接性能，又能提高结构的冲击强度和剪切强度，且具有较好的防水效果，适合用于艇体薄壳外板。

B 型铺布法：全部 1∶4 单向布，经向铺设。此型材料单向强度和弹性模量都很高，宜用于全艇纵向受力骨架的面板加强、甲板边板和舷侧顶板。

C 型铺布法：面层为 2 层斜纹布，中间为粗纱布与斜纹布沿经纬向交替铺设。可用于纵骨、肋骨、肋板、横梁和槽侧顶角部加强。

D 型铺布法：上下两层用平纹布和短切毡各铺一层，中间设“井”字薄壁“Π”型骨架和聚氯乙烯泡沫塑料(图 6-4-3)。此夹层结构的重量轻、刚性好，主要用于舱壁、甲板和内底板。

上述 4 种铺布方式的试验结果证明，其拉伸、压缩、弯曲强度都足够，但由于弹性模量 E 值不足钢材的 1/5，故在进行玻璃钢结构设计时，必须防止构件刚度不足而造成变形过大和失稳。此外，玻璃钢剪切强度约为拉压强度的 1/2～1/3，剪切弹性模量仅为拉压强度的 1/4～1/5，故更应重视材料的剪切性能这个薄弱环节。

在玻璃钢艇体结构设计中，根据艇体构件受力情况，利用复合材料各向异性的特点，合理地选择材料和设计铺布方向、积层数、积层顺序等自由度非常大的组合，能取得明显的力学性能优化效果，这是任何金属材料无法实现的，也是玻璃钢以及复合材料的主要优点。

众所周知，决定船艇结构设计的许用应力是一个十分复杂的问题。它和船艇的使用情况、建造工艺、工艺性缺陷、外力分析、计算方法等因素有关。

通过长城 930 艇等 8 种型号 180 余艘艇的实际使用证明：参照挪威船级社“高速轻型艇入级规范”确定设计载荷和进行玻璃钢结构设计是一种相对较为理想的选择。

2005 年，中国船级社颁布了《海上高速船入级与建造规范》，其中第 4 章第 6 节规定了纤维增强塑料船体结构的构件尺寸，可作为设计的依据和许用应力的标准。

6.5 玻璃钢艇底部板架设计

6.5.1 船用夹层板计算原理

1. 夹层板剖面模数计算[5]

由于船舶板格的长宽比一般都大于2，我们可将夹层板视为单位宽度的板条梁。由于芯材的弹性模量 E_c 与面板的弹性模量 E_f 之比远小于1，所以不计芯材对剖面模数的贡献，可以将单位宽度夹层板的剖面模数简化为如图 6-5-1 所示的计算模型。

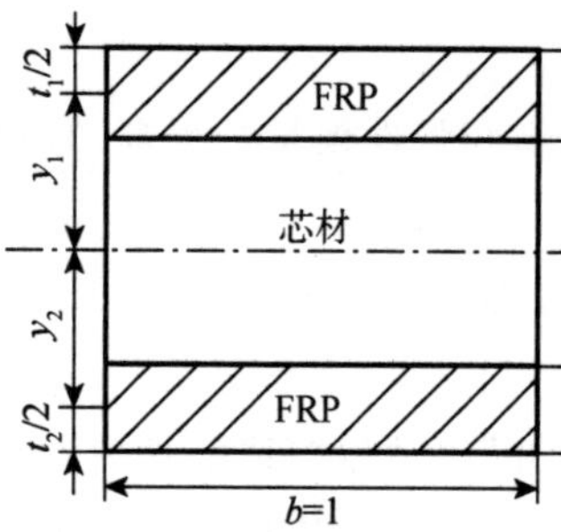

图 6-5-1　剖面模数简化计算模型

$$W_1 = \frac{\frac{1}{12}(t_1^3 + t_2^3) + t_1 y_1^2 + t_2 y_2^2}{\frac{1}{2}t_1 + y_1} \tag{6.5.1}$$

$$W_2 = \frac{\frac{1}{12}(t_1^3 + t_2^3) + t_1 y_1^2 + t_2 y_2^2}{\frac{1}{2}t_2 + y_2} \tag{6.5.2}$$

式中：$y_1 = \dfrac{(t_1 + t_2 + 2t_c)t_2}{2(t_1 + t_2)}$；

$y_2 = \dfrac{(t_1 + t_2 + 2t_c)t_1}{2(t_1 + t_2)}$；

t_1, t_2, t_c——分别为玻璃钢上下面板（蒙皮）及芯材厚度/cm；

W_1, W_2——分别为上、下面板的剖面模数/cm^3。

令 $\dfrac{t_2}{t_1} = \alpha$，$\dfrac{t_1 + t_2}{t_c} = \beta$，$t_1 + t_c + t_2 = T$，则有剖面模数 $W = \dfrac{T^2}{6} f_1$，其中 f_1 是随面板及芯材厚度比变化的系数，f_1 与 α 和 β 的关系如图 6-5-2 所示。

2. 由弯曲强度决定的夹层板厚度

板格最大弯矩：

$$M = \kappa q l^2 \tag{6.5.3}$$

式中：κ——板格弯矩系数（对于四周刚性固定，板格长宽比大于 2 的板格，$\kappa=1/12$）；

q——单位面积载荷/(kg/cm^2)；

l——板格短边长度/cm。

板格最大弯曲应力 $\sigma = \dfrac{M}{W} \leqslant [\sigma_f]$，$[\sigma_f]$ 为面板弯曲许用应力。

由弯曲强度决定的夹芯板厚度 T 为

$$T = l\sqrt{\frac{q}{2[\sigma_f]f_1}} \tag{6.5.4}$$

3. 由芯材抗剪强度决定的夹芯板厚度

板格最大剪切力：

$$N = \frac{ql}{2} \tag{6.5.5}$$

单位宽度板条梁受剪面积 S：

$$S = \frac{1}{2}t_1 + \frac{1}{2}t_2 + t_c \tag{6.5.6}$$

芯材抗剪强度 $\tau_c = \frac{N}{S} \leqslant [\tau_c]$，$[\tau_c]$ 为芯材剪切许用应力。

由芯材抗剪强度决定的夹层板厚度：

$$T = \frac{ql}{[\tau_c]} f_2 \tag{6.5.7}$$

式中：f_2—— 随面板和芯材厚度比变化的系数。

f_2 与 β 的关系如图 6-5-3 所示。若芯材与面板的粘接强度小于许用抗剪强度，则应以数值小的粘接强度代入式(6.5.7)中的$[\tau_c]$。

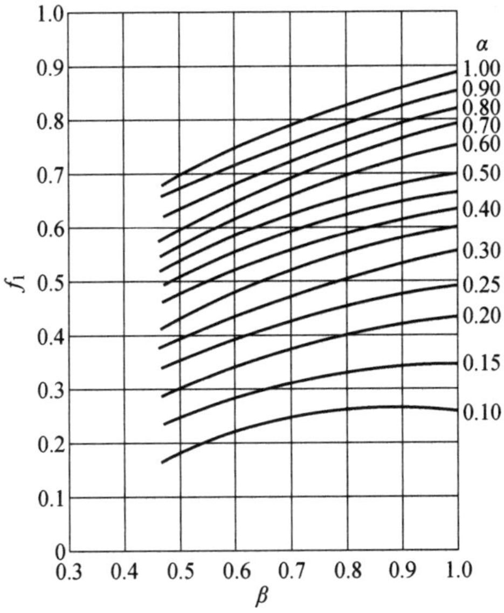

图 6-5-2　f_1 与 α 和 β 的关系

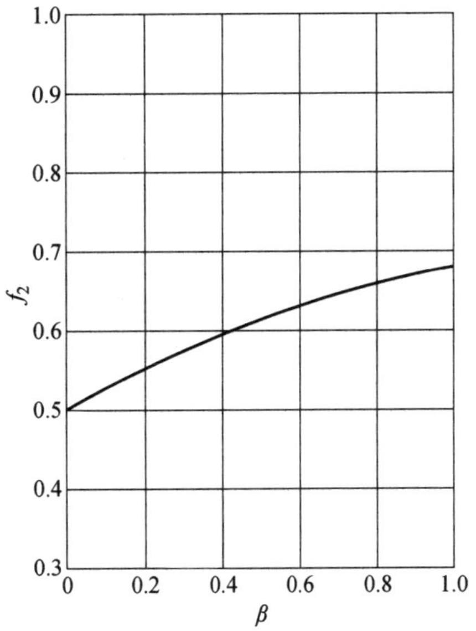

图 6-5-3　f_2 与 β 的关系

4. 夹层板面板最小厚度

$$t_{min} = \sqrt[3]{3\frac{E_c}{E_f} \cdot \frac{1}{t_c}\left(\frac{5ql}{2\sigma_c}\right)} \tag{6.5.8}$$

式中：E_c——芯材弯曲弹性模量/kg/cm^2；

E_f——玻璃钢面板弯曲弹性模量/kg/cm^2；

σ_c——芯材拉伸强度极限/kg/cm^2。

6.5.2 单板结构及计算方法

这里所谓的单板同样是与梁一起作用的薄壳结构。船底与甲板为纵骨架式，舷侧为横骨架式。甲板和船底承受的总纵弯曲应力是沿艇长方向的，纵骨架式板格的欧拉应力是横骨架式的四倍，采用纵骨架板格，大大提高了板格的稳定性，对于弹性模量较低的玻璃钢来说，甲板和船底采用纵骨架式大大优于横骨架式的交叉接头，工艺性较好。

1. 按弯曲强度决定的板厚

单位宽度板条梁的剖面模数：

$$W = \frac{bt^2}{6} \quad (b = 1) \tag{6.5.9}$$

板格最大弯矩：

$$M = \kappa q l^2 \tag{6.5.10}$$

式中：κ——板格弯矩系数（对于四周刚性固定，板格长宽比大于 2 的板格，$\kappa=1/12$）；

q——单位面积载荷/kg/cm^2；

l——板格短边长度/cm。

板格最大弯曲应力 $\sigma = \frac{M}{W} \leqslant [\sigma]$，$[\sigma]$ 为板格弯曲许用应力。

由弯曲强度决定的单板厚度 t 为

$$t \geqslant \sqrt{\frac{6M}{[\sigma]}} \tag{6.5.11}$$

2. 按允许挠度决定的板厚

对于四周刚性固定承受均布载荷的板，挠度值为

$$f = k_1 \frac{ql^4}{Et^3} \tag{6.5.12}$$

已知玻璃钢船板格允许挠度 $f=l/50$，可推算出按允许挠度决定的单板厚度：

$$t = l\sqrt[3]{\frac{50k_1 q}{E}} \tag{6.5.13}$$

式中，k_1 为系数（$k_1=0.049$），其余符号含义同前。

上式也可简化为

$$t = 0.028 l \sqrt[3]{q} \tag{6.5.14}$$

6.5.3 实例计算

以机舱船底板架为例，如图 6-5-4 所示。

板架尺寸：5 000 mm×4 000 mm。

板格尺寸：1 000 mm×450 mm。

计算压头：$h=d+\frac{r}{2}=1.4$ m（可换算成 0.14 kg/cm^2），式中 d 为吃水，r 为 B 级航区

波高。

板格边界条件：四周刚性固定。

1. 夹层板结构

选用聚氨酯硬质泡沫塑料为芯材，主要力学性能指标为：容重 130 kg/m^3，抗剪强度 7.1 kg/cm^2，抗压强度 12.3 kg/cm^2，弹性模量 293 kg/cm^2。厚度 $t_c = 20$ mm。

由弯曲强度决定的夹层板厚度：

$$T = l\sqrt{\frac{q}{2[\sigma_f]f_1}} = 45\sqrt{\frac{0.14}{2\times 149\times 0.66}} = 1.2 \text{ cm}$$

此处，$l = 45$ cm，$q = 0.14$ kg/cm^2，$[\sigma_f] = 149$ kg/cm^2，$\alpha = 1$，$\beta = 0.3$，查图 6-5-2 得 $f_1 = 0.66$。

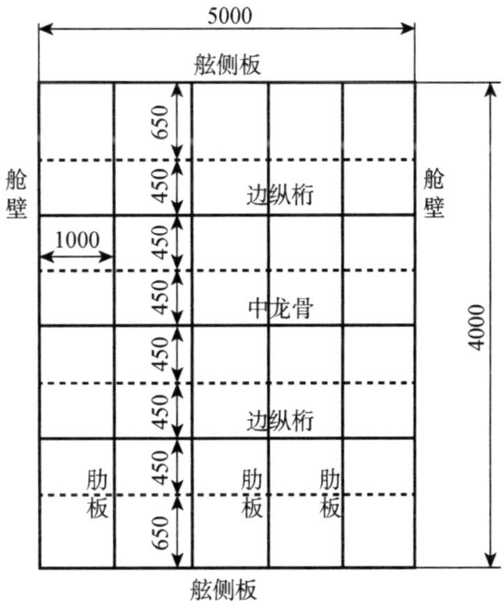

图 6-5-4　实例计算的板架

由剪切强度决定的夹层板厚度：

$$T = \frac{ql}{[\tau_c]}f_2 = \frac{0.14\times 45}{1.37}\times 0.58 = 2.667 \text{ cm}$$

此处，$[\tau_c] = 1.37$ kg/cm^2，$f_2 = 0.58$（查图 6-5-3）。

最小面板厚度：

$$t_{\min} = \sqrt[3]{3\frac{E_c}{E_f}\cdot\frac{1}{t_c}\left(\frac{5ql}{2\sigma_c}\right)^4} = \sqrt[3]{3\,\frac{293}{43\ 762}\cdot\frac{1}{2}\left(\frac{5\times 0.14\times 45}{2\times 12.3}\right)^4} = 0.3 \text{ cm}$$

此处，$E_c = 293$ kg/cm^2，$E_f = 43\ 762$ kg/cm^2，$t_c = 2$ cm，$\sigma_c = 12.3$ kg/cm^2。

实取：$t_1 = 4$ mm（外蒙皮），$t_2 = 3.5$ mm（内蒙皮），$t_c = 20$ mm。

$$T = t_1 + t_c + t_2 = 4 + 20 + 3.5 = 27.5 > 26.67 \text{ mm}$$

2. 单板结构

由弯曲强度决定的板厚：

$$t = \sqrt{\frac{6M}{[\sigma]}} = \sqrt{\frac{6\times 0.14\times 45^2/12}{346}} = 0.64 \text{ cm}$$

此处，$[\sigma] = 346$ kg/cm^2。

由允许挠度决定的板厚：

$$t = l\sqrt[3]{\frac{50k_1 q}{E}} = 45\times\sqrt[3]{\frac{50\times 0.049\times 0.14}{1.04\times 10^5}} = 0.67 \text{ cm}$$

实取单板结构板厚 $t = 8$ mm。

表 6-5-1 为夹层板结构和单板结构试件力学性能指标。

表 6-5-1　夹层板结构和单板结构试件力学性能指标

项目	单位	夹层板结构	单板结构
弯曲强度	kg/cm^2	262	2 160
弯曲模量	kg/cm^2		1.04×10^5
拉伸强度	kg/cm^2	1 270	2 150
拉伸模量	kg/cm^2	0.75×10^5	1.2×10^5
压缩强度	kg/cm^2	520	1 190
压缩模量	kg/cm^2	0.8×10^5	1.0×10^5
剪切强度	kg/cm^2	114	700
冲击强度	kg/cm^2	174	187

6.5.4　国外实艇资料

表 6-5-2 和表 6-5-3 来源于劳氏船级社 FRP 船暂定规则，供设计参考。

表 6-5-2　单板结构（肋距 500 mm）

艇长	<10 m	10～12 m	12～14 m	14～16 m	>16 m
外板玻纤含量/($g\cdot m^{-2}$)	4 400	4 800	5 200	5 900	6 600
厚度/mm	5.28	5.76	6.24	7.08	7.92

表 6-5-3　夹层板结构（肋距 1 000 mm）

芯材厚度	项目	艇长				
		<10 m	10～12 m	12～14 m	14～16 m	>16 m
10 mm	外蒙皮玻纤含量/($g\cdot m^{-2}$)	3 850	4 030	4 320	4 885	5 454
	外蒙皮厚度/mm	4.62	4.81	5.18	5.86	6.54
	内蒙皮玻纤含量/($g\cdot m^{-2}$)	3 080	3 220	3 460	3 915	4 360
	内蒙皮厚度/mm	3.69	3.86	4.15	4.70	5.23
15 mm	外蒙皮玻纤含量/($g\cdot m^{-2}$)	3 480	3 670	3 930	4 440	4 950
	外蒙皮厚度/mm	4.18	4.40	4.72	5.33	5.94
	内蒙皮玻纤含量/($g\cdot m^{-2}$)	2 980	2 940	3 110	3 550	3 960
	内蒙皮厚度/mm	3.34	3.54	3.77	4.26	4.75

6.6　玻璃钢船体夹层板的强度

玻璃钢材料具有很好的耐腐蚀性和较高的强度，但是它的刚性只有钢材的 1/20。它容易产生较大变形，为了提高玻璃钢材料的刚性，人们常采用玻璃钢夹层板，它采用发泡的轻型材料作为它的芯材。

夹层材的断裂失效模式有二种：一种是玻璃钢部分由于拉伸或压缩而断裂。另一种是芯材由于层间的剪切或压碎而断裂。设计夹层板时，希望夹层板由于最大弯矩而断裂，而且其断裂弯矩所产生的应力比芯材由于层间剪切或压碎时所对应的应力为低。因此，欲增加夹层板的强度，最好是增加芯材在剪切方面的强度而不增加夹层板的厚度。

6.6.1　夹层板的强度

图 6-6-1 是长方形夹层板的剖面。即使芯材的材质是一致的，由于各层材料受拉或受压的弹性模量的不同，其等价剖面用图 6-6-1(b)表示。当忽略芯材的刚性时，就如图 6-6-1(c)表示。当对图 6-6-1(a)所示剖面的夹层材加弯矩时，产生的弯曲应力和剪应力的分布如图 6-6-2 所示。

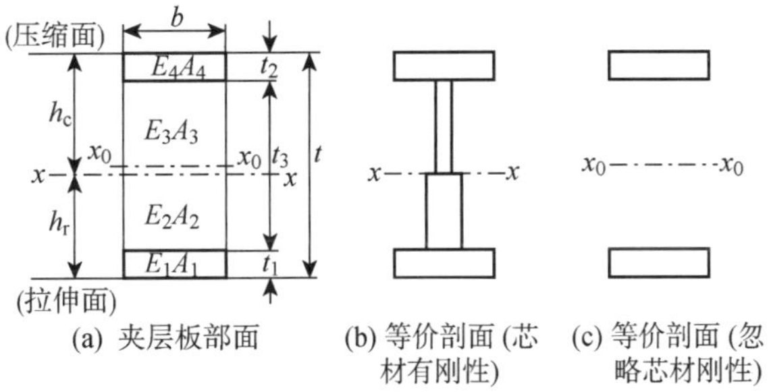

图 6-6-1　夹层板的剖面和等价剖面

由不同刚性的材料构成的复合层，按照组合剖面的梁理论，可以按下式求出各项的值。

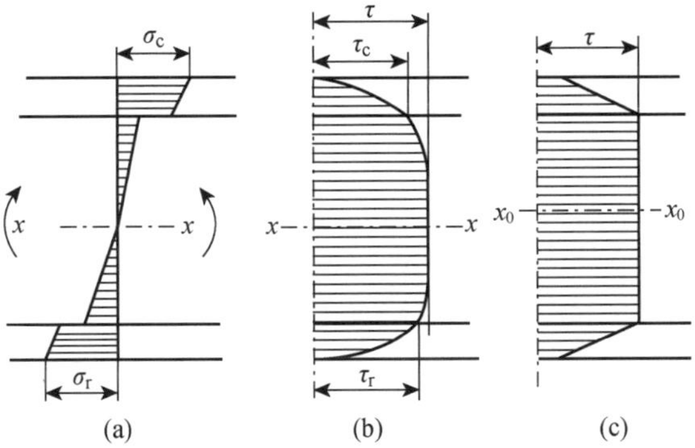

图 6-6-2　夹层板的弯曲应力和层间剪切应力

(a)弯曲应力分布；(b)剪切应力(芯材有刚性)；(c)剪切应力(忽视芯材刚性)

中和轴：

$$h = \sum_{i=1}^{n}(E_i \cdot A_i \cdot h_i) / \sum_{i=1}^{n}(E_i \cdot A_i) \tag{6.6.1}$$

弯曲刚度：

$$\overline{EI} = \sum_{i=1}^{n}\left(E_i \cdot \int_{A_i} h_i^2 \mathrm{d}A_i\right) \tag{6.6.2}$$

弯曲应力：

$$\sigma_i = \frac{M \cdot \sum_{i=1}^{n}(E_i \cdot h_i)}{\overline{EI}} \tag{6.6.3}$$

剪切应力：

$$\tau_i = \sum_{i=1}^{n}(F_i \cdot G_{A_i})/(b \cdot \overline{EI}) \tag{6.6.4}$$

式中：E_i—— 各层的弹性模数；

A_i—— 各层的剖面积；

h —— 中和轴距底边的距离；

h_i——A_i 形心至底边的距离；

M—— 弯矩；

F—— 剪切力；

b—— 宽度；

G_{Ai}—— 面积 A_i 的静矩。

当芯材有刚性时，由于在一般情况下同一芯材的拉伸和压缩的弹性模数不同，所以即使上下剖面对称，其中和轴也不在剖面对称的中心线上，即不在图中的 x_0-x_0 上。而是向拉伸边靠拢一段距离，在 $x-x$ 处。

中和轴 $x-x$（符号见图 6-6-1）：

$$E_1t_1(h_r-t_1/2)+E_2(h_r-t_1)^2/2-E_4t_2(h_c-t_2/2)-E_3(h_c-t_2)^2/2=0 \tag{6.6.5a}$$

$$h_r+h_c=t \tag{6.6.5b}$$

联立以上二式解出 h_r 和 h_c。

弯曲刚度：

$$\overline{EI}=E_1A_1\left\{\left(h_r-\frac{t_1}{2}\right)^2+\frac{t_1^2}{12}\right\}+\frac{E_2A_2(h_r-t_1)^2}{3}+E_3A_3(h_c-t_2)^2/3+E_4A_4\{(h_c-t_2/2)^2+t_2^2/12\} \tag{6.6.6}$$

式中：h_r——中和轴至拉伸面的距离；

h_c——中和轴至压缩面的距离。

最大弯曲应力：

拉伸面为

$$\sigma_r=M \cdot E_1 \cdot h_r/\overline{EI} \tag{6.6.7a}$$

压缩面为

$$\sigma_c=M \cdot E_4 \cdot h_c/\overline{EI} \tag{6.6.7b}$$

剪切应力：

玻璃钢—芯材间

拉伸面为

$$\tau_1=FE_1(2h_rt_1-t_1^2)/(2 \cdot \overline{EI}) \tag{6.6.8a}$$

压缩面为

$$\tau_4 = FE_4(2h_c t_4 - t_4^2)/(2 \cdot \overline{EI}) \tag{6.6.8b}$$

中和轴上：

$$\tau = FE_1\{(2h_r t_1 - t_1^2) + (h_r - t_1^2)E_2/E_1\}/(2 \cdot \overline{EI}) \tag{6.6.9}$$

当忽略芯材刚性时，$E_2 = E_3 = 0$

6.6.2　通过试验得到的玻璃钢及芯材的强度和弹性模数

为了合理地设计玻璃钢夹层板，吹上纪夫等人[3]对夹层材料的强度和芯材的功能进行了试验研究，选择了刚性高的、中等的和几乎没有刚性的五种芯材进行了试验，以分析表面的玻璃钢板厚度和芯材厚度变化时对夹层板强度的影响。

试验材料采用：

玻璃纤维是M[短切玻璃纤维毡EM450G-5(450 g/m^2)]和R[粗纱布EWR55M(580 g/m^2)]两种。

聚酯树脂是FH-123-NM。

五种芯材是：

A——玻璃纤维增强的硬质聚氨酯泡沫塑料(FFU)：在发泡率为2.5倍的聚氨酯泡沫中复合重量为40%的玻璃纤维粗纱布。

B——巴尔沙芯材：由横切巴尔沙木制成。

C——浇铸型聚氨酯：发泡率为20倍的聚氨酯泡沫。

D——浇铸型聚氨酯：在发泡率为3倍的聚氨酯泡沫中复合重量为30%的玻璃纤维毡。

E——CORE-MAT：在聚酯纤维上复合氯乙烯中空微球的无纺布。

试验结果见表6-6-1。

表6-6-1　玻璃钢及芯材的试验结果

材料	拉伸强度/MPa	拉伸弹性模数/MPa		压缩强度/MPa			压缩弹性模数(初期)/MPa			密度/(g·cm^{-3})
	L方向	初期	后半期	L方向	B方向	t方向	L方向	B方向	t方向	
FRP板	137	11 767	9 806	206	206	—	11 772	11 772	—	1.54
芯材A	87.3	7 844	—	32.7	3.7	2.06	435	163	41.2	0.49
芯材B	—	—	—	1.28	1.08	16.87	23.5	24.5	481	0.18
芯材C	0.52	1 814	—	0.29	0.29	0.29	3.9	3.9	2.94	0.05
芯材D	17.85	1 206	1 068	22.5	22.5	5.69	221	221	98	0.38
芯材E	4.61	990	715	21.3	21.3	21.3	264	264	264	0.70

注：L方向为长度方向；B方向为宽度方向；t方向为厚度方向。

玻璃钢板的拉伸弹性模数在开始时虽然为11 768 MPa，但随着应力的增加，后半期下降到9 806～7 845 MPa。压缩时一直到屈服点附近都呈直线状态，为11 768 MPa。因此，计算夹层材料弯曲应力时，玻璃钢板拉伸时取 $E_1=9\ 806$ MPa；压缩时取 $E_2=11\ 768$ MPa。

芯材 B(巴尔沙芯材)不能承受拉力，但可以承受一定的压缩力，特别是厚度方向的压缩强度和压缩弹性模数。

芯材的剪切强度见表 6-6-2，它表示了 A，B，C，D，E 芯材作为夹层材料使用时所能得到的值。但当芯材在厚度方向发生压坏现象时，就不能达到表 6-6-2 的强度了。

表 6-6-2　芯材的剪切强度　　单位：MPa

芯材	A	B	C	D	E
表面材 MRM	3.65	2.83	0.56	2.6	2.58
表面材 MRMRM	3.75	3.12	0.92	3.08	3.07

这说明表面材增加的话，芯材的剪切强度也略有增加。芯材 C 是浇铸型的聚氨酯泡沫，其剪切强度很低，使用时应予以注意。除芯材 C 之外，芯材的剪切强度差别不大。

试验表明，当芯材产生剪切破坏时，表层玻璃钢材料虽然还没有达到屈服点，可是由于芯材已经破坏，整个夹层板也会失效。

从上述结果来看，用来试验的五种芯材只有发泡倍率高的芯材 C 由于厚度方向容易压坏，不能作夹层板的芯材，其余的 A，B，D，E，四种都经常用作船体夹层材的芯材，特别是芯材 B 虽然刚度为零，但由于厚度方向的强度比较好，用作芯材的效果是比较好的。

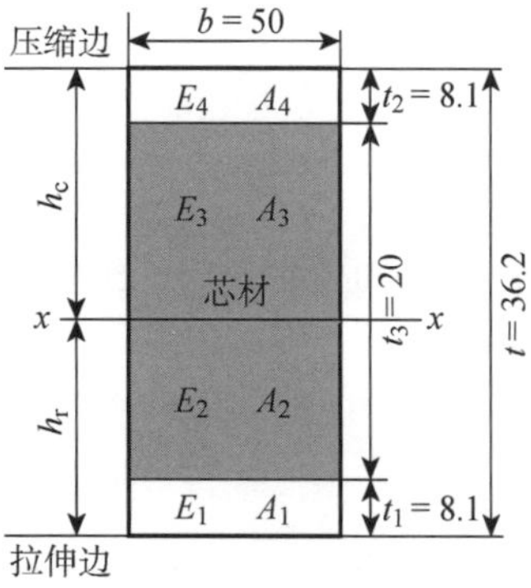

图 6-6-3　剖面模数的计算模型

6.6.3　计算例子

如图 6-6-1 所示的玻璃钢夹层板，面板为玻璃钢复合材，芯材为玻璃纤维增强的硬质聚氨酯泡沫塑料(FFU)，即表 6-6-1 中的芯材 A，考虑到面板及芯材在拉伸和压缩力作用下的弹性模量不同，因此中和轴偏向拉伸一面。

计算数据如图 6-6-3 和表 6-6-3 所示。

表 6-6-3　计算剖面的参数

剖面材	厚度/mm	弹性模量/(N·mm^{-2})	剖面积/mm^2	形心距中和轴 y_i/mm
4 受压面板	$t_2=8.1$	$E_4=11\ 768$	$A_4=405$	14.63
3 受压芯材	h_c-t_2	$E_3=435$	$A_3=529$	5.29
2 受拉芯材	h_r-t_1	$E_2=7\ 844$	$A_2=471$	4.71
1 受拉面板	$t_1=8.1$	$E_1=9\ 806$	$A_1=405$	13.47

注：弹性模量采用表 6-6-1 中的试验实测数据。

计算中和轴 $x-x$ 的位置，即求 h_r 和 h_c，按式(6.6.5a)和式(6.6.5b)：

$$h_r + h_c = t = 36.2; \quad h_r = 36.2 - h_c \tag{6.6.10}$$

$$E_1 t_1 \left(h_r - \frac{t_1}{2}\right) + E_2 \frac{(h_r - t_1)^2}{2} - E_4 t_2 \left(h_c - \frac{t_2}{2}\right) - E_3 \frac{(h_c - t_2)^2}{2} = 0 \tag{6.6.11}$$

将式(6.6.10)代入式(6.6.11),解得

$$9\ 806 \times 8.1(32.15 - h_c) + 7\ 844 \frac{(28.1 - h_c)^2}{2} -$$

$$11\ 768 \times 8.1(h_c - 4.05) - 435 \frac{(h_c - 8.1)^2}{2} = 0$$

$$3\ 704.5 h_c^2 - 391\ 642.3 h_c + 6\ 022\ 258.975 = 0$$

$$h_c = \frac{391\ 642.3 - 253\ 270.3}{2 \times 3\ 704.5} = 18.68 \text{ mm}$$

$$h_r = 36.2 - h_c = 36.2 - 18.68 = 17.52 \text{ mm}$$

下面按式(6.6.6)计算弯曲刚度:

$$\overline{EI} = E_1 A_1 \{(h_r - t_1/2)^2 + t_1^2/12\} + E_2 A_2 (h_r - t_1)^2/3 + E_3 A_3 (h_c - t_2)^2/3 +$$
$$E_4 A_4 \{(h_c - t_2/2)^2 + t_2^2/12\}$$

$$\overline{EI} = 9\ 806 \times 405 \left[\left(h_r - \frac{t_1}{2}\right)^2 + \frac{t_1^2}{12}\right] + 7\ 844 \times 471 \frac{(h_r - t_1)^2}{3} +$$

$$435 \times 529 \frac{(h_c - t_2)^2}{3} + 11\ 768 \times 405 \left[\left(h_c - \frac{t_2}{2}\right)^2 + \frac{t_2^2}{12}\right] =$$

$$3\ 971\ 430\left(13.47^2 + \frac{8.1^2}{12}\right) + 3\ 694\ 524 \frac{9.42^2}{3} + 230\ 115 \frac{10.58^2}{3} +$$

$$4\ 766\ 040\left(14.63^2 + \frac{8.1^2}{12}\right) = 3\ 971\ 430 \times 186.9 + 3\ 694\ 524 \times 29.6 +$$

$$230\ 115 \times 37.31 + 4\ 766\ 040 \times 219.5 = 1\ 906\ 349\ 548 \text{ N} \cdot \text{mm}^2 =$$
$$1\ 906.349\ 5 \text{ N} \cdot \text{m}^2$$

6.7　夹层结构设计

夹层结构(sandwich)又称"夹芯结构",由上、下蒙皮和中间的芯材组成,蒙皮和芯材之间用胶合剂粘接。这种板材受弯矩时产生弯曲,上、下蒙皮承受面内力(拉伸应力或压缩应力),芯材主要承受剪切力,因此在计算它的惯性矩时,往往忽略芯材对弯曲强度的贡献。

6.7.1　夹层结构剖面模数计算

1. 夹层板剖面惯性矩

图 6-7-1 中的夹层板,设基线位于外蒙皮的下平面,各型材的型心距基线的距离为 d,单位宽度(这里是 1 cm)夹层板剖面惯性矩的计算列于表 6-7-1 中。

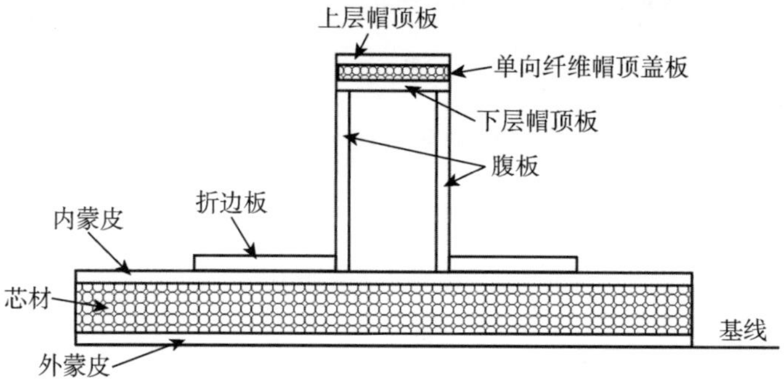

图 6-7-1 计算模型

表 6-7-1 夹层板剖面惯性矩计算

项目	宽度 b/cm	厚度 t/cm	面积 $A=b\times t$/cm²	距基线 d/cm	面积力矩 $M=A\times d$/cm³	惯性矩 $I=A\times d^2$/cm⁴	本身惯性矩 i/cm⁴
外蒙皮	1.0	0.25	0.25	0.125	0.031 2	0.003 9	0.001 3
芯材	0	2.5	0	1.5	0	0	0
内蒙皮	1.0	0.25	0.25	2.875	0.718 7	2.066 4	0.001 3
Σ		3.0	0.5		0.75	2.070 3	0.002 6
中和轴至基线距离 $e=\Sigma M/\Sigma A=$				1.5 cm			
对中和轴的惯性矩 $I=\Sigma I+\Sigma i-\Sigma A\cdot e^2=$						0.947 9 cm⁴	

2. 当量单板厚度

为了求取带板的有效宽度，必须先求取当量单板的厚度 t，当量单板厚度是指单板的惯性矩等于夹层板惯性矩时的厚度值。

设单板的厚度为 t，则单位宽度($b=1$)单板结构的惯性矩：

$$I=\frac{bt^3}{12}\quad (b=1)$$

式中：I——对中和轴的惯性矩/cm⁴；

b——单板宽度/cm。

设 $b=1$ cm 后，上述公式可转变为

$$t=\sqrt[3]{12I} \tag{6.7.1}$$

算例：取表 6-7-1 中的计算数据，将 $I=0.947\ 9$ cm⁴ 代入式(6.7.1)，得当量单板厚度 $t=\sqrt[3]{12\times 0.947\ 9}=2.25$ cm。

有时候已知单板的设计厚度，欲求当量的夹层板厚度，也可以应用上述当量厚度的概念，即以剖面惯性矩相同为目标，将单板结构厚度转变为夹层结构板的厚度，主要是求取夹层板所需的芯材厚度 t_c。公式推导如下：

忽略薄板自身惯性矩的贡献，夹层板剖面对中和轴的惯性矩 I 可简化为

$$I = 2bt_P\left(\frac{t_c + t_P}{2}\right)^2$$

式中：t_c——芯材厚度；

t_P——夹层板蒙皮的厚度，为推导方便，这里假定上、下蒙皮厚度相同，均为 t_P。

同样采用单位宽度剖面惯性矩的概念，即 $b=1$。上述公式经过转换后，得

$$t_c = \sqrt{2I/t_P} - t_P \tag{6.7.2}$$

算例：仍采用前面的数字例子，将 $I=0.947\ 9\ \text{cm}^4$，$t_P=0.25$ cm 代入式(6.7.2)，得

$$t_c=\sqrt{\frac{2\times 0.947\ 9}{0.25}}-0.25=2.5\ \text{cm}$$

算得的芯材厚度与原设计芯材厚度 2.5 cm 吻合。这为单板结构与夹层结构设计相互转换创造了条件。

此时，夹层板厚度 $T=t_c+2t_P=2.5+2\times 0.25=3$ cm。

对于一般的艇，常取蒙皮的厚度等于芯材厚度的 1/10。但实际取值时，往往外蒙皮的厚度略大于内蒙皮的厚度。

3. 带板的有效宽度

当夹层板上有桁材(帽型材)时，计算桁材剖面模数时要计入带板的有效宽度。根据 ABS 规范，带板的有效宽度：

$$b_e = 18\,t + b_G \tag{6.7.3}$$

式中：b_e——带板有效宽度；

t——当量单板厚度；

b_G——帽型材底部宽度。

带板有效宽度计算见表 6-7-2。

表 6-7-2　带板有效宽度计算

项目	计算公式和数值
当量单板厚度 t	2.25 cm
帽型材底宽 b_G	7.5 cm
带板有效宽度 b_e	$b_e=18t+b_G=48$ cm
骨材间距 S	60 cm

带板的有效宽度要求小于骨材间距 S。当 $b_e>S$ 时，b_e 取实际的 S 值。本例 $b_e=48<60$ cm，符合要求。

4. 组合型材剖面模数计算

组合型材剖面模数是指型材连同带板的剖面模数，计算模型如图 6-7-1 所示，计算见表 6-7-3。

表 6-7-3　带板帽型材剖面模数计算

项目	宽度 b/cm	高度 h/cm	面积 $A=b\times h$/cm^2	距基准线 d/cm	面积力矩 $M=A\times d$/cm^3	惯性矩 $I=A\times d^2$/cm^4	本身惯性矩 i/cm^4
外蒙皮	48	0.25	12	0.125	1.5	0.187	0.062
芯材	0	2.5	0	1.5	0	0	0
内蒙皮	48	0.25	12	2.875	34.5	99.187	0.062
折边板×2	15	0.375	5.625	3.187	17.930	57.151	0.066
桁材腹板×2	0.75	15	11.25	10.5	118.125	1 240.31	210.937
下帽顶板	5	0.375	1.875	18.187	34.102	620.222	0.022
单向纤维层	5	0.5	2.5	18.625	46.562	867.226	0.052
上帽顶板	5	0.375	1.875	19.062	35.742	681.335	0.022
—	Σ	19.25	47.125	—	288.461	3 565.62	211.224
中和轴距基线距离 $e=\Sigma M/\Sigma A=$				6.121 cm	—	—	—
对中和轴的惯性矩 $I=\Sigma I+\Sigma i-\Sigma A\cdot e^2$						2 011.229 cm^4	
夹层板外蒙皮处剖面模数 $W=I/e$					328.58 cm^3		
帽型材上顶板处剖面模数 $W=I/(\Sigma h-e)$					153.19 cm^3		
帽型材腹板剪切面积 A_w					11.25 cm^2		

5. 夹层板设计案例

船壳板的设计水压由船级社的规范提供，根据水压力和船体构架的设计参数可以方便地估算夹层板的厚度。本设计案例为一艘 19 m 游艇(艇名为 DOUBLE E)，1994 年由美国 Knight & Carver 船厂建造，采用纵骨架式，纵桁间距 38～56 cm(15～22 in)。芯材采用 Core-Cell A500。表 6-7-4 中给出了 ABS 规范提供的船底板设计水压力 P。

根据 6.2.7 小节的公式，把板看成单位宽度的梁，夹层板中的芯材只承受剪力，因此可按芯材的剪切强度来估算芯材的厚度。本船采用 A500 牌号的芯材(大部分轻型艇体都采用 A500～A550 牌号的芯材)，剪切强度 $\tau=97.9\ N/cm^2$(142 psi)。芯材厚度计算步骤如下。

(1) 本例单位宽度 $b=1$ cm，将水压力 P(单位为 N/cm^2)除以宽度后转变为单位长度上的分布力 q(单位为 N/cm)，虽然数值不变，但单位和力的性质变了。

(2) 求剪力 N：

$$N=\frac{ql}{2}$$

式中：N——剪力/N；

l——梁的长度/cm，此处可用纵桁间距代入。

(3) 按剪切强度计算芯材厚度 t_c 的公式：

$$t_c=\frac{N}{[\tau]}=\frac{N\cdot SF}{\tau}$$

式中：t_c——芯材厚度/cm；

$[\tau]$——许用剪切强度/(N/cm^2)，$[\tau]=\tau/SF$；

SF——安全系数。

表 6-7-4　19 m 游艇船底板设计水压及估算芯材厚度值

站号（自艏向艉）	纵桁间距 l/cm	ABS 船底水压力 P/(N/cm^2)	$SF=2.5$ 估算芯材厚度/cm	$SF=1.82$ 估算芯材厚度/cm	实际采用芯材厚度/cm
1	55	4.778	3.355	2.44	2.5
2	37.5	7.370	3.529	2.56	2.5
3	45	7.053	4.052	2.95	2.5
4	43	7.053	3.872	2.82	2.5
5	49.75	4.488	2.851	2.07	2.5
6	55	3.854	2.706	1.97	2.5
7	55	3.854	2.706	1.97	2.5
8	55	3.854	2.706	1.97	2.5
9	55	3.854	2.706	1.97	2.5
10	55	3.854	2.706	1.97	2.5

该艇设计时，按照 1990 版 ABS 规范要求 $SF=2.5$，设计结果发现芯材厚度异常。船厂根据以往建造的经验，实取芯材厚度为 2.5 cm(1 in)①。ABS 规范后来改为 $SF=1.82$。现将两种情况的计算结果都列入表 6-7-4 中，可见差别是很大的。

该艇船底夹层板外蒙皮厚度为 0.55 cm，内蒙皮厚度为 0.37 cm。1996 年造好后在从美国加利福尼州的玛丽安德尔湾前往加拿大温哥华途中经受了 2.5～3 m 高的浪和风速 25 kn 的海情 12 h，平均航速 9 kn。另一次考验是在 4.2～4.6 m 浪高和风速 45 kn 的海情中经受拍击 18 h，加速度达到 6g 安然无恙，说明夹层板的强度是足够的。

6.7.2　夹层结构设计细节

制造复合材料结构的关键就是细节设计。众所周知，复合材料具有不易腐蚀、比强度高，并且可以通过夹层结构来提高板材的刚度等优点。尽管具有上述优势，但复合材料结构中有一些细节需要特殊的处理。这些细节设计许多都是船级社规范中要求的节点设计的扩展，因此船厂需结合自身的经验和工艺，进行节点的细节设计。

本小节中的详图和细节的描述来自参考文献[6]作者的经验、ABS 规范、复合材料书籍、会议资料和讨论等。这些图是通用的，为了适合特定的设计或者船的尺度，使用时需要做适当的改变。这些图可为设计人员、造艇者和芯材工程师提供设计思路，在经过进一步讨论和

---

①　1 in≈2.539 9 cm

变型后，可针对特定产品得到安全、有效的设计细节。

为了阅读方便，对名词、术语做一些注释：

(1) Core-Cell 是新一代的 SAN(丙烯腈—苯乙烯)结构泡沫的商标，20 世纪 90 年代初由 ATC 公司开发生产，适合作为船艇夹层结构的芯材。本小节详图中出现的芯材牌号，如 A500～A1200 均为 Core-Cell 线性结构泡沫，其性能在第 2 章中有介绍。A 后面的数字越大，说明密度越大，其机械性能也越高。也可用相近性能的其他品牌结构泡沫替代。

(2) 贴皮和搭边。这里的术语“贴皮”(tapping)是指用于舱壁和船壳板连接的补强铺层，也是一种积层板。贴皮一般由数层构成，并且外包的一层要比里面一层增宽 50 mm，增宽部分也叫“搭边”(tap)。搭边直接粘接到结构部件上，这样，一层层搭边形成阶梯状叠层。贴皮有时候也称为“包覆补强层”。

(3) 图中出现的数字，若未标明单位，则单位为 mm(下同)。

1. 舱壁安装细节

以往舱壁的安装直接与船壳板接触，两侧贴皮呈直角转折，看似简单，但内部存在空隙，受力时转折处易应力集中，是产生失效的主要原因。随着玻璃钢以及复合材料船舶尺度的增加，船体壳板和舱壁都倾向于夹层结构，舱壁与船壳板的连接也倾向于更有效的方式，如图 6-7-2 和图 6-7-3 所示。

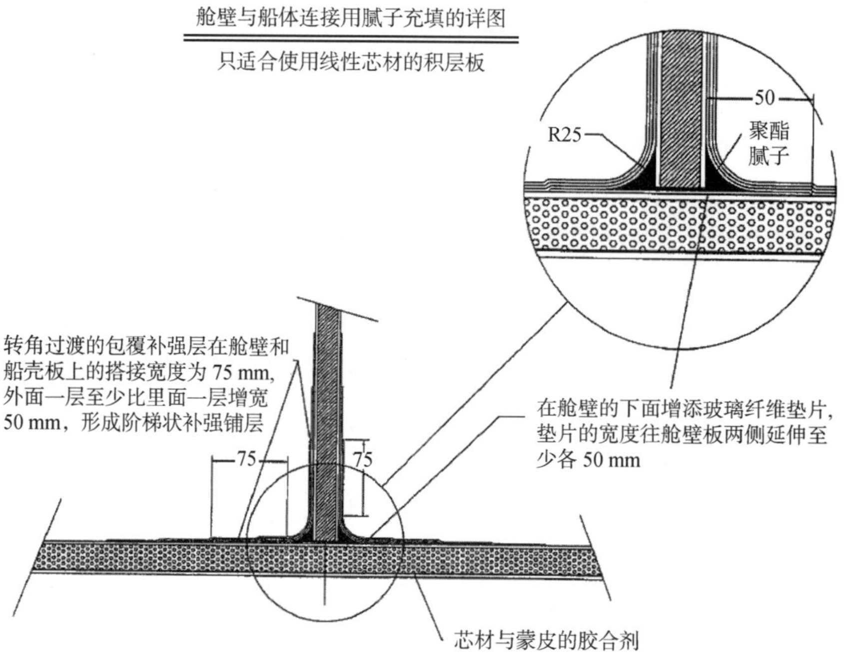

图 6-7-2 舱壁与船体连接用腻子充填的详图

图 6-7-2 中用腻子填充有如下好处：

(1) 把舱壁与相对较薄的船壳板内蒙皮隔离开来；

(2) 避免交界面处的应力集中；

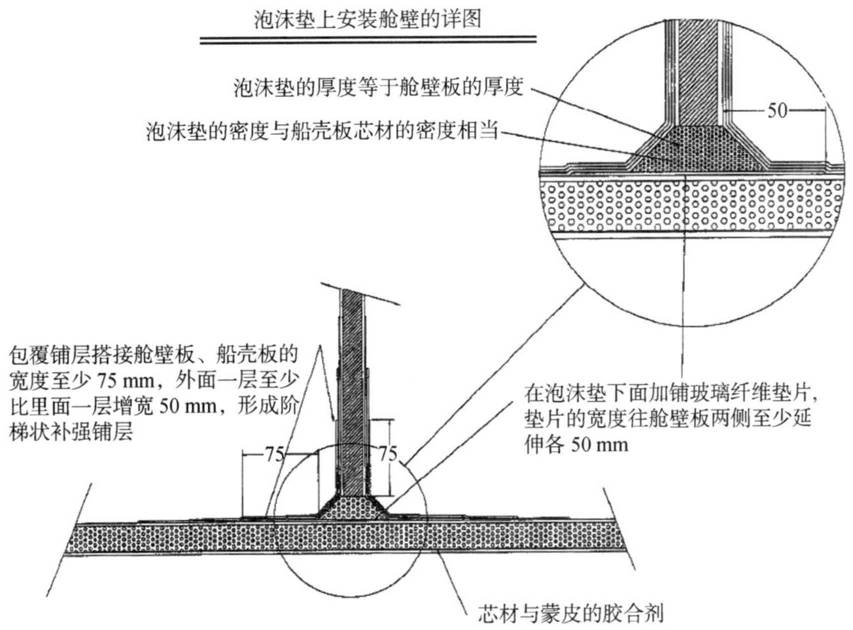

图 6-7-3　泡沫垫上安装舱壁的详图

(3) 填满舱壁底部的安装缝隙，消除贴皮屈曲失效的风险；

(4) 良好的弧度有利于贴皮积层；

(5) 在贴皮前使舱壁板固定位置；

(6) 增加舱壁触地的面积或船壳板上承载的面积。

即使在舱壁的下面有一层额外的衬垫，但舱壁的积层板蒙皮接触到船壳板的地方存在着硬点，腻子填料可以填充这些缝隙，粘合舱壁，并且光顺的圆弧有利于贴皮过渡到船壳板上。

图 6-7-3 中的泡沫垫具有类似于腻子填充料的功能，而且是一种更可取的方法。带楔形的泡沫垫使舱壁板和船壳板更好地隔开，减少了应力集中。泡沫的作用如同垫子，使得蒙皮传递载荷，而舱壁的芯材在大多数情况下与蒙皮的载荷隔离开来。如果舱壁是刚性材料，这是非常重要的。楔形泡沫垫的两边削成 45°，类似于腻子构成的圆弧，它使贴皮和缓地过渡到船壳板上。泡沫垫的其他优点是使坐落的横舱壁减少了对船壳板顶面的印痕，且有减震阻尼。

在高速船上，泡沫垫使整个底部有少量的压缩弹性。尽管不是一个被“证实”的理论，但一些有影响的高速船建造者察觉到，即没有填充物时，在高压载荷下，底板会产生挠曲，当遇到坚硬附着的舱壁板时，底板在那儿不允许变形，遂在底板上形成一个瞬时的挂钩，使船底板的变形产生痕迹，引起间隙性的附加水流阻力。倘若舱壁安装在弹性垫上，则允许底板和顺地变形和水流的顺畅流动。

2. 龙骨板安装细节

通常有两种不同的龙骨结构：一种是实心的，如图 6-7-4 所示，即所谓单板结构，这种单板是由数层玻璃纤维积层板构成的；另一种是由高密度芯材加蒙皮构成的夹层板结构，如图6-7-5所示。两者的用途相同：

(1) 作为一根贯通全长的纵向强力构件；

(2) 把船体两个半壳连接成一体；

(3) 增加船体的强度以应对可能的搁浅力或搁置在坞墩上的集中力。

如果船底的斜升角大于17°，由于它的形状和厚度，中央龙骨也是一根大梁。

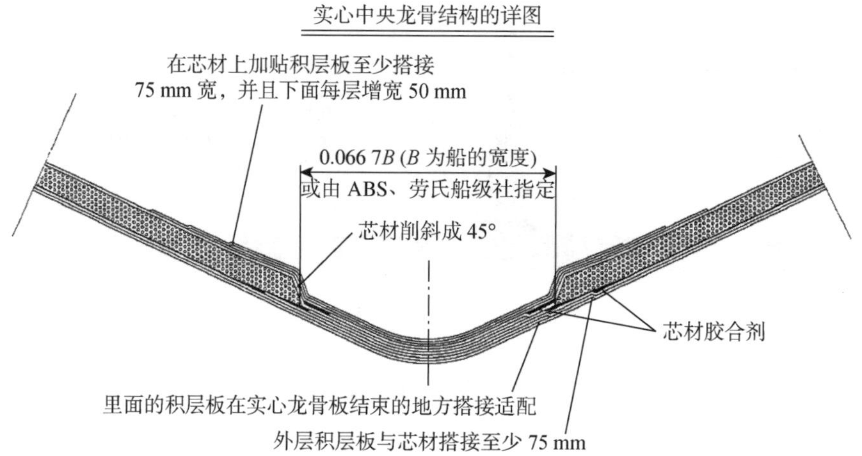

图 6-7-4　实心结构中央龙骨的详图

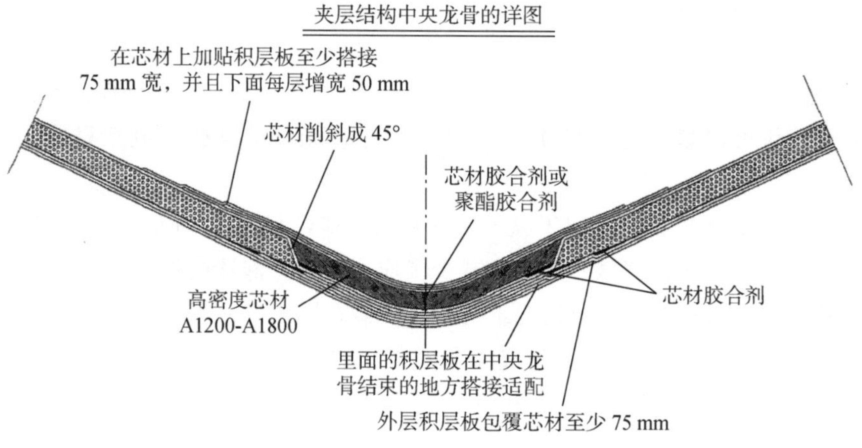

图 6-7-5　夹层结构中央龙骨的详图

图6-7-4中的龙骨为单板结构，通常要增加些额外的厚度，如果外蒙皮是光顺的，则必须在内侧(即上面)添加数层积层板，以达到夹层结构船壳板的当量厚度。这个当量厚度 t 是用毗连的夹层结构船壳板的相同惯性矩换算出来的。

$$t = \sqrt[3]{12I} \quad (\text{此处 } I \text{ 为单位宽度的剖面惯性矩})$$

使用这一准则对于大多数夹层结构船艇来说稍稍有些保守。

ABS 规范和指南要求龙骨厚度为 1.5 倍邻近(单板结构)船壳板的厚度,宽度要达到 0.1B(此处 B 为船宽),而且与两侧船体壳板的搭接宽度要超出这个范围,达到 $3t$。如果船体是两个半体成型后再由中央龙骨连接起来,则龙骨板的厚度要求达到单板结构船壳板厚度的 2 倍。

图 6-7-4 中黑色的条带是芯材胶合剂。当积层铺层在这些转角处形成空隙时,把芯材胶合剂填充到这些缝隙中以增加搭接的强度。

图 6-7-5 是夹层结构中央龙骨的详图。它与单板结构的区别在于内外蒙皮间有一层高密度的芯材,增加了刚性和强度。其制作顺序如下:

(1) 龙骨区段内,先铺敷外蒙皮积层板,即图 6-7-5 中底下的几层;

(2) 在外蒙皮的上表面涂敷芯材胶合剂;

(3) 把高密度芯材 Core-Cell A1200 粘接到下蒙皮上,上面再覆盖两层内蒙皮;

(4) 在内蒙皮的上方再加铺贴皮,第一层贴皮与船壳板搭接的宽度至少 75 mm,而且上表面的一层要比下面一层增宽 50 mm。

夹层龙骨设计时,无须计算当量惯性矩,因为芯材的厚度与两侧船壳板芯材的厚度是保持一致的,且内外蒙皮增加了厚度。使用高密度芯材有利于承受搁浅或坞墩产生的集中载荷。船的尺度越大,芯材的密度要求越高。高密度芯材是难以弯曲到位的,必须用锯削匹配,尽可能做到接近龙骨的弧度,然后用芯材胶合剂填充空隙。

3. 纵桁安装细节

纵桁的安装细节用四幅详图来说明,如图 6-7-6 至图 6-7-9 所示。其区别在于前二幅图纵桁的贴皮是另加的,而后二幅图中,船壳板内蒙皮的最表面一层包覆整个纵桁,形成一个完整的结构。

这四个详图有一些共同点,那就是纵桁泡沫芯材的顶端边角修成圆弧,以避免应力集中,也有利于积层板的包覆。其次是帽型材顶部有一个盖板,在盖板的下面铺一层用单向纤维芯材制作的夹层以增加纵桁帽型材的剖面模数和刚性。

图 6-7-6 在纵桁的底部用腻子填充,其功能类似于舱壁板安装的细节。工艺顺序如下。

(1) 在纵桁的下面铺一层覆板,也称为衬垫,只是在壳板内蒙皮相当薄时才是必须的。这里“壳板”一词的含义包括船壳板、舷侧板以及大船上用夹层结构制作的舱壁板,下同。

(2) 粘接纵桁的泡沫芯材,先在一侧铺敷贴皮,从壳板上开始铺起,在壳板上的搭边宽度 50～75 mm(2～3 in),然后沿纵桁侧面向上包覆,越过纵桁顶部并转向下,离开顶部 25～50 mm(1～2 in)处停住。

(3) 再从纵桁另一侧的壳板上开始贴皮,方法同上,但朝相反的方向铺敷。这样做的结果是帽顶部的积层板是双份的,在纵桁最有用的部位提供了额外的强度。

(4) 若需要加强,在最后二层帽顶盖的下面可以夹入单向结构的纤维材。为了得到最大的刚度,又想不增加过分的重量,那里是最佳的部位。

值得提醒的是:若使用单向的碳纤维做增强材以得到理想的刚度,则必须使用足够的碳纤维以承载全部载荷。因为碳比 E 玻璃坚硬得多,以致只用少量就能得到较大的刚度。高

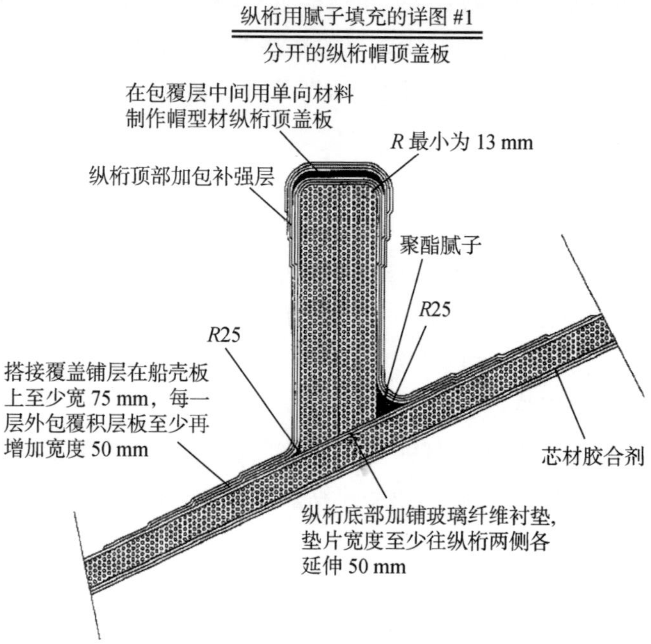

图 6-7-6　纵桁用腻子填充的详图 #1

模量的碳纤维会承担几乎所有的载荷，直到断裂为止。而其余的 E 玻璃积层板只起传递载荷的作用。

如果纵桁的高度大于厚度的 6 倍或更多，或者在纵桁上面坐落有机械设备，则推荐使用 Core-Cell 结构芯材。

ABS 总的原则是：

(1) 纵桁高度不大于 30 倍腹板的厚度；

(2) 纵桁顶冠的宽度不大于 18 倍顶板的厚度。

如果纵桁的高度和顶冠的宽度接近或大于上述，使用好的结构泡沫做纵桁的芯材就变得非常重要。

图 6-7-7 与图 6-7-6 的主要区别是纵桁坐落在泡沫垫上，泡沫的两侧削斜成 45°，让贴皮从壳板平缓地过渡到纵桁上。其余的设计细节均相同。

图 6-7-8 与图 6-7-6 类似，所不同的地方是船壳板内蒙皮最上面的一层暂时不铺，先把纵桁固定好后，再铺这最表面一层蒙皮。而图 6-7-6 中的贴皮是与船壳板蒙皮分开铺设的。

图 6-7-8 的操作步骤如下。

(1) 在纵桁的下面铺一层覆板，也称为衬垫，只是在壳板内蒙皮相当薄时才是必须的。

(2) 粘合纵桁的泡沫芯材，先在一侧铺敷贴皮，从壳板上开始铺起，在壳板上的搭边宽度 50～75 mm(2～3 in)，然后沿纵桁侧面向上包覆，越过纵桁顶部并转向下，离开顶部25～50 mm(1～2 in)处停住。

(3) 再从纵桁另一侧的壳板上开始贴皮，方法同上，但朝相反的方向铺敷。这样做的结

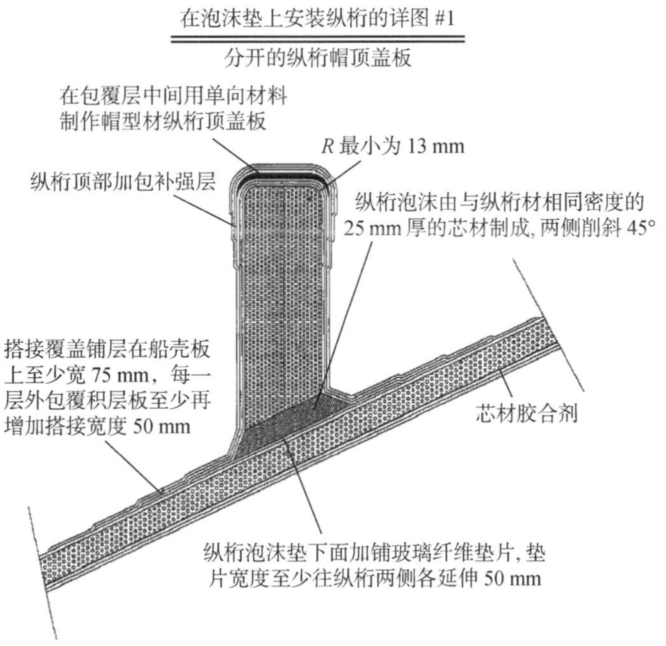

图 6-7-7　在泡沫垫上安装纵桁的详图＃1

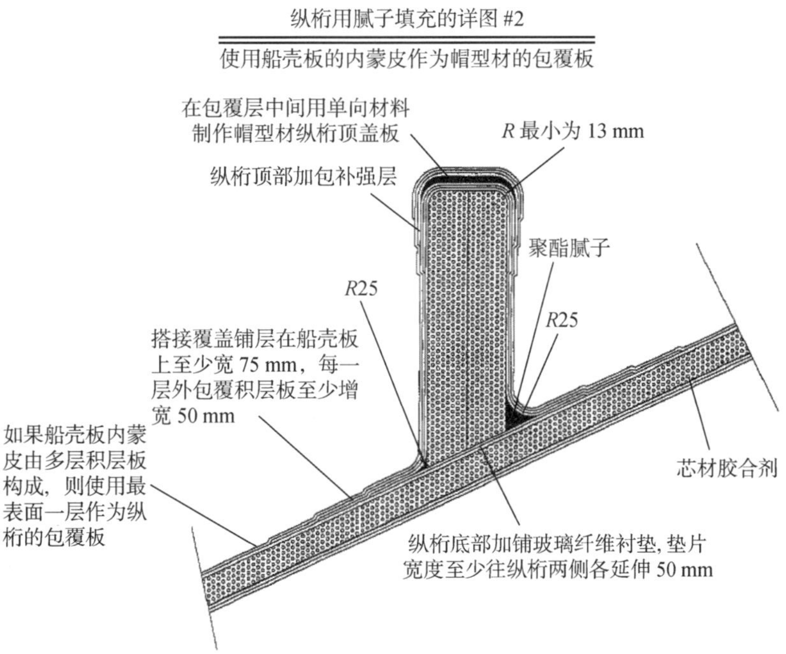

图 6-7-8　纵桁用腻子填充的详图＃2

果是帽顶部的积层板是双份的，在纵桁最有用的部位提供了额外的强度。

（4）若需要加强，在最后二层帽顶盖的下面可以夹入单向结构的纤维材。为了得到最大的刚度，又想不增加过分的重量，那里是最佳的部位。

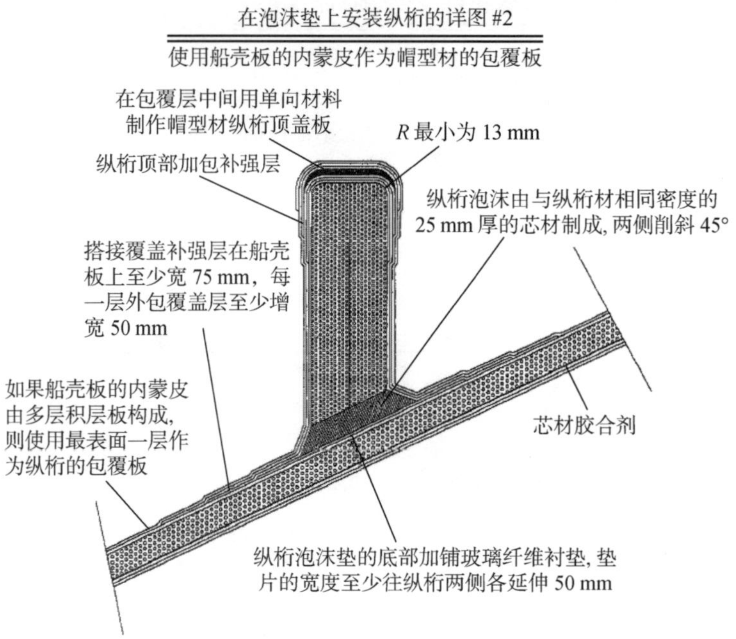

图 6-7-9　在泡沫垫上安装纵桁的详图＃2

(5) 最后二层贴皮即是壳板上的最上面一层内蒙皮，也是先从一侧的壳板上把内蒙皮沿着纵桁侧面向上铺敷，超过顶冠后到另一侧，再向下铺敷 25～50 mm(1～2 in)时停止。再将另一侧的内蒙皮如法炮制，但方向相反。

这最后铺敷的二层内蒙皮是呈 45°方向交替贴敷到纵桁侧面板上的，使纵桁的侧面板具有更好的剪切刚度。

图 6-7-9 与图 6-7-8 的主要区别是用泡沫垫置换了腻子填充料。泡沫垫的两侧削斜成 45°角，这种楔形使贴皮平缓地从壳板表面过渡到纵桁侧面，有利于积层板的施工。其余的施工方法、要求、注意点以及规范的指导准则都是相同的。

4. 尖舭设计的细节

玻璃钢船艇的艇型基本上可以分为两大类：圆舭型和尖舭型。

圆舭型艇体在舭部是圆弧过渡的，船底的壳板和船侧的壳板基本上连成一体，平缓地过渡，因此这里不做过多的介绍。

尖舭型艇体也称为折角型(hard chine)艇体，多用于高速艇。其由于底部拍击较重，通常底部的板架较强，芯材的厚度也大，舷侧相对要薄弱一些，处于船底和舷侧交界处的舭部设计十分重要。这里提供了 6 个详图，适用于不同的场合，如图 6-7-10 至图 6-7-15 所示，分别介绍如下。

图 6-7-10 和图 6-7-11 都是台阶型尖舭，内侧转角处用楔形泡沫加强。如果船艇有台阶型的尖舭，在船台或干坞中，通常支墩都会放在台阶型尖舭的下面，来自起吊带索的载荷也会集中在尖舭部。此时，舭部的高密度芯材连通舱壁形成强力结构，把局部的集中载荷转移

到其他的结构上，共同承担。舭部的高密度芯材和楔形块防止了尖舭的变形、压碎和凹皱。

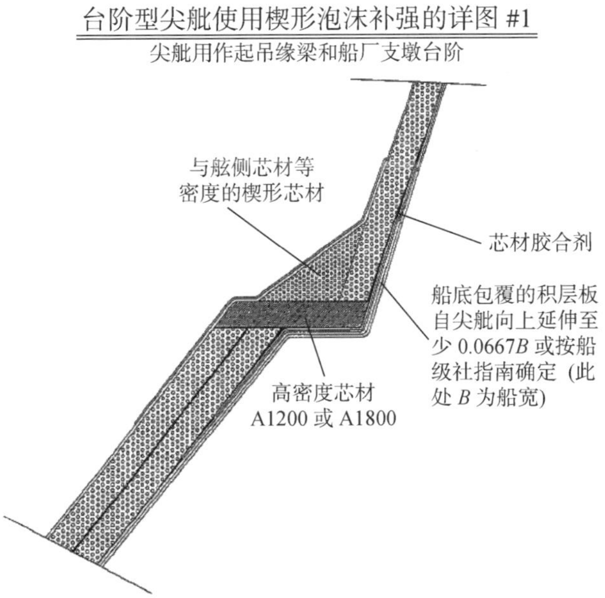

图 6-7-10 台阶型尖舭使用楔形泡沫补强的详图＃1

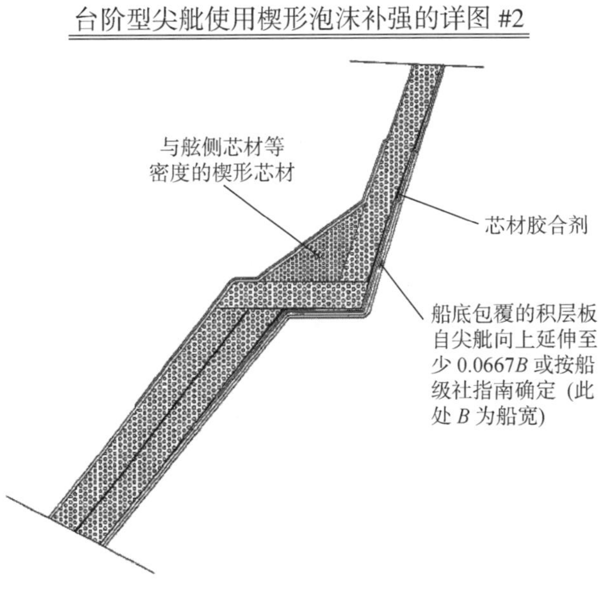

图 6-7-11 台阶型尖舭使用楔形泡沫补强的详图＃2

在包覆外蒙皮时，船底的外蒙皮应绕过尖舭向上延伸到舷侧，然后，舷侧的外蒙皮绕过尖舭向下延伸到底部，延伸的距离约0.066 7B(此处 B 为船宽)或由其他的需求确定。芯材的片块是预置的，芯材胶合剂调制的腻子填充在芯材下面的空隙中以及各种织物包覆板的上面。

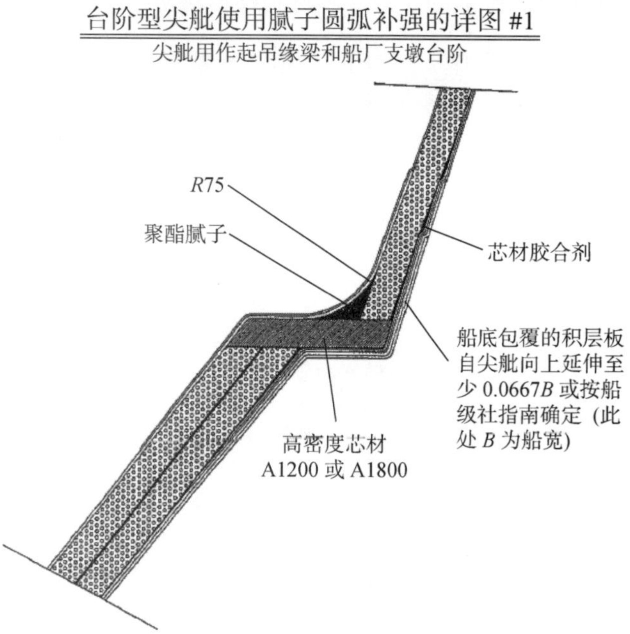

图 6-7-12　台阶型尖舭使用腻子圆弧补强的详图＃1

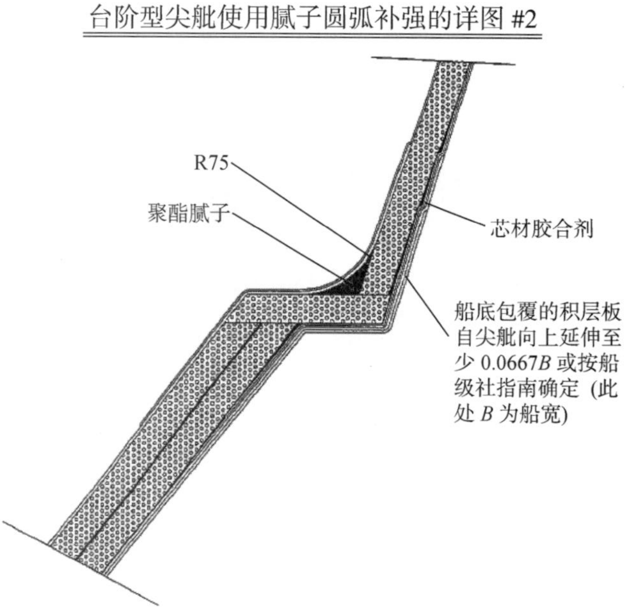

图 6-7-13　台阶型尖舭使用腻子圆弧补强的详图＃2

图 6-7-11 与图 6-7-10 的区别是舭部折角处没有采用高密度芯材，而是采用与底部板架相同密度的芯材，其余的制作方法是相同的。这种结构用在不需要承受支墩的集中载荷或起吊绑扎载荷的地方。

如果船的设计有良好的支墩布置图,并且在任何指定的船厂都会遵循这样的布置,那么这些高密度芯材嵌入物能够放到最适合支墩或起吊绑扎的位置,发挥最好的作用。这些位置应当在船底上标出来,并且能够通过甲板边缘的标志加以识别。

图 6-7-12 类似于图 6-7-10,其特征是在尖舭的内侧用弧形的腻子嵌条来取代楔形的泡沫块,同时用高密度芯材嵌入折角的部位来增强舭部的刚性,以承受支墩或起吊捆绑的集中力,并把这些力传递到舱壁和其他承力构件。其他的做法和设计细节都是和图 6-7-10 相同的。

图 6-7-13 类似于图 6-7-11,只是用弧形的腻子嵌条来取代楔形的泡沫块,同样用腻子填料填充在芯材下面的空隙中以及各种织物包覆板的上面。外蒙皮的包覆方法也如同前述。

图 6-7-14 和图 6-7-15 属于传统型尖舭的结构详图。它们的特点是没有台阶,船底的泡沫芯材向上延伸到舷侧板。图 6-7-14 所示的结构适用于不承受集中力,如支墩力或起吊带索捆绑力的地方。如果该处有集中力,则应采用如图 6-7-15 所示的结构。

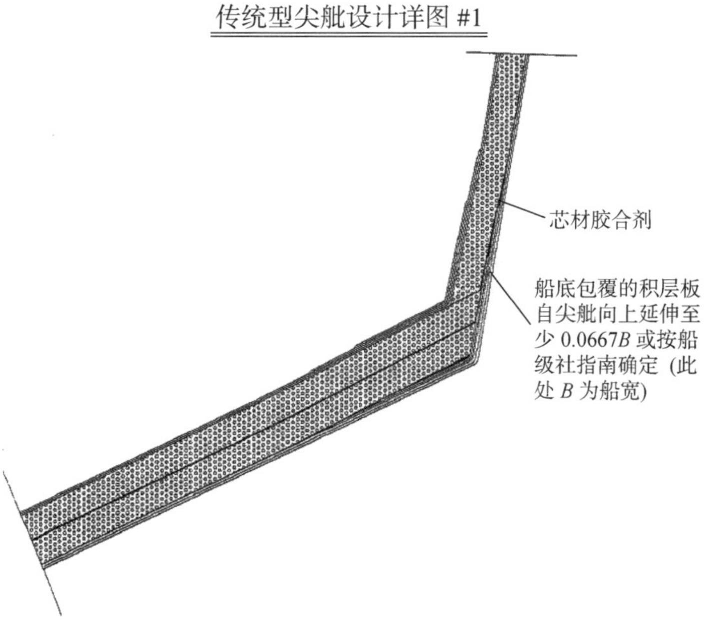

图 6-7-14 传统型尖舭设计详图#1

如同台阶型尖舭一样,底部壳板的外蒙皮要绕过尖舭向上延伸,然后,舷侧壳板的蒙皮也要绕过尖舭向下延伸至底部,搭接的宽度约0.066 7B或按其他需求确定。内蒙皮的包覆方法和要求也是一样的。

图 6-7-15 适用于有支墩或起吊带索捆绑产生局部载荷的地方。在这样的地方,用高密度的芯材嵌入增强,以承受集中载荷,因为来自绑带的载荷往往集中于舭部,高密度的芯材能够防止尖舭被压碎或凹皱。这些嵌入物应当与舱壁相连,以便把高的局部载荷转移到其他结构上。关于内外蒙皮的包覆方法和要求如同前述。

如果船的设计有良好的支墩布置图,并且在任何指定的船厂都会遵循这样的布置,那么

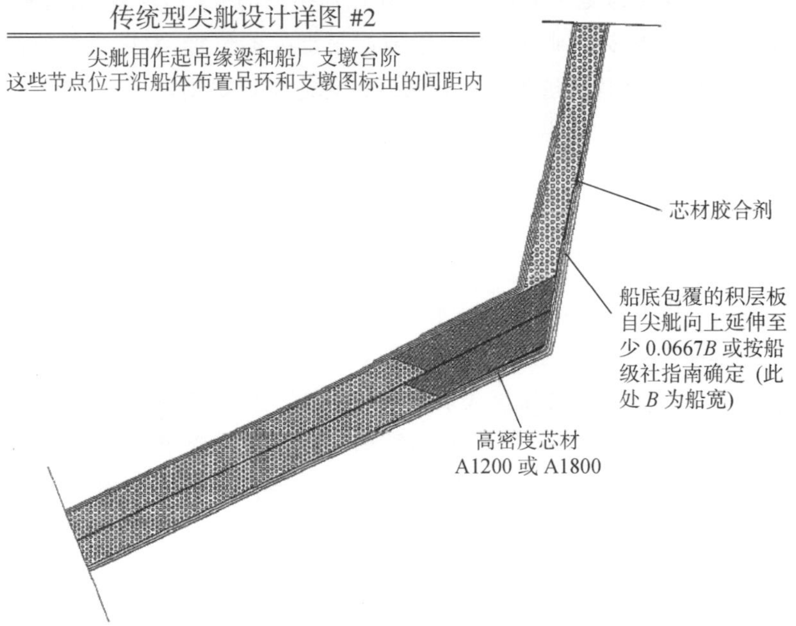

图 6-7-15 传统型尖舭设计详图＃2

这些高密度芯材嵌入物能够放到最适合支墩或起吊绑扎的位置,发挥最好的作用。这些位置应当在船底上标出来,并且能够通过甲板边缘的标志加以识别。不幸的是,往往没有这样的布置图,所以,设计者须要预见到可能的支墩或绑扎的位置,并在那里配置高密度的芯材。

5. 船体与甲板连接的细节

船体与甲板的连接实质上是指甲板边板与舷侧顶板的连接,这两块夹层板是分别在模具中成型后再拼装起来的,所以要在角隅处采取补强的措施。

图 6-7-16 和图 6-7-17 是角隅连接的详图。

在图 6-7-16 中,角隅处无论是甲板还是舷侧板的芯材都削斜,内外蒙皮粘合成单板结构。高密度芯材切成的楔形块通过积层固结到舷侧板的顶部,形成一个搁放甲板的支撑架。把甲板放上去后,用芯材胶合剂连接,并填充不可避免的不规则空隙。在角隅的内侧也要填充聚酯腻子。并且每间隔一段距离,外包积层板进行补强。

一个良好成型的甲板与船体接头是无须机械固定的,但船级社对于入级的船艇要求这样做,也就是"满足规范要求"。为了在斜面上紧固螺栓,可以用一小块角铁作为支承。螺栓往往用来达到双重目的:确保接头的安全和附加导轨。螺栓也可以水平安装,用以固定护舷材或装饰性的嵌条,隐蔽接头的边缘。

角隅的外部再包覆一层贴皮是非常好的保险,使接头保持水密。总之,这种接头使甲板和船体壳板的蒙皮连成一体,内侧镶嵌高密度楔形块,并用胶合剂和腻子填充光顺。

图 6-7-17 的做法基本上与图 6-7-16 相同,除了高密度的泡沫芯材是矩形的,而且不需要用角铁来定位螺栓。如果螺栓拧得很紧,应当使用缓冲垫圈来避免螺栓过分受拉力。

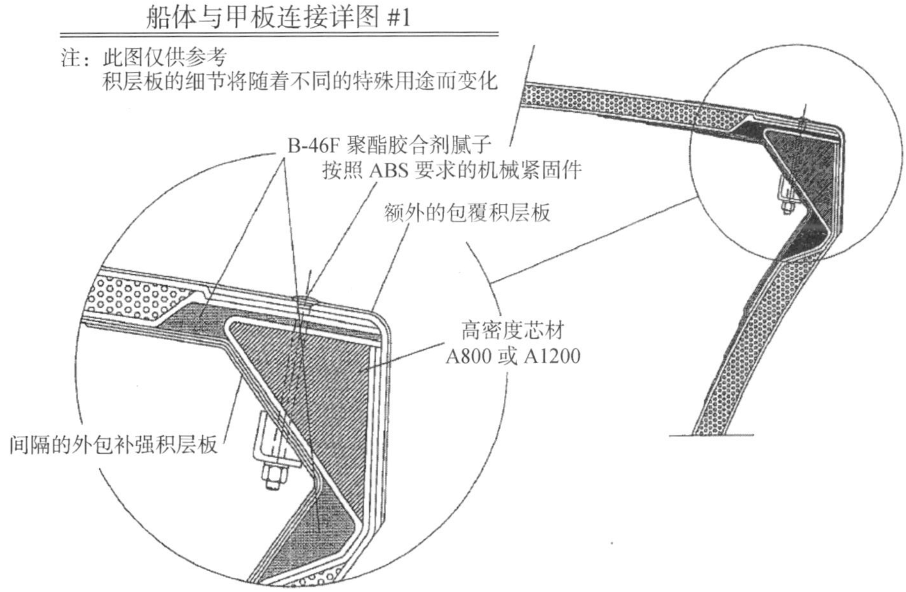

图 6-7-16　船体与甲板连接详图＃1

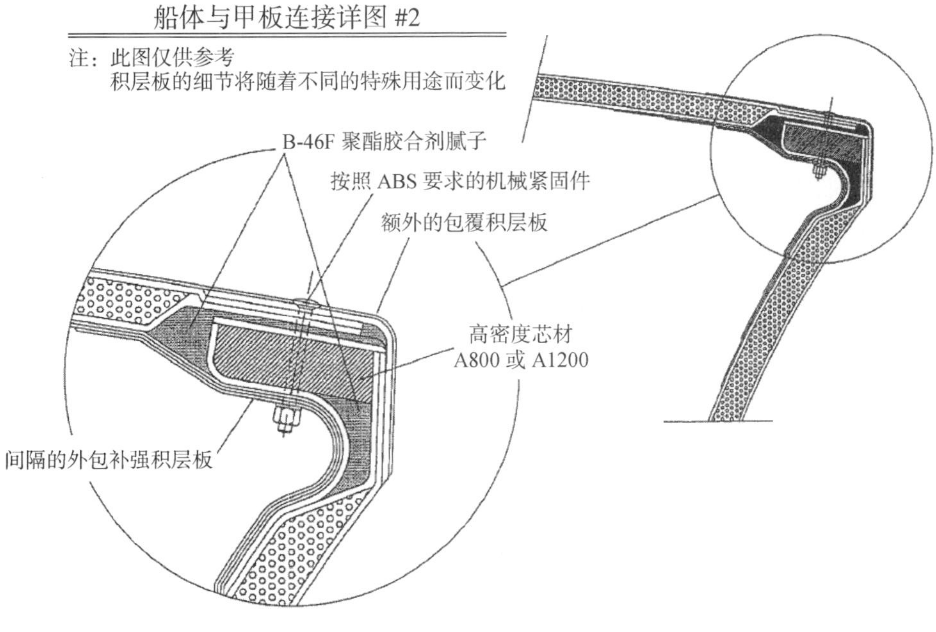

图 6-7-17　船体与甲板连接详图＃2

图 6-7-18 是甲板上有舷墙时的连接详图。舷墙分为内舷墙和外舷墙两个板块。其中内舷墙是单独模制的，而外舷墙则是舷侧板向上延伸的板块，都是夹层板结构。具体做法是先用高密度芯材切成楔形块，用贴皮黏固到舷侧板上形成一个搁架。把甲板搁上去后，用腻子填充不规则的空隙，并用贴皮补强。

这个搁架要用高密度芯材预制以承受集中载荷。这种集中载荷来源于初组装中不规则

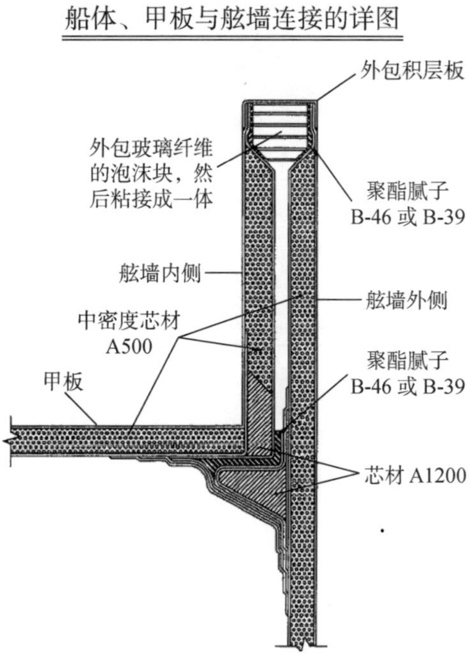

图 6-7-18　船体、甲板与舷墙连接的详图

的形状。搁架用包覆的贴皮与舷侧板连接，以分散集中载荷到舷侧板的广阔范围内。

这种接头通常适用于 20 m(66 ft)以上的大船，所以需要三层贴皮包覆。当船长超过 30 m(100 ft)时，这种接头变得非常重要，因为甲板是船体梁的顶部翼板，是抵抗船体弯曲的强力构件。

内外舷墙的上部边缘的接头通常做法是把玻璃纤维包裹的泡沫块塞进两者的凹槽中粘接起来，外面再包覆积层板，形成了一个非常强的接头。舷墙的顶部常常有木质盖板。

如果内舷墙不是与甲板一起成型的，那么甲板的上下蒙皮应当削减成单层，甲板下面与搁架搭接粘合，在内舷墙(独立的板块)未装前，先把甲板顶面的蒙皮搭接到舷侧板延伸到上面部分的内表面，然后内舷墙直接与外舷墙的内表面粘接，中间的空气间隙有与没有都可以，取决于配置。内舷墙用转角贴皮与甲板连接。

如果有机械紧固的要求，可以如同图 6-7-16 或图 6-7-17 那样配置。任何这样的接头均可用螺栓穿过舷侧壳板重构，如同在舷侧加装护舷材时的通常做法。这里须要强调一下，凡是机械紧固的接头，甲板和舷侧的夹层板结构的边缘都要过渡到单板结构，螺栓两端要有缓冲的衬板或垫圈，并密封螺栓。如果不能过渡到单板结构，那么在螺栓通过的地方需要局部使用高密度芯材和贴敷增强覆层。

6. 贯穿船体的配件

其分为处于水线以上(图 6-7-19)和处于水线以下(图 6-7-20)两种情况。

穿过船体的配件进入相对较低密度芯材的夹层结构需要高密度的嵌入物或把夹层结构转变为单板结构。大多数艇的夹层结构船壳板采用 A500 或 A600 牌号的芯材，主要是针对水的压力载荷设计的，并不能承受贯穿船体配件带来的紧固压缩强度。图 6-7-19 适用于配件在水线以上船舷的安装设计。

图 6-7-19(a)是安置这些配件的方法之一。嵌入一块直径约 3 倍船壳板芯材厚度或直径大于配件垫圈直径的高密度芯材 A1200。扩展的额外面积允许配件定位有一些误差。两种芯材的接触面应当削成 45°斜面，有少数的船厂没有削斜，也没有发现问题。配件周围的空隙必须填充强力防水的、柔性的黏合剂或密封剂，如 3M 公司的 5200 胶或类似产品。

如果壳板的蒙皮相对于芯材的厚度较薄(外蒙皮加内蒙皮的厚度除以芯材的厚度小于 0.14)，则内蒙皮在这个区域应当加倍积层，有利于分散配件带来的载荷，譬如自动关闭阀的扭矩或配件上附着的固定物件。

图 6-7-19(b)是另一种方法，当船体壳板已经成型，或者为了改装设备，穿过船体的配件可以嵌入一个腻子塞子来实现。主要的工序是先在配件安装的位置钻一个孔，然后在夹层结构中用工具抠出低密度的芯材，范围为 2 倍孔的直径，或至少要比配件垫圈的直径扩大一些。芯材的韧性会使这部分的工作有一些困难。接着下来是填充腻子。厚度 10 mm (0.375 in)以下可用聚酯腻子 B-46 填充，聚酯腻子 B-39 可以应用到 25 mm(1 in)厚以下的截面中。增厚的环氧腻子或类似的高质量腻子同样可以用来填充孔穴。待凝固后，根据配件的大小重新钻孔，将配件塞进涂有强力防水、柔性的黏合剂/密封剂中，紧固即可。

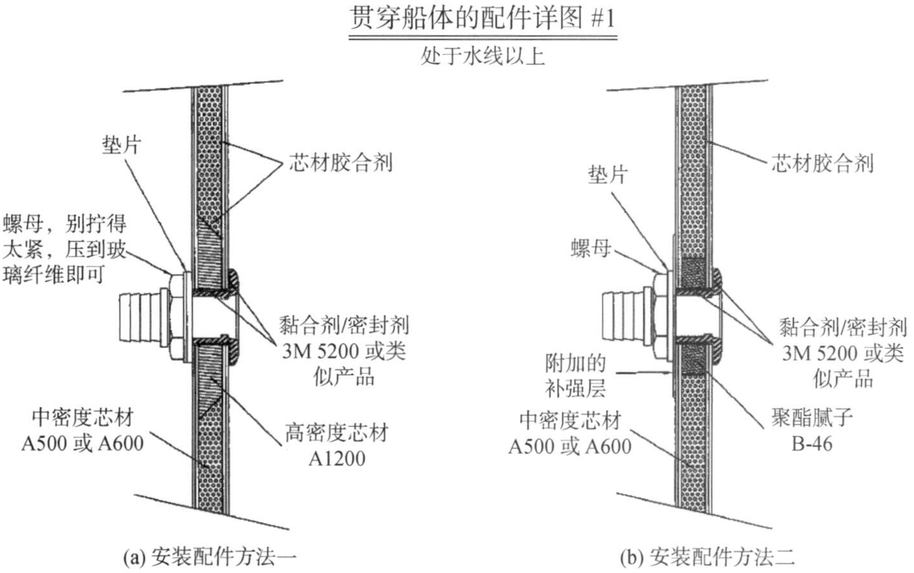

图 6-7-19　贯穿船体的配件详图＃1

另一种替代方案是用开孔器从内侧面开孔，在内蒙皮和芯材上切出所需直径大小的圆盘，刚好碰到外蒙皮即止，然后在孔穴中填充腻子和添加几层玻璃纤维，外贴比塞子大的贴皮形成内蒙皮。再按配件尺寸钻孔，把配件塞进充满强力防水、柔性的黏合剂/密封剂中，加以紧固即可。

图 6-7-20 适用于水线以下的情况。如图 6-7-20 所示，安装贯穿船体配件的地方是船体壳板的单板结构区域。该图中显示的是一个截止阀，根据 ABYC(美国小艇与游艇委员会)和其他规范的要求，强力推荐适合使用于原水(即自然环境中的水，可能有污染)的配件，并在水线下向舷外排放。单板区域的最好位置是利用外蒙皮积层板，在周围芯材铺放之前，在外蒙皮上方再积一层，在抠掉芯材的地方，边缘要削成斜坡，然后再铺放内蒙皮，加贴皮直至达到要求的厚度。

如果夹层结构已经做好，改造成单板结构需要抠掉内蒙皮和芯材，这个区域必须足够大，以适应所有的额外贴皮和搭边，从内侧补强达到夹层板同样的刚度。图 6-7-20 中显示内蒙皮铺满整个区域，并另加数层贴皮补强，这对于小的配件可能合适。对于较大的配件，诸如推进器托架或稳定鳍的安装区域，单板的制作必须达到或接近原夹层板的厚度，以形成船

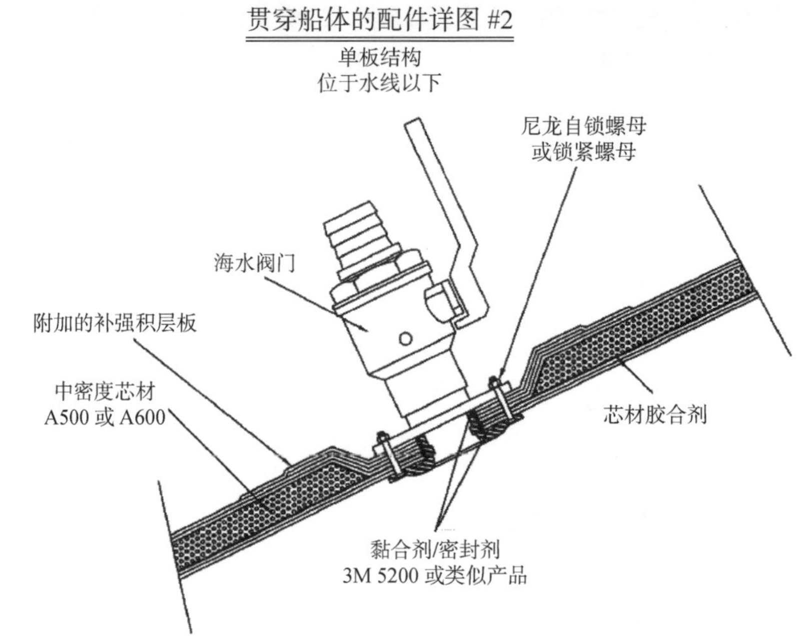

图 6-7-20　贯穿船体的配件详图＃2

壳板的刚性背衬。

7. 承受集中载荷基座的安装

船艇上有一些舾装件，如绞车、桅杆、压载龙骨和链板，它们的安装会给船体壳板带来集中载荷，所以这些地方的设计细节要特别重视。

图 6-7-21 是绞车基座的安装详图。一般的船艇上都配备绞车，用于起锚、拉缆绳，在帆船上还用来牵动风帆。它承受缆绳的牵引力，是典型的集中载荷。

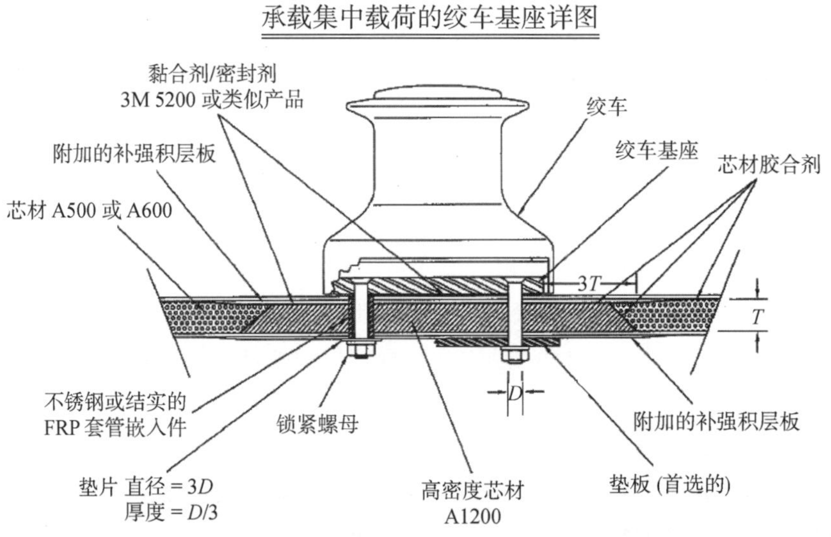

图 6-7-21　承载集中载荷的绞车基座详图

绞车通常安装在甲板上，最重要的一点是绞车底座下面的甲板芯材要用高密度芯材嵌入。高密度芯材使用的范围要超过底座的直径，达到 3 倍壳板芯材的厚度(即 $3T$，T 为甲板芯材的厚度)，高密度芯材与低密度芯材的结合面要做成斜坡。嵌入芯材的密度与船的尺寸、绞车上的载荷以及周围壳板的芯材密度相关。若一艘小艇壳板的芯材是 A400，绞车较小，则至少用 A800 牌号的芯材嵌入。若是一艘大船，甲板芯材为 A550，则至少要用 A1200 牌号的芯材嵌入，对于大功率绞车，则可能要用 A1800 的芯材嵌入。在绞车底座的位置要加贴额外的积层板补强，以便把可能预见到的载荷分散到周围的结构件上。

图 6-7-21 中展示了两种不同的螺栓配置方式。右边的螺栓使用大尺寸的缓冲垫板，配合高密度的芯材足以抵挡螺栓的压缩载荷。这是推荐的方式。左边的螺栓使用常规的垫圈(要用大直径、重型的缓冲垫圈)，如果螺栓拧得过紧容易压坏高密度芯材，而且随着时间的推移，久而久之，芯材会蠕变，导致螺栓松动，舾装件也会松动，引起泄漏。所以在这种情况下，推荐插入不锈钢管套或 FRP 管套。管套的长度比孔的深度稍短一些，以承受直接的螺栓压缩力。周围的空隙必须填满强劲、防水、柔性的黏合剂/密封剂，诸如 3M 公司的 5200 硅胶或类似产品。这样才能保证经久的水密和允许以后绞车的拆除和更换。

用实心的积层板替代芯材是可以的，但必须做到实心板(即单板)的厚度足以抵抗局部甲板的任何弯曲或由集中载荷引起的翘曲现象。

在帆艇上，桅杆和压载龙骨带来的载荷要比作用在船壳板上的海浪载荷高得多，所以必须仔细地处理其连接结构。桅杆承受索具和风帆的载荷，力道很大；压载龙骨是帆船上特有的配件，它的形状像一个舵，安装在船体底板的下面，是一个水下悬体。悬体中放入重物，也称“压载”或“配重”。它降低了帆船的重心，能够抗衡风帆引起的倾覆力矩。

图 6-7-22 说明桅杆坐落在一个升高结构的底座上。底座用玻璃钢积层板分隔成五个空

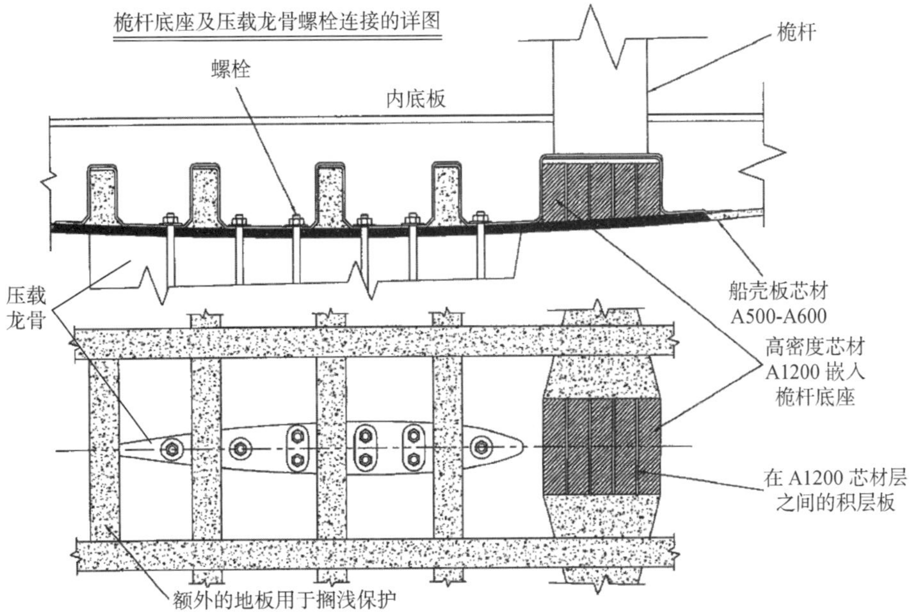

图 6-7-22 桅杆底座及压载龙骨螺栓连接详图

间，在每个空间中塞入用玻璃纤维包裹的高密度芯材，把桅杆的直接压缩载荷传递到船底的龙骨板上。

如果桅杆的底座在甲板上，那么在甲板的下面要设置支柱，而支柱的基础也要做类似的处理。

这种升高的底座横向（向舷侧）延伸形成一道坚实的地基结构。这种地基结构成为构建环形框架的基础，框架沿着船的两舷侧向上延伸，在甲板下面与链板连接，把链板上的索具载荷引导到这个强框架上，避免索具的拉紧带来船体框架的变形。或者在这个位置设置一道横舱壁，使船体保持形状并接收链板上索具的载荷。

为了抵抗不可避免的搁浅力，如图 6-7-22 所示，在龙骨的船尾端设置几道坚实的横向地基（强肋板帽型材），上面铺设额外的贴皮，加上底纵桁帽型材，就形成了一个强力的船底板架。压载龙骨就固定在这个板架下面的船底板上。

固定压载龙骨的螺栓通常贯穿船壳板和上面的贴皮，偶尔会贯穿帽型材。在螺栓贯穿的地方，帽型材必须用高密度的 A1200 芯材，嵌入的方法和密封处理请参阅图 6-7-21 的说明。

在龙骨基座影响的范围（也叫“足迹”）内，安装压载龙骨最普遍的做法是把夹层结构逐渐过渡到重型单板结构。这相当大的单板结构区域的厚度常常接近或超过船底夹层板的厚度以承受压载龙骨的载荷和螺栓的载荷。龙骨的基座和螺栓孔内必须填充强韧的、防水的、柔性的黏合剂，如 3M 公司的 5200 硅胶或类似产品。对于薄蒙皮艇，推荐额外加铺积层板。

帆船的平板龙骨在尾部往往演变为尾鳍，这种尾鳍和压载龙骨的结合能够更好地构建完美的船体形状。如图 6-7-23 所示，这个尾鳍区域由坚韧的单板构成，单板的厚度往往接近或大于周围船底夹层板的厚度，以承受压载龙骨的载荷、船体弯曲的载荷以及龙骨螺栓的载

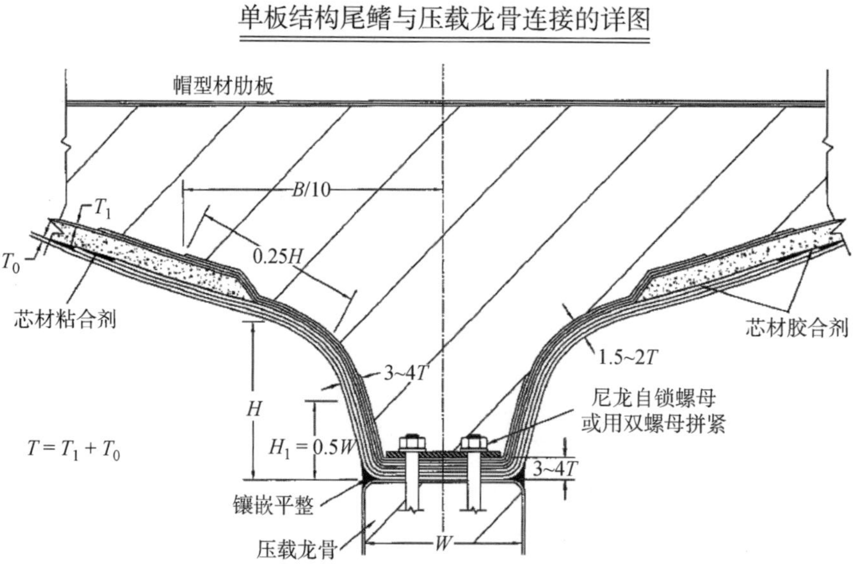

图 6-7-23　单板结构尾鳍与压载龙骨连接的详图

注：$T=T_1+T_0$，此处 T_1 为内蒙皮的厚度；T_0 为外蒙皮的厚度

荷。对于一艘有保守(相对较重型)船底积层板的艇来说,在整个尾鳍区域双倍加厚内外蒙皮,并适当加铺一些额外的贴皮,图 6-7-23 中的尺寸可供参考。对于薄蒙皮的艇或高性能艇,推荐另加几层积层板。

图 6-7-24 为链板结构详图。这种链板由两块侧边板用螺栓紧固在强力构件(如舱壁)上构成,在链板的顶部(在甲板上)有一根销轴,索具的缆绳或链条通过卸扣与销轴联结,链板承受索具的拉力并将它分散到船体的承力构件上。链板通常附着在经过增强的舱壁或强框架的腹板上。偶尔,它们会附着到舷侧板上。在这种场合,舷侧壳板的内外蒙皮和芯材要在一个较宽的范围内加强,以承受集中载荷。

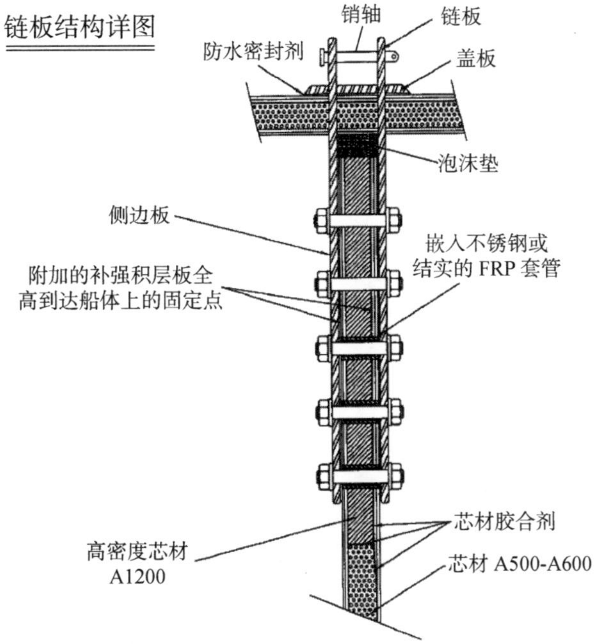

图 6-7-24　链板结构详图

如图 6-7-24 所示,紧固链板的区域要用高密度的芯材 A1200 嵌入,且要超过链板的边缘,并在嵌入高密度芯材的地方添加额外的积层板,向下延伸到舱壁或船体上的固定点,把链板所受的集中载荷引入周围的结构。

螺栓的配置同样有两种形式(参见图 6-7-21)。推荐使用全覆盖的缓冲厚垫板,依靠垫板和高密度芯材来承受螺栓的压缩载荷。如果采用常规的垫圈,则需要在孔中嵌入不锈钢或 FRP 管套,这种管套的长度比孔深稍短一些,以承受螺栓的直接压缩力。上部的盖板的下面以及螺栓孔中必须填充强韧的、防水的、柔性的胶黏剂,诸如 3M 公司的 5200 硅胶或类似产品,充满孔隙以确保水密。

必须正确地计算贯穿螺栓在积层板上引起的承载应力,确保这些螺栓不会久而久之拉长这些孔。

8. 纵桁穿越舱壁的连接

正确地把纵桁附着到夹层结构的舱壁上是实现弯矩传递的关键元素。图 6-7-25 是纵桁穿越舱壁连接的细节。纵桁应当连续地延伸穿过舱壁。纵桁顶板与舱壁之间的转角贴皮的厚度应当与纵桁顶板等厚度或更厚些，并且沿舱壁向上延伸的距离至少等于纵桁的高度。纵桁腹板与舱壁之间的贴皮应当与纵桁腹板的厚度相同，并且搭边的宽度不小于纵桁的宽度。外面包覆的贴皮要比内层增加一个搭边的宽度。

纵桁与舱壁之间的接缝用腻子填充成圆弧状，有利于力的传递和贴皮的过渡。大角度的支撑或肘板可用作相同的目的，使纵桁变得更坚挺。舱壁上的贴皮也可以搭接到纵桁腹板上，以增加纵桁腹板受剪切力的截面。

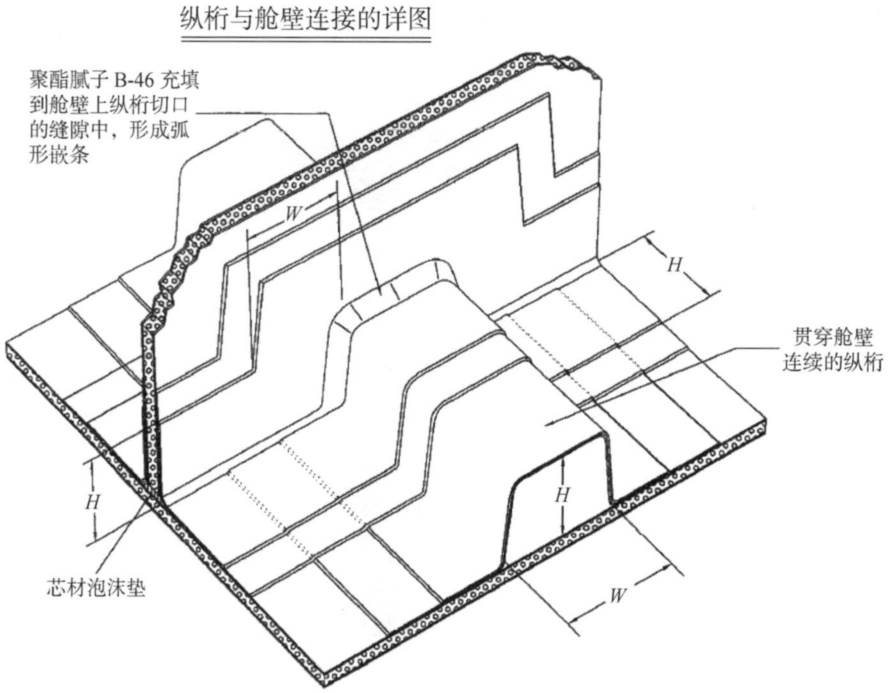

图 6-7-25　纵桁与舱壁连接的详图

6.8 设计实例——80 客位气垫船

80 客位沿海高速气垫船由上海船舶运输科学研究所设计，江新船厂建造，完工于 1986 年，命名为“茶花”号(代号 WD902)，总长 22.7 m，宽 4.0 m，高 3.65 m，总重 19.3 t，航速 19 kn。

6.8.1 结构

图 6-8-1 为 80 客位气垫船船体外壳板未封闭前的框架结构，在纵横构件交叉处切成凹口，互相嵌接，中间涂胶，外围再用玻璃钢铺层加强，如图 6-8-2 所示。

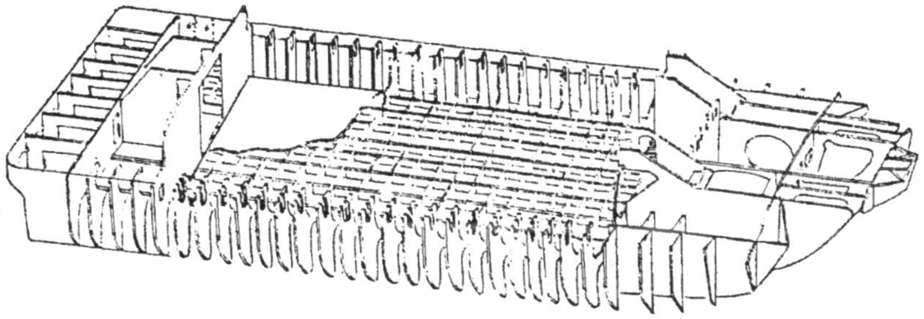

图 6-8-1　80 客位气垫船船体结构

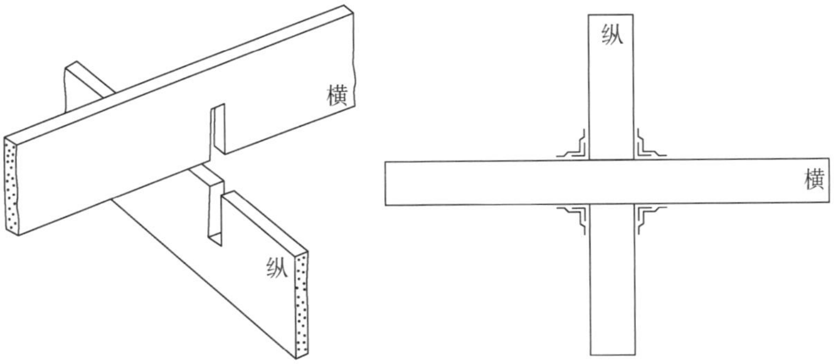

图 6-8-2　纵横交叉构件凹形开口与补强

6.8.2　铺层设计

工艺设计中的一个重要环节就是铺层设计。

船体成型工艺采用阴模法，便于今后批量建造，最外层使用防水胶衣树脂。胶衣层的里面是防水层，选用“表面毡＋短切毡”(共 2 层)组成的防水层。

接下来是强度层，选用 800 g/m^2 粗格布连续铺设。

板材里层要与骨材和隔板连接，为了里层光滑并能防水等，在里层铺短切毡和表面毡。无夹芯的玻璃钢板(单板)典型铺层见表 6-8-1。这个典型铺层经现场模拟在船体阴模上铺糊的实际平均厚度为 6 mm±0.1 mm。

表 6-8-1　单板铺层设计

层序		名称	单重	厚度/mm
由表向里↓	0	防水胶衣	—	0.4
	1	表面毡	40 g/m^2	0.04
	2	短切毡	225 g/m^2	0.20
	3	粗格布	800 g/m^2	0.90
	4	短切毡	225 g/m^2	0.20

（续表）

层序		名称	单重	厚度/mm
由表向里↓	5～9	粗格布	800 g/m^2	0.90×5=4.5
	10	短切毡	225 g/m^2	0.20
	11	表面毡	40 g/m^2	0.04
	合计	—	—	6.48
	—	工艺裕量	—	0.3～0.5
	合计	—	—	6.78～6.98

为适应不同厚度的玻璃钢板铺层的需要，设计了六种厚度的铺层，见表 6-8-2。有 6 mm，5 mm，4 mm，3 mm，2 mm，1.2 mm 六种厚度可供选择。加上防水胶衣的厚度，分别为 6.5 mm，5.4 mm，4.5 mm，3.4 mm，2.5 mm，1.6 mm。

工艺裕量是给工厂糊制时的正允差，将工艺裕量与外板或内板的厚度相加，就成为工厂制造时的允许厚度。工艺裕量也用于计算最大工艺增重，只有坚决不超厚，算出的最大工艺增重才能有效。整个船体板的平均工艺增重约 10%～15%。

表 6-8-2　各种厚度玻璃钢铺层设计

强度层厚/mm	公称	6	5	4	3	2	1.2
	实际	6.08	4.98	4.08	2.98	2.08	1.18
胶衣层厚度/mm		0.4	0.4	0.4	0.4	0.4	0.4
铺层数	表面毡	1	1	1	1	1	1
	短切毡	1	1	1	1	1	1
	粗格布	1	0	0	0	0	0
	短切毡	1	0	0	0	0	0
	粗格布	5	5	4	3	2	1
	短切毡	1	1	1	0	0	0
	表面毡	1	1	1	1	1	1
设计总厚度/mm		6.48	5.38	4.48	3.38	2.48	1.58
工艺裕量/mm		0.3～0.5	0.4	0.4	0.3	0.3	0.2
工厂允许厚度/mm		6.78～6.98	5.78	4.88	3.68	2.78	1.78

6.8.3　内部构件夹层板设计

玻璃钢夹层板用作横肋和纵桁，成格形构架，以保证船体所需的刚性，并同时通过泡沫塑料得到减震的效果。夹层结构设计的重点之一在于选择夹芯材料，经过试验，选用 140 kg/m^3 的聚氨酯硬泡沫塑料。夹层结构板典型铺层设计见表 6-8-3。

在纵横构件交叉处，纵构件切去上半，横构件切去下半。交叉处工艺配合精度要求高，必要时可用高强度粘接剂填补缝隙。

表 6-8-3　夹层结构板典型铺层设计

层序		名称	单重	厚度/mm
由表向里↓	1	表面毡	40 g/m^2	0.04
	2	短切毡	225 g/m^2	0.2
	3	短切毡	450 g/m^2	0.4
	4	粗格布	800 g/m^2	0.9
	5	短切毡	225 g/m^2	0.2
	6	聚氨酯泡沫	140 kg/m^3	20
	7	短切毡	225 g/m^2	0.2
	8	粗格布	800 g/m^2	0.9
	9	短切毡	450 g/m^2	0.4
	10	短切毡	225 g/m^2	0.2
	11	表面毡	40 g/m^2	0.04
总厚度		—	—	26

6.8.4　选用材料与性能测定

1. 表面毡

采用表面毡在防水上有以下优点：①表面光滑，与防水胶衣层粘接良好，能延长胶衣寿命，发挥胶衣层防水作用；②表面毡构成第一层“富树脂层”，含胶量达 80%～90%，起防水作用；③表面毡纤维无向，且很薄，能防止水向内层渗透。

2. 短切毡

短切毡是目前世界上玻璃钢增强材料中最普遍的一种，一般强度要求不高的玻璃钢可以全部使用短切毡。

短切毡在船壳上使用能够造成富树脂层，含胶量可达 70%左右，且纤维无规，防水性好。对强度要求不太高的船体可选用一毡一方格布交替铺设的方式。但高速气垫船的强度要求高，因此短切毡仅用以构成船壳表面防水层。

3. 粗格布

本船选用日本进口的 800 g/m^2 无碱无捻粗方格布，经试验，其树脂渗透性明显提高，使强度和层间剪切力都得到提高，对抗水性也有利。

4. 性能测定

本船以典型铺层玻璃钢单板和夹层板做了性能测定。

船壳板(单板)的容重约为 1.7 g/cm³;含胶量为 54%。抗拉强度 276 MPa;抗弯强度 292 MPa(干态);煮沸 2 h 后为 277 MPa(湿态,湿强保留率达 95%)。

耐水试验:为了衡量玻璃钢的耐水性,通常使用海港浸泡几年后的试样测定其力学性能的降低率。为加速试验,美国军用标准(MIL)规定可作 100 ℃煮水试验,煮水 8 h 相当于海港浸泡 6 年。本船煮水 8 h 结果表明:弯曲强度保留率在 80%左右。湿强保留率与防水层的设计有很大关系。

疲劳试验结果:以 1×10^{7} 次循环确定的弯曲疲劳极限为 94 MPa。

工艺系数:玻璃钢是一种复合材料,其强度性能可能在一个较大的范围内变动,即一定设计的玻璃钢在现场手工糊制或喷涂过程中性能指标会发生很大变化。试验室试板与现场取样之差别用“工艺系数”表示。影响工艺系数的因素很多,例如工艺装备、工人操作熟练程度、工厂技术管理水平等,一般在 0.8～0.9 范围内。换句话说,若工厂具有中等的管理水平,工艺系数可选用 0.8 以上。具体要求:正确的树脂配合比;良好的原材料;良好的工具;按规定刮去多余的树脂;控制厚度;按规定进行船体室温固化等。有些时候出现现场工艺试验性能超过规定值,这也是不奇怪的。因为设计取用的规定值并非是试板的最高强度,只是一个普适值,倘若现场固化条件好,工人刮得薄一些,工艺系数大于或等于 1 也是可能的。本船推荐工艺系数取 0.8。

符号表

b_f——帽型材顶板宽度/cm;

D——船之型深/m;

E——抗弯弹性模量;

Fr_∇——排水体积傅氏数,$Fr_\nabla = v/\sqrt{g\ \nabla^{1/3}}$;

G——剪切弹性模量;

h_w——帽型材腹板高度/cm;

I——中剖面对其中和轴的惯性矩/cm⁴;

P——船体局部强度计算中构件单位面积上承受正压力的设计值/kN/m²;

P°——波浪对船体的冲击力/N;

t_f——帽型材顶板厚度/cm;

t_w——帽型材腹板厚度/cm;

v——船舶处于最大营运重量以最大持续推进功率,在静水中航行能达到的航速/m/s;

V——航速/kn;

W——帽型材剖面模数/cm³;

β_t——尾板处底部斜升角/(°)。

σ——拉伸强度极限/N/mm²;

∇——设计水线对应的排水体积/m^3；

Δ——满载排水量/t；

$[\sigma_f]$——面板弯曲许用应力；

$[\tau_c]$——芯材剪切许用应力。

参考文献

[1]　朱珉虎. 高速艇与游艇设计手册[M]. 珠海:珠海出版社,2008.

[2]　刘谦,余吾弟,侯玉堂,等. 玻璃钢双体快艇结构设计[J]. 船舶工程,1998 (1): 24-27.

[3]　金原勲,竹鼻,三雄. 船舶用 FRPの强度问题[J]. Bulletin of the Society of Naval Architects of Japan, 1979: 2-11.

[4]　林仁广. 玻璃钢船体的结构设计[J]. 中外船舶科技,2001(3):32-37.

[5]　史霞云. 中型玻璃钢艇板结构设计[J]. 中外船舶科技,2002(3):39-43.

[6]　Thomas J Johannsen, Albert W Horsmon, Robert Mazza, etc. ATC CORE-CELL design manual[R]. ATC Chemicals Inc. , 2001.

第 7 章　高速艇船体结构设计的规范要求

本章的内容来源于中国船级社的《海上高速船入级与建造规范(2005 版)》《沿海小船建造规范(2005 版)》《游艇建造规范(2008 版)》中涉及纤维增强塑料船体结构设计的相关内容,但不是规范所有的内容。对一些特殊船舶的特殊要求,如双体船的连接桥、水翼船的水翼、气垫船的围裙等内容,并未列入,读者如有需要,可查阅 CCS《海上高速船入级与建造规范》相关章节。其中《游艇建造规范》要求略低,但只适用于 20 m 以下非营业性的小艇。

2012 年,中国船级社又颁布了《游艇入级与建造规范(2012 版)》。这是一部集大、小游艇入级检验于一体的综合性规范。《游艇入级与建造规范(2012 版)》在《游艇建造规范(2008 版)》的基础上,将原大、小游艇的分界线由 20 m 调整为 24 m,并根据近几年的使用经验反馈,对小型游艇的技术要求作了适当调整,同时补充了大型游艇(24～90 m)的检验技术要求。

当你的手头没有现成的规范时,本章的内容大体上涵盖了高速艇船体结构设计的规范要求,可作为小艇设计工作者艇体结构设计校核的依据。高速小艇的结构设计要求在保证强度和刚度的前提下尽量减轻结构的重量。鉴于各种新颖材料和结构的应用,设计工作者可以根据以往船舶建造和使用的经验或运用其他理论计算方法(包括有限元)来合理设置结构,但须向船舶检验机构提交相关的计算书和计算依据。

规范是不断改进的,所以设计时请查阅规范的最新版本。

7.1　船体结构一般要求

7.1.1　适用范围

7.1.1.1　高速船系指满载排水量时的最大航速 v 同时满足下列两式的船舶：

$$v \geqslant 3.7\ \nabla^{0.1667}$$

$$v \geqslant 5.145\ \mathrm{m/s}$$

式中：∇——设计水线对应的排水体积/m^3；

v——船舶处于最大营运重量以最大持续推进功率，在静水中航行能达到的航速/(m/s)。

7.1.1.2　适用船型包括在其营运航线上，满载并以其营运航速航行至庇护地不超过 4 h 的高速客船(包括高速客滚船)；不超过 8 h 的 500 总吨及以上的高速货船(500 总吨以下的高速货船可参照执行)。但不适用于军船、非营业性游艇、非机动船、渔船、木质船。

敞开艇(系指从艏至艉不具有风雨密的连续露天甲板的船舶)仅限于在平静水域营运限制条件下营运。高速敞开艇载客不允许超过 12 人。

7.1.1.3　航区营运限制规定如下。

(1) 沿海航区营运限制：航行于距岸不超过 20 n mile 的海域(中国台湾海峡及类似海域距岸不超过 10 n mile)，船舶满载并以其最大航速的 90%速度航行至庇护地的时间，对客船不超过 4 h，对货船不超过 8 h。

(2) 遮蔽航区营运限制：航行于沿海航区内，由海岸与岛屿、岛屿与岛屿围成的遮蔽条件较好、波浪较小的海域。在该海域内岛屿之间、岛屿与海岸之间距离不超过 10 n mile；或在距岸不超过 10 n mile 的海域(中国台湾海峡及类似海峡距岸不超过 5 n mile)，船舶满载并以其最大航速的 90%速度航行，航程时间对客船不超过 2 h，对货船不超过 4 h，并限制在蒲氏风级不超过 6 级，目测波高不超过 2 m 的海况下航行。

(3) 平静水域营运限制：航行于距岸不超过 5 n mile 的水域，船舶满载并以其最大航速的 90%速度航行，航程时间不超过 2 h，并限制在蒲氏风级不超过 6 级，目测波高不超过 1 m 的海况下航行。

CCS《游艇建造规范》把航区分为 A，B，C，D 四类。

A 类：系指航行于距岸不超过 20 n mile(中国台湾海峡及类似海峡距岸不超过 10 n mile)的海上航行游艇。

B 类：系指航行于下列水域的游艇。

(1) 沿海海岸与岛屿，岛屿与岛屿围成的遮蔽条件较好、波浪较小的海域。在该海域内岛屿之间、岛屿与海岸之间距离不超过 10 n mile；或在距离不超过 10 n mile 的水域，并限制在风级不超过 6 级(蒲氏风级)且目测波高不超过 2 m 的海况下航行。

(2) 内河 A 级航区。

C 类:系指航行于下列水域的游艇:

(1) 距岸不超过 5 n mile 的水域,并限制在风级不超过 6 级(蒲氏风级)且目测波高不超过 1 m 的海况下航行。

(2) 内河 B 级航区。

D 类:系指航行于内河 C 级航区的游艇。

7.1.1.4 本章船体结构仅适用于以纤维增强塑料为船体材料的高速船。

7.1.2 载荷

7.1.2.1 船体结构应能承受该船处于"临界设计条件"下作用在船体结构上的各种静力、动力和周期性激振力而不致损坏。

7.1.2.2 静力,如船上的人员、设备、车辆、行李和货物的重力、船体内液体静压力、船体外水浮力、停放船体的支架支撑力、吊运船体的起吊力等。

7.1.2.3 动力,如船体在波浪上运动时产生的惯性力、波浪冲击力等。

7.1.2.4 周期性激振力,主要指主机和螺旋桨周期性运转所产生的力。

7.1.3 定义

7.1.3.1 主要骨材:系指纵桁、龙骨、强横梁、实肋板等船体结构中的主要构件。

7.1.3.2 次要骨材:系指纵骨、栋梁(横骨)等船体结构中的次要构件。

7.1.3.3 设计载荷 P:系指船体局部强度计算中构件单位面积上承受正压力的设计值/(kN/m²)。

7.1.3.4 骨材间距 S:对次要骨材取次要骨材间距,对主要骨材取其承载面积的平均宽度/m。

7.1.3.5 骨材跨距 l:当骨材端部不设置肘板时,跨距点取在骨材端部;当骨材端部设置肘板时,跨距点可取在肘板长度之半处。主要骨材支撑处的结构如能有效地防止该骨材在该处转动或位移,则认为支撑处可取作该主要骨材的端部/m。

7.1.3.6 压力计算点:对于受非均布载荷的垂向板,取板的下缘。对于次要骨材,一般取其跨距中点,如骨材上压力为非线性分布,设计压力取跨距中点压力与骨材两端压力平均值中之大者。对于主要骨材,取其承载区域的中点。

7.2 结构设计原则

7.2.1 一般要求

7.2.1.1 单体船和水翼船的船体结构通常采用纵骨架式。各类双体船的二个片体通常也采用纵骨架式，但连接二个片体的连接桥为横骨架式。

7.2.1.2　纵骨架式结构的纵骨间距和横骨架式结构的横骨（或栋梁）间距一般应不大于 500 mm。

7.2.1.3　纵骨架式结构的纵向构件应保持连续。纵向次要骨材在舱壁处中断时，应设置连接肘板以保证结构的纵向连续性。位于舱壁两侧的纵向次要骨材和肘板均应对齐。

7.2.1.4　横骨架式结构的横向构件亦应尽可能保持连续。横向次要骨材在纵舱壁或纵向主要构件处中断时，同样应设置肘板，且骨材和肘板都应对齐。

7.2.1.5　船底实肋板、船侧强肋骨和甲板强横梁应在同一横剖面内有效连续。

7.2.1.6　主要骨材上如需开孔通过电缆、管路时，开孔角隅应为圆角，开孔高度超过桁材或强横梁腹板高度三分之一时，开口必须补强。但上述构件的端部不应开孔。

7.2.1.7　设计部门可以按平面板架或立体刚架有限元分析法或其他理论计算法确定构件的尺寸及布置，但板的厚度仍应满足最小厚度要求，且应提交必要的计算资料供 CCS 审查。

7.2.2　船底、舷侧及甲板结构

7.2.2.1　船底纵桁应符合下列要求：

(1) 计入总纵强度的船底纵桁应保持连续并穿过水密横舱壁；

(2) 桁材两端（即距舱壁 1.5 倍桁材高度范围内）不得开孔；

(3) 主机底座下的桁材应自船底直升到机座面板，并应适当扶强和防倾；

(4) 推力轴承处桁材应予加强。

7.2.2.2　在机舱每个肋位上都应设置实肋板，在推力轴承处须另行加强。

7.2.2.3　机舱内的主机前、后端须设置强肋骨。

7.2.2.4　船底肋板的腹板高度应不小于纵骨穿过处开孔高度的 2.5 倍；舷侧肋骨及甲板强横梁的腹板高度应不小于纵骨穿过处开孔高度的 2.2 倍。

7.2.2.5　螺旋桨上方和舵柱附近区域的外板应适当加强。

7.2.2.6　乘客座椅应与甲板牢固连接。甲板应能承受高速船高速碰撞时乘客座椅连接装置作用在甲板上的冲击力。

7.2.3　上层建筑和甲板室

7.2.3.1　上层建筑和甲板室的前端壁由上甲板下的横舱壁支持，如无横舱壁则用强横梁和支柱代替。参加总纵强度的上层建筑和甲板室，其侧壁下应设有纵桁。

7.2.3.2　上层建筑或甲板室内部应设置横隔壁或等效的主要构件以增强横向强度。

7.2.3.3　上层建筑端部处应注意与船体结构的平滑过渡。

7.2.3.4　距甲板室四个角隅的 0.5 m 范围内。围壁下的纵桁和强横梁的腹板上不能有任何开孔。

7.2.3.5　计入总纵强度的上层建筑或甲板室侧壁上如需开窗孔，其四角应为圆角，开孔上下方应设加强材。如开门孔，其四周应予以加强。

7.2.4 舱壁

7.2.4.1 应设置下述水密舱壁：

(1) 船首的水密防撞舱壁，该舱壁应位于沿满载水线自艏柱向后量起 $0.05L \sim 0.05L+3$ m 范围内；

(2) 机舱前后端的水密舱壁；

(3) 水密艉尖舱壁。

除以上要求外，如再需要可增设其他横舱壁以增加船的横向强度或分散局部压力。

7.2.4.2 油舱和淡水舱之间应设隔离空舱。

7.2.4.3 液体舱舱壁应符合下列要求：

液体舱如船的一舷伸至另一舷，且其宽度超过 4 m，则舱内应在中心位置上设一制荡舱壁。如舱宽超过 8 m，则应在左、右舱的上半部加装半制荡舱壁。

艏尖舱宽度超过 4 m，其中心线处也应设一制荡舱壁。

7.2.5 局部加强

7.2.5.1 对高速船受波浪拍击严重区域(一般距艏 1/3 L 处的前后 0.15 L 范围内)，应在每个肋位处设置实肋板。

7.2.5.2 艉封板的厚度应不小于舷侧板的厚度，但当艉封板上安置推进装置时，艉封板的厚度应不小于舷侧板厚度的 1.2 倍。对艉轴架、舵柱及其附体等贯穿船体处的外板或锚泊、系泊、拖带的强力点部位的板应予适当加强。

7.3 结构设计载荷

7.3.1 重心处的垂向加速度

7.3.1.1 高速船船体结构受到的外载荷与常规船不同主要在于：高速船在其营运航区可能出现的浪中高速航行时，船体将受到较大波浪冲击力的作用。该波浪冲击力值与高速船重心处的垂向加速度的大小密切相关。

7.3.1.2 取重心处垂向加速度的百分之一最大值的平均值 a_{cg}，作为决定结构设计载荷的设计值，该值与有义波高 $H_{1/3}$ 和该波高对应的航速 V_H 三者的关系如下：

$$a_{cg} = \frac{K_T}{426}\left(\frac{V_H}{\sqrt{L}}\right)^{1.4}\left(\frac{H_{1/3}}{B_{WL}}+0.07\right)(50-\beta)\left(\frac{L}{B_{WL}}-2\right)\frac{B_{WL}^3}{\Delta}g$$

式中：a_{cg}——重心处垂向加速度的百分之一最大值的平均值/(m/s^2)；

g ——重力加速度，9.81 m/s^2；

V_H——船在有义波高 $H_{1/3}$ 的波浪中航行的航速/kn；

$H_{1/3}$——有义波高/m；

β——船体重心处横剖面的船底升角/(°)；

取 $\beta_{max}=30°$，$\beta_{min}=10°$，β 的取值如图 7-3-1 所示，该图中(a)、(b)、(c)为尖舭船，(d)、(e)为圆舭船；

K_T——船舶类型系数，根据船舶类型确定，对于单体船、常规双体船、穿浪双体船 $K_T=1$，对于水面效应船 $K_T=0.8$，对于水翼船 $K_T=0.7$。

7.3.1.3　设计部门应按营运限制的类别，假设一组船舶可能遭遇的有义波高 $(H_{1/3})_1 \sim (H_{1/3})_i$；其最大值 $H_{1/3\,max}$ 应不大于下列规定值：

$H_{1/3\,max}=6.0$ m 近海航区营运限制

$H_{1/3\,max}=4.0$ m 沿海航区营运限制

$H_{1/3\,max}=2.0$ m 遮蔽航区营运限制

$H_{1/3\,max}=1.0$ m 平静水域营运限制

7.3.1.4　对应于 7.3.1.3 一组假设的有义波高，设计部门可参考同型船的经验数据或船模试验值或经 CCS 同意的其他方法，提出相应的一组航速 $(V_H)_1 \sim (V_H)_i$。

7.3.1.5　根据 7.3.1.3 和 7.3.1.4 的每一组 $(H_{1/3\,i}, V_{Hi})$，按 7.3.1.2 的公式算出相应的垂向加速度 $a_{cg\,i}$，对此，设计部门还可自行调整，取客船的 $a_{cg\,i} \leqslant 1.0g$(对船长 20 m 以下的小船：客船不应超过 $1.3g$；游艇不应超过 $2g$)，取货船的 $a_{cg\,i} \leqslant 1.2g$，但须相应调整 $V_{H\,i}$ 值，直至 7.3.1.2 的公式算得的 $a_{cg\,i}$ 不大于所取之值。

7.3.1.6　按 7.3.1.5 确定的一组 $a_{cg\,i}$，取其中的最大值作为重心处垂向加速度的设计值。

7.3.1.7　由设计部门或船东最终确定船舶重心处垂向加速度的设计值，并按 7.3.1.2 的公式算出该设计值对应的一组 $H_{1/3} \sim V_H$ 值，应绘成"船舶在波浪中航行时的限速曲线图"送 CCS 审查，并将此图制成标牌永久性展示在驾驶室内。操船时，必须根据当时目测的有义波高，限制航速。

7.3.2　船底波浪冲击压力

7.3.2.1　本条适用于满载状态高速航行时，仍有部分船体浸在水中的高速船，其船底所受的波浪冲击力。该处的"船底"系指船体额线，舭弯曲部或防溅条以下的部位。

7.3.2.2　船底波浪冲击压力 P_{sl1} 由下式确定：

$$P_{sl1} = 1.16K_{l1}\left(\frac{\Delta}{nA}\right)^{0.3}\frac{50-\beta_x}{50-\beta}a_{cg}d_w$$

式中：P_{sl1}——船底波浪冲击压力/(kN/m²)；

Δ——满载排水量/t；

K_{l1}——纵向压力分布系数，舯前取 $K_{l1}=1$，艉端取 $K_{l1}=0.5$，艉端与船中之间用线性内插法取值；

A——冲击压力计算面积/m²；对板格，A 应不大于 $2.5S^2$；对加强筋或桁材，A=承载宽度×跨距，应不小于 $0.002\Delta/D$ (此处 D 为型深)；

n——片体数，对单体船取 $n=1$，对各类双体船取 $n=2$；

β——船体重心处横剖面的船底升角(图 7-3-1)/(°);

β_x——核算横剖面处的船底升角/(°);取 $\beta_{x\,\max}=30°$,$\beta_{x\,\min}=10°$;

d_w——波浪中航行时冲击吃水/m;对于单体、常规双体船、穿浪双体船取 d_w 为满载静浮状态吃水。

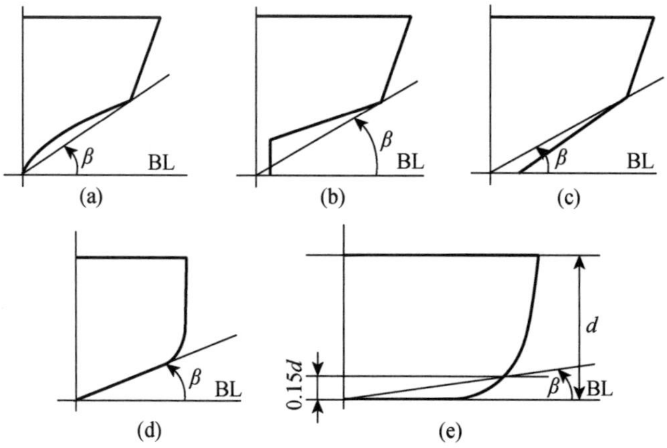

图 7-3-1 船底升角的量取

7.3.2.3 船底波浪冲击压力 P_{sl1} 应不小于按 7.3.3.1 的公式(舷侧计算压力 P_i)计算的取值。

7.3.2.4 《游艇建造规范》:双体游艇连接桥底的压力 P_{wd} 由下式确定,且应不小于按 7.3.3.1的公式确定的对应位置处水线以上舷侧压力(舷侧计算压力 P_i):

$$P_{wd}=0.75k_{l2}\left(\frac{\Delta}{A}\right)^{0.3}a_{cg}$$

式中:P_{wd}——双体游艇连接桥底压力/(kN/m²);

k_{l2}——纵向压力分布系数;艇中前取 $k_{l2}=1.5$,艉端取 $k_{l2}=0.8$,位于艉端与艇中之间用线性插值法求得。

7.3.3 舷侧、甲板、上层建筑和舱壁的载荷

7.3.3.1 舷侧计算压力 P_i 由下式确定(适用于一般高速船):

$$P_i=9.81h+0.15P_{sl1}$$

式中:P_i——舷侧计算压力/(kN/m²);

h——压力计算点到上甲板的垂直距离/m;应不小于 0.8 m,也不必大于舷侧范围高度的 0.8 倍;

P_{sl1}——该处底部的波浪冲击压力/(kN/m²);按 7.3.2.2 计算波浪冲击压力时,该处底部的冲击压力计算面积 A 应取舷侧处压力计算点的计算面积,且对板格,A 应不大于 $2.5S^2$,S 为舷侧骨材的间距/跨距;对加强筋或桁材 A=承载宽度×跨距,且 A 应不小于 $0.002\Delta/D$。

7.3.3.2　露天甲板计算压力由下式确定：

$$P_{d1}=K_{l3}(0.2L+C)$$

（游艇规范）$P_{d1}=0.25L+2.0$

式中：P_{d1}——露天甲板计算压力/(kN/m^2)；

K_{l3}——纵向压力分布系数，舯前取 $K_{l3}=1.0$，艉端取 $K_{l3}=0.75$，艉端与船中之间用线性内插法取值；

C——航区系数，近海和沿海航区营运限制 $C=7.6$，遮蔽航区和平静水域营运限制 $C=4.6$。

7.3.3.3　非露天甲板(包括上层建筑和甲板室甲板)计算压力由下式确定：

$$P_{d2}=0.1L+4.6$$

（游艇规范）$P_{d2}=0.1L+2.0$

式中：P_{d2}——非露天甲板计算压力/(kN/m^2)。

7.3.3.4　旅客舱室甲板的计算压力 $P_d=4.5\ kN/m^2$。

(游艇规范)乘员甲板 $P_d=3.6\ kN/m^2$。

7.3.3.5　如甲板上装载重物，则除重物本身重量外，还应考虑船舶的垂向加速度 a_v 对甲板受压的影响。重物的垂向加速度可取 $0.5a_v$。船舶的垂向加速度 a_v 按下式确定：

$$a_v = K_a a_{cg}$$

式中：a_v——船舶的垂向加速度/(m/s^2)；

K_a——垂向加速度分布系数，舯后取 $K_a=1.0$，船首取 $K_a=2.0$，船首与船中之间用线性内插法取值；

a_{cg}——按 7.3.1.2 确定的重心处垂向加速度/(m/s^2)。

7.3.3.6　上层建筑和甲板室的计算压力 P_{sd}。

(1) 端壁与侧壁的计算压力 P_{sd} 由下式确定：

$$P_{sd} = 15.6K_1K_2(CL + 0.8 - 0.3h)$$

式中：P_{sd}——上层建筑和甲板室的计算压力/(kN/m^2)；

K_1——位置系数，按下列情况取值：

第 1 层上层建筑前壁：$K_1=1$

第 2 层上层建筑前壁：$K_1=0.75$

上层建筑、甲板室的侧壁、后壁：$K_1=0.5$

K_2——位置系数，按上层建筑和甲板室所在位置取值：

位于舯前区域：$K_2=1.0$

位于舯后区域：$K_2=0.75$

C——航区系数：

$C=0.047$ 近海和沿海航区营运限制；

$C=0.035$ 遮蔽航区营运限制；

$C=0.024$ 平静水域营运限制。

h——压力计算点到满载静浮水线的垂直距离/m。

(2) 顶板的计算压力 P_{sd} 应不小于 4 kN/m^2，但船中之前第一层上层建筑或甲板室的顶板的计算压力 P_{sd} 应不小于 6.6 kN/m^2。对于船长 20 m 以下的小船，顶板及扶强材的计算压力可取 $P_{sd}=3$ kN/m^2。

(3) 第一层上层建筑前端壁的最小计算压力 P_{min} 应不小于按 7.3.3.2 的公式算得的舯前露天甲板的计算压力。上层建筑和甲板室的其他围壁的最小计算压力 P_{min} 应不小于 4 kN/m^2。

(4) 对于船长 20 m 以下的小船，上层建筑和甲板室的计算压力 P 可按下式计算：

前端壁及扶强材　　$P=5+0.3L$

侧壁、尾端壁及扶强材　　$P=2.5+0.2L$

对航行于遮蔽航区营运限制及平静水域限制的船舶，其上层建筑前端壁及扶强材计算压力可分别取上述值的 0.9 倍和 0.85 倍。

7.3.3.7　舱壁的计算压力 P 按下式确定：

(1) 水密舱壁：

$$P = 10h$$

(游艇规范) 水密舱壁及其扶强材 $P = 8h$

式中：P ——舱壁的计算压力/(kN/m^2)；

h——从压力计算点到舱壁甲板最高点的垂直距离/m。

(2) 液舱舱壁，取以下三者中的大值：

$$P = (9.81+0.5a_v)h$$

$$P = 10(h+2/3h_p)$$

$$P = 10(h+1.0)$$

式中：a_v——该处船舶的垂向加速度/(m/s^2)，按 7.3.3.5 取值；

h——从压力计算点到液舱顶的垂直距离/m；

h_p——液舱顶到空气管顶的垂直距离/m。

(3) 防撞舱壁：

$$P = 12.5h$$

式中：h——从压力计算点到舱壁甲板最高点的垂直距离/m。

7.4　纤维增强塑料船体结构的构件尺寸

7.4.1　一般要求

7.4.1.1　凡以纤维增强塑料为材料的船体结构，其构件尺寸除应符合本节规定外，还应符合 7.5 总强度、7.6 构件稳定性和 CCS《船上振动控制指南》的有关规定。

7.4.1.2　本节规定的船体构件尺寸均以层板的两个主方向上弹性模量之差不超过 20%为基准。

7.4.1.3　以玻璃纤维及其制品增强的船用层板试件性能应不低于 CCS《材料与焊接规范》第 2 篇第 3 章的要求。参阅本书表 6-2-1 的要求。

7.4.1.4　推荐使用以纤维短切毡和无捻粗纱正交布交替铺糊成型的层板。

7.4.1.5　对型深小于 0.9 m 的小船,可不设舷侧纵骨,但应在舷侧采取折角、折边等措施,并校核艇体的总纵强度。

7.4.1.6　龙骨间距及龙骨至舭部折角线或舭部圆弧中点的间距应不大于 2 m。

7.4.1.7　帽型剖面构件的腹板高度与厚度之比值不应超过 30,其面板宽度与厚度之比值不应超过 20;T 型剖面构件的腹板高度与厚度之比值不应超过 20,其面板宽度与厚度之比值不应超过 10。斜船底实肋板的腹板高度从纵中剖面向舷侧可逐渐减小,但对船长 6 m 以上的船,离纵中剖面 3/8 船宽处的腹板高度应不小于在纵中剖面处腹板高度的 1/2。

7.4.1.8　板的厚度应为不计胶衣及修整复合物或其他非增强材料时的厚度。

每层以玻璃纤维及其制品增强的层板厚度 t 可按下式求得:

$$t = \frac{W_G}{100\gamma_R G} + \frac{W_G}{1\,000\gamma_G} - \frac{W_G}{1\,000\gamma_R}$$

式中:W_G——单位面积玻璃毡或玻璃布的设计重量/(g/m²);

G——层板的玻璃纤维含量(重量比)/%;

γ_R——经固化后的树脂密度/(g/cm³);

γ_G——玻璃毡或玻璃布的密度/(g/cm³)。

7.4.2　最低要求

7.4.2.1　单板结构层板的最小板厚 t_{min} 按下式计算:

$$t_{min} = K_0\sqrt{L}$$

式中:K_0——系数,由表 7-4-1 查取。

L——船长/m。

表 7-4-1　系数 K_0 和 K_1

部位	船底板,连接桥底板	舷侧板	甲板板	上层建筑、甲板室			舱壁板	
				前端壁	侧后壁	顶板	水密舱	防撞舱、液舱
K_0	1.45	1.25	1.10	1.10	0.95	0.90	1.20	1.30
K_1	0.7	0.6	0.5	0.5	0.4	0.4	0.45	0.55

7.4.2.2　夹层板面板的最小厚度(单面)t_{min} 按下式计算:

$t_{min} = K_1\sqrt{L}$　　　且不小于 2.0 mm,外露面板

$$t_{\min}=K_1\sqrt{L}-0.5$$ 且不小于 1.5 mm，被保护面板

式中：K_1——系数，由表 7-4-1 查取。

L——船长/m。

上式中的“外露面板”系指板的一个侧面持续受到液体的浸沉或可能受到局部机械磨损或冲击载荷；“被保护面板”系指板的一个侧面不承受上述载荷。

7.4.3 单板结构层板厚度的计算

7.4.3.1 单板结构层板的厚度 t 应不小于按下式计算所得之值：

$$t = 44.8S\sqrt{\frac{P}{\sigma_{\mathrm{fnu}}}}$$

式中：t——单层板的厚度/mm；

σ_{fnu}——纤维增强塑料层板的极限弯曲强度/($\mathrm{N/mm^2}$)；

S——骨材间距/m；通常指纵骨间距，对桁材或肋板为其承受面积的宽度。

7.4.3.2 平板龙骨的宽度(对船长 20 m 以下的小船若以帽型龙骨替代平板龙骨，则为帽型龙骨的围长)应不小于 $0.1B$(B 为船宽，对双体船为片体宽度)，其厚度不应小于船底板厚度的 1.5 倍，且尽可能在整个船长内保持不变。

7.4.4 夹层板板厚的计算

7.4.4.1 夹层板的总厚度 t 应不小于按下式计算所得之值：

$$t = \frac{1.428}{K}\left(1+\frac{1}{\gamma}\right)\frac{SP}{\tau_{\mathrm{c}}}$$

式中：γ——两面板厚度中心线的距离与两面板的平均厚度之比，且 $6\leqslant\gamma\leqslant14$；

τ_{c}——夹层板芯材的极限剪切强度/($\mathrm{N/mm^2}$)；

K——系数，对聚氨酯泡沫塑料芯材夹层板，$K=1.86-0.06\gamma$，取 K 不小于 1；对聚氯乙烯泡沫塑料芯材夹层板，$K=1.95-0.079\gamma$，取 K 不小于 1；对胶合板芯材夹层板，K 取 1.0；对其他芯材夹层板，K 另行考虑。

7.4.5 骨材的弯曲强度

7.4.5.1 骨材的剖面模数 W 应不小于按下式计算所得之值：

$$W = K\frac{l^2SP}{\sigma_{\mathrm{fnu}}}$$

式中：W——规范规定的骨材剖面模数/$\mathrm{cm^3}$；

σ_{fnu}——层板的极限弯曲强度/($\mathrm{N/mm^2}$)；

K——系数，由表 7-4-2 查取。

表 7-4-2　系数 K

部位	K	
	纵桁、强肋骨、实肋板、强横梁	纵骨、肋板、肋骨、横梁、扶强材
船底	480	400
连接桥底	480	400
舷侧	480	400
甲板	480	400
上层建筑	480	400
水密舱壁	480	400
液体舱壁、防撞舱壁	480	480

7.4.5.2　各构件剖面模数的要求值均为连带板的最小要求值。构件带板有效宽度 b_e 按下述规定选取：

(1) 带板为单层板时，取下列算得的小者：

$$b_e = S$$

$$b_e = 23t + b_s$$

(2) 带板为夹层板：

① 如芯材为泡沫塑料、轻木等无效芯材，取下列算得的小者：

$$b_e = S$$

$$b_e = 11d$$

② 如芯材为胶合板等有效芯材，取下列算得的小者：

$$b_e = S$$

$$b_e = 35d$$

式中：b_e——构件带板的有效宽度/mm；

t——带板的总厚度/mm；

d——带板的两面板厚度中心线的距离/mm；

b_s——骨材的净宽度/mm。

7.4.5.3　骨材若采用松木、胶合板等有效材料作为芯材，其剖面模数的计算可计入芯材的影响，芯材的剖面积应乘以芯材的弯曲弹性模量与层板材料的弯曲弹性模量之比。

7.4.5.4　主机基座的结构应具有足够的强度和刚性。基座纵桁应根据主机功率的大小予以加强。基座纵桁应在每个肋位处设置横隔板和横肘板，以确保有效支承。

7.4.5.5　对船长 20 m 以下的小船，若龙骨按 7.4.5.1 的公式计算得到的剖面模数不切实际，其剖面模数可另行考虑，但中内龙骨至少应不小于该处实肋板剖面模数的 1.5 倍；旁内龙骨剖面模数应不小于该处实肋板的剖面模数。做此改变后，应校核船体总纵强度。

7.4.6 骨材剪切强度

7.4.6.1 桁材的有效腹板面积 A_e 按下式计算：

$$A_e = 0.01\, h_w\, t_w \quad \text{端部无肘板}$$

$$A_e = 0.01\, h_w\, t_w + \Delta A_e \quad \text{端部有肘板}$$

式中：A_e——桁材的有效腹板面积/cm^2；

t_w——纤维增强塑料腹板的总厚度/mm；

h_w——计算剖面处减去开孔后的腹板实效高度/mm；

ΔA_e——端部有肘板时的附加剪切面积/cm^2；按肘板面板的水平倾角 θ 取值（图 7-4-1）。$\theta = 45°$ 时，$\Delta A_e = 0.9 f_1$；$\theta = 0°$时，$\Delta A_e = 0$；θ 为中间值时，可用插值法求取 ΔA_e；f_1 为计算剖面处肘板面板的截面积/cm^2。

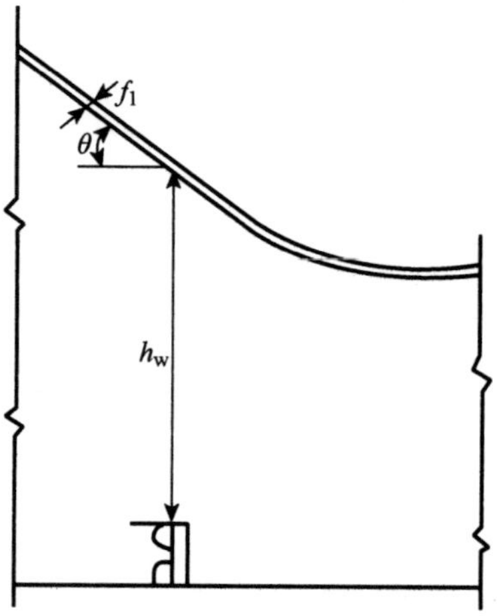

图 7-4-1 h_w 和 ΔA_e 的取值

7.4.6.2 按上述 7.4.6.1 计算所得的有效腹板面积 A_e 应不小于按下式计算所得 $A_{e\,min}$ 值：

$$A_{e\,min} = \frac{25.5 SlP}{\tau_u}$$

式中：S——骨材间距/m；通常指纵骨间距，对桁材或肋板为其承受面积的宽度；

τ_u——夹层板的极限剪切强度/(N/mm^2)；

P——艇体局部强度计算中，构件单位面积上承受正压力的设计值/(kN/m^2)。

7.4.7 艉封板

艉封板的厚度应不小于舷侧板厚度的 1.2 倍，其骨材要求与舷侧板的骨材要求相同。当艉封板上装有舷外机或艉推进装置时，艉封板应是其芯材为胶合板或类似的刚性和合适材料的夹层板。艉封板的总厚度一般应不小于表 7-4-3 的要求。

表 7-4-3 艉封板总厚度

发动机功率/kW	艉封板总厚度(舷外机)/mm	艉封板总厚度(艉推进装置)/mm
18 至<30	30	35
30 至<60	35	40
60 至<150	40	45
>150	按具体情况作特别考虑	按具体情况作特别考虑

7.5　总强度

7.5.1　一般要求

7.5.1.1　对于船长 L 小于或等于 50 m 的单体船、各类双体船，如果其 L/D 小于 12，且船体结构能满足前述的局部强度要求，则可免于校核船体的总纵强度。

7.5.1.2　对于下列高速船。应分别校核高速航行于波浪中波浪冲击状况下的总纵强度和排水航行的总纵强度。

(1) 船长大于 50 m 的各类高速船；

(2) 船长 L 小于或等于 50 m，但其 L/D 大于或等于 12 的各类高速船。

7.5.1.3　对于各类双体船，不论其尺度，都应校核其在波浪中高速航行时的总横强度和扭转强度。

7.5.1.4　所有高速船总强度校核时的装载状态均取满载出港装载情况。

7.5.2　高速船高速航行时波浪冲击力引起的总纵弯矩

7.5.2.1　除全垫升气垫船外的各类高速船，由波浪冲击力引起的总纵弯矩 M_B 可按下式计算：

$$M_B = C_1C_2(1+n)\left(l_x - 0.175\frac{\Delta}{B_sd}(1+0.2n)\right)\Delta g$$

式中：M_B——总纵弯矩/kN·m；

C_1，C_2——系数，中拱时 $C_1=1.0$，中垂时 $C_1=-1.0$，$C_2=0.5$；

n——过载系数，按下式计算：

$$n = a_{cg}/g$$

a_{cg}——重心处垂向加速度/(m/s^2)，见 7.3.1.2 条；

l_x——船中前的半体重心至船中后的半体重心的纵向距离之半/m，如 l_x 未知，可近似取 $l_x=0.25L$；

B_s——船首尾出水，波峰冲击船中区域底部时冲击面积的宽度/m；对于尖舭船、圆舭船，B_s 可按图 7-5-1 所示取；对于各类双体船，B_s 应为各个片体冲击面积的宽度之和。

7.5.3　高速船排水状态航行时的总纵弯矩

7.5.3.1　船体所受的总纵弯矩可用静水弯矩加上波浪弯矩的方法分别确定中拱弯矩和中垂弯矩。

7.5.3.2　按船舶营运航区的最大波高(有义值)，且波长等于船长的假设计算波浪弯矩。

7.5.3.3　对于傅汝德数（$Fr = v/\sqrt{gL}$）小于 0.80 的高速单体船，可免于校核排水状态航行时的总纵弯矩。

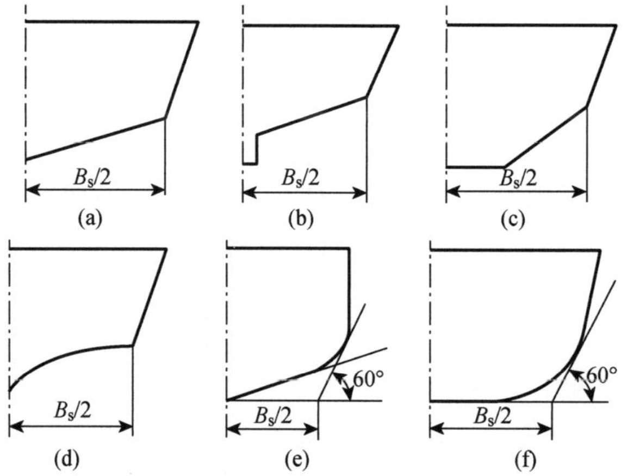

图 7-5-1　B_s 的取法

7.5.4　船体梁的剪力

7.5.4.1　对于 7.5.1.2 涉及的高速船，作为船体梁所受的垂向剪力 Q 在距艏垂线 $L/4$ 和 $3L/4$ 剖面处最大，可按下式计算：

$$Q = \frac{4M_B}{L}$$

式中：Q——垂向剪力/kN；

M_B——取 7.5.2、7.5.3 中所得的总纵弯矩中的最大值/kN · m。

7.5.4.2　对于采用纤维增强塑料为船体材料的高速船，如其舷侧外板和纵舱壁（如设有）为泡沫塑料芯的夹层板，计算舷侧外板和纵舱壁上的切应力 τ 时，上述夹层板芯材的剖面积不应计入，仅计入夹层板两面板的厚度之和。

7.5.5　双体船的总横弯矩、垂向剪力和扭矩

7.5.5.1　船长 L 小于或等于 50 m 的各类双体船的总横弯矩 M_t 可按下式计算：

$$M_t = C_1 \Delta \cdot a_{cg} b$$

式中：M_t——总横弯矩/kN · m；

C_1——系数，查表 7-5-1；

a_{cg}——重心处垂向加速度/(m/s^2)，见 7.3.1.2 条；

b——片体中心线间距/m。

表 7-5-1　系数 C_1、C_2

营运限制	C_1	C_2
近海航区	0.155	0.200
沿海航区	0.135	0.182
遮蔽航区	0.125	0.167
平静水域	0.115	0.154

7.5.5.2　船长 L 超过 50 m 的各类双体船的总横弯矩 M_t 可取以下二者中的大者：

$$M_t = M_{t0}\left(1+\frac{a_{cg}}{g}\right)$$

$$M_t = M_{t0} + 3.09L^{1.05}B_{WL}^{0.146}d^{1.30}H_w\left(z-\frac{d}{2}\right)$$

式中：H_w——取该船允许营运的最大波高(有义值)和 $0.14B$ 二者中小者；

z——承受总横弯矩的连接桥结构的纵中剖面的中和轴至船基线的垂向距离/m；

M_{t0}——静水总横弯矩/kN·m，可按下式计算：

$$M_{t0} = 2.45\Delta(b-0.8B^{0.88})$$

7.5.5.3　各类双体船在连接桥结构纵中剖面处的垂向剪力 Q_t 可按下式计算：

$$Q_t = C_2\Delta\cdot a_{cg}$$

式中：Q_t——垂向剪力/kN；

B——船宽/m；

C_2——系数，查表 7-5-1。

7.5.5.4　各类双体船的两片体因不同步纵摇引起的对横向 Y 轴(即船宽方向)的扭矩 M_{ty} 可按下式计算：

$$M_{ty} = 0.125\Delta\cdot a_{cg}L$$

7.5.5.5　各类双体船在斜浪中航行引起的对纵向 X 轴(即船长方向)的扭矩 M_{tx} 可按下式计算：

$$M_{tx} = 0.25\Delta\cdot a_{cg}b$$

式中：b——片体中心线间距/m。

7.5.6　船体梁的剖面模数

7.5.6.1　计算总纵强度时，通常取船中±5%L 范围内结构最弱处的船中横剖面作为校核剖面。

(1) 凡在船中 $0.4L$ 范围内连续的船体纵向构件都可计入船中横剖面模数。但是上述构件上开孔，且开孔高度超过腹板高度 25%时，该开孔面积应予以扣除。

(2) 船中 $0.4L$ 范围内，长度超过 $0.2L$ 的上层建筑和甲板室一般可认为参与总纵强度。如在整个上层建筑和甲板室的侧壁上有大量开孔，且开孔纵向孔径之和超过该上层建筑长度之半，或上层建筑和甲板室与主船体的连接采用弹性结构形式，则认为该上层建筑不参与总纵强度。

(3) 只有满足 7.6 构件稳定性要求的纵向构件，方可计入船中横剖面模数。

7.5.6.2　计算总横强度时，应取船宽 B 之半处的船中纵剖面作为校核剖面。只有在两片体内侧范围内连续的船体横向构件方可计入船中纵剖面模数，但是如这些构件上开孔，且开孔高度超过其腹板高度的 25%，则开孔面积应予以扣除。

7.5.6.3　对于采用纤维增强塑料夹层结构作为部分船体构件的高速船，应引入"相当剖面模数 W_e"的概念。

(1) 船体梁总纵弯曲时，由若干夹层结构构件组成的船中剖面的相当剖面模数 W_e 应按下式计算：

$$W_e = \frac{\sum E_i I_i}{E \cdot y}$$

式中：W_e——相当剖面模数/cm³；

E——计算点处材料的弹性模量/(N/mm²)；

y——计算点至船中剖面中和轴的垂向距离/cm；

E_i——船中剖面的各个构件材料的弹性模量/(N/mm²)；

I_i——各个构件对船中剖面中和轴的惯性矩/cm⁴。

(2) 计算双体船的总横强度时，两个片体连接桥结构的中纵剖面的相当剖面模数可参照上式计算。

7.5.6.4　对船长 20 m 以下的小船，允许直接采用艇体中剖面模数 W 来校核总纵强度。采用此法时，对干舷甲板边线(甲板艇)或舷侧顶板线(敞开艇)的船体中剖面模数 W 应不小于按下式计算所得之值：

$$W_0 = fL^2 B_w (C_B + 0.7)$$

式中：W_0——总纵强度要求的剖面模数值/cm³；

f——系数，$f=0.25L+24$；

L——船长/m；

B_w——满载水线处的船宽/m；

C_B——船舶在满载水线下的方形系数。

7.5.6.5　(游艇规范)本条规定的艇体中剖面模数要求是以玻璃纤维无捻粗纱正交布铺糊成型的标准铺层设计单层板的力学性能为基准(即极限拉伸强度 $\sigma=180$ N/mm²)的。对于其他铺层设计，若其单层板的强度与标准铺层设计层板的强度不一致，艇体中剖面模数的要求可乘以下列规定的系数 K 进行修正：

$$K = 180/\sigma_1$$

式中：σ_1——层板的极限拉伸强度/(N/mm²)。

7.5.7　校核总强度时的许用应力

7.5.7.1　纤维增强塑料船体的许用应力如下：

(1) 对于一般高速船纵向构件的拉伸许用应力$[\sigma_b]=0.3\sigma_{nu}$，对于滑行艇纵向构件的拉伸许用应力$[\sigma_b]=0.24\sigma_{nu}$；$\sigma_{nu}$为层板的极限拉伸强度/($N/mm^2$)。

(2) 对于一般高速船纵向构件的压缩许用应力$[\sigma_p]=0.3\sigma_{pnu}$，对于滑行艇纵向构件的压缩许用应力$[\sigma_p]=0.24\sigma_{pnu}$；$\sigma_{pnu}$为层板的极限压缩强度/($N/mm^2$)。

(3) 对于单板的许用剪切应力$[\tau]=0.25\tau_u$(τ_u 为层板的极限剪切强度/(N/mm^2))；对于夹层板的许用剪切应力$[\tau]=0.5\tau_{cr}$；τ_{cr}为夹层板面板的临界剪切应力/(N/mm^2)，τ_{cr}取下列二式计算值中的小者：

$$\tau_{cr}=0.3(E_f^{45^\circ}E_cG_c)^{1/3}$$

$$\tau_{cr}=0.4\gamma G_c$$

式中：$E_f^{45^\circ}$——夹层板面板沿 45°方向的压缩弹性模量/(N/mm^2)；

E_c——芯材的压缩弹性模量/(N/mm^2)；

G_c——芯材的剪切弹性模量/(N/mm^2)；

γ——两面板厚度中心线的距离与两面板的平均厚度之比，且 $6\leqslant\gamma\leqslant14$。

7.5.8　船体刚度

7.5.8.1　纤维增强塑料为船体结构材料的高速船，其船中剖面惯性矩 I 应满足下式要求：

$$I>4.0W_0L$$

式中：I——船中剖面对其中和轴的惯性矩/cm^4；

$W_0=\dfrac{M}{[\sigma]}$，对船长 20 m 以下的小船，W_0 可取 7.5.6.4 式计算所得之值；

M——按 7.5.2 小节、7.5.3 小节确定的最大总纵弯矩/kN·m；

$[\sigma]$——7.5.7.1 条中$[\sigma_p]$和$[\sigma_b]$的小者/(N/mm^2)。

7.6　构件稳定性

7.6.1　一般要求

对具有夹层结构的纤维增强塑料船体应对其承受压力的夹层面板进行稳定性校核。

7.6.2　纤维增强塑料夹层板

7.6.2.1　芯材为聚氨酯(PU)泡沫塑料的夹层板的面板临界屈曲应力 σ_{cr}取以下两式计算值中小者：

$$\sigma_{cr}=0.5(E_fE_cG_c)^{1/3}$$

$$\sigma_{cr}=1.39\gamma^{0.639}G_c$$

式中：E_f——面板的压缩弹性模量/(N/mm^2)；

E_c——芯材的压缩弹性模量/(N/mm^2)；

G_c——芯材的剪切弹性模量/(N/mm^2)；

γ——两面板厚度中心线的距离与两面板的平均厚度之比，且 $6\leqslant\gamma\leqslant14$。

7.6.2.2 芯材为聚氯乙烯(PVC)泡沫塑料的夹层板的面板临界屈曲应力 σ_{cr} 取以下两式计算值中小者：

$$\sigma_{cr}=0.5(E_f E_c G_c)^{1/3}$$

$$\sigma_{cr}=1.52\gamma^{0.585}G_c$$

7.6.2.3 以上两种夹层面板的计算压应力应不大于按 7.6.2.1 和 7.6.2.2 算得的临界屈曲应力 σ_{cr} 的 0.3 倍，也不应大于面板极限压缩强度 σ_{pnu} 的 0.3 倍。

7.6.2.4 胶合板芯的夹层板的极限压缩强度 σ_{pnu} 按下式计算：

$$\sigma_{pnu}=0.15(E_f E_c G_c)^{1/3}$$

公式中未说明的符号与前面式中的相同。

7.6.2.5 胶合板芯夹层板的计算压应力应不大于其极限压缩强度 σ_{pnu} 的 0.6 倍。

7.7 设计实例：12.8 m 高速玻璃钢客艇

7.7.1 总体设计

图 7-7-2 所示的 12.8 m 高速玻璃钢客艇适用于内河 A 级及沿海 B 类航区，为交通及旅游艇。

7.7.1.1 主要尺度

总长 L_{OA}	12.8 m	设计水线长 L	12.0 m
型宽 B	3.30 m	型深 D	1.15 m
吃水 d	0.54 m	排水量 Δ	8.25 t
乘客	30 人	船员	2～3 人
主机功率	205 kW	航速 V	19 kn
续航力	200 km	有效载重量	2.75 t
空船排水量	5.70 t		

7.7.1.2 船型参数

方形系数 $C_B=0.47$；舯剖面系数 $C_M=0.83$；棱形系数 $C_P=0.65$；水线面系数 $C_W=0.72$；浮心位置 $x_B=-0.07$ m。

采用深 V 型艇体，艇体舯部斜升角为 14°，艉封板斜升角为 10°。艉部为隧道线型，隧道长 3.5 m，重心在浮心后 2%L_{WL} 处。艉部设长 0.5 m 与艇底同宽的压浪板。

7.7.2　结构设计

本艇设计航速 19 kn，v＝9.77 m/s，属于 7.1.1.1 指定的高速船的范围，且 L_{OA}/D＝12.8/1.15＝11.13＜12，故艇体结构按局部强度要求设计，无须校核艇体的总纵强度。

本艇为单板结构，横骨架式，以前部客舱、后部机舱为例进行设计。

本艇水线长 12 m，自艉向艏划分为 24 个肋位，肋骨间距 0.5 m。后部机舱剖面以 6# 肋位为示例(图 7-7-3)；前部客舱剖面以 16# 肋位为示例。

7.7.2.1　艇底板厚设计

船底波浪冲击压力 P_{sl1} 由 7.3.2.2 确定：

$$P_{sl1} = 1.16K_{l1}\left(\frac{\Delta}{nA}\right)^{0.3}\frac{50-\beta_x}{50-\beta}a_{cg}d_w$$

本艇船体重心在浮心后 2%L_{WL} 处，而浮心位置 x_B＝－0.07 m，因此重心位于舯后 0.07＋0.24＝0.31 m 处，重心处艇底斜升角 $\beta=\beta_{cg}=13.8°$；后部机舱底部斜升角 $\beta_x=\beta_6=12°$，K_{l1}＝0.75；前部客舱底部斜升角 $\beta_x=\beta_{16}=14°$，K_{l1}＝1；Δ＝8.25 t，n＝1(单体船)，d_w＝0.54 m；$A=2.5S^2=0.625\ m^2$。

重心处的垂向加速度 a_{cg} 按 7.3.1.2 的公式计算。该值与有义波高 $H_{1/3}$ 和该波高对应的航速 V_H 三者的关系如下：

$$a_{cg} = \frac{K_T}{426}\left(\frac{V_H}{\sqrt{L}}\right)^{1.4}\left(\frac{H_{1/3}}{B_{WL}}+0.07\right)(50-\beta)\left(\frac{L}{B_{WL}}-2\right)\frac{B_{WL}^3}{\Delta}g$$

本船限制在平静水域营运，在目测波高不超过 1 m 的海况下航行。有义波高 $H_{1/3}$ 和该波高对应的航速 V_H、a_{cg} 三者的关系见表 7-7-1。计算取 K_T＝1，L＝12 m，B_{WL}＝3.3 m。

表 7-7-1　有义波高、航速和垂向加速度

	有义波高 $H_{1/3}$/m	航速 V_H/kn	垂向加速度 a_{cg}/(m·s^{-2})
试航状态	≤0.1	19.0	6.46
正常营运	≤0.5	16.0	11.21
限速营运	≤1.0	11.0	11.17

根据表 7-7-1，取其中最大值作为重心处垂向加速度的设计值，即 $a_{cg}=11.21\ m/s^2$。代入 7.3.2.2 公式，得到船底波浪冲击压力 P_{sl1}：

前部客舱：$\beta_{16}=14°$，K_{l1}＝1，P_{sl1}＝15.14 kPa。

后部机舱：$\beta_6=12°$，K_{l1}＝0.75，P_{sl1}＝11.99 kPa。

按 7.4.3.1，单板结构层板的厚度 t 应不小于按下式计算所得之值：

$$t = 44.8S\sqrt{\frac{P}{\sigma_{fnu}}}$$

本艇玻璃钢层板的设计采用无捻粗纱正交布交替铺设，标准的极限弯曲强度 σ_{fnu} = 180 MPa，S=0.5 m，按上式计算结果列于表 7-7-2 中。

表 7-7-2　12.8 m 艇底部板厚设计结果

部位	底部斜升角/(°)	K_{l1}	P_{sl1}/kPa	计算 t/mm	K_0	t_{min}/mm	实际 t/mm
前部客舱	14	1	15.14	6.50	1.45	5.02	6.50
后部机舱	12	0.75	11.99	5.78	1.45	5.02	5.80
龙骨板	—	—	—	—	—	—	7.50

7.7.2.2　舷侧板厚设计

按 7.3.3.1，舷侧计算压力 P_i 由下式确定（适用于一般高速船）：

$$P_i = 9.81h + 0.15P_{sl1}$$

本艇型深 1.15 m，舭部折角线的高度在船舯约 0.4 m，因此 $h \leqslant 1.15-0.4=0.75$ m，规范要求不小于 0.8 m，故取 h=0.80 m，则舷侧计算压力 $P_i=9.81\times0.80+0.15\times P_{sl1}$，代入 7.4.3.1 计算板厚的公式，计算结果列于表 7-7-3 中。

表 7-7-3　12.8 m 艇舷侧板厚设计结果

部位	h/m	P_{sl1}/kPa	P_i/kPa	计算 t/mm	K_0	t_{min}/mm	实际 t/mm
前部客舱	0.8	15.14	10.12	5.31	1.25	4.33	5.50
后部机舱	0.8	11.99	9.65	5.19	1.25	4.33	5.20

7.7.2.3　最小板厚

按 7.4.2.1，单板结构层板的最小板厚 t_{min} 按下式计算：

$$t_{min} = K_0\sqrt{L}$$

本船水线长 L=12.0 m，船底板 K_0=1.45，舷侧板 K_0=1.25，计算结果也列于表 7-7-2 与表 7-7-3 中。此二表中还列出了实际采用的板厚。

7.7.2.4　骨材的剖面模数

按弯曲强度确定骨材的剖面模数 W 应不小于按 7.4.5.1 的公式计算所得之值：

$$W = K\frac{l^2 SP}{\sigma_{fnu}}$$

本船采用横骨架式，肋板的跨距为折角线边缘到中内龙骨的距离，从型线图上量取，客舱 l=1.3 m，机舱 l=1.25 m；肋骨跨距为舷侧自折角线至甲板边线的高度，即 l=0.75 m；系数 K 按表 7-4-2 取值，S 为骨材分担外载荷面积的宽度，本船肋距 0.5 m，强肋骨与普通肋骨间隔设置，两者分担载荷的宽度可以认为是不一致的，即强肋骨分担载荷面积中 70%的载荷，普通肋骨分担 30%的载荷，即 $S_{强}$=0.7 m，$S_{普}$=0.3 m；σ_{fnu}=180 MPa，计算结果列于表

7-7-4 中。

表 7-7-4　12.8 m 艇骨材设计结果

部位	骨材	P/kPa	K	l/m	S/m	计算 W/cm^3	帽型材尺寸/mm	带板厚 t/cm	带板宽 b_e/cm	I/cm^4	实际 W/cm^3
前部客舱	舷侧强肋骨	10.12	480	0.75	0.7	10.63	Π 75×40×3	0.55	16.65	113.73	19.15
	普通肋骨	10.12	400	0.75	0.3	3.80	Π 40×30×2.5	0.55	15.65	20.76	5.77
	艇底实肋板	15.14	480	1.30	0.7	47.76	Π 140×100×4	0.65	24.95	972.18	98.00
	普通肋板	15.14	400	1.30	0.3	17.06	Π70×40×3	0.65	18.95	105.92	17.86
后部机舱	舷侧强肋骨	9.65	480	0.75	0.7	10.13	Π 75×40×3	0.52	15.96	110.25	18.94
	普通肋骨	9.65	400	0.75	0.3	3.62	Π 40×30×2.5	0.52	14.96	20.23	5.71
	艇底实肋板	11.99	480	1.25	0.7	34.97	Π 120×80×4	0.58	21.34	573.78	68.63
	普通肋板	11.99	400	1.25	0.3	12.49	Π 60×40×3	0.58	17.34	70.25	14.05

骨材的剖面模数为连带板的最小要求值。带板为单层板时，取下列算得的小者：

$$b_e = S$$

$$b_e = 23t + b_s$$

本艇 $S = 500\ \text{mm} > 23t + b_s$，故取带板宽 $b_e = 23t + b_s$，其中 b_s 为骨材的净宽度，计算结果也列于表 7-7-4 中。

帽型材的尺寸选定后，即可计算实际型材的惯性矩和剖面模数，计算时，把假定基准线取在外板（带板）的上表面，即可利用下面的公式（使用的符号如图 7-7-1 所示）。

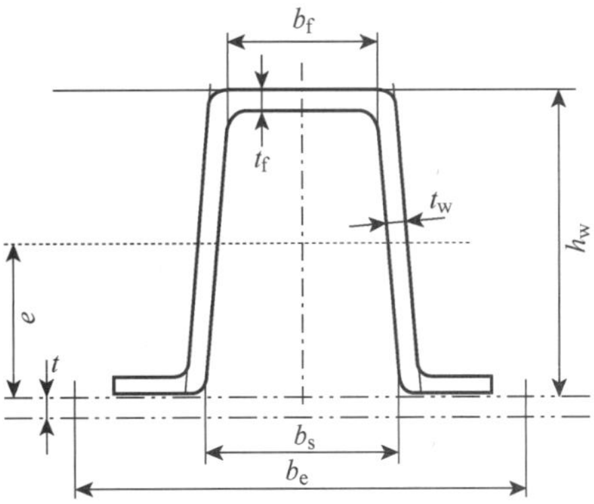

图 7-7-1　帽型材剖面计算使用的符号

剖面积：

$$\sum A = b_f \cdot t_f + 2t_w \cdot h_w + b_e \cdot t$$

对假定基准线的面积力矩：

$$\sum M_A = b_f t_f \left(h_w - \frac{t_f}{2}\right) + t_w \cdot h_w^2 - b_e \cdot \frac{t^2}{2}$$

中和轴相对于假定基准线的位置：

$$e = \sum M_A / \sum A$$

剖面对中和轴的惯性矩：

$$I = b_f t_f \left(h_w - \frac{t_f}{2}\right)^2 + \frac{1}{2} t_w \cdot h_w^3 + b_e \cdot \frac{t^3}{4} + \frac{t_w \cdot h_w^3}{6} - e^2 \cdot \sum A$$

最小剖面模数：

$$W_{min} = I/(h_w - e)$$

按照上述公式，骨材的剖面惯性矩和最小剖面模数计算列于表 7-7-5 中。

表 7-7-5 12.8 m 艇帽型材惯性矩和最小剖面模数计算

部位	骨材	帽型材尺寸/mm	带板厚 t/cm	带板宽 b_e/cm	ΣA/cm²	ΣM_A/cm³	e/cm	I/cm⁴	实际 W_{min}/cm³
前部客舱	舷侧强肋骨	Π 75×40×3	0.55	16.65	14.86	23.18	1.56	113.73	19.15
	普通肋骨	Π 40×30×2.5	0.55	15.65	11.36	4.54	0.40	20.76	5.77
	艇底实肋板	Π 140×100×4	0.65	24.95	31.42	128.33	4.08	972.18	98.00
	普通肋板	Π 70×40×3	0.65	18.95	17.72	18.92	1.07	105.92	17.86
后部机舱	舷侧强肋骨	Π 75×40×3	0.52	15.96	14.00	23.54	1.68	110.25	18.94
	普通肋骨	Π 40×30×2.5	0.52	14.96	10.53	4.88	0.46	20.23	5.71
	艇底实肋板	Π 120×80×4	0.58	21.34	25.18	91.77	3.64	573.78	68.63
	普通肋板	Π 60×40×3	0.58	17.34	14.86	14.90	1.00	70.25	14.05

7.7.2.5 骨材剪切强度

骨材的尺寸除了最小剖面模数要满足规范要求外，还要核算骨材的剪切强度。桁材的有效腹板面积 $A_e = 0.01h_w t_w$（本船帽型材端部无肘板）应不小于按 7.4.6.2 条的公式计算所得之 $A_{e\,min}$ 值：

$$A_{e\,min} = \frac{25.5SlP}{\tau_u}$$

式中：S，l，P 的取值与前面相同；τ_u 为积层板的极限剪切强度，当没有实测的数据可供利用时，τ_u 可取拉伸强度或弯曲强度的 50%作为设计指标，本船取 $\tau_u = 80$ MPa。

列表计算，见表 7-7-6。由表 7-7-6 可知，骨材剪切强度一般是容易满足的。

表 7-7-6 12.8 m 艇骨材剪切强度校核

部位	骨材	P/kPa	l/m	S/m	$A_{e\,min}$/cm²	帽型材尺寸/mm	h_w/cm	t_w/cm	实际 A_e/cm²
前部客舱	舷侧强肋骨	10.12	0.75	0.7	1.69	Π 75×40×3	7.5	0.6	4.5
	普通肋骨	10.12	0.75	0.3	0.73	Π 40×30×2.5	4.0	0.5	2.0
	艇底实肋板	15.14	1.30	0.7	4.39	Π 140×100×4	14.0	0.8	11.2
	普通肋板	15.14	1.30	0.3	1.88	Π70×40×3	7.0	0.6	4.2

表 7-7-6（续）

部位	骨材	P/kPa	l/m	S/m	$A_{e\ min}$/cm²	帽型材尺寸/mm	h_w/cm	t_w/cm	实际 A_e/cm²
后部机舱	舷侧强肋骨	9.65	0.75	0.7	1.61	Π 75×40×3	7.5	0.6	4.5
	普通肋骨	9.65	0.75	0.3	0.69	Π 40×30×2.5	4.0	0.5	2.0
	艇底实肋板	11.99	1.25	0.7	3.34	Π 120×80×4	12.0	0.8	9.6
	普通肋板	11.99	1.25	0.3	1.43	Π 60×40×3	6.0	0.6	3.6

注：t_w 为腹板的总厚度，即两块腹板厚度之和。

本船骨材全部为帽型材，前部客舱强肋骨为 Π 75×40×3，普通肋骨为 Π 40×30×2.5，艇底强肋板为 Π 140×100×4，普通肋板为 Π 70×40×3；后部机舱强肋骨为 Π 75×40×3，普通肋骨为 Π 40×30×2.5，艇底强肋板为 Π 120×80×4，普通肋板为 Π60×40×3；底部纵桁为 Π 50×30×2.5，中内龙骨为 Π 140×100×5.2，填充泡沫。

本船设客舱平台，平台与艇底之间用泡沫填满，作浮力舱使用。艇体上下两部分的连接采用凸肩对接，该形式施工工艺方便，同时也起到了护舷材的作用。

本艇提供了完整的舯剖面结构图（图 7-7-3），可供设计参考。

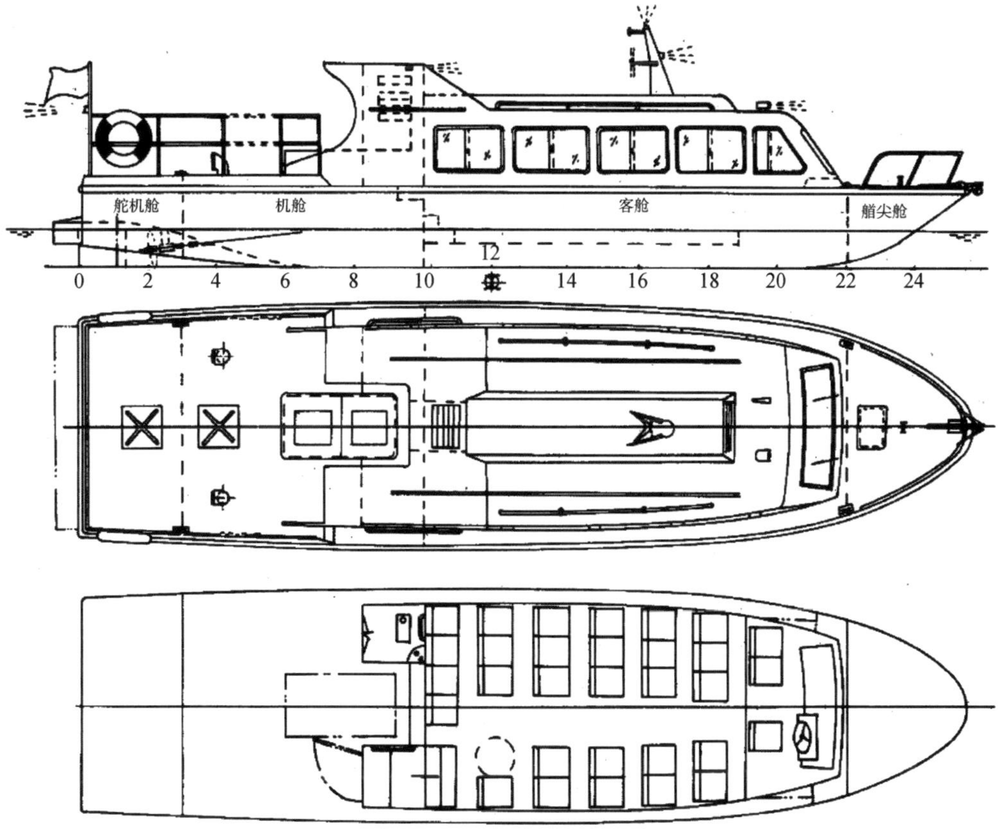

图 7-7-2　12.8 m 艇总布置

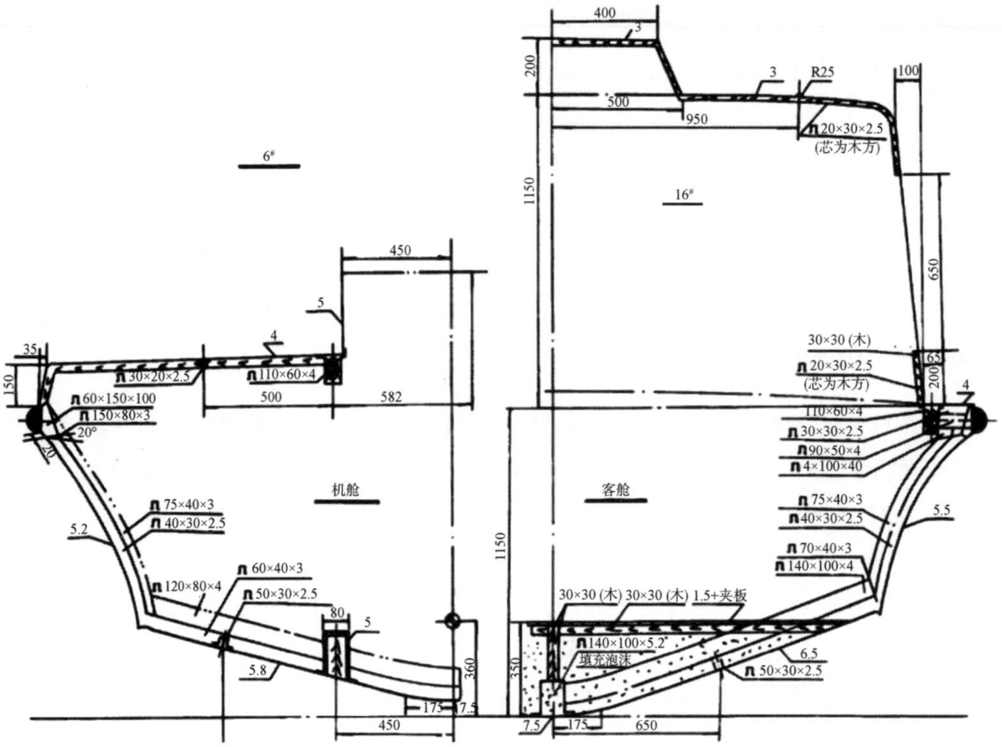

图 7-7-3　12.8 m 艇舯剖面结构

符号表

a_{cg}——重心处垂向加速度的百分之一最大值的平均值/(m/s²)；

A——冲击压力计算面积/m²；

b_f——帽型材顶板宽度/cm；

d——船之吃水/m；

D——船之型深/m；

E——抗弯弹性模量；

Fr_∇——排水体积傅氏数，$Fr_\nabla = v/\sqrt{g\ \nabla^{1/3}}$；

G——剪切弹性模量；

h_w——帽型材腹板高度/cm；

I——中剖面对其中和轴的惯性矩/cm⁴；

L——船长/m；

P——船体局部强度计算中构件单位面积上承受正压力的设计值/(kN/m²)；

S——骨材间距/m，通常指纵骨间距，对桁材或肋板为其承受面积的宽度；

t_f——帽型材顶板厚度/cm；

t_w——帽型材腹板厚度/cm；

v——船舶处于最大营运重量以最大持续推进功率在静水中航行能达到的航速/(m/s)；

V——航速/kn；

W——帽型材剖面模数/cm^3；

σ——拉伸强度极限/(N/mm^2)；

σ_{fnu}——纤维增强塑料层板的极限弯曲强度/(N/mm^2)；

σ_{nu}——层板的极限拉伸强度/(N/mm^2)；

σ_{pnu}——层板的极限压缩强度/(N/mm^2)；

τ——剪切强度极限/(N/mm^2)；

τ_{cr}——夹层板面板的临界剪切应力/(N/mm^2)；

∇——设计水线对应的排水体积/m^3；

γ——两面板厚度中心线的距离与两面板的平均厚度之比；

Δ——满载排水量/t。

参考文献

[1]　中国船级社. 海上高速船入级与建造规范(2005)[M]. 北京:人民交通出版社，2006.

[2]　中国船级社. 沿海小船建造规范(2005)[M]. 北京:人民交通出版社,2006.

[3]　中国船级社. 游艇建造规范[S]. 中国船级社,2008.

[4]　中国船级社. 游艇入级与建造规范[S]. 中国船级社,2012.

第 8 章　玻璃钢高速艇底部结构的动载荷设计方法

玻璃钢高速艇的底部结构要承受水的砰击压力，受力比一般的排水量艇高得多，所以要采用动载荷设计方法。

本章的内容包括确定底部外板厚度的经验公式、水压力的计算公式、动载荷系数以及帽型防挠材的设计方法。资料来源主要是参考文献[1]～[3]。本书作者在实例演算中，对原文献中一些不尽合理的地方做了适当修改。

通常，高速船入级与建造规范或游艇建造规范都规定了玻璃钢艇艇底板的最小厚度要求。如果按本书设计的板厚小于最小厚度，则应满足规范规定的最小厚度要求。但高速小艇的结构设计要求是在保证强度和刚度的前提下尽量减轻结构的重量，否则小艇不可能跑得很快，又节省功率。

8.1　确定底部外板厚度的经验公式

玻璃钢船艇结构设计时，最重要的是确定玻璃钢艇底部外板的厚度 t，下面的公式是通过对实艇海上营运期间积累的测量数据的分析获得的经验公式[3]：

$$t = C \cdot a\sqrt{\frac{960P_x \cdot SF}{\sigma_b}} \tag{8.1.1}$$

式中：t——底部外板厚度/cm；

a——板格短边跨距/m；

P_x——底部砰击水压力/MPa，下标 x 表示此水压力随作用点距离艇首部的位置 x 而改变，见式(8.2.1)；

C——按速度区分的系数(表 8-1-1)；

SF——安全系数，航行冲击状态 $SF=2.5$，水面落下冲击状态 $SF=1.2$；

σ_b——板格弯曲强度/MPa。

本章中采用的主要材料标准强度特性见表 8-1-2。

确定底板厚度的速度系数 C 在表 8-1-1 中给出，按各段 $V/\Delta^{1/6}$ 值分别以 C_1、C_2、C_3 给出，并示于图 8-1-1 中。此处排水量 Δ 的单位为 t，航速 V 的单位为 kn。弯曲应力安全系数 SF 对航行冲击来说可取 2.5。一般毡＋布积层板的抗弯强度 $\sigma_b=196.2$ MPa。一些实艇的统计数据、按式(8.1.1)计算的板厚与实际采用板厚的比较列于表 8-1-3 中。

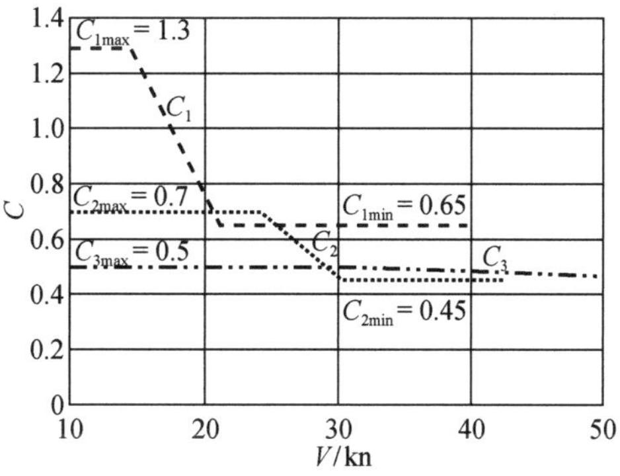

图 8-1-1　确定底板厚度的速度系数 C

表 8-1-1　确定板厚的速度系数 C

$13>\frac{V}{\Delta^{1/6}}\geqslant 4$	$C_1=0.10\ (27.5-V)$　$C_{1\,max}=1.30$　$C_{1\,min}=0.65$
$25>\frac{V}{\Delta^{1/6}}\geqslant 13$	$C_2=0.04\ (41.25-V)$　$C_{2\,max}=0.70$　$C_{2\,min}=0.45$
$\frac{V}{\Delta^{1/6}}\geqslant 25$	$C_3=(0.558-V/515)$　$C_{3\,max}=0.50$

表 8-1-2　主要材料标准强度特性

	毡＋布积层板*	美国松胶合板	美国松集成材
$E/(\mathrm{N\cdot cm^{-2}})$	9.81×10^5	0°　6.77×10^5 90°　4.22×10^5	13.24×10^5
$G/(\mathrm{N\cdot cm^{-2}})$	2.30×10^5	0.49×10^5	0.88×10^5
$\sigma_b/(\mathrm{N\cdot cm^{-2}})$	19 620	0°　4 238 90°　3 218	7 848
$\sigma_T/(\mathrm{N\cdot cm^{-2}})$	15 696	3 532	10 300
$\sigma_C/(\mathrm{N\cdot cm^{-2}})$	边缘 17 658	0°　3 188 90°　2 590	3 924

表 8-1-2(续)

	毡+布积层板*	美国松胶合板	美国松集成材
$\tau/(\mathrm{N\cdot cm^{-2}})$	边缘 7 946 内层 2 747	—	平面 981 内层 736
泊松比 μ	0.27	0° 0.083 90° 0.018	0° 0.946 90° 0.019
$\lambda=1-\mu_{0°}\cdot\mu_{90°}$	0.927 1	0.998 5	0.990 6
$\rho/(\mathrm{kg\cdot cm^{-3}})$	1.54×10^{-3}	0.55×10^{-3}	0.52×10^{-3}
Γ	1.5	1.0	1.0

* 注:本文中的积层板为含 42%玻璃纤维的聚酯树脂玻璃钢,其中:毡(600 g/m²)厚 $t_M=0.12$ cm;布(860 g/m²)厚 $t_R=0.1$ cm。

表 8-1-3 实艇数据:板厚计算值与实际层合板厚度的比较

艇型	a_f	SF	V	$V/\Delta^{1/6}$	C	a	σ_b	P	t(计算)	t(实际)
26 英尺 TORAYCA	15	2	50	47.27	0.461	0.28	298	0.435	0.216	0.270
	15	2	70	66.18	0.422	0.28	307	0.718	0.250	0.270
5.6 m 滑行艇	6	2.5	30	28.0	0.500	0.30 0.42	225.6	0.216	0.227 0.318	0.334
	10	2				0.30 0.42		0.281	0.223 0.375	0.334
13 m 训练艇 (9.5 t)	4	2.5	16	10.99	1.15	0.475 0.420 0.370	196.2	0.065 7 0.065 7 0.074 1	0.490 0.433 0.405	0.639
13 m 训练艇 (10.1 t)	4	2.5	11	7.48	1.30	0.475 0.420 0.370	196.2	0.065 7 0.046 1 0.050 8	0.490 0.364 0.379	0.560
13 m 供应艇 (8 t)	3	2.5	17	11.68	1.05	0.360 0.600	196.2	0.077 0 0.079 6	0.367 0.622	0.660
13 m 供应艇 (9.85 t)	4	2.5	16	10.92	1.15	0.370 0.370 0.480	196.2	0.068 7 0.062 0 0.077 1	0.390 0.371 0.536	0.660
17 m 巡逻艇	6	2.5	23	13.96	0.70	0.740 0.820	196.2	0.186 6 0.183	0.783 0.859	0.771 0.868
17 m 靶艇	6	2.5	26.5	16.42	0.59	0.840 0.790	196.2	0.209 0.206	0.792 0.740	0.850

表 8-1-3(续)

艇型	a_f	SF	V	$V/\Delta^{1/6}$	C	a	σ_b	P	t(计算)	t(实际)
24 m 滑行艇	6	2.5	30	16.51	0.45	0.870 1.070	196.2	0.245 0.239	0.678 0.824	0.780
35 m 滑行艇	6	2.5	40	17.55	0.45	0.840 0.950 0.940 0.950	196.2	0.609 0.444 0.409 0.483	1.032 0.996 0.946 1.039	1.000

对于高速艇的艇底板架而言，作用有两种应力：第一种力是把一条艇看成一根纵向梁，它承受静水载荷弯矩和波浪弯矩引起的应力（又称总纵弯矩），这种应力平行于底板的平面（梁理论）；第二种是局部水压力引起的应力，这种水压力垂直于底板的平面。由于高速艇底部所受的水砰击力相当大，所以其底部结构可以按局部压力来设计（板理论）。当艇底板满足局部压力强度时，其总纵弯矩引起的强度要求总是能够满足的。

8.2　计算水压力、总纵弯矩及剪切力的公式

8.2.1　航行冲击水压公式

按艇底局部冲击载荷计算艇底结构时，丹羽诚一[4]根据实艇的测试资料，推荐按如下公式计算水压力：

$$P_x = 0.098\,1\left[\frac{V^2}{1\,000} + (1+\alpha \cdot a_f)\frac{\Delta}{L \cdot B_P}\right]k_\beta \cdot C_x \qquad (8.2.1)$$

式中：P_x——水压力/MPa（下标 x 为距艏站线的距离/m）；

a_f——艇首部冲击加速度/g，$1g=9.81\ m/s^2$；

当 $25>V/\Delta^{1/6}\geqslant 4$ 时，$a_f=1.5\sim 6g$

当 $V/\Delta^{1/6}\geqslant 25$ 时，$a_f=7\sim 30g$

β——最大水压力处的艇底斜升角/(°)，一般取 $x=l$ 处的斜升角；

B_P——艇体折角线最大宽度/m；

V——艇速/kn；

k_β——艇底斜升角修正系数，对于龙骨板 $k_{\beta\max}=1$，艇底板架中除龙骨板以外，其余的艇底板一般都处于倾斜状态，这个相对于水平面的倾斜角称为“斜升角 β”，所以要按斜升角通过一个系数 k_β 来进行修正，见表 8-2-1；

α——加速度修正系数，随 β_t 而变：

$$\alpha = 1 + 0.05(\beta_t - 5) \quad \alpha_{max} = 1.5;\ \alpha_{min} = 1$$

β_t——艇艉板处底部斜升角/(°)；

C_x——纵向位置修正系数。砰击产生的最大水压力发生于艇的艏部长度为 l 的区段内，在这个长度范围内认为最大水压值不变，且从一舷至另一舷均布，l 的长度随艇速而变，由下式决定：

$$l = \frac{L}{10}\left(4 + 0.1\frac{V}{\Delta^{1/6}}\right) \tag{8.2.2}$$

在 $l \geqslant x \geqslant 0$ 的范围内，$C_x = 1$，超过 l 区段之后（向艉部）至艉板的区段内，水压按线性比例缩减，而艉端（$x = L$）处的水压修正系数为

$$C_t = \frac{V}{25\Delta^{1/6}} \leqslant 1 \qquad \text{注意：} C_{t\max} = 1 \tag{8.2.3}$$

在 $L > x > l$ 区段内：

$$C_x = 1 + (C_t - 1)\frac{x - l}{L - l} \tag{8.2.4}$$

表 8-2-1　艇底斜升角修正系数 k_β

相对速度	修正系数
$\frac{V}{\Delta^{1/6}} \leqslant 10$	$k_\beta = \left(\frac{5}{\beta - 5}\right)^{2/3}$
$25 > \frac{V}{\Delta^{1/6}} > 10$	$k_\beta = \left(\frac{5}{\beta - 5}\right)^{2/3} + \left[\left(\frac{5}{\beta - \beta_t - 5}\right)^{2/3} - \left(\frac{5}{\beta - 5}\right)^{2/3}\right]\frac{(V/\Delta^{1/6}) - 10}{15}$
$\frac{V}{\Delta^{1/6}} \geqslant 25$	$k_\beta = \left(\frac{5}{\beta - \beta_t - 5}\right)^{2/3}$

8.2.2 水面落下冲击水压公式

高速小艇在水面航行时，有时会跃出水面，然后跌落下来，形成水面落下冲击，这种冲击水压要比正常的航行冲击大得多。这时候用得到水面落下冲击水压的公式：

$$P_H = 0.137 H^{0.819}\left(\frac{5}{\beta - 5}\right)^{2/3} \tag{8.2.5}$$

式中：P_H——水面落下冲击水压/(N/cm^2)；

H——水面上落下的高度/mm；

β——艇底斜升角/(°)，在 $x \leqslant l$ 范围内取 $x = l$ 处的底部斜升角，艉板处取 β_t，在 $L > x > l$ 范围内用内插法求得。

8.2.3 高速艇总纵弯曲力矩及最大剪切力公式

中垂弯矩：

$$M_V = \frac{9.81\Delta \cdot L(1 + a_f)}{60}\left(\frac{39 - \beta_t}{29 - \beta_t}\right) \tag{8.2.6}$$

中拱弯矩：

$$M_{\Lambda} = 0.45 M_{V} \tag{8.2.7}$$

最大剪切力：

$$Q = M_{V}/L \tag{8.2.8}$$

式中：M_V——中垂弯矩/kN・m；

M_{Λ}——中拱弯矩/kN・m；

a_f——艇首部冲击加速度/g；

Q——剪力/kN；

β_t——艉板处底部斜升角/(°)。

8.3 动载荷设计方法

8.3.1 动载荷系数

通过式(8.1.1)确定的底板厚度，还需要用动载荷设计方法来验证。下面介绍动载荷设计方法。

用式(8.1.1)确定的板厚，是采用玻璃钢结构的设计板厚。根据永井的方法确定动载荷系数 L_d，再用 Smith-Hashimoto 的图 8-3-1 求得最大应力系数 Λ，求得周边固定平板的最大应力，于是应力安全系数 $SF=\sigma_b/\sigma_{max}$ 可以求得。

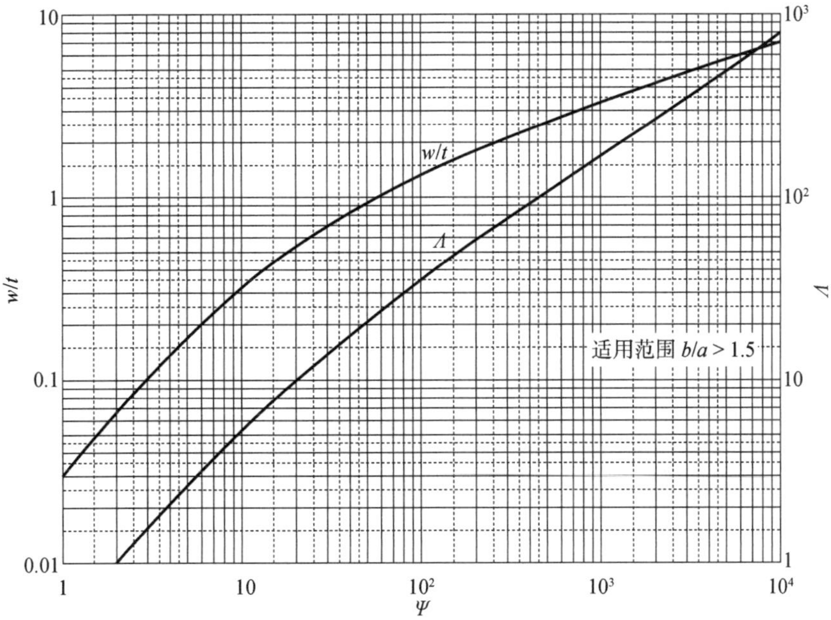

图 8-3-1　周边固定平板的最大应力系数 Λ 和挠度厚度比 w/t

动态载荷或振动可以是稳态，如推力系统诱发的载荷；也可以是瞬态，比如波浪拍击。对于前者，载荷的振幅通常是在船体结构材料的设计强度之内。然而，疲劳过程会导致结构过早地失效，尤其是结构部件和外力产生共振时。因此，艇体结构的固有振动频率应尽量避开主机、螺旋桨引起的振动频率，以免产生共振。

瞬态动载荷意味着常常会发生在具有更高载荷振幅的情况下。就高速船的设计而言，主要是波浪拍击。当高速船拍击波浪时，将加速度的影响施加到静态载荷的基础上，可以得到总体梁产生的应力最不利的情况。

静止船舶上的静水载荷相对简单并且可以通过基本原理确定，而水动力载荷则相当复杂，并且没有现成的计算方法，因此它们一般用十分简化的方式来对待。最常见的方式是通过一个固定的比例因子来增大静压载荷，这个比例因子称为“动态载荷因子”，简称“动载荷系数”。

所谓动载荷系数 L_d 即形成板架最大应力的当量有效水压与实际发生的静载荷水压之比值。当艇体构件采用动载荷设计方法时，其设计载荷 $P_d = P \cdot L_d$。此处 P 即是艇底板架的静载荷水压力。

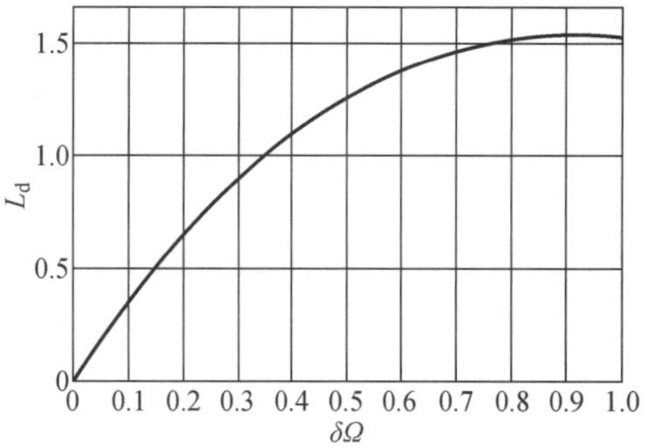

图 8-3-2　动载荷系数曲线

1969 年，永井保[5]针对受砰击波的平板给出了基于发生概率的动载荷系数，并通过水面落下的平板和板架的测量进行了验证。永井保认为该值当概率低于 1/60 时呈现相当于 1.5 倍的现象。由于 L_d 是永井保总结出来的用于确定底板厚度的动载荷系数，所以也称永井动载荷系数。动载荷系数曲线见图 8-3-2 或表 8-3-1，它取决于载荷持续时间 δ 与基频 Ω 的乘积。

表 8-3-1　平板动载荷系数 L_d（适用于编程计算）

$0.06>\delta\cdot\Omega>0$	$3.55\,\delta\cdot\Omega$
$0.14>\delta\cdot\Omega\geqslant0.06$	$(1+229\,\delta\cdot\Omega)/70$
$0.24>\delta\cdot\Omega\geqslant0.14$	$(1+25.3\,\delta\cdot\Omega)/9.63$
$0.36>\delta\cdot\Omega\geqslant0.24$	$(1+11.76\,\delta\cdot\Omega)/5.75$
$0.48>\delta\cdot\Omega\geqslant0.36$	$(1+4.63\,\delta\cdot\Omega)/2.64$
$0.60>\delta\cdot\Omega\geqslant0.48$	$(1+2.19\,\delta\cdot\Omega)/1.68$

8.3.2　基频

单面接触水的底部板格的基频 Ω 由以下的经验公式给出：

$$\Omega=\frac{\Phi\frac{\pi\cdot t}{4}J\sqrt{\frac{100E}{3\lambda\cdot\rho_{\mathrm{FRP}}}}}{\sqrt{1+\left(\frac{\rho_{\mathrm{W}}}{\rho_{\mathrm{FRP}}}\right)\frac{200}{\pi\cdot t\cdot J^{0.5}}}}\tag{8.3.1}$$

式中：Ω——基频/Hz；

Φ——周边条件系数，见表 8-3-2；

t——外板的厚度/cm；

a——板格短边跨距/cm；

b——板格长边跨距/cm；

E——弹性模数/MPa；

$\lambda=1-\mu^2$，此处 μ 为泊桑比；

$J=\left(\frac{1}{a^2}+\frac{1}{b^2}\right)\times10^4$；

ρ_{FRP}——玻璃钢材料密度/(kg/m³)，毡＋布积层板取 1 540 kg/m³；

ρ_{W}——海水密度/(kg/m³)，一般取 1 025 kg/m³。

表 8-3-2　平板单面触水振动频率周边条件系数 Φ

b/a	2	2.5	3	4	5	6	7	8
周边简支 Φ	1.250	1.160	1.111	1.095	1.079	1.063	1.048	1.032
周边固定 Φ	2.489	2.408	2.350	2.338	2.326	2.314	2.303	2.291
Φ 的平均值	1.870	1.784	1.731	1.717	1.703	1.689	1.676	1.661

由式(8.3.1)可得出四种情况的基频表达式。

(1) 对于常见的周边简支的 M＋R(短切毡＋玻璃布)玻璃钢平板或具有纵向构件支持的防挠材平外板(此时板格的有效宽度 a 变为 $a-0.5$ 防挠材宽度)的情况：采用 $\rho_{\mathrm{FRP}}=$ 1 540 kg/m³，$E=9.81\times10^3$ MPa，$\lambda=0.927\ 1$ 和 $\Phi=0.85$ 得到

$$\Omega=\frac{10.1t\cdot J}{\sqrt{1+\frac{42.37}{t\cdot J^{0.5}}}}\tag{8.3.1a}$$

(2) 对于具有一根独立帽型防挠材(指防挠材两端自由支撑的情况)的平外板情况：

$$\Omega=\frac{\frac{2.59\times10^6}{b^2}\sqrt{\frac{1}{3a\cdot t+8A_0}}}{\sqrt{1+\frac{42.37}{t\cdot J^{0.5}}}}\tag{8.3.1b}$$

式中：A_0——不计外板的帽型材剖面积/cm²；

(3) 对于具有二根独立帽型防挠材的平外板情况：

$$\Omega=\frac{\frac{1.59\times10^6}{b^2}\sqrt{\frac{1}{a\cdot t+3A_0}}}{\sqrt{1+\frac{42.37}{t\cdot J^{0.5}}}}\tag{8.3.1c}$$

(4) 对于常见的周边简支的碳纤维与玻璃纤维混杂的纤维增强塑料板或具有纵向构件支持的防挠材平外板(此时板格的有效宽度 a 变为 $a-0.5$ 防挠材宽度)的情况:采用 $\rho_{FRP}=1\ 455\ \mathrm{kg/m^3}$,$E=16.48\times10^3$ MPa,$\lambda=0.967\ 6$ 和 $\Phi=0.85$ 得到

$$\Omega=\frac{13.18t\cdot J}{\sqrt{1+\dfrac{44.85}{t\cdot J^{0.5}}}} \tag{8.3.1d}$$

8.3.3 载荷持续时间

根据图 8-3-3 的试验数据回归得出的载荷持续时间 δ 表达式如下:

$$157\geqslant\frac{L\cdot V}{\Delta^{1/6}}\qquad \delta_1=1.42\times10^{-3}\left(182-\frac{L\cdot V}{\Delta^{1/6}}\right) \tag{8.3.2a}$$

$$\frac{L\cdot V}{\Delta^{1/6}}>157\qquad \delta_2=6.65\times10^{-5}\left(677-\frac{L\cdot V}{\Delta^{1/6}}\right)\qquad \delta_{2\min}=0.015\ \mathrm{s} \tag{8.3.2b}$$

$$\frac{V}{\Delta^{1/6}}\geqslant25\qquad \delta_3=4.1\times10^{-5}\left(642-\frac{L\cdot V}{\Delta^{1/6}}\right)\qquad \delta_{3\min}=0.005\ \mathrm{s} \tag{8.3.2c}$$

其中部分实艇载荷持续时间的测试数据列于表 8-3-3 中。

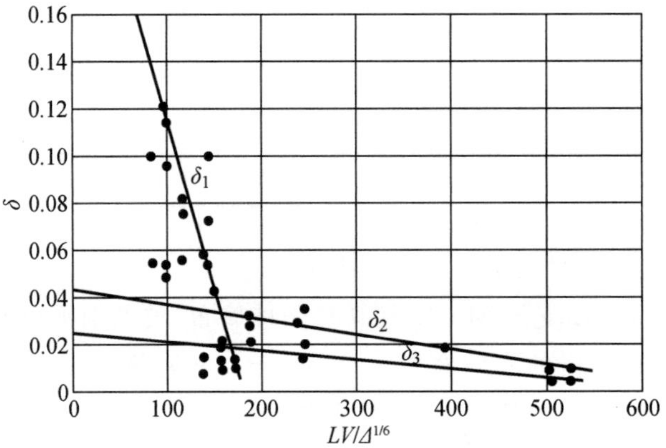

图 8-3-3 载荷持续时间 δ

表 8-3-3 一些实艇的载荷持续时间

艇型	V/kn	Δ/t	$V/\Delta^{1/6}$	L/m	$LV/\Delta^{1/6}$	δ/s
26 英尺 TORAYCA	50	1.4	47.27	8	376	0.011
	70		66.18		526	0.005
5.6 m 滑行艇	30	1.45	28.20	5.6	158	0.020
13 m 训练艇	16	9.5	10.99	12.83	141	0.058
13 m 训练艇	11	10.1	7.48	13	97.3	0.120
13 m 供应艇	16	9.85	10.92	13	142	0.057
17 m 巡逻艇	23	20	13.96	17	237	0.029

表 8-3-3（续）

艇型	V/kn	Δ/t	$V/\Delta^{1/6}$	L/m	$LV/\Delta^{1/6}$	δ/s
17 m 靶艇	26.5	17.67	16.42	17	279	0.026
24 m 滑行艇	30	36	16.51	24	396	0.019
35 m 滑行艇	40	140	17.55	35	614	0.010

8.3.4　动载荷设计方法

现以 13 m 训练艇 3# 船底板为例演示如下。

艇的参数：$L=13\ \text{m}$；$V=11\ \text{kn}$；$\Delta=10.1\ \text{t}$；$a=36\ \text{cm}$；$b=200\ \text{cm}$；$SF=2.5$；$\sigma_b=196.2\ \text{MPa}$；$t=0.364\ \text{cm}$。

第一步　计算基频

计算　$J=\left(\dfrac{1}{a^2}+\dfrac{1}{b^2}\right)\times 10^4=\left(\dfrac{1}{36^2}+\dfrac{1}{200^2}\right)\times 10^4=7.966$

将已知参数代入式(8.3.1a)：

$$\Omega=\frac{10.1t\cdot J}{\sqrt{1+\dfrac{42.37}{t\cdot J^{0.5}}}}=\frac{10.1\times 0.364\times 7.966}{\sqrt{1+\dfrac{42.37}{0.364\times 7.966^{0.5}}}}=\frac{29.286\ 2}{6.499}=4.506\ \text{Hz}$$

第二步　计算载荷持续时间

由表 8-3-3，本例 $V/\Delta^{1/6}=7.48$，$LV/\Delta^{1/6}=97.3$，按式(8.3.2a)计算：

$$\delta_1=1.42\times 10^{-3}\left(182-\frac{L\cdot V}{\Delta^{1/6}}\right)=1.42\times 10^{-3}(182-97.3)=0.120\ \text{s}$$

第三步　计算动载荷

计算 $\delta\cdot\Omega=0.12\times 4.506=0.54$，查图 8-3-2 得动载荷系数 $L_d=1.308$。

动载荷 $P_d=P\cdot L_d=0.0461\times 1.308=0.060\ 3\ \text{MPa}$，它代表着可用于设计的有效冲击载荷。

第四步　求板的弯曲应力与应力安全系数

图 8-3-1 给出了周边固定平板当 $b/a>1.5$ 时的最大应力系数 Λ 和挠度厚度比 w/t 与 Ψ 的关系，这些关系是在 x 和 y 方向上具有相同 E 的情况下，对板边固定、承受均布载荷的正交异性平板试验得到的。该图中参数：

$$\Psi=P_d\frac{\lambda}{E}\left(\frac{a}{t}\right)^4 \tag{8.3.3}$$

$$\Lambda=\sigma_{max}\frac{\lambda\cdot\Gamma}{E}\left(\frac{a}{t}\right)^2 \tag{8.3.4}$$

由式(8.3.3)、式(8.3.4)两式可求得 σ_{max}：

$$\sigma_{max}=\frac{\Lambda\cdot P_d(a/t)^2}{\Psi\cdot\Gamma} \tag{8.3.5}$$

式中：Γ——层合板应力修正系数，玻璃钢为 1.5(表 8-1-2)。

于是应力安全系数：

$$SF=\frac{\sigma_b}{\sigma_{max}}=\frac{\sigma_b\cdot\lambda\cdot\Gamma}{\Lambda\cdot E}\left(\frac{a}{t}\right)^2 \tag{8.3.6}$$

本例中 $\lambda=0.927\ 1$，$E=9.81\times10^3$ MPa，$P_d=0.060\ 3$ MPa，$a=36$ cm，$t=0.364$ cm，算得

$$\Psi=P_d\frac{\lambda}{E}\left(\frac{a}{t}\right)^4=0.060\ 3\ \frac{0.927\ 1}{9.81\times10^3}\left(\frac{36}{0.364}\right)^4=545.23$$

从图 8-3-1 中查得 $\Lambda=115$。

$$\sigma=\frac{\Lambda\cdot P_d\left(\frac{a}{t}\right)^2}{\Psi\cdot\Gamma}=\frac{115\times0.060\ 3\left(\frac{36}{0.364}\right)^2}{545.23\times1.5}=82.937\text{ MPa}$$

$$SF=\sigma_b/\sigma=196.2/82.937=2.36$$

计算结果表明，应力安全系数达不到要求的 2.5 水平，因此需要修正，增加外板厚度 $t=0.44$ cm 后，应力安全系数可达到 2.5 以上。故实艇外板厚度取 0.56 cm。

第五步 求挠度和挠度系数

由图 8-3-1 挠度厚度比 w/t 与 Ψ 的关系可直接求得挠度 w 和挠度系数 $\zeta=a/w$。

本例 $\Psi=545.23$，查图 8-3-1 得 $w/t=2.7$，$w=2.7\times0.364=0.982\ 8$ cm。

$$\zeta=a/w=36/0.982\ 8=36.63$$

结果表明，按 $t=0.364$ cm 计算的挠度系数 $\zeta>35$，已经满足衡准要求。

第六步 衡准要求

表 8-3-4 给出了应力安全系数 SF 和挠度系数 ζ 的衡准要求。

如果计算得到的应力安全系数 SF 和挠度系数 ζ 大于且接近于表 8-3-4 的衡准值，则说明按式(8.1.1) 计算的厚度 t 可作为合适的设计值。但是，若计算得出的应力安全系数 SF 和挠度系数 ζ 小于表列值或与表列值相差很大，则说明按式(8.1.1) 计算的厚度不适合作为设计值。此时，我们不得不通过选用不同的 t 值，从头开始再次重复这个验证过程，以逼近预先确定的应力安全系数 SF 值和挠度系数 ζ 值。

表 8-3-4 SF 和 ζ 的衡准要求

<table>
<tr><th>相对速度</th><th>a_f</th><th>SF</th><th>ζ</th></tr>
<tr><td>$25>V/\Delta^{1/6}\geqslant4$</td><td>1.5～6</td><td rowspan="2">2.5</td><td>35</td></tr>
<tr><td rowspan="2">$V/\Delta^{1/6}\geqslant25$</td><td>6</td><td rowspan="2">30</td></tr>
<tr><td>7～30</td><td>2.5</td></tr>
</table>

表 8-3-5 给出了一些计算实例，说明在大多数情况下，由式(8.1.1)算得的外板厚度 t 能满足表 8-3-4 的衡准要求，除了少数在括弧中作修正外，式(8.1.1)算得的 t 可直接供设计采用。

与各船级社规范相比较，按上述方法确定的这一厚度是最小的。尽管如此，已经证明此板格仍具有足够的强度来承受波浪载荷。因此，我们可望通过采用这种薄板设计方法来达

到诸如重量轻、造价低和航速快的设计宗旨。

表 8-3-5　动载荷方法计算外板厚度实例

艇型		艇板编号	a	b	σ_b	Ω	$\delta\Omega$	L_d	P_d	t	SF	ζ
26 英尺 Torayca $SF=2$ $\zeta=30$	$V=50$	1 2	28	360	298.2	4.757	0.052	0.184	0.080	0.216	2.14	34.6
	$V=70$	1 2	28	360	307.1	5.916	0.030	0.104	0.075	0.250	2.54	38.0
5.6 m 滑行艇 $V=30$　$SF=2.5$ $\zeta=30$		1	30	240	225.6	3.440	0.069	0.240	0.052	0.227	2.52	33.7
		2	42	240	225.6	2.505	0.050	0.176	0.038	0.318	2.68	38.3
13 m 训练艇 $\Delta=9.5t$　$V=16$ $SF=2.5$　$\zeta=35$ $\delta=0.058$		2	41.5	200	196.2	4.986	0.289	0.859	0.057	0.490	2.83	40.3
		3	36	200		5.832	0.338	0.965	0.063	0.433	2.63	38.9
		4	37	200		4.941	0.287	0.852	0.063	0.405 (0.56)	2.47 (2.53)	37.3
13 m 训练艇 $\Delta=9.5t$　$V=16$ $SF=2$　$\zeta=30$ $\delta_{max}=0.100$		2	41.5	200	196.2	4.986	0.499	1.250	0.082	0.490	2.18	35.3
		3	36	200		5.832	0.583	1.360	0.089	0.433	2.07	34.4
		4	37	200		4.941	0.494	1.242	0.092	0.405 (0.56)	1.89 (2.15)	32.5
13 m 训练艇 $\Delta=10.1t$　$V=11$ $SF=2.5$　$\zeta=35$		2	41.5	200	196.2	3.852	0.460	1.195	0.055	0.412	2.51	37.3
		3	36	200		4.505	0.542	1.308	0.060	0.364 (0.44)	2.36 (2.55)	36.63
		4	37	200		4.479	0.539	1.304	0.066	0.379 (0.56)	2.27 (2.76)	35.6
13 m 供应艇 $\Delta=8t$　$V=17$ $SF=2.5$　$\zeta=35$		2	30.1	205	196.2	7.025	0.302	0.885	0.068	0.367	2.54	38.3
		3	60	205		5.976	0.257	0.783	0.062	0.622 (0.66)	2.40 (2.47)	36.8
13 m 供应艇 $\Delta=9.85t$　$V=16$ $SF=2.5$　$\zeta=35$		2	37	300	196.2	4.567	0.260	0.793	0.054	0.390	2.64	38.9
		3	37	300		4.240	0.242	0.748	0.046	0.371	2.87	40.2
		4	48	300		3.884	0.221	0.700	0.054	0.536	2.80	40.1
17 m 巡逻艇 $V=23$ $SF=2.5$　$\zeta=35$		2	65	330	196.2	3.263	0.095	0.326	0.061	0.783	2.73	39.7
		3	82	330		2.888	0.084	0.290	0.053	0.859	2.68	39.0
17 m 靶艇 $V=26.5$ $SF=2.5$　$\zeta=35$		2	75	370	196.2	2.331	0.061	0.212	0.044	0.792	3.08	41.9
		3	79	370		2.637	0.069	0.240	0.049	0.740	2.59	38.1
24 m 滑行艇 $V=30$ $SF=2.5$　$\zeta=35$		2	74	500	196.2	2.302	0.044	0.154	0.038	0.678	3.07	41.7
		3	107	500		2.382	0.045	0.160	0.038	0.824	2.70	38.2

表 8-3-5（续）

艇型	艇板编号	a	b	σ_b	Ω	$\delta\Omega$	L_d	P_d	t	SF	ζ
35 m 滑行艇 $V=40$ $SF=2.5\quad\zeta=35$	1	84	900	196.2	2.507	0.025	0.10	0.061	1.032	2.78	40.4
	2	95	900		1.755	0.018	0.10	0.044	0.996	3.09	41.8
	3	94	900		1.669	0.017	0.10	0.041	0.946	3.16	42.6
	4	95	900		1.869	0.019	0.10	0.048	1.039	2.98	41.6

8.4 帽型材设计方法

8.4.1 帽型材剖面要素的计算

如图 8-4-1 所示的帽型材形状，按照组合型材剖面要素的计算方法，不计外板和胶接外板的折边（会引起一点小的误差，但不大），其剖面要素可按下述方法计算。先设假定的基准线是底板（外板）的上表面，算式如下。

剖面积：

$$\sum A = b_f \cdot t_f + 2t_w \cdot h_w \tag{8.4.1}$$

对假定基准线的面积力矩：

$$\sum M_A = b_f t_f \left(h_w - \frac{t_f}{2}\right) + t_w \cdot h_w^2 \tag{8.4.2}$$

中和轴相对于假定基准线的位置：

$$e = \frac{\sum M_A}{\sum A} \tag{8.4.3}$$

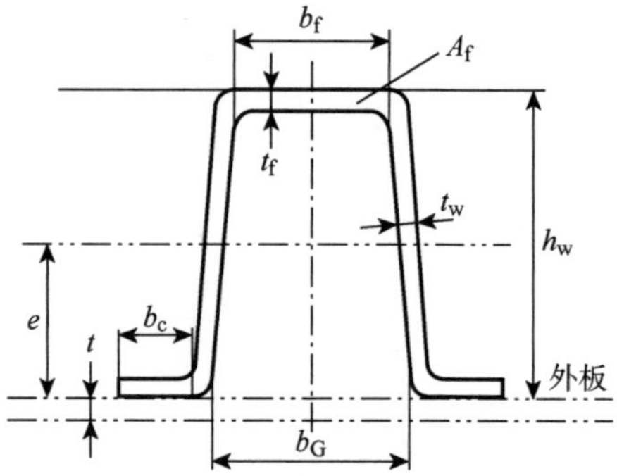

图 8-4-1　典型的帽型材剖面

剖面对中和轴的惯性矩：

$$I = b_f t_f \left(h_w - \frac{t_f}{2}\right)^2 + \frac{1}{2} t_w \cdot h_w^3 + \frac{t_w \cdot h_w^3}{6} - e^2 \cdot \sum A \tag{8.4.4}$$

剖面模数：

对帽型材底部折边板，

$$W_c = I/y_c = I/e \tag{8.4.5}$$

对帽型材顶板，

$$W_f = I/y_f = I/(h_w - e) \tag{8.4.6}$$

在帽型材中一般用泡沫塑料做芯材，对帽型材的刚度和抗压强度有好处，但这些芯材一般是不计入剖面模数的。

8.4.2　主纵桁和副纵桁

在上一节(8.3 节)中介绍了高速艇底板厚度的动载荷系数设计方法。本节将介绍附着于底部板架上的纵向防挠帽型材的设计方法。这些防挠材可区分为中内龙骨(主纵桁)、旁内龙骨(副纵桁)和舭纵桁(副纵桁)。

主纵桁是指船底最大高度的纵向帽型材;副纵桁是指帽型材高度低于 65%主纵桁的纵向贯通桁材。

根据构造的不同,帽型材又分为单层帽型材和二层帽型材。

8.4.3　动载荷系数设计值

高速艇的砰击水压以随机性的波浪冲击点的位置为中心的集中高水压在极短时间内因高速移动而消失。因此,构成板架的局部防挠材的动载荷系数一般要比永井的理论值低。且实艇的水面落下砰击试验在水面有小波的情况下,深 V 型艇底以水面接触点为中心的砰击水压由于折减分布,动载荷系数也要比水平平板的理论值低一些。为避免与永井的动载荷系数 L_d 混淆,构成板架的局部防挠材的动载荷系数用 k 表示。

此外,动载荷系数又分为航行冲击和水面落下冲击两种情况,航行冲击用下标 N 表示,水面落下冲击用下标 H 表示。航行冲击求得的防挠平板的动载荷系数 k_N 也适用于高速艇的主纵桁和圆弧龙骨板。高速艇的副纵桁和中低速艇的主纵桁的动载荷系数用 k_d 表示。对于水面落下的冲击,经过换算系数 $k_{\#}$ 的换算可得到水面落下冲击动载荷系数 k_H。

表 8-4-1 为船底纵桁帽型材设计系数值。

表 8-4-1　船底纵桁帽型材设计系数值(梁理论)

		挠度系数 $\zeta=l/w$		应力安全系数 $SF=\sigma_b/\sigma$	
		主纵桁	副纵桁	主纵桁	副纵桁
		ζ_{BM}	ζ_{BS}	SF_{BM}	SF_{BS}
航行冲击	普通纵桁	250	125	2.5	1.25
	机座下纵桁	$280l^{0.03}$	200	4	2.5
水面落下冲击		120		1.2	

注:l 是跨度;w 为挠度;σ_b 为抗弯强度;σ 为应力。下标BM为主纵桁;BS为副纵桁。

1. 航行冲击情况

航行冲击情况下,帽型材的设计动载荷系数 k_N 见表 8-4-2,先按相对速度分成二列,每列中又根据梁理论和板理论中的展弦比不同确定主纵桁和副纵桁的 k_N 值。

表 8-4-2 中 K_C 为舭部副纵桁帽型材动载荷系数修正值,取决于舭纵桁到舭部的间距 S_C 与纵桁长度 l 的比值 S_C/l:

$$S_C/l<0.11\qquad K_C=(S_C/l)^{0.2}$$

$$S_C/l \geqslant 0.11 \qquad K_C=1$$

$$\text{普通副纵桁取} \quad K_C=1$$

表 8-4-2　船底帽型材的设计动载荷系数 k

航行冲击		$L\cdot V/\Delta^{1/6}<300$ 或 $V/\Delta^{1/6}<25$	$L\cdot V/\Delta^{1/6}\geqslant 300$ 或 $V/\Delta^{1/6}\geqslant 25$
梁理论(l/S) 板理论(b/a)	$l/S\geqslant 4$ $b/a\geqslant 4$	主纵桁： $k_N=0.34\left(1+\frac{10-V}{23}\right)$ $k_d=k_N\cdot F_y$ 副纵桁： $k_{N\_BS}=0.255K_C\left(1+\frac{10-V}{23}\right)$	主纵桁： $k_N=0.26\left(1+\frac{12-V}{34.8}\right)$ $k_d=k_N\cdot F_y$ 副纵桁： $k_{N\_BS}=0.195K_C\left(1+\frac{12-V}{34.8}\right)$
	$4>(l/S)\geqslant 2$ $4>(b/a)\geqslant 2$	主纵桁： $k_d=\frac{1.122F_y}{(l/S)^{0.88}}\left(1+\frac{10-V}{23}\right)$ $k_d=\frac{1.122F_y}{(b/a)^{0.88}}\left(1+\frac{10-V}{23}\right)$ 副纵桁： $k_{N\_BS}=\frac{0.8415K_C}{(l/S)^{0.88}}\left(1+\frac{10-V}{23}\right)$ $k_{N\_BS}=\frac{0.8415K_C}{(b/a)^{0.88}}\left(1+\frac{10-V}{23}\right)$	主纵桁： $k_d=\frac{0.858F_y}{(l/S)^{0.88}}\left(1+\frac{12-V}{34.8}\right)$ $k_d=\frac{0.858F_y}{(b/a)^{0.88}}\left(1+\frac{12-V}{34.8}\right)$ 副纵桁： $k_{N\_BS}=\frac{0.6435K_C}{(l/S)^{0.88}}\left(1+\frac{12-V}{34.8}\right)$ $k_{N\_BS}=\frac{0.6435K_C}{(b/a)^{0.88}}\left(1+\frac{12-V}{34.8}\right)$

注：①$k_{Nmin}=0.015$；②甲板部 $k_N=k_d=k=1$；③主纵桁 $F_y=1$，副纵桁 $F_y=0.75$。

2. 水面落下冲击情况

带防挠材的平板、圆弧龙骨板(单板)从航行冲击换算水面落下冲击的系数 $k_{\#}$ 可按下式求得：

$$k_{\#}=k_d\frac{L^{0.5}}{\Delta^{1/6}\cdot V^J} \tag{8.4.7}$$

式中：J——速度修正系数，根据速度范围取值：

$$L\cdot V/\Delta^{1/6}\leqslant 200 \qquad J=0.340$$

$$300>L\cdot V/\Delta^{1/6}>200 \qquad J=0.262$$

$$L\cdot V/\Delta^{1/6}\geqslant 300 \qquad J=0.185$$

$$V/\Delta^{1/6}\geqslant 25 \qquad J=0.035$$

水面落下冲击情况下，帽型材的设计动载荷系数可按下面各式求得。

主纵桁(梁理论)：

$$k_{H\_BM}=k_{\#}^{0.0129(S/t)\delta_H^{0.145}} \tag{8.4.8}$$

主纵桁(板理论)：

$$k_{H\_BM}=k_{\#}^{0.0268(a/t)\delta_H^{0.145}}\qquad(\text{参加纵总弯曲用 }S\text{ 取代 }a)\tag{8.4.9}$$

副纵桁(梁理论·参加纵总弯曲)：

$$k_{H\_BS}=K_C\cdot k_{\#}^{0.0407(S/t)\delta_H^{0.145}}\tag{8.4.10}$$

副纵桁(板理论·不计纵总弯曲)：

$$k_{H\_BS}=K_C\cdot k_{\#}^{0.0221(a/t)\delta_H^{0.145}}\tag{8.4.11}$$

上述各式中，δ_H 为水面落下冲击载荷持续时间。

3. 水面落下冲击持续时间 δ_H

$$\frac{a}{t}\geqslant 35\qquad \delta_H=0.015\left(1-\frac{H}{3\,750}\right)\qquad \delta_{Hmin}=0.005\text{ s}\tag{8.4.12}$$

$$\frac{a}{t}<35\qquad \delta_H=0.009\left(1-\frac{H}{5\,140}\right)\qquad \delta_{Hmin}=0.004\text{ s}\tag{8.4.13}$$

式中：H——水面落下高度/mm。

8.4.4　计算实例 1:5.6 m,1.3 t,30 kn 艇

主要参数：$V=30$ kn，$L=5.6$ m，$\Delta=1.3$ t，主纵桁 $S_{BM}=45$ cm，副纵桁 $S_{BS}=35$ cm，$l=200$ cm，$S_C=16$ cm，$t=0.338$ cm

本艇底部有五道纵向贯通的纵桁：一道 No. 0_{BSK} 是副内龙骨帽型材；两道 No. 1_{BM} 是主纵桁；两道 No. 2_{BSC} 是舭纵桁。

$V/\Delta^{1/6}=28.72>25$，表 8-4-2 中右栏的公式适用。

1. 航行冲击(梁理论)

主纵桁的动载荷系数：

$$k_N=0.26\left(1+\frac{12-V}{34.8}\right)=0.26\left(1+\frac{12-30}{34.8}\right)=0.125\,52=k_{N\_BM}$$

副内龙骨帽型材的动载荷系数：

$$k_d=k_N\cdot F_y=0.125\,52\times 0.75=0.094\,14=k_{N\_BSK}$$

舭纵桁帽型材的动载荷系数：

$S_C/l=16/200=0.08<0.11$；$K_C=(S_C/l)^{0.2}=(16/200)^{0.2}=0.603\,4$

$$k_N=0.195K_C\left(1+\frac{12-V}{34.8}\right)=0.195\times 0.603\,4\left(1+\frac{12-30}{34.8}\right)=0.056\,8=k_{N\_BSC}$$

2. 水面落下冲击(梁理论)

此艇要做抛落试验，故需计算水面落下动载荷系数。换算系数按式(8.4.7)：

$$k_{\#}=k_N\frac{L^{0.5}}{\Delta^{1/6}\cdot V^J}=0.125\,52\frac{5.6^{0.5}}{1.3^{1/6}\times 30^{0.035}}=0.252\,4$$

主纵桁按式(8.4.8)：

$$k_{H\_BM}=k_{\#}^{0.0129(S/t)\delta_H^{0.145}}=0.252\,4^{0.0219(45/0.338)\delta_H^{0.145}}=0.252\,4^{1.7174\delta_H^{0.145}}$$

副内龙骨：

$$k_{\#\_BSK} = k_d \frac{L^{0.5}}{\Delta^{1/6} V^J} = 0.094\ 13 \frac{5.6^{0.5}}{1.3^{1/6} 30^{0.035}} = 0.189\ 2$$

$$k_{H\_BSK} = k_{\#\_BSK}^{0.040\ 7(S/t)\delta_H^{0.145}} = 0.189\ 2^{0.040\ 7(35/0.338)\delta_H^{0.145}} = 0.189\ 2^{4.214\delta_H^{0.145}}$$

副舭纵桁帽型材按式(8.4.10)：

$$k_{H\_BSC} = K_C \cdot k_{H\_BSK} = 0.603\ 4 \times 0.189\ 2^{4.214\delta_H^{0.145}}$$

计算结果列于表 8-4-3 中。

表 8-4-3　5.6 m 艇的水面落下动载荷系数(梁理论)

H/mm	δ_H/s	主纵桁 k_{H_BM}	副内龙骨 k_{H_BSK}	副舭纵桁 k_{H_BSC}
2 000	0.007	0.315 9	0.032 9	0.019 9
2 500	0.005	0.333 7	0.038 7	0.023 4
3 000	0.005	0.333 7	0.038 7	0.023 4

3. 水面落下冲击的动载荷系数(板理论)

1）主纵桁

$$k_{d\_BM} = k_N = 0.125\ 52$$

$$k_{\#\_BM} = k_{d\_BM} \frac{L^{0.5}}{\Delta^{1/6} V^J} = 0.125\ 52 \frac{5.6^{0.5}}{1.3^{1/6} \times 30^{0.035}} = 0.252\ 4$$

按式(8.4.9)：

$$k_{H\_BM(a)} = k_{\#\_BM}^{0.026\ 8(a/t)\delta_H^{0.145}} = 0.252\ 4^{0.026\ 8(a/0.338)\delta_H^{0.145}} = 0.252\ 4^{0.079\ 29a\cdot\delta_H^{0.145}}$$

参加纵弯曲时用 S 取代 a：

$$k_{H\_BM(S)} = k_{\#\_BM}^{0.026\ 8(S/t)\delta_H^{0.145}} = 0.252\ 4^{0.079\ 29S\cdot\delta_H^{0.145}}$$

计算结果列于表 8-4-4 中。

表 8-4-4　$k_{H\_BM(a)}$ 和 $k_{H\_BM(S)}$ 计算结果

H/mm	δ_H/s	$k_{H\_BM(a)}$ (a=30 cm)	$k_{H\_BM(a)}$ (a=42 cm)	$k_{H\_BM(S)}$ (S=45 cm)
2 000	0.007	0.202 7	0.107 1	0.091 4
2 500	0.005	0.218 8	0.119 1	0.102 3
3 000	0.005	0.218 8	0.119 1	0.102 3

2）副纵桁

$$k_{d\_BSK} = k_{N\_BSK} \cdot F_y = 0.125\ 52 \times 0.75 = 0.094\ 14$$

$$k_{\#\_BSK} = k_{d\_BSK} \frac{L^{0.5}}{\Delta^{1/6} V^J} = 0.09414 \frac{5.6^{0.5}}{1.3^{1/6} \times 30^{0.035}} = 0.189\ 1$$

按式(8.4.11)：

$$k_{H\_BSK(a)} = k_{\#\_BSK}^{0.022\ 1(a/t)\delta_H^{0.145}} = 0.189\ 1^{0.022\ 1(a/0.338)\cdot\delta_H^{0.145}} = 0.189\ 1^{0.065\ 48a\cdot\delta_H^{0.145}}$$

计算结果列于表 8-4-5 中。

表 8-4-5　$k_{H\_BSK(a)}$ 和 $k_{H\_BSC(a)}$ 计算结果

H/mm	δ_H/s	$k_{H\_BSK(a)}$ (a=30 cm)	$k_{H\_BSK(a)}$ (a=42 cm)	$k_{H\_BSC(a)}$ (a=13 cm)
2 000	0.007	0.203 3	0.107 5	0.302 5
2 500	0.005	0.219 3	0.119 5	0.312 6
3 000	0.005	0.219 3	0.119 5	0.312 6

3）舭部副纵桁

$$S_C = 16\ \text{cm}, a = 13\ \text{cm}, l = 200\ \text{cm}$$

$$S_C/l = 16/200 = 0.08 < 0.11;\ K_C = (S_C/l)^{0.2} = (16/200)^{0.2} = 0.603\ 4$$

$$k_{H\_BSC(a)} = K_C \cdot k_{\#\_BSK}^{0.022\ 1(a/t)\delta_H^{0.145}} = 0.189\ 1^{0.022\ 1(a/0.338)\cdot\delta_H^{0.145}} = 0.189\ 1^{0.065\ 48a\cdot\delta_H^{0.145}}$$

计算结果也列于表 8-4-5 中。

8.4.5　计算实例 2：17 m，20 t，20 kn 艇

$$L \cdot V/\Delta^{1/6} = 206 < 300;\quad l/S = 330/88 = 3.75 < 4;\quad K_C = 1$$

按梁理论设计纵向帽型材，适用表 8-4-2 中左栏提供的公式：

主纵桁：

$$k_{d\_BM} = \frac{1.122F_y}{(l/S)^{0.88}}\left(1 + \frac{10 - V}{23}\right) = \frac{1.122 \times 1}{3.75^{0.88}}\left(1 + \frac{10 - 20}{23}\right) = 0.198\ 2 = k_{N\_BM}$$

副纵桁：

$$k_{N\_BS} = \frac{0.841\ 5K_C}{(l/S)^{0.88}}\left(1 + \frac{10 - V}{23}\right) = \frac{0.841\ 5 \times 1}{3.75^{0.88}}\left(1 + \frac{10 - 20}{23}\right) = 0.148\ 6$$

此艇无须做跌落试验，故可以不计算水面落下冲击动载荷系数。

8.4.6　纵桁帽型材设计步骤

1. 计算惯性矩、剖面模数的需求值和顶板厚度

$$I_R = \frac{P \cdot S \cdot l^3 \cdot \zeta \cdot k_N}{c_2 \cdot E} \tag{8.4.14}$$

$$W_R = \frac{P \cdot S \cdot l^2 \cdot SF \cdot k_N}{c_1 \cdot \sigma_C} \tag{8.4.15}$$

$$t_{fc} = \frac{t_f + 12\dfrac{A_f}{h_w}}{1 + 12\dfrac{b_f}{h_w}} \tag{8.4.16}$$

式中：I_R——帽型材惯性矩（需求值）/cm^4；

W_R——帽型材剖面模数(需求值)/cm^3；

P——水压载荷/(N/cm^2)；

S——防挠材分担的宽度或肋距/cm；

l——防挠材跨距/cm；

ζ——挠度系数，查表 8-4-1；

k_N——航行冲击动载荷系数；

E——玻璃钢的弹性模数/(N/cm^2)；标准值查表 8-1-2；

σ_C——玻璃钢抗压强度/(N/cm^2)；标准值查表 8-1-2；

SF——应力安全系数，查表 8-4-1；

c_1,c_2——纵弯曲梁的端点固定系数，当两端固定时(如防挠材两端伸展到横舱壁)$c_1=12$，$c_2=384$；当一端固定、另一端简支，或两端简支时(如防挠材一端与舱壁联结，另一端未达舱壁)$c_1=8$，$c_2=184.6$；

t_{fc}——帽型材顶板的计算板厚/cm；

t_f——帽型材的顶板厚度/cm；

b_f——帽型材顶板宽度/cm；

A_f——帽型材顶板面积/cm^2；

h_w——帽型材腹板高度/cm。

求得惯性矩 I、剖面模数 W 的需求值后，可由图 8-4-2、图 8-4-3 查取帽型材 h_w，t_f，A_f 的值。根据这些参数按式(8.4.16)计算出帽型材顶板需要的厚度，再做需要积层(铺层)数的计算，取整数层后，即可确定帽型材顶板的实际厚度。

在本章中，积层板的厚度为含 42%玻璃纤维的聚酯树脂玻璃钢，其中：毡(600 g/m^2)厚 $t_M=0.12$ cm；布(860 g/m^2)厚 $t_R=0.1$ cm；$t_{MR}=0.22$ cm。故积层板层数的计算式为

$$n_{MR}=(t_f-0.12)/0.22$$

2. 计算腹板厚度

因其他构件贯穿腹板后的帽型材剩余腹板厚度 t_{wc} 可按式 (8.4.17) 确定，式中 h_T 为连续通过的帽型材高度：

$$t_{wc}=\frac{t_{fc}}{2}\left(\frac{h_w}{h_w-h_T}\right)^{0.4} \tag{8.4.17}$$

通常情况下，常取 $t_{wc}=t_{fc}/2$，当用小尺寸帽型材时，多取 $t_{wc}=t_{fc}$。

3. 计算折边板宽度、外板胶接过渡区的宽度

无桁材贯穿腹板的普通帽型材胶接外板的折边的有效宽度 b_c 按式(8.4.18)计算；而外板胶接过渡区的有效宽度 b_p 按式(8.4.19)计算：

$$b_c=f_0\left[1+\frac{n_{MR}}{4}\left(\frac{n_{MR}+0.1}{n_{MR}+0.5}\right)\right] \tag{8.4.18}$$

$$b_p=(40t+b_G)\leqslant S \tag{8.4.19}$$

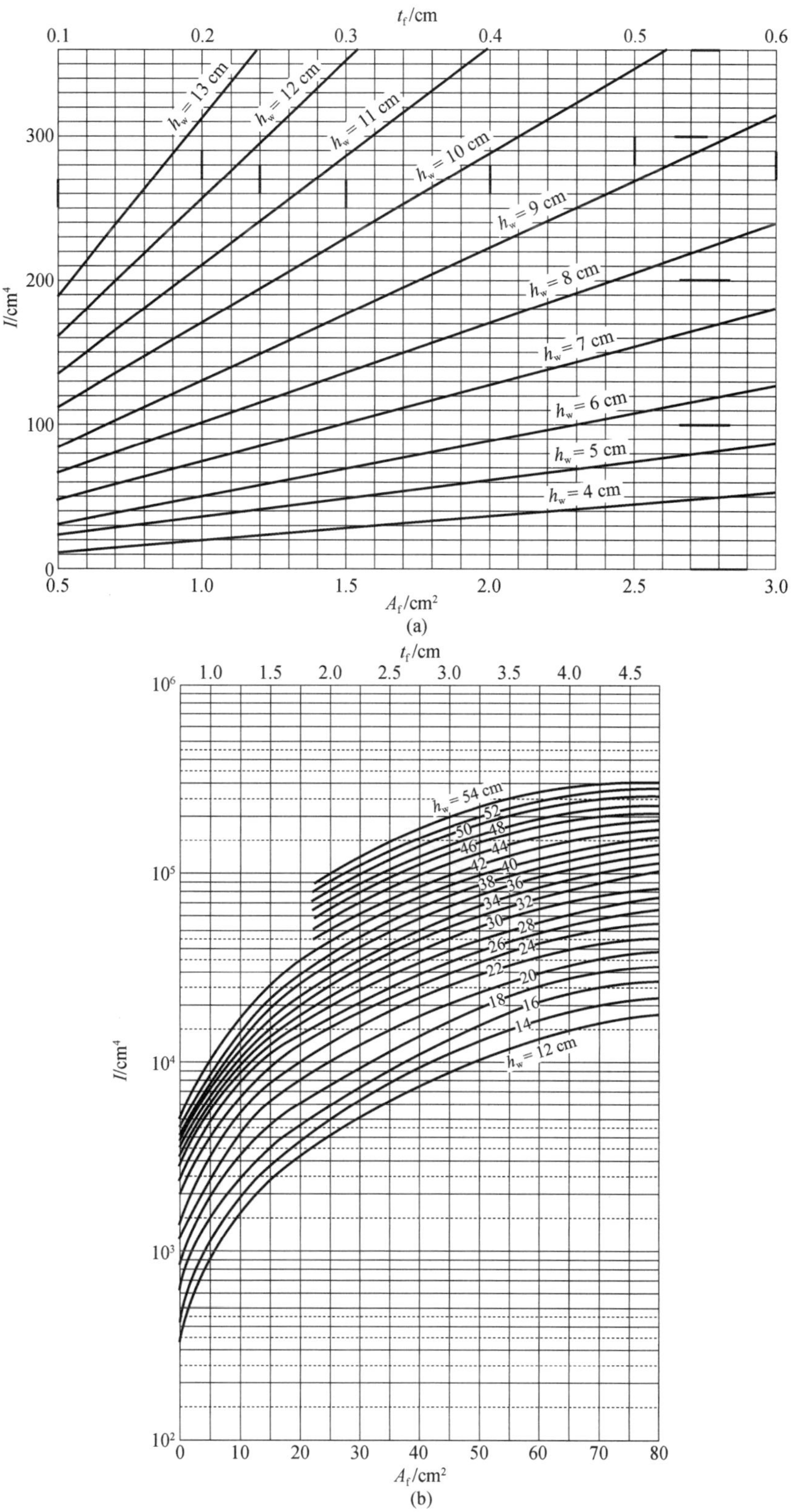

图 8-4-2　帽型防挠材的惯性矩 I

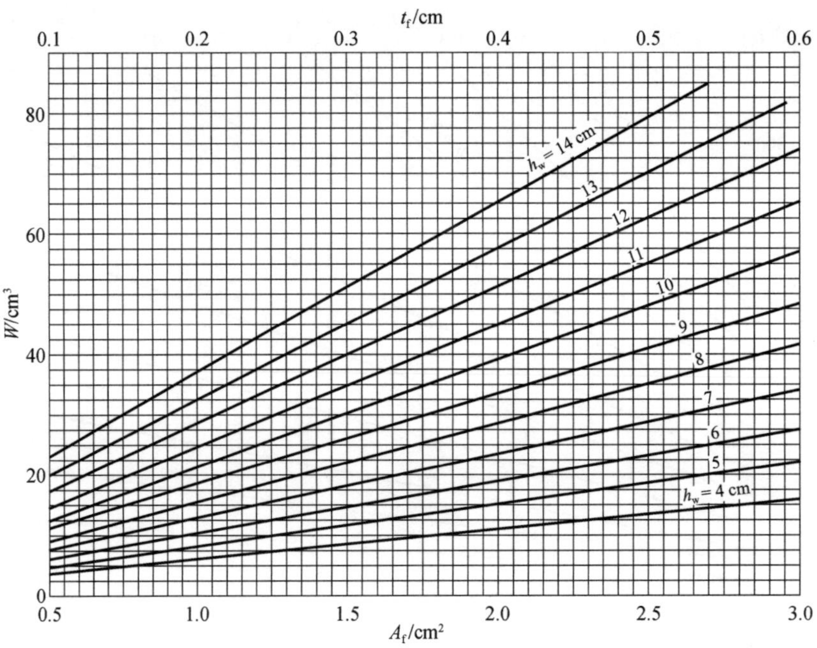

(a)

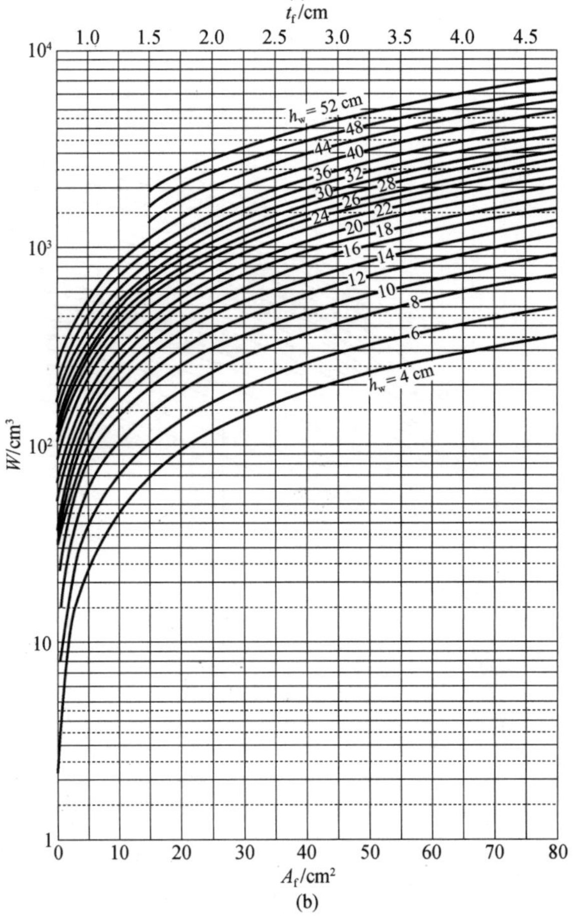

(b)

图 8-4-3　帽型防挠材的剖面模数 W

式中：t——外板厚度/cm；

b_G——帽型材腹板在外板处的间距/cm；

n_{MR}——MR(毡+布)的积层数；

f_0——帽型材折边的有效宽度系数，

M(毡)≥500 g/m^2，R(布)≥600 g/m^2 时，$f_0=5$；

M(毡)<500 g/m^2，R(布)<600 g/m^2 时，$f_0=3.5$。

4．求取实际使用的挠度系数和安全应力系数

按以上步骤求得的帽型材尺寸进行计算，求得实际使用的帽型材惯性矩 I_S 和剖面模数 W_S，按下述公式求出实际使用的挠度系数 ζ_S 和安全应力系数 SF_S：

$$\zeta_S = \frac{c_2 \cdot E \cdot I_S}{P \cdot S \cdot l^3 \cdot k_N} \tag{8.4.20}$$

$$SF_S = \frac{c_1 \cdot \sigma_C \cdot W_S}{P \cdot S \cdot l^2 \cdot k_N} \tag{8.4.21}$$

5．衡准

将实际值的 ζ_S 和 SF_S 与需求值(查表 8-4-1)比较，若满足下列二个条件则表明高速艇船底纵桁的动载荷设计合乎安全标准。

(1) 全部纵桁的挠度系数比：

$$\frac{1}{n}\sum_1^n \frac{\zeta_S}{\zeta_R} \geqslant 0.9 \tag{8.4.22}$$

式中：n——构件的序号，即全部纵桁的数量。

(2) 各个构件的应力安全系数比：

$$\frac{SF_S}{SF_R} \geqslant 1.0 \tag{8.4.23}$$

6．修正

当实际的取值 I_S 和 W_S 与 I_R、W_R 相差较大时，可按以下三组公式来修正：

$$h_{w\_new} = h_w \sqrt[3]{\frac{I_R}{I_S}}$$

$$h_{w\_new} = h_w \sqrt{\frac{W_R}{W_S}} \tag{8.4.24}$$

$$\begin{aligned} b_{f\_new} &= b_f(I_R/I_S) \\ b_{f\_new} &= b_f(W_R/W_S) \end{aligned} \tag{8.4.25}$$

$$\begin{aligned} t_{f\_new} &= t_f(I_R/I_S)^{1.5} \\ t_{f\_new} &= t_f(W_R/W_S) \end{aligned} \tag{8.4.26}$$

8.4.7　计算实例 3：17 m 玻璃钢巡逻艇(船员舱)单层帽型防挠材

设计参数：$L=17$ m，$V=20$ kn，$\Delta=20$ t，$LV/\Delta^{1/6}=206$，$P=17$ N/cm^2，$l=330$ cm，$S=$

88 cm

主纵桁 No. 1：$\zeta_{BM}=250$，$SF_{BM}=2.5$，$k_{N\_BM}=0.1982$，$c_1=12$，$c_2=384$。

$$I_{R\_BM}=\frac{P\cdot S\cdot l^3\cdot \zeta\cdot k_N}{c_2\cdot E}=\frac{17\times 88\times 330^3\times 250\times 0.1982}{384\times 9.81\times 10^5}=7\,071\ \text{cm}^4$$

$$W_{R\_BM}=\frac{P\cdot S\cdot l^2\cdot SF\cdot k_N}{c_1\cdot \sigma_C}=\frac{17\times 88\times 330^2\times 2.5\times 0.1982}{12\times 17\,658}=381\ \text{cm}^3$$

副纵桁 No. 2：$\zeta_{BS}=125$，$SF_{BS}=1.25$，$k_{N\_BS}=0.1486$，$c_1=12$，$c_2=384$。

$$I_{R\_BS}=\frac{P\cdot S\cdot l^3\cdot \zeta\cdot k_N}{c_2\cdot E}=\frac{17\times 88\times 330^3\times 125\times 0.1486}{384\times 9.81\times 10^5}=2\,651\ \text{cm}^4$$

$$W_{R\_BS}=\frac{P\cdot S\cdot l^2\cdot SF\cdot k_N}{c_1\cdot \sigma_C}=\frac{17\times 88\times 330^2\times 1.25\times 0.1486}{12\times 17\,658}=143\ \text{cm}^3$$

求主纵桁尺寸：

(1) 先假定帽型材顶板厚度 $t_f=1$ cm，在图 8-4-2 中 $I=7\,071$ cm^4 处作一条横线与 $t_f=1$ cm的垂线相交，得 $h_w=34$ cm，$A_f=5$ cm^2。

(2) 设定 $b_f=4$ cm，按式(8.4.16)计算得到帽顶板厚度 t_{fc} 值：

$$t_{fc}=\frac{t_f+12\dfrac{A_f}{h_w}}{1+12\dfrac{b_f}{h_w}}=\frac{1+12\dfrac{5}{34}}{1+12\dfrac{4}{34}}=1.146\ \text{cm}$$

(3) 设定 $h_T=20$ cm，按式(8.4.17)计算帽型材剩余腹板厚度：

$$t_{wc}=\frac{t_{fc}}{2}\left(\frac{h_w}{h_w-h_T}\right)^{0.4}=\frac{1.146}{2}\left(\frac{34}{34-20}\right)^{0.4}=0.817\ \text{cm}$$

$$n_{MR}=(t_{wc}-0.12)/0.22=(0.817-0.12)/0.22=3.17\rightarrow 4\ \text{层}$$

实取 $t_w=t_f=4\times 0.22+0.12=1$ cm

(4) 由表 8-3-5，外板厚度 $t=0.86$ cm，$b_G=6$ cm，取 $f_0=5$，M+R 共 4 层，计算 b_c 和 b_p：

$$b_c=f_0\left[1+\frac{n_{MR}}{4}\left(\frac{n_{MR}+0.1}{n_{MR}+0.5}\right)\right]=5\left[1+\frac{4}{4}\left(\frac{4+0.1}{4+0.5}\right)\right]=9.6\ \text{cm}$$

$$b_p=(40t+b_G)=(40\times 0.86+6)=40.4\ \text{cm}<88\ \text{cm}$$

(5) 计算实际的 I_S 和 W_S 值：

$$\sum A=b_f\cdot t_f+2t_w\cdot h_w=4\times 1+2\times 1\times 34=72\ \text{cm}^2$$

$$\sum M_A=b_f t_f\left(h_w-\frac{t_f}{2}\right)+t_w\cdot h_w^2=4\times 1\left(34-\frac{1}{2}\right)+1\times 34^2=1\,290\ \text{cm}^3$$

$$e=\frac{\sum M_A}{\sum A}=\frac{1\,290}{72}=17.92\ \text{cm}$$

$$I=b_f t_f\left(h_w-\frac{t_f}{2}\right)^2+\frac{1}{2}t_w\cdot h_w^3+\frac{t_w\cdot h_w^3}{6}-e^2\cdot\sum A=$$

$$4\times 1\left(34-\frac{1}{2}\right)^2+\frac{1}{2}\times 1\times 34^3+\frac{1\times 34^3}{6}-17.92^2\times 72=7\,570\ \text{cm}^4$$

设帽型材底部折边板厚度 $t_c=t_w=1$ cm。

对帽型材底部折边板 $W_c = I/e = 7\,570/17.92 = 422\ \text{cm}^3$。

对帽型材顶板 $W_f = I/(h_w - e) = 7\,570/(34 - 17.92) = 470\ \text{cm}^3$。

(6) 按式(8.4.20)、式(8.4.21)求出实际使用的挠度系数 ζ_S 和安全应力系数 SF_S：

$$\zeta_S = \frac{c_2 \cdot E \cdot I_S}{P \cdot S \cdot l^3 \cdot k_N} = \frac{384 \times 9.81 \times 10^5 \times 7\,570}{17 \times 88 \times 330^3 \times 0.198\,2} = 267 > 250$$

$$SF_S = \frac{c_1 \cdot \sigma_C \cdot W_S}{P \cdot S \cdot l^2 \cdot k_N} = \frac{12 \times 17\,658 \times 422}{17 \times 88 \times 330^2 \times 0.198\,2} = 2.77 > 2.50$$

以上是计算过程演示，实艇的取值还要考虑其他因素，会有出入，表 8-4-6 中列出了一些艇的计算结果和实际用例，可供参考。

8.4.8　计算实例 4：5.6 m 玻璃钢滑行艇（航行中）

主要参数：$V = 30$ kn，$L = 5.6$ m，$\Delta = 1.3$ t，$P = 19.62\ \text{N/cm}^2$，$l = 230$ cm；外板 $t = 0.338$ cm。

本艇底部有五道纵向贯通的纵桁：一道 No. 0_{BSK}是副内龙骨帽型材；两道 No. 1_{BM}是主纵桁；两道 No. 2_{BSC}是舭纵桁（副纵桁）。

(1) 在 8.4.4 节计算实例 1 中已经算得各纵桁的航行冲击动载荷系数如下：

主纵桁　$k_{N\_BM} = 0.125\,52$

副内龙骨　$k_{N\_BSK} = 0.094\,14$

舭纵桁　$k_{N\_BSC} = 0.056\,8$

(2) 各纵桁要求的惯性矩 I_R 和剖面模数 W_R 计算如下：

主纵桁：$S_{BM} = 45$ cm，$l = 230$ cm，$\zeta_{BM} = 250$，$SF_{BM} = 2.5$，$k_{N\_BM} = 0.125\,52$，$c_1 = 12$，$c_2 = 384$。

$$I_{R\_BM} = \frac{P \cdot S \cdot l^3 \cdot \zeta \cdot k_N}{c_2 \cdot E} = \frac{19.62 \times 45 \times 230^3 \times 250 \times 0.125\,52}{384 \times 9.81 \times 10^5} = 894.8\ \text{cm}^4$$

$$W_{R\_BM} = \frac{P \cdot S \cdot l^2 \cdot SF \cdot k_N}{c_1 \cdot \sigma_C} = \frac{19.62 \times 45 \times 230^2 \times 2.5 \times 0.125\,52}{12 \times 17\,658} = 69.16\ \text{cm}^3$$

副内龙骨：$S_{BSK} = 35$ cm，$l = 230$ cm，$\zeta_{BSK} = 125$，$SF_{BSK} = 1.25$，$k_{N\_BSK} = 0.094\,14$，$c_1 = 12$，$c_2 = 384$。

$$I_{R\_BSK} = \frac{P \cdot S \cdot l^3 \cdot \zeta \cdot k_N}{c_2 \cdot E} = \frac{19.62 \times 35 \times 230^3 \times 125 \times 0.094\,14}{384 \times 9.81 \times 10^5} = 261\ \text{cm}^4$$

$$W_{R\_BSK} = \frac{P \cdot S \cdot l^2 \cdot SF \cdot k_N}{c_1 \cdot \sigma_C} = \frac{19.62 \times 35 \times 230^2 \times 1.25 \times 0.094\,14}{12 \times 17\,658} = 20.17\ \text{cm}^3$$

舭纵桁：$S_{BSC} = 35$ cm，$l = 200$ cm（前端未到达舱壁，按一端固定、一端简支计算，$c_1 = 8$，$c_2 = 184.6$），$\zeta_{BSC} = 125$，$SF_{BSC} = 1.25$，$k_{N\_BSC} = 0.056\,8$。

$$I_{R\_BSC} = \frac{P \cdot S \cdot l^3 \cdot \zeta \cdot k_N}{c_2 \cdot E} = \frac{19.62 \times 35 \times 200^3 \times 125 \times 0.056\,8}{184.6 \times 9.81 \times 10^5} = 215\ \text{cm}^4$$

$$W_{R\_BSC} = \frac{P \cdot S \cdot l^2 \cdot SF \cdot k_N}{c_1 \cdot \sigma_C} = \frac{19.62 \times 35 \times 200^2 \times 1.25 \times 0.056\,8}{8 \times 17\,658} = 13.8\ \text{cm}^3$$

(3) 求主纵桁的尺寸：

先假定帽型材顶板厚度 $t_f=0.5$ cm，在图 8-4-2 中 $I=894.8\ \text{cm}^4$ 处作一条横线与 $t_f=0.5$ cm 的垂线相交，得 $h_w=16$ cm，$A_f=2.5\ \text{cm}^2$。

设定 $b_f=4$ cm，按式(8.4.16)计算得到帽顶板厚度 t_{fc}值：

$$t_{fc}=\frac{t_f+12\dfrac{A_f}{h_w}}{1+12\dfrac{b_f}{h_w}}=\frac{0.5+12\dfrac{2.5}{16}}{1+12\dfrac{4}{16}}=0.59\ \text{cm}$$

$$n_{MR}=(t_{wc}-0.12)/0.22=(0.59-0.12)/0.22=2.14\rightarrow 2\ \text{层}$$

$$t_f=t_w=2\times0.22+0.12=0.56\ \text{cm}$$

计算惯性矩和剖面模数如下：

$$\sum A=b_f\cdot t_f+2t_w\cdot h_w=4\times0.56+2\times0.56\times16=20.16\ \text{cm}^2$$

$$\sum M_A=b_ft_f\left(h_w-\frac{t_f}{2}\right)+t_w\cdot h_w^2=4\times0.56\left(16-\frac{0.56}{2}\right)+0.56\times16^2=178.57\ \text{cm}^3$$

$$e=\frac{\sum M_A}{\sum A}=\frac{178.57}{20.16}=8.85\ \text{cm}$$

$$I=b_ft_f\left(h_w-\frac{t_f}{2}\right)^2+\frac{1}{2}t_w\cdot h_w^3+\frac{t_w\cdot h_w^3}{6}-e^2\cdot\sum A$$

$$=4\times0.56\left(16-\frac{0.56}{2}\right)^2+\frac{1}{2}0.56\times16^3+\frac{0.56\times16^3}{6}-8.85^2\times20.16$$

$$=503.74\ \text{cm}^4$$

计算结果显然小于要求的值，按式(8.4.24)作修正：

$$h_{w\_new}=h_w\sqrt[3]{\frac{I_R}{I_S}}=16\sqrt[3]{\frac{894.8}{503.74}}=19.38\ \text{cm}\Rightarrow20\ \text{cm}$$

重新计算实际的惯性矩和剖面模数：

$$\sum A=b_f\cdot t_f+2t_w\cdot h_w=4\times0.56+2\times0.56\times20=24.64\ \text{cm}^2$$

$$\sum M_A=b_ft_f\left(h_w-\frac{t_f}{2}\right)+t_w\cdot h_w^2=4\times0.56\left(20-\frac{0.56}{2}\right)+0.56\times20^2=268.17\ \text{cm}^3$$

$$e=\frac{\sum M_A}{\sum A}=\frac{268.17}{24.64}=10.88\ \text{cm}$$

$$I=b_ft_f\left(h_w-\frac{t_f}{2}\right)^2+\frac{1}{2}t_w\cdot h_w^3+\frac{t_w\cdot h_w^3}{6}-e^2\cdot\sum A$$

$$=4\times0.56\left(20-\frac{0.56}{2}\right)^2+\frac{1}{2}0.56\times20^3+\frac{0.56\times20^3}{6}-10.88^2\times24.64$$

$$=941\ \text{cm}^4$$

设帽型材底部折边板厚度 $t_c=t_w=t_f=0.56$ cm。

对帽型材底部折边板 $W_c=I/e=941/10.88=86.49\ \text{cm}^3$。

对帽型材顶板 $W_f=I/(h_w-e)=941/(20-10.88)=103\ \text{cm}^3$。

（4）衡准：

$$\zeta_S = \frac{c_2 \cdot E \cdot I_S}{P \cdot S \cdot l^3 \cdot k_N} = \frac{384 \times 9.81 \times 10^5 \times 941}{19.62 \times 45 \times 230^3 \times 0.12552} = 267.8$$

$$SF_S = \frac{c_1 \cdot \sigma_C \cdot W_S}{P \cdot S \cdot l^2 \cdot k_N} = \frac{12 \times 17658 \times 86.49}{19.62 \times 45 \times 230^2 \times 0.12552} = 3.13$$

$$\zeta_S/\zeta_R = 267.8/250 = 1.07 > 0.9, \quad SF_S/SF_R = 3.13/2.5 = 1.25 > 1.0$$

说明满足要求。由于这艘小艇要求做水面落下冲击试验，因此，主纵桁的取值比航行状态的要求大得多。

对于长期间无受损的保持安全航行的 5 艘玻璃钢实艇资料按航行冲击状态，对船底纵桁用梁理论做了动载荷分析，资料列于表 8-4-6 中。

表 8-4-7 是 5.6 m 滑行艇按水面落下冲击试验状态，对船底纵桁用梁理论所做的动载荷分析，可资参考。

表 8-4-6　航行冲击状态动载荷分析实艇资料（梁理论）

		P	l/S	ζ_R/SF_R	k_N	I_R	W_R	I_S	W_S	ζ_S	SF_S	SF_S/SF_R
		N/cm²	cm			cm⁴	cm³	cm⁴	cm³			
17 m 艇船员舱 20 kn，20 t	No. 1_{BM}	17	330/88	250/2.5	0.198 2	7 071	381	9 497	409	336	2.68	1.07>1.0
	No. 2_{BS}	17	330/88	125/1.25	0.148 6	2 653	143	2 482	208	117	1.82	1.46>1.0
15 m 艇船员舱 10 kn，14.5 t	No. 1_{BM} No. 2_{BM}	3.85	425/60	250/2.5	0.340 0	3 803	159	3 483	277	229	4.35	1.74>1.0
13.5 m 交通艇（船员舱）18 kn，13.6 t	No. 1_{BM}	14.25	320/65	250/2.5	0.221 7	4 467	248	10 044	391	562	3.94	1.58>1.0
	No. 2_{BS}	14.25	320/65	125/1.25	0.166 3	1 675	93	2 347	186	175	2.50	2.00>1.0
	No. 3_{BSC}	14.25	260*/35	125/1.25	0.099 6	603	30	811	80	168	3.36	2.69>1.0
13.5 m 交通艇（机舱）18 kn，13.6 t	No. 1_{BM}	12.97	370/65	303/4	0.221 7	7 614	483	28 540	1 125	1 136	9.32	2.33>1.0
	No. 2_{BS}	12.97	370/65	200/2.5	0.166 3	3 770	226	5 356	499	284	5.51	2.20>1.0
	No. 3_{BSC}	12.97	370/65	125/1.25	0.105 5	1 035	50	811	80	98	2.01	1.61>1.0
13 m 艇船员舱 13 kn，9.5 t	No. 1_{BM}	8.88	290**/56	250/2.5	0.295 7	2 382	146	4 648	195	488	3.34	1.34>1.0
	No. 2_{BS}	8.88	290**/56	125/1.25	0.221 7	893	55	784	73	110	1.67	1.33>1.0
5.6 m 滑行艇 30 kn，1.3 t	No. 0_{BSK}	19.62	230/35	125/1.25	0.094 1	261	20.2	198	28.8	95	1.78	1.42>1.0
	No. 1_{BM}	19.62	230/45	250/2.5	0.125 5	894	69.16	3 030	243	421	4.37	1.75>1.0
	No. 2_{BSC}	19.62	200*/35	125/1.25	0.056 8	215	13.8	155	21.5	90	1.95	1.56>1.0

注：* 前端未达舱壁，$c_1 = 8$，$c_2 = 184.6$；

** 13 m 艇船员舱中间有一根让纵桁贯穿腹板的强梁（肋板）时，$\varepsilon = 1$，$l_0 = 400$ cm，$l = \frac{1.45 l_0}{1+\varepsilon} = \frac{1.45 \times 400}{1+1} = 290$ cm

表 8-4-7　5.6 m 滑行艇水面落下冲击试验状态(梁理论)

$l_x=3.85$ m,$\beta_x=19.29°$

H/mm	帽型材代号	P_H N/cm²	l/S cm	ζ_R/SF_R	k_H	I_R cm⁴	W_R cm³	I_S cm⁴	W_S cm³	ζ_S	SF_S	SF_S/SF_R
2 000	No. 0_{BSK}	34.46	230/35	120/1.2	0.032 9	154	11.9	198	28.8	154	2.90	2.42>1.0
	No. 1_{BM}		230/45		0.315 9	1 899	147	3 030	243	191	1.98	1.65>1.0
	No. 2_{BSC}		200/35		0.019 9	127	8.2	155	21.5	146	3.15	2.62>1.0
								$\frac{1}{n}\sum_1^n\frac{\zeta_S}{\zeta_R}=\frac{1}{5}\sum_1^5\left(\frac{\zeta_S}{\zeta_R}\right)=1.38>0.9$				
2 500	No. 0_{BSK}	41.37	230/35	120/1.2	0.038 7	217	16.8	198	28.8	109	2.06	1.72>1.0
	No. 1_{BM}		230/45		0.333 7	2 408	186	3 030	243	151	1.57	1.31>1.0
	No. 2_{BSC}		200/35		0.023 4	180	11.5	155	21.5	103	2.24	1.87>1.0
								$\frac{1}{n}\sum_1^n\frac{\zeta_S}{\zeta_R}=\frac{1}{5}\sum_1^5\left(\frac{\zeta_S}{\zeta_R}\right)=1.04>0.9$				
3 000	No. 0_{BSK}	48.03	230/35	120/1.2	0.038 7	252	19.5	198	28.8	94	1.77	1.48>1.0
	No. 1_{BM}		230/45		0.333 7	2 796	216	3 030	243	130	1.35	1.13>1.0
	No. 2_{BSC}		200/35		0.023 4	209	13.4	155	21.5	89	1.93	1.61>1.0
								$\frac{1}{n}\sum_1^n\frac{\zeta_S}{\zeta_R}=\frac{1}{5}\sum_1^5\left(\frac{\zeta_S}{\zeta_R}\right)=0.89\approx 0.9$				

注:$H=3\ 000$ mm 的水面落下试验若没有要求,通常不做。

8.5　按板理论设计纵桁帽型材

前面介绍了按梁理论设计纵桁帽型材的公式,对于航行冲击状态来说,基本上满足了强度要求。但对于速度很高的滑行艇来说,即使在梁理论方面设计合格,也会因板格屈曲导致损伤的现象,为了避免这种损伤,本节将介绍船底纵桁按板理论设计的方法。

8.5.1　避免胶接外板的帽型材折边泛白龟裂的设计式

图 8-5-1 中的横坐标参数 Ψ:

$$\Psi=P_d\frac{\lambda}{E}\left(\frac{a}{t}\right)^4=P\cdot k_N\frac{\lambda}{E}\left(\frac{a}{t}\right)^4 \tag{8.5.1}$$

式中:P_d——动载荷/(N/cm²);

P——水压力,或称丹羽诚一水压值/(N/cm²);

E——弯曲弹性模量/(N/cm²);

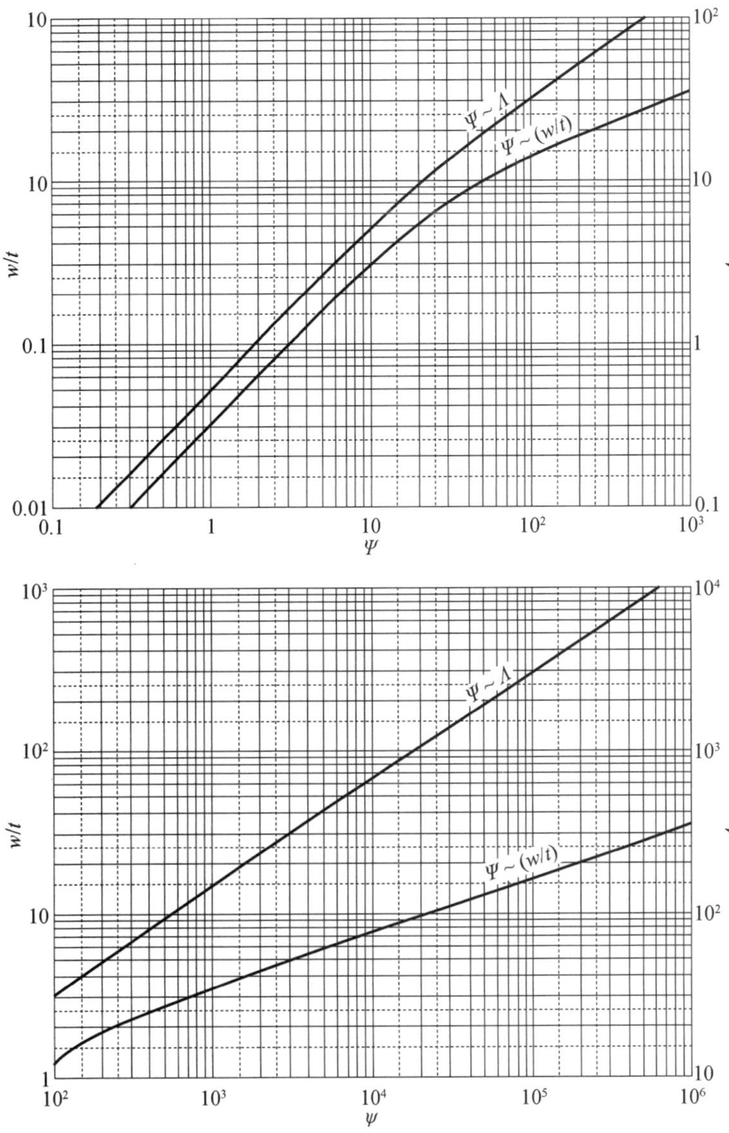

图 8-5-1　板边弯曲应力系数 Λ 和挠度厚度比 w/t

λ——板抗弯刚度值泊松比系数，$\lambda = 1 - \mu_{0^\circ} \cdot \mu_{90^\circ}$；

a——板格短边长度/cm；

k_N——动载荷系数。

对板边固定、承受均布载荷的正交异性平板试验得到的板边弯曲应力系数 Λ 由图 8-5-1 读取，Λ 的定义为

$$\Lambda = \sigma_{\max} \frac{\lambda \cdot \Gamma}{E} \left(\frac{a}{t} \right)^2 \tag{8.5.2}$$

式中：$\sigma_{\max}$——板格最大弯曲应力/(N/cm^2)；

Γ——应力修正系数，玻璃钢层合板 $\Gamma_{FRP} = 1.5$；

其余符号含义同上。

避免帽型材折边泛白龟裂式的系数：

$$K_1 = \frac{E}{\lambda \cdot \Gamma \cdot \varphi \cdot \sigma_{\mathrm{Tc}}} \tag{8.5.3}$$

避免出现泛白龟裂，帽型材折边厚度的设计公式：

$$t_c = t\sqrt{\Lambda \cdot K_1 \cdot SF_c\left(\frac{t}{a}\right)^2 - 1} \tag{8.5.4}$$

$$SF_c = \frac{1}{\Lambda \cdot K_1}\left(\frac{a}{t}\right)^2\left[1 + \left(\frac{t_c}{t}\right)^2\right] \tag{8.5.5}$$

式中：K_1——帽型材折边泛白龟裂式的系数；

φ——帽型材折边泛白龟裂应力系数（查表 8-5-1）；

σ_{Tc}——帽型材折边板的拉伸应力/（$\mathrm{N/cm^2}$）；

t_c——折边板厚度/cm；

t——外板的厚度/cm；

SF_c——胶接外板的帽型材折边泛白龟裂应力安全系数（查表 8-5-2）。

表 8-5-1　帽型材折边泛白龟裂应力系数 φ

航行冲击	发泡芯材	$\varphi=0.667$
	木芯材	$\varphi=0.467$
水面落下冲击	发泡芯材	$\varphi=0.467$
	木芯材	$\varphi=0.327$

表 8-5-2　纵桁帽型材按板理论设计的安全系数

折边泛白龟裂应力安全系数：SF_c　SF_{Hc}	设计值：1.5 容许值：1.25 泛白 $1.1 \geqslant SF_c > 1.0$ 龟裂 $1.0 \geqslant SF_c$
腹板剪切失稳应力安全系数：SF_τ　$SF_{\mathrm{H\tau}}$ 顶板弯曲失稳应力安全系数：SF_f　SF_{Hf}	设计值：1.5 容许值：1.25 失稳值 $1.0 \geqslant SF_f$

8.5.2　避免帽型材腹板剪切失稳的设计式

$$K_2 = F_w\sqrt[3]{\frac{2C_\alpha \cdot E \cdot C_\tau}{3\lambda}} \tag{8.5.6}$$

$$t_w = \frac{\sqrt[3]{P \cdot k_N \cdot h_w \cdot S \cdot l \cdot SF_\tau}}{K_2} \tag{8.5.7}$$

$$SF_{\tau} = \frac{(t_{w} \cdot K_{2})^{3}}{P \cdot k_{N} \cdot h_{w} \cdot S \cdot l} \tag{8.5.8}$$

式中：K_2——帽型材腹板剪切失稳式的系数；

F_w——帽型材腹板的剪切失稳载荷系数(查表 8-5-3)；

C_α——板格剪切失稳应力系数(查图 8-5-2)，一般 $C_\alpha \approx 12$；

C_τ——板格剪切失稳端点固定系数(查表 8-5-3)；

SF_τ——剪切失稳应力安全系数(查表 8-5-2)；

t_w——腹板厚度/cm。

表 8-5-3　系数 F_w、C_τ 和 c_1

腹板剪切失稳载荷系数 F_w		剪切失稳端点固定系数 C_τ		
水面落下冲击	航行冲击	两端固定或两端简支	一端固定另一端简支	一端固定另一端自由
6.5/3≈2.17	5/3≈1.67	2	8/5=1.6	1
—		纵弯曲端点固定系数 c_1		
		两端固定	一端固定，另一端简支，或两端简支	一端固定另一端自由
		12	8	2

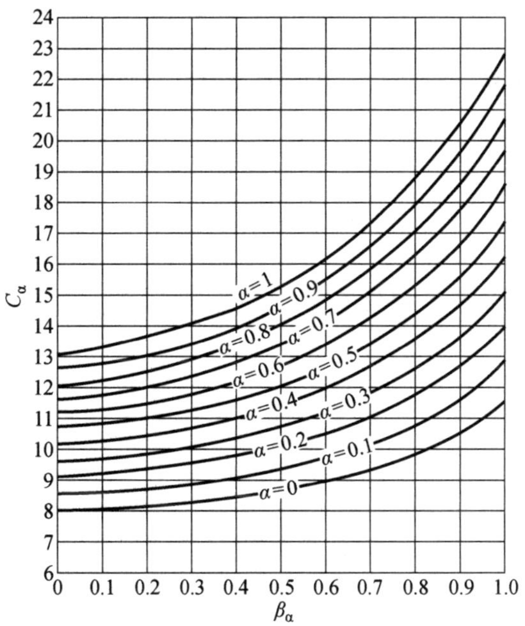

图 8-5-2　剪切失稳应力系数

$$\alpha = \frac{\xi}{(E_1 \cdot E_2)^{1/2}};\quad \xi = E \cdot \mu + 2\lambda \cdot G;\quad b > a;\quad \beta_\alpha = \frac{a}{b}\left(\frac{E_2}{E_1}\right)^{1/4}$$

(弹性对称轴平行于底边的简支正交各向异性矩形板)

为了查图 8-5-2，先计算参数 β_{α}：

$$\beta_{\alpha}=\frac{h_{w}}{l}\left(\frac{E_{2}}{E_{1}}\right)^{1/4}\approx\frac{h_{w}}{l} \tag{8.5.9}$$

式中：β_{α}——图 8-5-2 中的横坐标参数；

E_1，E_2——弯曲弹性模量/(N/cm^2)，下标 1，2 代表两个方向，如 1 代表 90°方向，2 代表 0°方向，则有 $E_1=E_{90^\circ}$，$E_2=E_{0^\circ}$。

8.5.3 避免帽型材顶板纵弯曲失稳的设计式

$$K_{3}=\pi\sqrt{\frac{1.1E\cdot c_{1}[3+2\mu+4\lambda(G/E)]}{12\lambda}} \tag{8.5.10}$$

$$t_{f}=\frac{b_{f}\cdot l}{K_{3}}\sqrt{\frac{P\cdot k_{N}\cdot S\cdot SF_{f}}{W}} \tag{8.5.11}$$

$$SF_{f}=\frac{W}{P\cdot k_{N}\cdot S}\left(\frac{K_{3}\cdot t_{f}}{b_{f}\cdot l}\right)^{2} \tag{8.5.12}$$

式中：K_3——帽型材顶板纵总弯曲失稳式的系数；

c_1——纵弯曲端点固定系数(查表 8-5-3)；

μ——泊松比(查表 8-1-2)；

λ——板抗弯刚度值泊松比系数(查表 8-1-2)，$\lambda=1-\mu_{0^\circ}\cdot\mu_{90^\circ}$；

SF_f——帽型材顶板应力安全系数(查表 8-5-2)。

8.5.4 5.6 m 艇水面落下冲击试验按板理论分析

1. No.1 艇板面主帽型材纵桁、副内子龙骨折边泛白龟裂安全系数分析

同型实艇三艘做了水面落下冲击试验，其中 No.1 艇板面附着的主帽型材、内副龙骨的折边产生泛白、龟裂的程度列于表 8-5-4 中。其他两艘艇未发现折边泛白龟裂现象。现以内副龙骨在 3 000 mm 高度落下为例分析计算如下：

$$\Psi=P_{d}\frac{\lambda}{E}\left(\frac{a}{t}\right)^{4}=P_{H}\cdot k_{H}\frac{\lambda}{E}\left(\frac{a}{t}\right)^{4}=48\times0.219\,3\,\frac{0.927\,1}{9.81\times10^{5}}\left(\frac{30}{0.338}\right)^{4}=617$$

$$K_{1}=\frac{E}{\lambda\cdot\Gamma\cdot\varphi\cdot\sigma_{Tc}}=\frac{9.81\times10^{5}}{0.927\,1\times1.5\times0.467\times15\,696}=96.23$$

$$SF_{c}=\frac{1}{\Lambda\cdot K_{1}}\left(\frac{a}{t}\right)^{2}\left[1+\left(\frac{t_{c}}{t}\right)^{2}\right]=\frac{1}{102.5\times96.23}\left(\frac{30}{0.338}\right)^{2}\left[1+\left(\frac{0.17}{0.338}\right)^{2}\right]=1.00$$

本例中 $t_c=0.170$ cm，试验中出现龟裂现象，说明强度不足。倘若 $t_c=0.265$ cm，在 $H=3\,000$ mm 高度落下，此时 $SF_c=1.29>1.25$，则不会产生泛白或龟裂现象。

2. 副内龙骨腹板剪切失稳安全系数分析

副内龙骨：$h_w=10$ cm，$l=230$ cm，$S=35$ cm，$t_w=0.265$ cm，$C_\tau=2$，$a=30$ cm。

由表 8-5-3 查得 $F_w=6.5/3\approx2.17$。

表 8-5-4　No. 1 艇板帽型材折边泛白龟裂的应力安全系数

$t=0.338$ cm　　$t_c=0.170$ cm

a/b/cm H/cm $P_H/(\text{N}\cdot\text{cm}^{-2})$ δ_H/s	30/230 2 000 34.46 0.007		30/230 2 500 41.36 0.005		30/230 3 000 48.00 0.005	
	PM(a) 主纵桁	PSK(a) 内副龙骨	PM(a) 主纵桁	PSK(a) 内副龙骨	PM(a) 主纵桁	PSK(a) 内副龙骨
$k_H\cdot K_C$ $K_C=1$	表 8-4-4 0.202 7	表 8-4-5 0.203 3	表 8-4-4 0.218 8	表 8-4-5 0.219 3	表 8-4-4 0.218 8	表 8-4-5 0.219 3
$\Psi=P_H\cdot k_H\dfrac{\lambda}{E}\left(\dfrac{a}{t}\right)^4$	410	411	531	532	616	617
Λ 查图 8-5-1	77.2	77.5	92.8	93.0	102.2	102.5
SF_c	1.33>1.25	1.33>1.25	1.11≈1.1	1.1	1.00	1.00
	安全		泛白		龟裂	

$$\xi=E\cdot\mu+2\lambda\cdot G=9.81\times0.27\times10^5+2\times0.927\,1\times2.30\times10^5=6.913\times10^5\ \text{N/cm}^2$$

$$\alpha=\frac{\xi}{(E_1\cdot E_2)^{1/2}}=\frac{6.913\times10^5}{9.81\times10^5}=0.704$$

$$\beta_\alpha=\frac{h_w}{l}\left(\frac{E_2}{E_1}\right)^{1/4}\approx\frac{h_w}{l}=\frac{10}{230}=0.043\,5$$

由图 8-5-2 查得 $C_\alpha=11.8$。

$$K_2=F_w\sqrt[3]{\frac{2C_\alpha\cdot E\cdot C_\tau}{3\lambda}}=2.17\sqrt[3]{\frac{2\times11.8\times9.81\times10^5\times2}{3\times0.927\,1}}=554$$

$$SF_\tau=\frac{(t_w\cdot K_2)^3}{P_H\cdot k_H\cdot h_w\cdot S\cdot l}=\frac{(0.265\times554)^3}{P_H\cdot k_{H\_BSK(a)}\times10\times35\times230}=\frac{39}{P_H\cdot k_{H\_BSK(a)}}$$

计算结果列于表 8-5-5 中。

表 8-5-5　副内龙骨腹板剪切失稳安全系数

H	P_H	$k_{H\_BSK(a)}$	$SF_\tau>2.5$	
mm	N/cm^2	表 8-4-5		
2 000	34.46	0.203 3	5.56	安全
2 500	41.36	0.219 3	4.29	安全
3 000	48.00	0.219 3	3.70	安全

同型艇三艘水面落下后，无论是副内龙骨腹板，还是主纵桁帽型材腹板均未出现剪切失稳现象。

3. 副内龙骨帽型材顶板弯曲失稳安全系数分析

由表 8-4-3：

$k_N = k_{H\_BSK(S)} = k_{H\_BSK}$

$c_1 = 12, t_f = 0.265\ \text{cm}, b_f = 5\ \text{cm}, W_S = 28.8\ \text{cm}^3$

$$K_3 = \pi\sqrt{\frac{1.1E\cdot c_1[3+2\mu+4\lambda(G/E)]}{12\lambda}} =$$

$$\pi\sqrt{\frac{1.1\times 9.81\times 10^5\times 12(3+2\times 0.27+4\times 0.927\ 1\times 2.3/9.81)}{12\times 0.9271}} = 7\ 117$$

$$SF_f = \frac{W}{P\cdot k_N\cdot S}\left(\frac{K_3\cdot t_f}{b_f\cdot l}\right)^2 = \frac{28.8}{P_H\cdot k_{H\_BSK}\times 35}\left(\frac{7\ 117\times 0.265}{5\times 230}\right)^2 = \frac{2.213}{P_H\cdot k_{H\_BSK}}$$

计算结果列于表 8-5-6 中。

表 8-5-6　副内龙骨顶板弯曲失稳安全系数

H	δ_H	P_H	$k_{H\_BSK(a)}$	SF_f	
mm	s	N/cm^2	表 8-4-3		
2 000	0.007	34.46	0.032 9	1.95>1.5	安全
2 500	0.005	41.36	0.038 7	1.38>1.25	安全
3 000	0.005	48.00	0.038 7	1.19>1.15	安全

实艇试验表明，帽型材顶板弯曲没有失稳现象。

8.6　23 m 玻璃钢艇船底结构初步设计

8.6.1　主尺度与玻璃钢材料

本艇 L=23 m，B=5.5 m，型深 D=2.5 m，Δ=31 t，V=30 kn，最大舭折角线宽度 B_P=5.25 m，$V/\Delta^{1/6}$=16.93，$LV/\Delta^{1/6}$=389，β_t=12.92°，a_f=6 g。

本艇使用的材料与厚度：

M(600 g/m^2)：t_M=0.12 cm

R(860 g/m^2)：t_R=0.10 cm

M+R：　t_{MR}=0.22cm

8.6.2　航行冲击水压

水压式(8.2.1)中的加速度修正系数：

$\alpha=1+0.05(\beta_t-5)=1+0.05(12.92-5)=1.396$ 正好落入 $1.5>\alpha>1.0$ 的区间。

$$l=\frac{L}{10}\left(4+0.1\frac{V}{\Delta^{1/6}}\right)=\frac{23}{10}(4+0.1\times16.93)=13.09\ \text{m}=5.69\ \text{站}$$

本艇分为 10 站，自艏向艉编站号，计算 β 值：

站号	5	6	5.69
$\beta/(^\circ)$	24.02	21.83	22.51

本艇船员舱 x 处于 $l>x>0$ 的范围内，故 $C_x=1=C_{\text{船员舱}}$。

$$C_t=\frac{V}{25\Delta^{1/6}}=\frac{16.93}{25}=0.6772$$

本艇机舱位置 $x=14.5$ m，

$$C_x=1+(C_t-1)\frac{x-l}{L-l}=1+(0.6772-1)\frac{14.5-13.09}{23-13.09}=0.954$$

$$k_\beta=\left(\frac{5}{\beta-5}\right)^{2/3}+\left[\left(\frac{5}{\beta-\beta_t-5}\right)^{2/3}-\left(\frac{5}{\beta-5}\right)^{2/3}\right]\frac{(V/\Delta^{1/6})-10}{15}$$

$$=\left(\frac{5}{22.51-5}\right)^{2/3}+\left[\left(\frac{5}{22.51-12.92-5}\right)^{2/3}-\left(\frac{5}{22.51-5}\right)^{2/3}\right]\frac{16.93-10}{15}$$

$$=0.7225$$

由式(8.2.1)：

$$P_{\text{船员舱}}=0.0981\left[\frac{V^2}{1000}+(1+\alpha\cdot a_f)\frac{\Delta}{L\cdot B_P}\right]k_\beta\cdot C_x$$

$$=0.0981\left[\frac{30^2}{1000}+(1+1.396\times6)\frac{31}{23\times5.25}\right]\times0.7225\times1$$

$$=0.2344\ \text{MPa}=23.44\ \text{N/cm}^2$$

$$P_{\text{机舱}}=0.0981\left[\frac{V^2}{1000}+(1+\alpha\cdot a_f)\frac{\Delta}{L\cdot B_P}\right]k_\beta\cdot C_x$$

$$=0.0981\left[\frac{30^2}{1000}+(1+1.396\times6)\frac{31}{23\times5.25}\right]\times0.7225\times0.954$$

$$=0.2236\ \text{MPa}=22.36\ \text{N/cm}^2$$

8.6.3 艇底外板板厚设计

本艇 $V/\Delta^{1/6}=16.93$，查表 8-1-1 得 $C=0.04\ (41.25-V)=0.45$，取 $\sigma_b=19620\ \text{N/cm}^2$，$SF=2.5$，由式(8.1.1)：

$$t=C\cdot a\sqrt{\frac{960P_x\cdot SF}{\sigma_b}}=0.45a\sqrt{\frac{960\times2.5P_x}{19620}}=0.1574\ a\cdot P_x^{0.5}$$

注意这里 a 的单位是 m，P_x 的单位是 N/cm^2。针对两个舱室的参数列表计算见表 8-6-1。

表 8-6-1 显示 No. 2 板厚的积层数要求值 $n=3.27$ 和 $n=3.18$，究竟取 3 层好还是 4 层好，由以下的动载荷分析来求证。

表 8-6-1　船底外板计算板厚 t 和敷设层数 n

舱室		船员舱				机舱			
$P/(\mathrm{N \cdot cm^{-2}})$		23.44				22.36			
板的序号	a/m	t(计算)/cm	n	t(设计)/cm	n(设计)	t(计算)/cm	n	t(设计)/cm	n(设计)
No.1	0.91	0.693	2.60	0.78	3	0.677	2.53	0.78	3
No.2	1.10	0.838	3.27	0.78	3	0.819	3.18	0.78	3
				1.00	4			1.00	4

注：n 为 M+R 的积层数；$n=(t-t_M)/t_{MR}$，t_M 为毡的厚度，t_{MR} 为毡+布的厚度。

本艇 $LV/\Delta^{1/6}=389>157$，$b=600$ cm，由式(8.3.2b)得载荷持续时间：

$$\delta_2=6.65\times10^{-5}\left(677-\frac{L\cdot V}{\Delta^{1/6}}\right)=6.65\times10^{-5}(677-389)=0.019\ 15\ \mathrm{s}$$

$$J=\left(\frac{1}{a^2}+\frac{1}{b^2}\right)\times10^4$$

$$\Omega=\frac{\Phi\dfrac{\pi\cdot t}{4}J\sqrt{\dfrac{100E}{3\lambda\cdot\rho_{FRP}}}}{\sqrt{1+\left(\dfrac{\rho_W}{\rho_{FRP}}\right)\dfrac{200}{\pi\cdot t\cdot J^{0.5}}}}=\frac{\Phi\dfrac{3.141\ 6}{4}t\cdot J\sqrt{\dfrac{100\times9.81\times10^3}{3\times0.927\ 1\times1540}}}{\sqrt{1+\left(\dfrac{1\ 025}{1\ 540}\right)\dfrac{200}{3.141\ 6t\cdot J^{0.5}}}}=\frac{11.88\Phi\cdot t\cdot J}{\sqrt{1+\dfrac{42.37}{t\cdot J^{0.5}}}}$$

周边条件系数 Φ 采用表 8-3-1 中的平均值，列表计算 P_d，见表 8-6-2。

表 8-6-2　船底外板动载荷水压值 P_d

板的序号	a/cm	b/a	Φ	J	t 设计/cm	Ω	$\delta\cdot\Omega$	L_d 表 8-3-1	船员舱 $P_d/(\mathrm{N\cdot cm^{-2}})$	机舱 $P_d/(\mathrm{N\cdot cm^{-2}})$
No.1	91	6.593	1.681	1.235	0.78	2.724	0.052 2	0.185 3	4.343	4.143
No.2	110	5.455	1.697	0.854	0.78	1.737	0.033 3	0.118 1	2.768	2.641
					1.00	2.515	0.048 2	0.171 1	4.011	3.826

由式(8.3.3)求 Ψ：

$$\Psi=P_d\frac{\lambda}{E}\left(\frac{a}{t}\right)^4=P_d\frac{0.927\ 1}{9.81\times10^5}\left(\frac{a}{t}\right)^4=0.094\ 5\times10^{-5}P_d\left(\frac{a}{t}\right)^4$$

由式(8.3.6)求应力安全系数 SF：

$$SF=\frac{\sigma_b}{\sigma_{max}}=\frac{\sigma_b\cdot\lambda\cdot\Gamma}{\Lambda\cdot E}\left(\frac{a}{t}\right)^2=\frac{19\ 620\times0.927\ 1\times1.5}{9.81\times10^5\Lambda}\left(\frac{a}{t}\right)^2=\frac{0.027\ 8}{\Lambda}\left(\frac{a}{t}\right)^2$$

计算结果列于表 8-6-3 中。

表 8-6-3 的计算表明，船员舱和机舱中的 No.2 板采用 0.78 cm 时，动载荷安全系数是高的，板薄对减轻重量有利，因此，无论是船员舱还是机舱中的 No.1 和 No.2 板均统一取 $t=0.78$ cm。

表 8-6-3　船底外板的动载荷应力安全系数 *SF*

位置	板的序号	a/cm	t/cm	$(a/t)^4$	$(a/t)^2$	P_d/(N·cm^{-2})	Ψ	Λ 查图 8-5-1	*SF*
船员舱	No. 1	91	0.78	$1\ 853\times10^5$	13 611	4.343	760	125	3.027
	No. 2	110	0.78	$3\ 955\times10^5$	19 888	2.768	1 034	155	3.567
		110	1.00	$1\ 464\times10^5$	12 100	4.011	555	105	3.204
机舱	No. 1	91	0.78	$1\ 853\times10^5$	13611	4.143	725	120	3.153
	No. 2	110	0.78	$3\ 955\times10^5$	19 888	2.641	987	150	3.686
		110	1.00	$1\ 464\times10^5$	12 100	3.826	529	100	3.364

8.6.4　圆弧龙骨板防失稳设计

圆弧龙骨板防外压力失稳设计的公式：

$$R_K = \frac{f}{8}\left[4 + \left(\frac{a}{f}\right)^2\right] \tag{8.6.1}$$

$$\theta = \sin^{-1}\left(\frac{a}{2R_K}\right) \tag{8.6.2}$$

$$t_K = R_K\sqrt[3]{\frac{12P_0 \cdot k_{\#} \cdot SF}{\beta_K^2 - 1}\left(\frac{\lambda}{E}\right)} \tag{8.6.3}$$

$$SF = \frac{\beta_K^2 - 1}{12P_0 \cdot k_N}\left(\frac{E}{\lambda}\right)\left(\frac{t_{Kd}}{R_K}\right)^3 \tag{8.6.4}$$

式中：R_K——龙骨板的圆弧半径/cm；

P_0——平板龙骨的航行冲击水压/(N/cm^2)，平板龙骨是一种特殊情况，即它没有斜升角，因此不用考虑 k_β 这个系数，即在式(8.2.1)中取 $k_\beta=1$；

$k_{\#}$——圆弧龙骨板(单板)设计动载荷系数，按式(8.4.7)；

f——圆弧外板的拱度/cm；

θ——圆弧龙骨板 1/2 的包含角/(°)；

t_K——龙骨板的厚度(要求值)/cm；

t_{Kd}——龙骨板的厚度(设计值)/cm；

β_K——圆弧龙骨板的失稳系数，查表 8-6-4。

表 8-6-4　圆弧龙骨板受外压力的失稳系数 β_K

θ/(°)	10	12.5	15	20	30	60	90
β_K	25.757	20.612	17.133	12.898	8.621	4.375	3.000

求得圆弧半径 R_K、圆弧龙骨外板 1/2 的包含角 θ 值后，由表 8-6-4 查得失稳系数 β_K，按式(8.6.4)求得 SF，并应满足 $SF>1.25$ 的要求。

23 m 艇圆弧龙骨板设计的实例演算：$f=6$ cm，$a=90$ cm，$b=600$ cm，$k_{\#}=0.179\ 0$，$SF=1.25$。

由式(8.6.1)：

$$R_K=\frac{f}{8}\left[4+\left(\frac{a}{f}\right)^2\right]=\frac{6}{8}\left[4+\left(\frac{90}{6}\right)^2\right]=175.5\ \mathrm{cm}$$

由式(8.6.2)：

$$\theta=\sin^{-1}\left(\frac{a}{2R_K}\right)=\sin^{-1}\left(\frac{90}{2\times175.5}\right)=14.86^\circ$$

查表 8-6-4 得圆弧龙骨板的失稳系数：$\beta_K=17.328$，圆弧龙骨板要求的厚度：

$$t_K=R_K\sqrt[3]{\frac{12P_0\cdot k_{\#}\cdot SF}{\beta_K^2-1}\left(\frac{\lambda}{E}\right)}=175.5\sqrt[3]{\frac{12\times1.25\times0.179\ 0\times0.927\ 1P_0}{(17.328^2-1)9.81\times10^5}}$$

$$=0.357\ 8\sqrt[3]{P_0}$$

$$SF=\frac{\beta_K^2-1}{12P_0\cdot k_N}\left(\frac{E}{\lambda}\right)\left(\frac{t_{Kd}}{R_K}\right)^3=\frac{(17.328^2-1)9.81\times10^5t_{Kd}^3}{12\times0.179\ 0\times0.927\ 1\times175.5^3P_0}=27.272\frac{t_{Kd}^3}{P_0}$$

计算结果列于表 8-6-5 中。

表 8-6-5 圆弧龙骨板防外压力失稳设计结果

	$P_0/(\mathrm{N\cdot cm^{-2}})$	t_K(计算)/cm	n(计算)	n(设计)	t_{Kd}/cm	SF	$SF>1.25$?
船员舱	32.44	1.14	4.64	5MR+M	1.22	1.53	合格
机舱	30.95	1.12	4.55	5MR+M	1.22	1.60	合格

注：$n=(t_K-0.12)/0.22$。

8.6.5 船底纵桁帽型材的动载荷设计

本艇 $L=23$ m，$\Delta=31$ t，$V=30$ kn，$V/\Delta^{1/6}=16.93$，$LV/\Delta^{1/6}=389$，$l=600$ cm，$(l/S)>4$，$K_C=1$，主纵桁 $F_y=1$，副纵桁 $F_y=0.75$，由表 8-4-2 的公式得

$$k_N=0.26\left(1+\frac{12-V}{34.8}\right)=0.26\left(1+\frac{12-30}{34.8}\right)=0.125\ 52=k_d$$

$$k_{\#}=\frac{k_d\sqrt{L}}{\Delta^{1/6}\cdot V^{0.185}}=\frac{0.125\ 52\sqrt{23}}{31^{1/6}\times30^{0.185}}=0.181$$

主纵桁：

$$I_{R\_BM}=\frac{P\cdot S\cdot l^3\cdot\zeta\cdot k_N}{c_2\cdot E}=\frac{600^3P\cdot S\cdot k_N\cdot\zeta}{384\times9.81\times10^5}=0.573\ 4P\cdot S\cdot k_N\cdot\zeta$$

$$W_{R\_BM}=\frac{P\cdot S\cdot l^2\cdot SF\cdot k_N}{c_1\cdot\sigma_C}=\frac{600^2P\cdot S\cdot k_N\cdot SF}{12\times17\ 658}=1.698\ 9P\cdot S\cdot k_N\cdot SF$$

$$k_{N\_BM}=k_{\#}=0.181$$

副纵桁：

$$I_{R\_BS}=\frac{P\cdot S\cdot l^3\cdot\zeta\cdot k_N}{c_2\cdot E}=\frac{600^3P\cdot S\cdot k_N\cdot\zeta}{384\times 9.81\times 10^5}=0.573\ 4P\cdot S\cdot k_N\cdot\zeta$$

$$W_{R\_BS}=\frac{P\cdot S\cdot l^2\cdot SF\cdot k_N}{c_1\cdot\sigma_C}=\frac{600^2P\cdot S\cdot k_N\cdot SF}{12\times 17\ 658}=1.698\ 9P\cdot S\cdot k_N\cdot SF$$

$$k_{N\_BS}=k_d\cdot F_y=0.125\ 52\times 0.75=0.094\ 1$$

计算结果见表 8-6-6。

表 8-6-6　船底纵向帽型材设计要求值

	$P/(\mathrm{N\cdot cm^{-2}})$	S/cm	k_N	ζ	SF	I_R/cm^4	W_R/cm^3
船员舱主纵桁	23.44	108	0.181	250	2.5	65 683	1 946
船员舱副纵桁	23.44	113	0.094 1	125	1.25	17 864	529
机舱主纵桁	22.36	108	0.181	308	4	77 193	2 970
机舱副纵桁	22.36	113	0.094 1	200	2.5	27 266	1 009

8.6.6　二层帽型材设计——船员舱主纵桁

23 m 艇船员舱主纵桁采用二层帽型材设计，方法介绍如下。

大型的帽型材可设计成二层结构，根据求得的帽型材 I_R 和 W_R 要求值，分为内外两层，把内层材用下标符号“1”来表示；外层材用下标符号“2”来表示。

(1) 设定腹板高度。考虑到因发动机机座等高度的限制，要设定二层帽型材腹板的高度 h_{w1} 和 h_{w2}。

(2) 因内层 I_1 和 W_1 计算时，未算入胶接外板的折边($2b_c\cdot t_w$)，所以二层合并计算时为 $t_w=(t_{w1}+t_{w2})$。

(3) $I_1=0.2I_R$；$I_2=I_R-I_{1c}$

$W_1=0.2W_R$；$W_2=W_R-W_{1c}$

(4) 参照单层帽型防挠材的计算方法，不计 I_1，W_1 胶接外板的折边(即忽略折边对 I_1 和 W_1 精度的影响)，算出 I/y(y 是剖面中和轴至最远边的距离)，于是 $W_1=I_1/y_1$。有了 I_1 和 W_1，就能求得 I_2，W_2 的值。

(5) 用 I_2，W_2，h_{w2}，b_{f2} 参照单层帽型材的计算方法求得 t_{f2} 和 t_{w2}。

(6) 有了 I_1，W_1 计算过程中得到的 A，e，M_A，i，i'，再加上 $t_w=(t_{w1}+t_{w2})$ 和 b_c，就可求得全二层帽型材的 I_S，W_S，若 $W_S\gg W_R$ 则可按式(8.4.25)、式(8.4.26)所述方法修正。

(7) 将 I_S，W_S 值代入式(8.4.20)、式(8.4.21)求出 ζ_S 和 SF_S 值，并应满足式(8.4.22)、式(8.4.23)的衡准要求。

23 m 艇船员舱主纵桁二层帽型材设计实例：

设定帽型材腹板高度第一层 $h_{w1}=24$ cm，第二层 $h_{w2}=36$ cm。

1. 第一层帽型材设计

由表 8-6-6，船员舱主纵桁 $I_R=65\ 683\ cm^4$，$W_R=1\ 946\ cm^3$。

$I_1=0.2I_R=0.2\times65\ 683=13\ 170\ cm^4$

$W_1=0.2W_R=0.2\times1\ 946=389\ cm^3$

查图 8-4-2 得 $t_f=1.75\ cm$，$A_f=20\ cm^2$。

查图 8-4-3 得 $t_f=1.25\ cm$，$A_f=10\ cm^2$。

两者中取大值：$t_{f1}=1.75\ cm$，$A_{f1}=20\ cm^2$，设定 $b_{f1}=b_{f2}=b_G=15\ cm$，由式(8.4.16)：

$$t_{f1c}=\frac{t_{f1}+12\dfrac{A_{f1}}{h_{w1}}}{1+12\dfrac{b_{f1}}{h_{w1}}}=\frac{1.75+12\dfrac{20}{24}}{1+12\dfrac{15}{24}}=1.382\ cm$$

$$n=\frac{t_{f1c}-0.12}{0.22}=\frac{1.382-0.12}{0.22}=5.74\rightarrow 6\ 层$$

采用 6 层毡+布积层再加 1 层毡后，

$$t_{f1}=t_{w1}=t_{c1}=6MR+M=6\times0.22+0.12=1.44\ cm$$

由式(8.4.19)：

$$b_p=(40t+b_G)=40\times0.78+15=46.2\ cm<S$$

此处 t 为外板的厚度，$t=0.78\ cm$，惯性矩计算列于表 8-6-7 中。

表 8-6-7　第 1 层帽型材惯性矩计算

构件名称	规格/cm	A/cm^2	e/cm	M_A/cm^3	i/cm^4	i'/cm^4
①外板	0.78×46.2	36.04	−0.39	−14.06	5.48	—
②腹板	24×1.44×2	69.12	12	829.44	9 953.28	3 317.76
③顶板	1.44×15	21.60	23.28	502.85	11 706.30	—
—	Σ	126.76	10.40	1 318.23	24 982.82	

$$e_1=\Sigma M_A/\Sigma A=1\ 318.23/126.76=10.40\ cm$$

$$I_1=\Sigma(i+i')-e_1^2\cdot\Sigma A=24\ 982.82-10.40^2\times126.76=11\ 272\ cm^4$$

$$y_f=13.6\ cm$$

$$W_{1min}=I_1/y_f=11\ 272/13.6=829\ cm^3$$

2. 第二层帽型材设计

$$I_2=I_R-I_1=65\ 683-11\ 272=54\ 411\ cm^4$$

$$W_2=W_R-W_1=1946-829=1\ 117\ cm^3\qquad h_{w2}=36\ cm$$

查图 8-4-2 得 $t_f=2.7\ cm$，$A_f=37.5\ cm^2$。

查图 8-4-3 得 $t_f=1.65\ cm$，$A_f=17\ cm^2$。

两者中取大值：$t_{f2}=2.7\ cm$，$A_{f2}=37.5\ cm^2$，设定 $b_{f1}=b_{f2}=b_G=15\ cm$，由式(8.4.16)：

$$t_{f2c} = \frac{t_{f2} + 12\dfrac{A_{f2}}{h_{w2}}}{1 + 12\dfrac{b_{f2}}{h_{w2}}} = \frac{2.7 + 12\dfrac{37.5}{36}}{1 + 12\dfrac{15}{36}} = 2.53 \text{ cm}$$

$$n = \frac{t_{f2c} - 0.12}{0.22} = \frac{2.53 - 0.12}{0.22} = 10.95 \rightarrow 11 \text{ 层}$$

采用 11 层毡＋布积层再加 1 层毡后，

$$t_{f2} = 11\text{MR} + \text{M} = 11 \times 0.22 + 0.12 = 2.54 \text{ cm}$$

$$t_{w2} = t_{w1} = 6\text{MR} + \text{M} = 1.44 \text{ cm}$$

$$t_{wd} = t_{w1} + t_{w2} = 1.44 + 1.44 = 2.88 \text{ cm}$$

$$n = \frac{t_{wd} - 0.12}{0.22} = \frac{2.88 - 0.12}{0.22} = 12.54 \rightarrow 13 \text{ 层}$$

由式(8.4.18)：

$$b_c = f_0\left[1 + \frac{n_{MR}}{4}\left(\frac{n_{MR} + 0.1}{n_{MR} + 0.5}\right)\right] = 5\left(1 + \frac{13 \times 13.1}{4 \times 13.5}\right) = 20.8 \text{ cm}$$

3. 二层帽型材惯性矩合并计算

现在有了第 2 层帽型材的设计参数，连同第 1 层帽型材，合并成船员舱主纵桁如图 8-6-1 所示，二层帽型材的惯性矩计算见表 8-6-8。

表 8-6-8　二层帽型材惯性矩计算

构件名称	规格/cm	A/cm^2	e/cm	M_A/cm^3	i/cm^4	i'/cm^4
①～③	—	126.76		1 318.23	24 982.82	
④折边板	2.88×20.8×2	119.81	1.44	172.52	248.43	—
⑤二层腹板	36×1.44×2	103.68	18	1 866.24	33 592.32	11 197.44
⑥二层顶板	2.54×15	38.10	34.73	1 323.21	45 955.19	—
—	Σ	388.35	12.05	4 680.20	115 976.20	

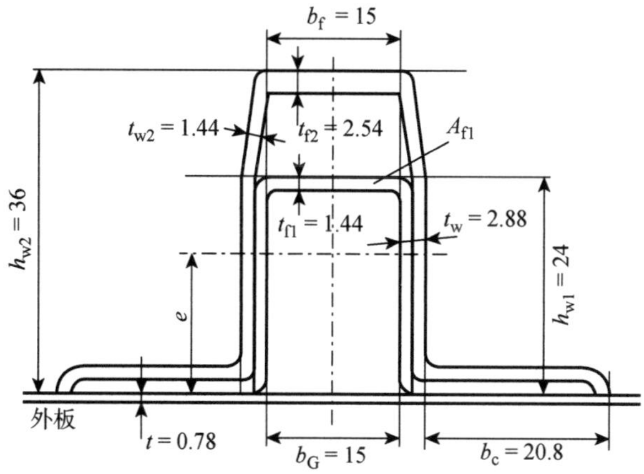

图 8-6-1　主纵桁二层帽型材

$$e_{S\_BM}=\Sigma M_A/\Sigma A=4\ 680.20/388.35=12.05\ \text{cm}$$

$$I_{S\_BM}=\Sigma(i+i')-e_S{}^2\cdot\Sigma A=115\ 976.20-12.05^2\times388.35=59\ 587\ \text{cm}^4$$

$$y_f=36-12.05=23.95\ \text{cm}$$

$$W_{S\_BM\,min}=I_{S\_BM}/y_f=59\ 587/23.95=2\ 488\ \text{cm}^3$$

由表 8-6-6，$I_R=65\ 683\ \text{cm}^4$，$W_R=1946\ \text{cm}^3$

$$\zeta_{S\_BM}=I_{S\_BM}\cdot\zeta_R/I_R=59\ 587\times250/65\ 683=227$$

应力安全系数比：

$$SF_S/SF_R=W_{S\_BM}/W_R=2\ 488/1\ 946=1.28>1.0$$

扣除外板剖面积后，帽型材的 $A_0=388.35-36.04=352.31\ \text{cm}^2$

$$M_{A0}=4\ 680.20+14.06=4\ 694.26\ \text{cm}^3$$

$$e_0=M_{A0}/A_0=4\ 694.26/352.31=13.32\ \text{cm}$$

说明：在本计算中，帽型材的惯性矩计及了帽型材带板的面积，但在舯横剖面惯性矩计算时，帽型材和外板的剖面积是分别计入惯性矩的，因此要扣除外板的剖面积。帽型材面积形心的高度应以帽型材底面为基准，再按假定中和轴的高度位置进行修正。此处不再赘述。读者可参阅舯剖面模数计算的相关资料。

8.6.7 船员舱副纵桁帽型材设计

由表 8-6-6，船员舱副纵桁 $I_R=17\ 864\ \text{cm}^4$，$W_R=529\ \text{cm}^3$，设定 $h_w=22\ \text{cm}$，$b_G=b_f=15\ \text{cm}$。

查图 8-4-2 得 $t_f=2.35\ \text{cm}$，$A_f=33\ \text{cm}^2$。

查图 8-4-3 得 $t_f=1.55\ \text{cm}$，$A_f=15.5\ \text{cm}^2$。

两者中取大值：$t_f=2.35\ \text{cm}$，$A_f=33\ \text{cm}^2$，由式(8.4.16)：

$$t_{fc}=\frac{t_f+12\dfrac{A_f}{h_w}}{1+12\dfrac{b_f}{h_w}}=\frac{2.35+12\dfrac{33}{22}}{1+12\dfrac{15}{22}}=2.22\ \text{cm}$$

$$n=\frac{t_{fc}-0.12}{0.22}=\frac{2.22-0.12}{0.22}=9.5\rightarrow10\ 层$$

$$t_f=t_w=10\text{MR}+\text{M}=2.32\ \text{cm}$$

由式(8.4.18)：

$$b_c=f_0\left[1+\frac{n_{MR}}{4}\left(\frac{n_{MR}+0.1}{n_{MR}+0.5}\right)\right]=5\left(1+\frac{10\times10.1}{4\times10.5}\right)=17\ \text{cm}$$

由式(8.4.19)：

$$b_p=(40t+b_G)=40\times0.78+15=46.2\ \text{cm}<S$$

惯性矩计算列于表 8-6-9 中。

表 8-6-9　船员舱副纵桁帽型材惯性矩计算

构件名称	规格/cm	A/cm^2	e/cm	M_A/cm^3	i/cm^4	i'/cm^4
①外板	0.78×46.2	36.04	−0.39	−14.06	5.48	—
②折边板	2.32×17×2	78.88	1.16	91.5	106.14	—
③腹板	22×2.32×2	102.08	11	1 122.88	12 351.68	4 117.23
④顶板	2.32×15	34.8	20.84	725.23	15 113.83	—
—	Σ	251.80	7.65	1 925.55	31 694.36	

$$e_{\mathrm{S\_BS}} = \Sigma M_A/\Sigma A = 1\ 925.55/251.80 = 7.65\ \mathrm{cm}$$

$$I_{\mathrm{S\_BS}} = \Sigma(i+i') - e_{\mathrm{S}}{}^2 \cdot \Sigma A = 31\ 694.36 - 7.65^2 \times 251.80 = 16\ 958\ \mathrm{cm}^4$$

$$y_{\mathrm{f}} = 22 - 7.65 = 14.35\ \mathrm{cm}$$

$$W_{\mathrm{S\_BS\,min}} = I_{\mathrm{S\_BS}}/y_{\mathrm{f}} = 16\ 958/14.35 = 1\ 182\ \mathrm{cm}^3$$

由表 8-6-6，$I_{\mathrm{R}}=17\ 864\ \mathrm{cm}^4$，$W_{\mathrm{R}}=529\ \mathrm{cm}^3$。

$$\zeta_{\mathrm{S\_BS}} = I_{\mathrm{S\_BS}} \cdot \zeta_{\mathrm{R}}/I_{\mathrm{R}} = 16\ 958 \times 125/17\ 864 = 118.66$$

$$SF_{\mathrm{S}}/SF_{\mathrm{R}} = W_{\mathrm{S\_BS}}/W_{\mathrm{R}} = 1\ 182/529 = 2.234 > 1.0$$

按式(8.4.22)计算全部纵桁的挠度系数比：

$$\frac{1}{n}\sum_{1}^{n}\frac{\zeta_{\mathrm{S}}}{\zeta_{\mathrm{R}}} = \frac{1}{2}\left(\frac{\zeta_{\mathrm{S\_BM}}}{\zeta_{\mathrm{R\_BM}}} + \frac{\zeta_{\mathrm{S\_BS}}}{\zeta_{\mathrm{R\_BS}}}\right) = \frac{1}{2}\left(\frac{227}{250} + \frac{118.66}{125}\right) = 0.929 > 0.9$$

这说明船员舱全部纵桁的挠度系数比和应力安全系数比都符合衡准的要求，船员舱船底纵向帽型材的设计是完善的。

8.6.8　机舱主纵桁二层帽型材设计

机舱主纵桁采用与船员舱主纵桁同样规格的二层帽型材设计，唯在第 2 层空间采用美国松集成材做芯材(图 8-6-2)，以增加惯性矩和刚度。

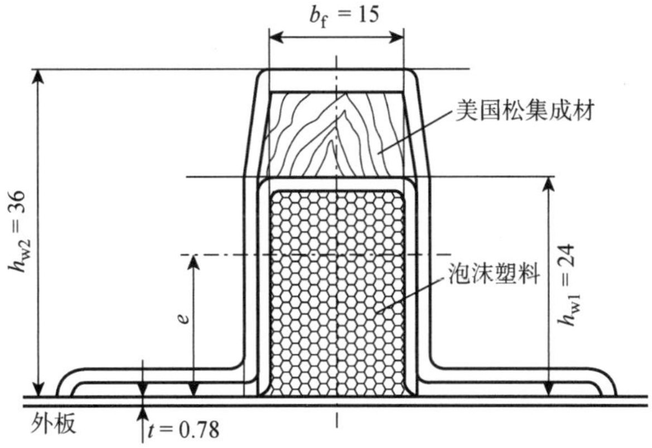

图 8-6-2　机舱主纵桁二层帽型材

木芯材与玻璃钢的弹性模量比：$E_{WOOD}/E_{FRP}=13.24/9.81=1.35$。

木芯材的断面形状呈梯形，上底$=b_f=15$ cm，下底$=b_f+2t_{w1}=15+2\times1.44=17.88$ cm，高度$=h_{w2}-h_{w1}-t_{f2}=36-24-2.54=9.46$ cm。面积$=(15+17.88)\times9.46/2=155.52$ cm^2。木芯材的剖面积乘以 1.35 即可转换成玻璃钢的当量剖面积。惯性矩的计算如表 8-6-10 所示。

表 8-6-10　机舱主纵桁二层帽型材惯性矩计算

构件名称	规格/cm	A/cm^2	e/cm	M_A/cm^3	i/cm^4	i'/cm^4
①—⑥	—	388.35	—	4 680.20	115 976.20	
⑦木芯材	155.52×1.35	209.96	28.73	6 032.15	173 303.69	1 565.77
—	Σ	598.31	17.90	10 712.35	290 845.66	

$$e_{S\_BM}=\Sigma M_A/\Sigma A=10\ 712.35/598.31=17.90\ \text{cm}$$

$$I_{S\_BM}=\Sigma(i+i')-e_S{}^2\cdot\Sigma A=290\ 845.66-17.90^2\times598.31=99\ 141\ \text{cm}^4$$

$$y_f=36-17.90=18.10\ \text{cm}$$

$$W_{S\_BM\min}=I_{S\_BM}/y_f=99\ 141/18.10=5\ 477\ \text{cm}^3$$

由表 8-6-6，$I_R=77\ 193$ cm^4，$W_R=2\ 970$ cm^3。

挠度系数：

$$\zeta_{S\_BM}=I_{S\_BM}\cdot\zeta_R/I_R=99\ 141\times308/77\ 193=396$$

应力安全系数：

$$SF_S/SF_R=W_{S\_BM}/W_R=5\ 477/2\ 970=1.84>1.0$$

木芯材上表面至中和轴的距离：

$$y_w=h_{w2}-t_{f2}-e_S=36-2.54-17.90=15.56\ \text{cm}$$

木芯材应力安全系数 SF_W：

$$SF_{S\_w}=\frac{c_1\cdot\sigma_{b\_w}\cdot(I_{S\_BM}/y_w)}{P\cdot S\cdot l^2\cdot k_N}=\frac{12\times7\ 848\times(99\ 141/15.56)}{22.36\times108\times600^2\times0.181}=3.81>2.5$$

8.6.9　机舱副纵桁单层帽型材设计

机舱副纵桁采用与船员舱副纵桁同样规格的单层帽型材设计，内部空间采用美国松集成材做芯材，以增加惯性矩和刚度。

木芯材与玻璃钢的弹性模量比：$E_{WOOD}/E_{FRP}=13.24/9.81=1.35$。

木芯材的断面形状呈矩形，宽度$=b_f=15$ cm，高度$=h_w-t_f=22-2.5=19.5$ cm。面积$=15\times19.5=292.5$ cm^2。木芯材的剖面积乘以 1.35 即可转换成玻璃钢的当量剖面积。惯性矩的计算见表 8-6-11。

表 8-6-11　机舱副纵桁单层帽型材惯性矩计算

构件名称	规格/cm	A/cm^2	e/cm	M_A/cm^3	i/cm^4	i'/cm^4
①—④	—	251.8	—	1 925.55	31 694.36	
⑤木芯材	19.5×15×1.35	394.875	9.75	3 850.03	37 537.79	12 512.60
—	Σ	646.675	8.93	5 775.58	81 744.75	

$$e_{S\_BS} = \Sigma M_A/\Sigma A = 5\ 775.58/646.675 = 8.93\ \text{cm}$$

$$I_{S\_BS} = \Sigma(i+i') - e_S{}^2 \cdot \Sigma A = 81\ 744.75 - 8.93^2 \times 646.675 = 30\ 176\ \text{cm}^4$$

$$y_f = 22 - 8.93 = 13.07\ \text{cm}$$

$$W_{S\_BS\ min} = I_{S\_BS}/y_f = 30\ 176/13.07 = 2\ 309\ \text{cm}^3$$

由表 8-6-6，$I_{R\_BS}=27\ 266\ \text{cm}^4$，$W_{R\_BS}=1\ 009\ \text{cm}^3$。

挠度系数：

$$\zeta_{S\_BS}=I_{S\_BS}\cdot\zeta_R/I_{R\_BS}=30\ 176\times200/27\ 266=221$$

应力安全系数：

$$SF_S/SF_R=W_{S\_BS}/W_{R\_BS}=2\ 309/1\ 009=2.29>1.0$$

按式(8.4.22)计算机舱全部纵桁的挠度系数比：

$$\frac{1}{n}\sum_1^n\frac{\zeta_S}{\zeta_R}=\frac{1}{2}\left(\frac{\zeta_{S\_BM}}{\zeta_{R\_BM}}+\frac{\zeta_{S\_BS}}{\zeta_{R\_BS}}\right)=\frac{1}{2}\left(\frac{396}{308}+\frac{221}{200}\right)=1.195>0.9$$

木芯材上表面至中和轴的距离：$y_w=h_w-t_f-e_S=22-2.32-8.93=10.75\ \text{cm}$。

木芯材应力安全系数 SF_w：

$$SF_{S\_w}=\frac{c_1\cdot\sigma_{b\_w}\cdot(I_{S\_BS}/y_w)}{P\cdot S\cdot l^2\cdot k_N}=\frac{12\times7\ 848\times(30\ 176/10.75)}{22.36\times113\times600^2\times0.094\ 1}=3.09>2.5$$

这说明机舱全部纵桁的挠度系数比和应力安全系数比都符合衡准的要求，机舱船底纵向帽型材的设计是完善的。

8.6.10　船底纵桁帽型材的板理论分析

1. 帽型材折边泛白龟裂的安全系数分析

取泡沫芯材 $\varphi=0.667$，由式(8.5.3)求取 K_1：

$$K_1=\frac{E}{\lambda\cdot\Gamma\cdot\varphi\cdot\sigma_{Tc}}=\frac{9.81\times10^5}{0.927\ 1\times1.5\times0.667\times15\ 696}=67.38$$

由式(8.5.5)：

$$SF_c=\frac{1}{\Lambda\cdot K_1}\left(\frac{a}{t}\right)^2\left[1+\left(\frac{t_c}{t}\right)^2\right]$$

计算结果列于表 8-6-12 中，结论是安全的。

表 8-6-12　折边泛白龟裂的安全系数

位置	纵桁编号	a /cm	外板 t /cm	$P_d/(\mathrm{N\cdot cm^{-2}})$ 表 8-6-2	Ψ 式(8.5.1)	Λ 图 8-5-1	t_c 实际值 /cm	由式(8.5.5) $SF_c \geqslant 1.5$
船员舱	No.1 主纵桁	91	0.78	4.343	760	130	2.88	22.74≥1.5
	No.2 副纵桁	110	0.78	2.768	1 035	150	2.32	19.38≥1.5
机舱	No.1 主纵桁	91	0.78	4.143	725	125	2.88	23.65≥1.5
	No.2 副纵桁	110	0.78	2.641	987	145	2.32	20.04≥1.5

2. 船员舱帽型材腹板剪切失稳分析

先计算图 8-5-2 中的参数：

$$\xi = E \cdot \mu + 2\lambda \cdot G = 9.81 \times 10^5 \times 0.27 + 2 \times 0.927\ 1 \times 2.30 \times 10^5 = 6.913 \times 10^5\ \mathrm{N/cm^2}$$

$$\alpha = \frac{\xi}{(E_1 \cdot E_2)^{1/2}} = \frac{6.913 \times 10^5}{9.81 \times 10^5} = 0.705$$

$$\beta_\alpha = h_w / l$$

由表 8-5-3 查得 $F_w = 5/3 = 1.667, C_\tau = 2$

由式(8.5.6)计算 K_2：

$$K_2 = F_w \sqrt[3]{\frac{2C_\alpha \cdot E \cdot C_\tau}{3\lambda}} = 1.667 \sqrt[3]{\frac{2 \times 9.81 \times 10^5 \times 2C_\alpha}{3 \times 0.927\ 1}} = 187\sqrt[3]{C_\alpha}$$

由式(8.5.8)：

$$SF_\tau = \frac{(t_w \cdot K_2)^3}{P \cdot k_N \cdot h_w \cdot S \cdot l}$$

计算结果列于表 8-6-13 中，表明是安全的。

表 8-6-13　船员舱帽型材腹板剪切失稳系数

船员舱纵桁	P	β_α	α	C_α	K_2	t_w	S	h_w	k_N	SF_τ
	$\mathrm{N/cm^2}$	—	—	图 8-5-2	—	cm	cm	cm	表 8-6-6	式(8.5.8)
主纵桁	23.44	0.04	0.705	11.7	424.5	2.88	108	24	0.181	277≥1.5
副纵桁	23.44	0.036 7	0.705	11.65	423.9	2.32	113	22	0.094 1	289≥1.5

3. 船员舱帽型材顶板的失稳分析

由式(8.5.10)：

$$K_3 = \pi \sqrt{\frac{1.1E \cdot c_1 [3 + 2\mu + 4\lambda (G/E)]}{12\lambda}} = \pi \sqrt{\frac{1.1 \times 9.81 \times 10^5 \times 12 \times [3 + 2 \times 0.27 + 4 \times 0.927\ 1 \times 0.234]}{12 \times 0.927\ 1}} = 7\ 116$$

由式(8.5.12)：

$$SF_f = \frac{W}{P \cdot k_N \cdot S}\left(\frac{K_3 \cdot t_f}{b_f \cdot l}\right)^2$$

计算结果列于表 8-6-14 中，表明船员舱帽型材顶板不会失稳，设计偏于安全。

表 8-6-14　船员舱帽型材顶板的失稳分析

船员舱底纵桁	P	k_N	W	S	b_f	t_f	$SF_f \geqslant 1.5$
	N/cm^2	表 8-6-6	cm^3	cm	cm	cm	式(8.5.12)
No. 1 主纵桁	23.44	0.181	2 488	108	15	2.54	21.90≥1.5
No. 2 副纵桁	23.44	0.094 1	1 182	113	15	2.32	15.96≥1.5

结语：本章叙述了采用统一的载荷系数的动载荷设计方法，不仅对高度、强度、刚度要求不同的各种纵桁帽型材的设计是有效的，而且也可用于船底外板、圆弧龙骨板的设计。其经过了实艇设计的佐证，因此可以认为对安全而轻型的玻璃钢船壳的设计十分适合。

符号表

a——板格短边长度/cm；

a_f——艇首冲击加速度/g；

A_0——不计外板的帽型材剖面积/cm^2；

A_f——帽型材顶板面积/cm^2；

b——板格长边长度/cm；

b_c——帽型材底板折边宽度/cm；

b_f——帽型材顶板宽度/cm；

b_G——帽型材腹板在外板处的间距/cm；

b_p——外板胶接过渡区的有效宽度/cm；

B_P——艇体折角线最大宽度/m；

c_1——纵弯曲端点固定系数(表 8-5-3)；

C_α——板格剪切失稳应力系数，查图 8-5-2，一般 $C_\alpha \approx 12$；

C_τ——板格剪切失稳端点固定系数(查表 8-5-3)；

e——帽型材剖面中和轴至底边的距离/cm；

E——弹性模量/(N/cm^2)；

f——圆弧外板的拱度/cm；

F_w——帽型材腹板的剪切失稳载荷系数；

G——横弹性模量/(N/cm^2)；

h_w——帽型材腹板高度/cm；

H——水面落下高度/mm；

i——型材对假定中和轴的惯性矩/cm^4；

i'——型材对本身中和轴的惯性矩/cm^4；

I——帽型材惯性矩/cm^4；

J——速度修正系数；

k_N——航行冲击动载荷系数；

k_H——水面落下冲击动载荷系数；

K_C——舭部副纵桁帽型材动载荷系数修正值；

l——跨度/cm，纵桁长度；

l——丹羽水压式中，首部最大水压力的长度/m；

L——艇长/m，常指两柱间长；

L_d——按全面砰击考虑的永井动载荷系数；

M_A——剖面惯性矩计算中的面积力矩/cm^3；

M_V——中垂弯矩/kN·m；

M_Λ——中拱弯矩/kN·m；

Q——剪力/kN；

R_K——龙骨板的圆弧半径/cm；

S——防挠材分担的宽度或肋距/cm；

S_C——舭纵桁到舭部的间距/cm；

SF——应力安全系数，$SF=\sigma_b/\sigma$；

t——底板厚度/cm；

t_f——帽型材顶板厚度/cm；

t_w——帽型材腹板厚度/cm；

t_c——帽型材底部折边板厚度/cm；

w——挠度/cm；

W——帽型材剖面模数/cm^3；

β_K——圆弧龙骨板的失稳系数；

β_t——艉板处底部斜升角/(°)；

Γ——应力修正系数；玻璃钢层合板 $\Gamma_{FRP}=1.5$；

Λ——周边固定平板的最大应力系数，$\Lambda=\sigma_{max}\dfrac{\lambda\cdot\Gamma}{E}\left(\dfrac{a}{t}\right)^2$；

Ψ——图 8-3-3 中的横坐标参数，$\Psi=P_d\dfrac{\lambda}{E}\left(\dfrac{a}{t}\right)^4$；

Φ——平板单面触水振动频率周边条件系数，查表 8-3-2；

θ——圆弧龙骨板 1/2 的包含角/(°)；

τ——抗剪强度/(N/cm^2)；

Δ——排水量/t；

ζ——挠度系数；$\zeta=l/w$ 或 a/w；

ξ——剪切失稳应力的计算参数，$\xi=E\cdot\mu+2\lambda\cdot G$；
δ_H——水面落下冲击载荷持续时间/s；
σ_b——抗弯强度/(N/cm²)；
σ_C——抗压强度/(N/cm²)；
σ_T——抗拉强度/(N/cm²)；
σ——拉伸应力；
μ——泊松比；
ρ——密度/(kg/cm³)；
λ——板抗弯刚度值泊松比系数，$\lambda=1-\mu_{0^\circ}\cdot\mu_{90^\circ}$。

下标：

BM——主纵桁；
BS——副纵桁；
c——计算值；帽型材折边板；
d——设计值；
f——帽型材顶板；
H——表示水面落下冲击；
K——表示龙骨；包括中内龙骨和旁(副)内龙骨以及圆弧龙骨板；
N——表示航行冲击；
R——表示需求值；
S——表示实际值；
t——艇艉板；
w——帽型材腹板；木芯材。

参考文献

[1]　桥本恒雄，周新民. 玻璃钢高速艇的动载荷设计(1-2)[J]. 江苏船舶，1997(05)：29-39.
[2]　桥本恒雄，周新民. 玻璃钢高速艇的动载荷设计(3-4)[J]. 江苏船舶，1997(6)：30-38.
[3]　永井保，Hashimoto，et al. Design manual of laminates for flat bottom shell plating panel thickness of high speed boats[J]. 西部造船会会报，1986(72)：283-292.
[4]　丹羽诚一. 高速艇基准素案并びに作成资料[G]. 舟艇协会. 强化プラスチック技术协会，1979.
[5]　(日)永井保. 高速艇の强度设计に关すろ研究[G]. 船舶用轻金属委员会，1969.

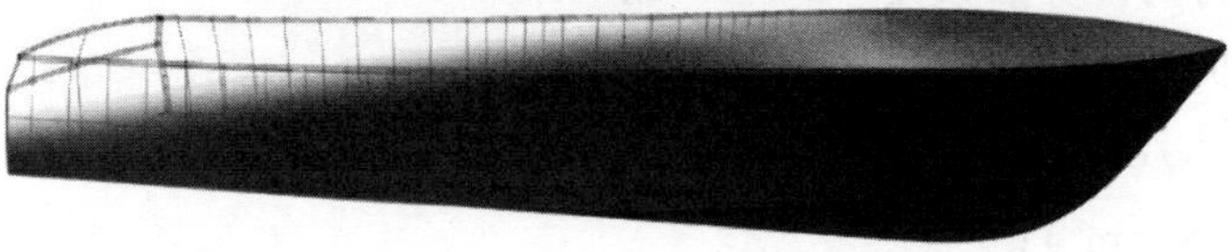

第 9 章　玻璃钢船体制图

玻璃钢船船体结构制图的表示方法，是主要参照金属船体制图和机械制图的基本图示方法，根据玻璃钢船体结构的特点而制订的一种图示方法。

本章只说明玻璃钢船体制图与金属船体制图不同的部分。

9.1　图线及应用范围

9.1.1　理论线

金属材料船体的理论线规定在船壳板的内表面，称为型表面。而玻璃钢船艇的型表面直接定义在艇壳的外表面，这是两者不同的地方。

玻璃钢船体多采用模具成型。船壳板用模具成型的表面为理论线，即阴模以船壳板外表面为理论线；阳模以船壳板内表面为理论线。甲板、平台、座板和浮力箱等水平板以其上表面为理论线。对称剖面（如梯形、矩形和半圆形）骨材以其剖面的中心线为理论线。非对称剖面（如角材）骨材以其背缘为理论线。梯形、矩形骨材内部有芯材者，剖面理论线取为芯材表面；无芯材者取为剖面的内表面。带有扶强材的单板结构纵、横舱壁或围壁板以无扶强材的一侧为理论线。夹层结构的纵、横舱壁或围壁板以其板厚中心线为理论线。

9.1.2　图线的型式及应用范围

玻璃钢船船体制图中，各种图线的型式及应用范围见表 9-1-1。

表 9-1-1　玻璃钢船船体制图中使用的图线

序号	名称	型式	宽度	应用范围
1	粗实线		b （0.4～1.2 mm）	a. 积层板材、骨材剖面简化线 b. 名称线 c. 敷层线（在玻璃钢铺层组成详图中表示毡）
2	细实线		$\leqslant b/3$	a. 本图构件可见轮廓线 b. 理论线、基线、型线 c. 敷层线（在玻璃钢铺层组成详图中表示布） d. 指引线 e. 规格线 f. 尺寸线和尺寸界限线
3	粗虚线		b	不可见积层板材简化线
4	细虚线		$\leqslant b/3$	a. 不可见构件轮廓线 b. 不可见骨材简化线 c. 敷层线（在玻璃钢铺层组成详图中表示无捻粗纱布）
5	粗点划线		b	可见强骨材的简化线
6	粗双点划线		b	不可见强骨材的简化线
7	细点划线	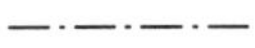	$\leqslant b/3$	a. 中心线 b. 可见骨材简化线 c. 开口对角线 d. 液舱范围线 e. 转圆线、折角线
8	细双点划线		$\leqslant b/3$	a. 非本图构件可见轮廓线 b. 板厚分界线
9	轨道线		b	不可见的船体水密构件（舱壁、甲板、平台、肋板等）的简化线
10	花线	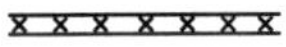	b	夹层结构板材剖面简化线

9.2 剖面符号及尺寸标注方法

9.2.1 各种材料的代号及剖面符号

在玻璃钢船体中，主要采用的材料除玻璃钢外，还选用泡沫塑料、木材、胶合板、蜂窝板等其他非金属材料以及金属材料构件。各种材料的代号及其剖面表示形式见表 9-2-1。

表 9-2-1　各种材料的代号及图示形式

序号	名称	代号	剖面符号
1	玻璃钢 （不表示其组成）	FRP	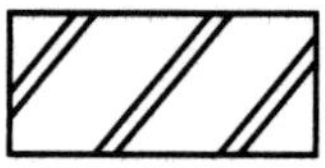 或
2	泡沫塑料	PVC（聚氯乙烯） PUR（聚氨酯）	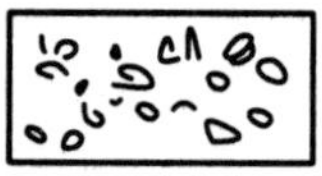
3	木材	W	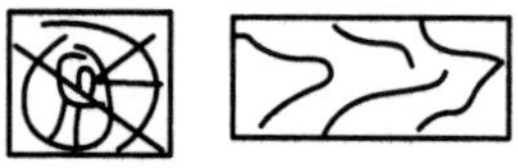
4	胶合板	P	
5	轻木芯材	B	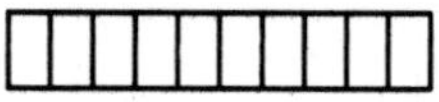
6	木屑胶合板	Fb	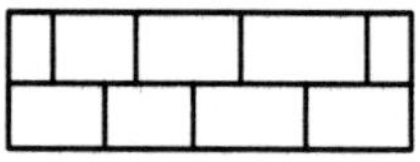
7	蜂窝	H	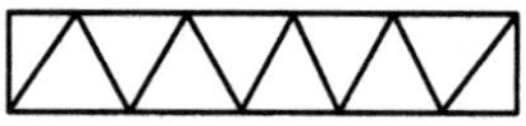
8	玻璃毡	M	
9	无捻粗纱布	R	
10	玻璃布（加捻）	C	
11	胶衣	Gc	
12	半圆形骨材	—	

表 9-2-1(续)

序号	名称	代号	剖面符号
13	梯形骨材	—	
14	矩形骨材	—	
15	角形骨材	—	
16	T 形骨材	—	

9.2.2　骨材剖面尺寸标注方法

表 9-2-1 中的骨材剖面是简化画法，在结构图中须以详图画出，尺寸标注方法按表 9-2-2 示例。

表 9-2-2　骨材剖面尺寸标注方法

名称		简图标注	详图标注	尺寸标注
半圆形		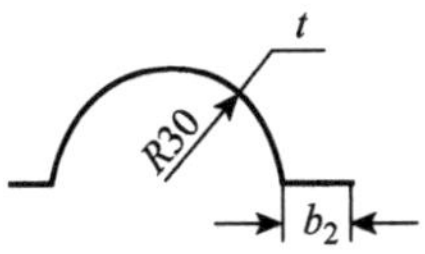	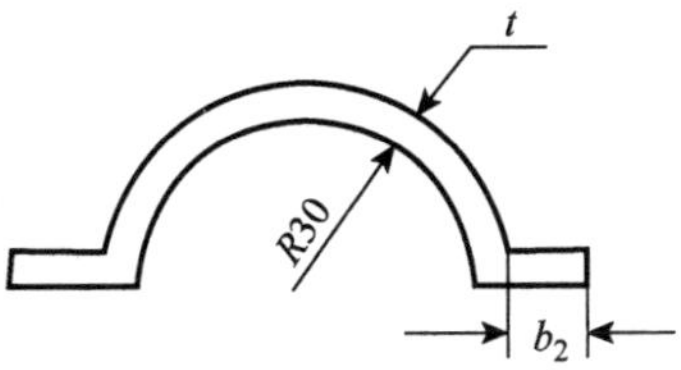	$R30\times t-b_2$ 或 $R30\times t$
梯形	等厚	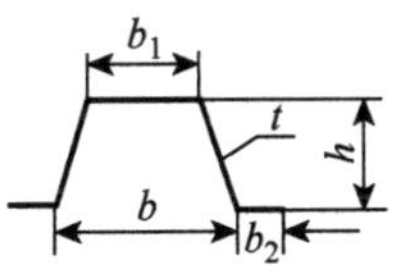	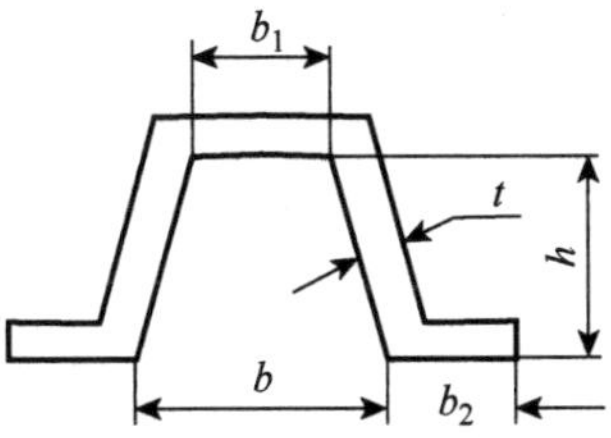	 $b\times b_1\times h\times t$ 或  $b\times b_1\times h\times t-b_2$
	不等厚	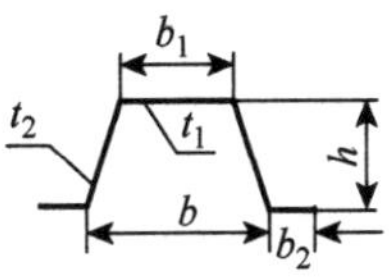	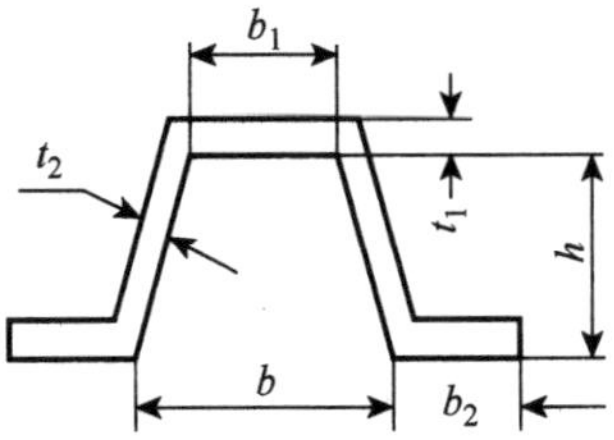	 $b\times b_1(t_1)\times h(t_2)$或  $b\times b_1\times h\times t-b_2$

表 9-2-2(续)

名称	简图标注	详图标注	尺寸标注
矩形	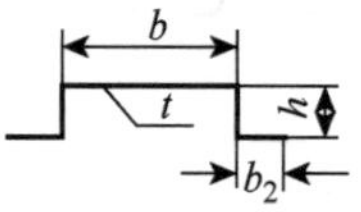	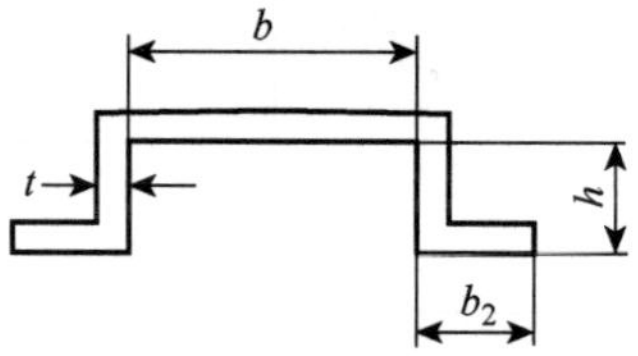	⊓ $b\times h\times t$ 或 ⊓ $b\times h\times t-b_2$
角形	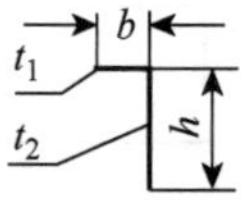	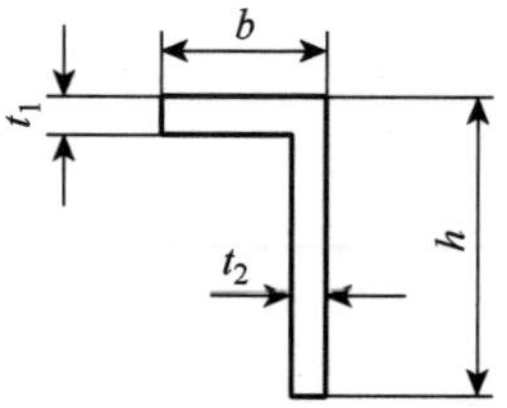	L $b\times t_1-h\times t_2$(不等厚) L $b\times h\times t$(等厚)

注:①梯形、矩形角材也称为帽型材。

②等厚是指型材顶板与腹板厚度相同;不等厚是指顶板与腹板厚度不相同。

9.3 玻璃钢积层板敷层组成表示方法及绘图示例

9.3.1 玻璃钢积层板的敷层组成表示方法

玻璃钢积层板的敷层组成采用图 9-3-1 中的代号及数字来表示。图 9-3-1(a)为简化表示方法。表达式 Gc+M230+(M450+R570)×2 表示积层板的表面有一层胶衣(Gc),胶衣下面铺一薄层表面毡 M230,再下面是毡+粗纱布的交替敷层(M450+R570),一共铺 2 层。数字代表毡和布的规格(g/m^2)。图 9-3-1(b)为详图表示方法,含义是一致的,表示自下而上第一层是胶衣树脂,第二层是 M230 表面毡,接着是毡布交替铺设的敷层,共 2 层。详图中实线表示玻璃毡,虚线表示玻璃布。毡和布的规格也可用厚度来表示,见图 9-3-1 注。

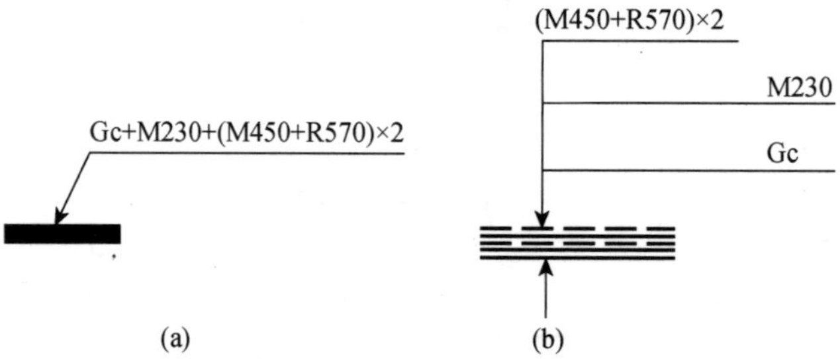

图 9-3-1 玻璃钢积层板敷层组成表示方法

(a)简化表示方法;(b)详图表示方法

注:①M230 表示 230 g/m^2 的玻璃毡;R570 表示 570 g/m^2 的玻璃布。

②若以厚度表示:M0.5 表示 0.5 mm 厚的玻璃毡;R0.6 表示 0.6 mm 厚的粗玻璃布。

9.3.2　玻璃钢船体结构图

玻璃钢船体结构图示例：中横剖面画法如图 9-3-2 所示；基本结构图画法如图 9-3-3 所示。

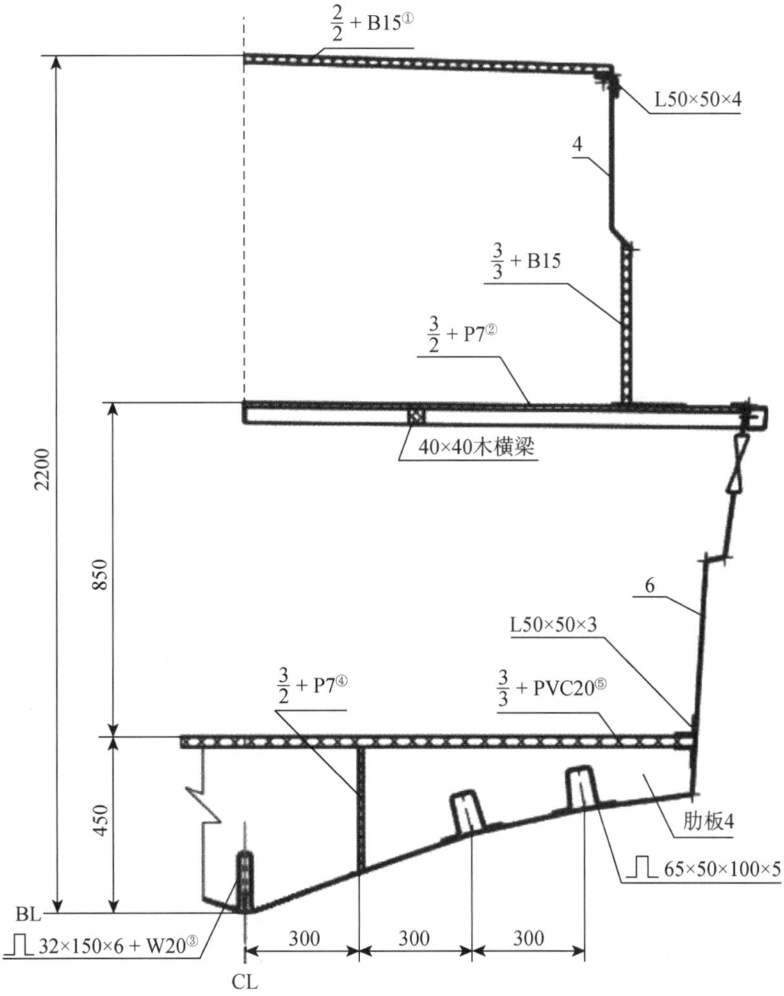

图 9-3-2　横剖面画法示例

注：①轻木芯 15 mm 厚，两面包覆 2 mm 厚玻璃钢。

②胶合板芯材 7 mm 厚，上面包覆 3 mm 厚玻璃钢，下面包覆 2 mm 厚玻璃钢。

③矩形骨材，木质芯材 20 mm 厚。

④胶合板芯材 7 mm 厚，向船中心线一侧包覆 3 mm 厚玻璃钢，另一侧包覆 2 mm 厚玻璃钢。

⑤PVC 芯材夹层板，芯材厚 20 mm，上下两面包覆 3 mm 厚玻璃钢。

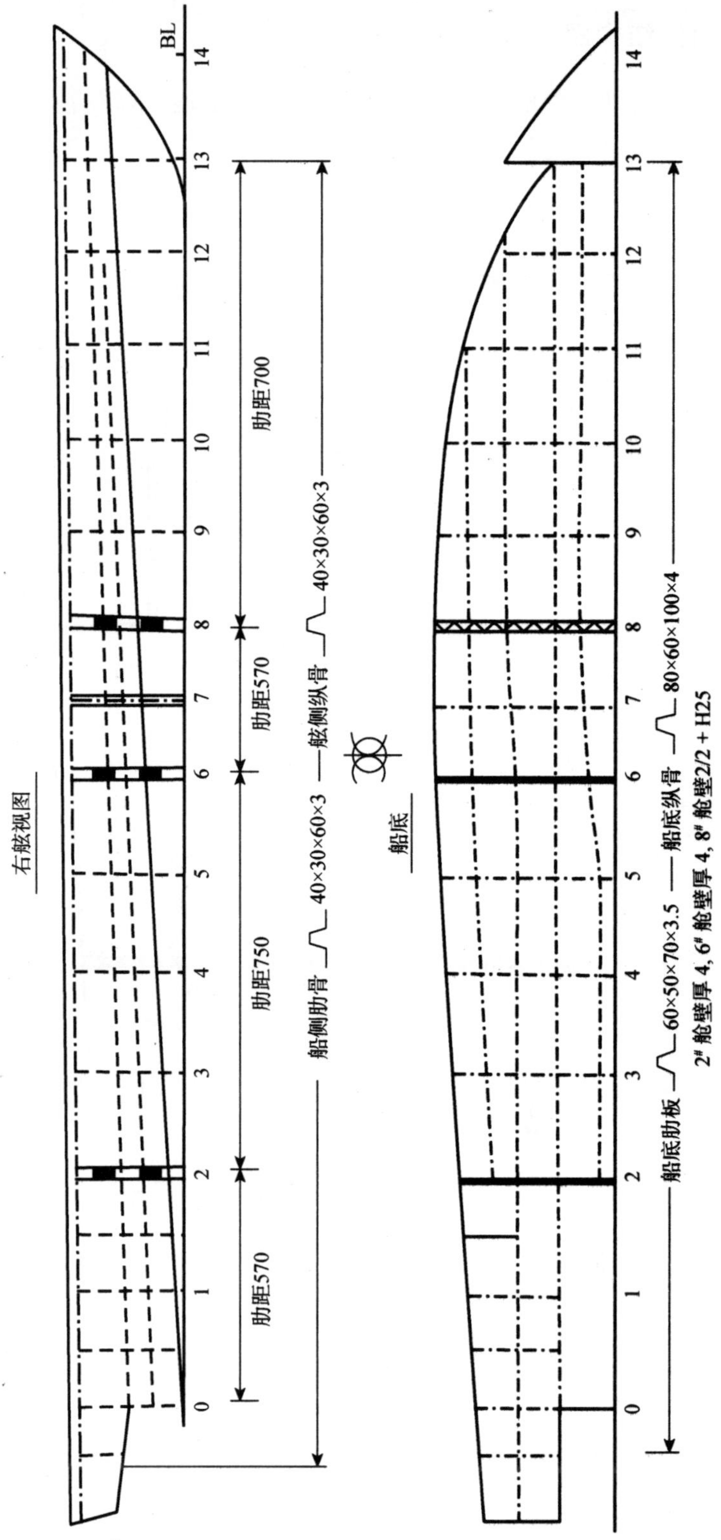

图 9-3-3 基本结构图画法示例

第 10 章　玻璃钢船艇建造工艺

玻璃钢船艇设计的目标最终还要靠建造工艺来实现。而且玻璃钢积层板、夹层板以及各种构件的性能要靠正确的工艺设计来实现。因此，建造工艺设计也是玻璃钢船艇设计的重要组成部分。

FRP/CM 艇体的成型方法主要有接触成型法和模压成型法。迄今为止 FRP/CM 艇体制造中最常用的方法仍是在敞开式阴模中采用接触成型法，其铺敷方式有如下几种，即手糊成型、喷射成型、自动化或半自动化铺敷成型等。

本章的最后部分介绍了一次性成型的方法和模块化建造技术。

10.1　玻璃钢船体成型技术

10.1.1　手糊成型

手糊成型也叫积层或层敷法。即在模具上一层一层地铺敷增强材料，通过手工方法一层一层地使其浸透合成树脂，为玻璃钢生产作业中最早的成型方法。具体做法是先在模具上擦脱模腊或脱模剂，然后喷涂胶衣树脂，待胶凝到一定程度后，再调配树脂（在不饱和聚酯树脂中加入引发剂和促进剂），在胶衣层上涂刷一层调配好的树脂后，铺上一层事先按模具尺寸裁剪好的增强材料（玻璃纤维布或毡），用刷帚、括板或辊辘等工具使增强材料浸透树脂，排除气泡（图 10-1-1）。一层完毕后再进行下一层，如此反复进行，直到完成规定厚度为止，待树脂固化到较充分的程度后脱模，经修理后即为成品。

层敷作业对操作工人的要求较高，要经过适当的培训，涉及的知识面较广，主要有：原材料的选择和应用；模具的制造和保养；增强材料的裁剪；树脂的调配、成型操作；脱模整修；二次胶接；金属件预埋及连接；修补技术等。

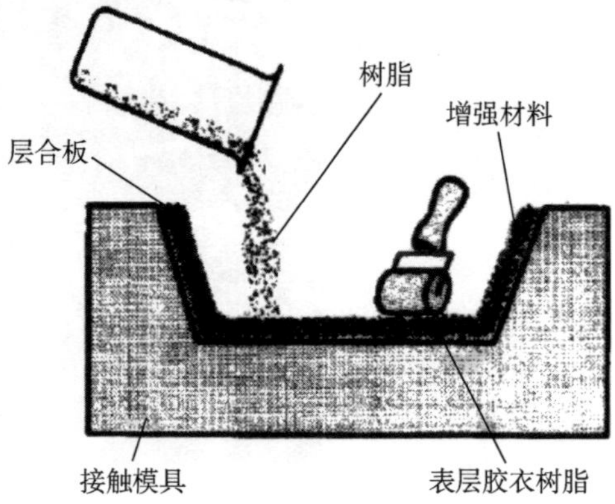

图 10-1-1　手糊工艺

1. 质量控制

手糊成型时，为控制制品的质量，须同时成型玻璃钢样板，按测试要求加工成试件，测试后得出性能数据，主要是机械性能，表 10-1-1 是玻纤增强的聚酯玻璃钢积层板的典型性能。在玻璃钢船艇初步设计阶段，若还没有样板测试数据，这个表的数据可作为设计参数（注意：这是强度值，不是许用应力值。两者相差一个安全系数）。为了验证设计的安全性，测试样板是必须制作的，当样板的测试值低于设计指标时，要重新评估结构设计的安全性。若是采用新材料或新的结构布局，则设计前先做样板测试以确定许用应力是必须的。

表 10-1-1　玻纤产品增强的聚酯玻璃钢积层板的典型性能

项目	短切原丝毡	无捻粗纱布	缎纹玻纤布	连续无捻粗纱
玻纤含量（重量）/%	30	45	55	70
（体积）/%	18	29	38	54
密度/(g·cm^{-3})	1.4	1.6	1.7	1.9
拉伸强度/MPa	100	250	300	800
拉伸模量/GPa	8	15	15	40
压缩强度/MPa	150	150	250	350
弯曲强度/MPa	150	250	400	1 000
弯曲模量/GPa	7	15	15	40
冲击强度（无缺口）/(kJ·m^{-2})	75	125	150	250
线膨胀系数/(×10^{-6}/℃)	30	15	12	10
导热系数/(W·m^{-1}·K^{-1})	0.20	0.24	0.28	0.29

2. 树脂的调配

在常温下，树脂自行固化的时间很长，不适合生产需要，因而需要添加辅助材料来使树脂在较短时间内固化。

辅助材料有以下两种。

1) 引发剂

加入引发剂后，不饱和聚酯即开始聚合反应。常用的引发剂均为过氧化物，如过氧化环已酮、过氧化甲乙酮，加量一般在 2%。

过氧化环已酮有液体和糊状两种。液体过氧化环已酮为透明液体，计量方便，但它的活性易减弱，不宜久放，应使用新鲜的。糊状系加入增塑剂邻苯二甲酸二丁酯调制而成，稳定性能好，加量增加为 4%，但不易用量杯计量，且放置后会沉淀分层，但它的性能可保持到树脂完全固化。

2）促进剂

单独加入引发剂后，需 8 h 左右才能固化，所以必须再加入促进剂才能在较短时间内固化。常用的是钴盐的苯乙烯溶液，如环烷酸钴（或辛酸钴）。促进剂的加量视生产的环境温度和产品作业时间长短而有所不同。表 10-1-2 所介绍的配方是多年研究和实践的结果，可供生产参考。

表 10-1-2　不同室温下引发剂和促进剂用量参考表

室温/℃	不饱和聚酯树脂	引发剂		促进剂	胶凝时间/min
		H	M	E	
0～5	100	6～5	3～2.5	>6	40～60
5～10		5～4	2.5～2	>6	
10～15		4	2	6～4	
15～20				2.5～2	
20～25				2～1.25	
25～30				1.25～1.0	
30～35				1.0～0.5	

注：①车间湿度不大于 65%；②用量均为重量份；③H 代表过氧化环已酮二丁酯糊；④M 代表过氧化甲乙酮；⑤E 代表环烷酸钴苯乙烯溶液。

3. 固化反应

固化反应可分为三个阶段：

（1）胶凝阶段：从加入促进剂、引发剂开始到树脂变成软胶状的一段时间。

（2）硬化阶段：从树脂开始胶凝到具有足够强度，可以从模具上脱出这段时间。

（3）熟化阶段：指达到最高硬度的时间，约几天到几星期。

胶凝时间的影响因素如下。

（1）引发剂加量：加量少，胶凝时间就长，反之则短。通常按规定正常加量，环境温度过低时可适当增加；如在炎夏，气温过高，也可适当减少，但过少时会导致树脂固化不足。

（2）促进剂加量：加量多少与胶凝时间成正比，通常用促进剂加量来调节胶凝时间，但过少会导致树脂固化不足。

（3）环境温度：温度越低，胶凝时间越长，通常低于 15 ℃时，会影响胶凝程度；超过35 ℃时，胶凝时间也难以控制。

(4) 树脂的体积:树脂在容器中体积越大,胶凝时发热量大,固化也快。所以调配好的树脂不要在容器中放置过久,应尽快分散使用。否则易提前胶凝。

(5) 制品的厚度:制品越厚,由于树脂发热量大,促进胶凝时间缩短;反之则延长。如制品过厚,为保证力学性能和化学性能,应采取分次施工法。

(6) 单体蒸发损失:树脂中所含单体(如苯乙烯)必须达到足够的数量才能保证聚合反应充分,大面积施工且厚度又较薄时,树脂胶凝时间不宜太长。

(7) 先加引发剂后再加促进剂的间隔时间:由于加入引发剂后,树脂即开始反应,若隔较长时间再加入促进剂进行施工,则胶凝时间要快得多。所以最好先加入促进剂再加引发剂。

(8) 填料及颜料:大多数填料会延长胶凝时间。颜料中有的会延长胶凝时间,有的会缩短胶凝时间。

4. 外表层胶衣的制作

玻璃钢船艇外表层是带有彩色的胶衣层。它具有两种作用:一是防老化,二是美观。胶衣树脂也是一种不饱和聚酯树脂,具有良好的韧性和抗老化性能,为便于操作和美化需要,在胶衣树脂中添加了增稠材料和颜料,它的价格要比普通不饱和聚酯树脂高得多。

胶衣层的制作过程如下。

(1) 根据模具内表面的展开面积,计算胶衣树脂用量,每平方米的用量可控制在0.4~0.5 kg(计算出的总量可适当考虑少量损耗),所形成的胶衣层厚度为0.3~0.4 mm。

(2) 用喷枪或刷帚(刷胶衣专用刷帚,为白毛、较薄,毛根部用树脂胶牢,不易脱毛)将调配好的胶衣树脂喷或涂刷到模具上(注意,喷涂所用胶衣树脂黏度小于手刷胶衣树脂,购买时要分清,不能用错)。手工涂刷时,为使胶衣层厚薄均匀,应分两次涂刷,以第一次为主,第二次补匀。涂第一次时,一定要先用力涂,使表面无覆盖进去的气泡,然后轻而用力均匀地用刷帚拉平表面,类似于油漆作业。

(3) 如为手工涂刷,则在第一遍胶衣树脂基本固化(表面仍发黏,但用手指触碰时不粘到手上)后再上第二遍。必须注意,两遍之间的间隔时间尽可能长些。若胶衣树脂固化不足,往往会造成胶衣皱皮等弊病。

(4) 胶衣层施工完毕并固化到一定程度后,最好在胶衣层上衬糊2~3层表面毡,作用主要是使处在胶衣层后的增强材料纹路不在胶衣层上显露出来,使表面更美观。

5. 壳板的制作——层敷作业

层敷作业的基本操作程序如下。

(1) 在表面上先涂一层调配好的树脂,随即将布(毡)贴上,用工具将布或毡刮平、贴紧。

(2) 检查树脂浸透情况,不足处补加,并用工具使树脂充分浸透增强材料,含胶均匀。

(3) 再涂树脂,再铺一层布或毡,再重复浸透、除去气泡。直到最后一层。

(4) 船壳板的最后一层是壳体的内表层,最好用短切毡铺敷。这样做的优点是富含树脂,既致密防渗,外表又较美观。

6. 脱模修整

脱模修整是一道关键工序。脱模不能过早，早了易损坏产品，不易脱下，且胶衣层光亮度会受影响。通常玻璃钢内表面层硬度值达到巴柯尔硬度 30 以上才可脱模。

脱模的方法有以下几种。

1）敲击法

用橡胶锤敲击模具外表面，通过震动，使产品与模具脱开。敲击必须由点到面，循序进行，使之逐步脱开。脱开后再敲时声音发空，很易辨别，一处脱开后再向四周扩大，直到最后辅以撬、拉、吊等方法一举脱下。此法是最基本的方法。

2）灌水法

选用敲击法敲震，然后在舷口部位用木楔撬开较大的缝，将水从缝口灌入，通过水的浸润、渗透及浮力的作用，在必要时辅以撬、拉等方法将产品脱出。

3）气压法

在模具中部设置气口，将压缩空气管连接到气口，打开阀门，利用压缩空气的瞬间冲击力，使产品与模具分离。此法是最好的脱模方法，关键是空压机的储气罐必须有足够的储气量，使之“一气呵成”。

4）吊拉法

在船艇内表面加强筋的部位设置吊点，采取一定的加固措施，在敲击法的基础上，用车间的起吊设备（行车、电动或手拉葫芦）吊拉脱模。

只要脱模材料使用得当，脱模措施正确，一般均能顺利脱模。

产品脱模后，要妥善放置。由于船艇产品体积大，造型较复杂，必须制作专门的胎架放置船体。船体与胎架接触处要用橡胶、泡沫塑料等软性物衬垫，以免擦伤。内部安装工作要在胎架上进行，防止船体变形。

脱模后应仔细检查外表质量情况，如有损伤等缺陷，应立即采取修补措施。在船艇安装过程中，应对船艇外表胶衣层用塑料薄膜加以保护。

10.1.2 喷射成型

喷射成型使用双口喷枪。一个口喷射树脂，喷口内将含有引发剂的树脂与促进剂混合后喷出；另一枪口是将玻璃纤维通过切割器切成定长的短纤维，然后借助压缩空气喷出。两口呈一定角度，使喷出的树脂与短纤维在模具面上会合而成型（图 10-1-2）。用此法形成的玻璃钢积层相当于使用玻璃纤维短切毡浸渍成型积层，只适用于强度要求不高的产品，不能取代玻璃布、毡结合的积层的设计强度。图 10-1-3 为 33 m FRP 渔船的甲板采用喷射成型工艺的情景。

10.1.3 浸渍成型法

浸渍成型法指通过浸渍机将玻璃纤维增强材料浸渍树脂，再做铺贴作业的成型方法。

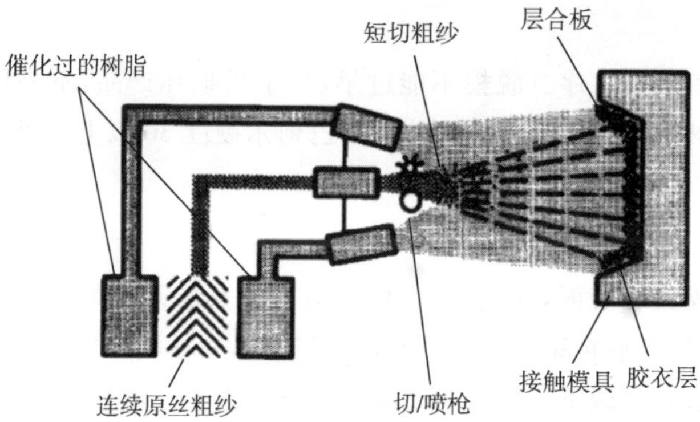

图 10-1-2　喷射成型示意图

图 10-1-3　33 m FRP 渔船的甲板采用喷射成型工艺的情景

图 10-1-4 为浸渍机工作原理如图 10-1-4 所示。图 10-1-5 为造艇现场悬挂在行车上的浸渍机。

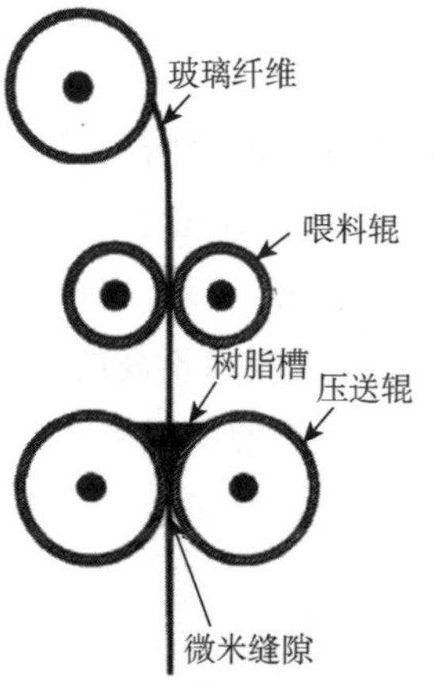

图 10-1-4　浸渍机工作原理

图 10-1-5　悬挂在行车上的浸渍机

具体过程为:先将玻璃布或毡等增强材料通过传动装置进入树脂槽内浸透树脂,再经辊子等装置使含胶量达到预定的要求数值,然后根据船艇产品各部位尺寸大小剪裁,衬贴于模具上,再通过辊压括平工序,使衬贴紧密、无气泡。由于省却了人工浸渍程序,降低了劳动强度,提高了工作效率,质量有保证,如再辅以辊压机等设备,则可实现机械化作业,取代手工操作。

树脂浸胶机装有一组辊筒,辊筒上有一个加了催化剂的树脂槽。当干纤维织物通过树脂池时会浸润并向下穿过机器,准备铺放在部件上。织物可以被切成条并铺放在筋条的顶部。由于没有喷涂并且暴露的树脂减少,可以减少空气中有害污染物。用浸渍机制成的玻璃钢积层板,玻璃纤维含量高于手工铺层。玻璃纤维重量含量为 45%至 65%。工人与树脂的接触减少了,减少了有毒气体对人体的危害。

浸渍机是用于大面积建造大型船舶不可或缺的工具。美国各地的船厂都有使用浸胶的系统,如西港造船厂用来建造带有不可展开曲面的 V 型船体。同时用在圆舭型海洋捕捞船一类的船体的积层板中,也被证明非常成功。浸渍机用于浸润增强材料,经过浸润的增强材料通常悬挂在工作区上方的一个拥有转塔的起重机上,因此经过浸润的织物可以缓慢、连续下放到工作面,在部件上以任何角度放置。

浸胶机的局限性在于:有些位置铺层操作很难到达,例如船尾和龙骨等工作区域。这些位置工作时间会增加,增加树脂在槽中发生反应的可能性。一旦树脂发生胶凝,会造成树脂槽中树脂量的损失,而且必须从滚筒中拆卸增强材料。

10.1.4　真空辅助成型工艺

真空辅助成型工艺近年来在高档船艇制造中得到推广,如图 10-1-6 所示。

真空辅助成型工艺又称"真空导入工艺"(vacuum infusion process, VIP),它只需要一个单面模具(就像通常手糊成型或喷射成型使用的阴模),上面覆以真空袋,如图 10-1-7 所示,建立一个闭合系统,所以更适合船艇壳体的制作。

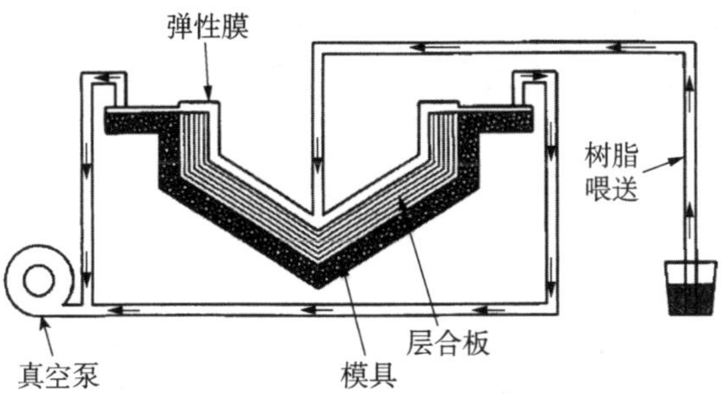

图 10-1-6　真空辅助注射成型工艺

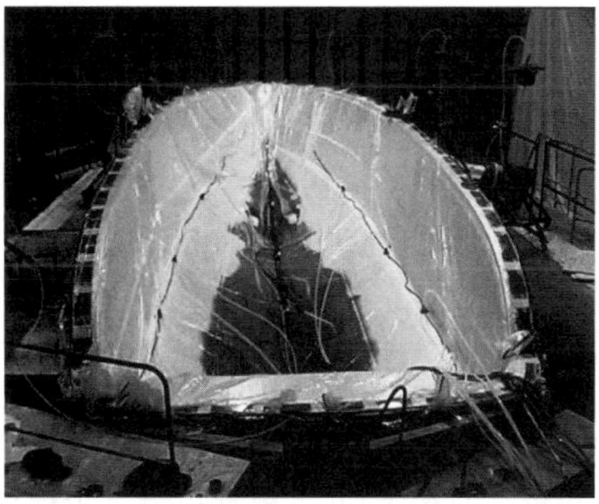

图 10-1-7　用真空导入工艺制造艇体

真空辅助成型工艺的基本原理和步骤是:在模具型面上先铺放纤维增强材料(例如玻璃

纤维、碳纤维、夹芯材料等)，然后上覆真空袋，将型腔边缘严密密封后，再将型腔内抽真空，然后让树脂通过精心设计的树脂分配系统在真空作用下注入模腔内。待树脂固化后即可开模脱下。

真空辅助成型是在真空状态下排除纤维增强材料中的空气，利用树脂的流动和渗透，来实现对纤维及其织物的浸渍，并在室温下进行固化，最后形成具有一定树脂/纤维比例的FRP/CM结构。用这种工艺制造的船舶重量较轻，树脂消耗少，艇体内外光洁，厚薄均匀，艇体分层破坏的可能性极小。

1. 真空辅助成型的特点

1) 力学性能好

在不增加成本的情况下，与手糊构件相比，成型构件的强度、刚度或硬度及其他物理性能可提高1.25倍以上。

2) 重复性好

采用真空辅助成型制作的构件，不论是同一构件还是构件与构件间都具有高度的一致性。构件有相对恒定的树脂比，空隙率低(不超过1%)，更容易检测构件缺陷。高度固化的层合板可在日光下目测空隙或其他缺陷。

3) 重量轻

真空辅助成型时树脂消耗量受到严格的控制，其比例几乎由真空值决定，纤维含量可高达75%～80%，不需要额外的材料来连接芯材。因此，对强度或刚度要求相同的构件，采用真空辅助成型工艺制作可节省材料，减轻重量。

4) 环保

这是真空辅助成型工艺最突出的优点。敞开模成型时，苯乙烯的挥发量高达35%～40%。真空辅助成型工艺则几乎是闭模成型过程，挥发性有机物和有毒空气污染物均被局限于真空袋中。仅在真空泵中排气(可过滤)和打开树脂桶时才有微量的挥发物。

5) 成本低

效率高和纤维含量高，树脂浪费率低于5%，比敞开模成型工艺节约劳动力50%以上。在芯材加入的前后，无须等待树脂的预浸和固化，可一次成型大型复杂几何形状的夹层结构和单板加筋结构，尤其对于单板加筋结构，其材料和人工费的节省相当可观。

2. 真空辅助成型(VIP)工艺流程

VIP工艺制造艇体的流程如下。

1) 第一步：准备模具

和其他积层工艺一样，对VIP工艺来说，高质量的模具同样重要。表面要有较高的硬度和较高的光泽，并且模具边缘至少保留15 cm边幅，便于密封条和管路的铺设。将模具清理干净，然后涂脱模蜡或抹脱模水。

2) 第二步：施工胶衣面

根据制品的要求，可以用产品胶衣或模具的打磨胶衣，选用类型有邻苯、间苯和乙烯基。

用手糊或喷射的方法施工均可。

3）第三步：铺设增强材料

选用增强材料，诸如玻璃纤维、碳纤维、夹芯材料……增强材料的规格，铺设的层数和次序依据制品强度要求来设计。对积层工艺来说，这是很重要的一步。

4）第四步：真空袋材料的铺设

先铺上脱模布，接着是导流布，最后是真空袋。在合上真空袋之前，要仔细考虑树脂和抽真空管路的走向，以免有的地方树脂无法浸润到。铺设时要非常小心，以免一些尖锐物刺破真空袋。

5）第五步：抽真空

铺完这些材料后，检查各进树脂管路，对整个体系抽真空，尽量把体系中空气抽空。当树脂导入时，小心空气会进入体系，气泡会在泄漏点向其他地方渗透，甚至有可能使整个制品报废。

6）第六步：调配树脂

抽真空达到一定要求后，准备树脂。按胶凝时间配入相应的固化剂，切记不能忘记加固化剂，否则很难弥补。不过一般真空导入树脂含有固化指示剂，可以从颜色上来判断是否加了固化剂。

7）第七步：导入树脂

把进树脂管路插入配好的树脂桶中，根据进料顺序依次打开阀门，注意树脂桶的量，及时补充。

8）第八步：脱模

树脂凝胶固化到一定程度后，揭去真空袋材料，从模具上取出制品进行后处理。

3. 真空辅助成型在舰艇中的应用

SCRIMP(seamann composites resin infusion manufacturing process)是由美国 Seamann Composites 公司在 20 世纪 80 年代末开发出来的一种真空辅助成型工艺(图 10-1-8)。

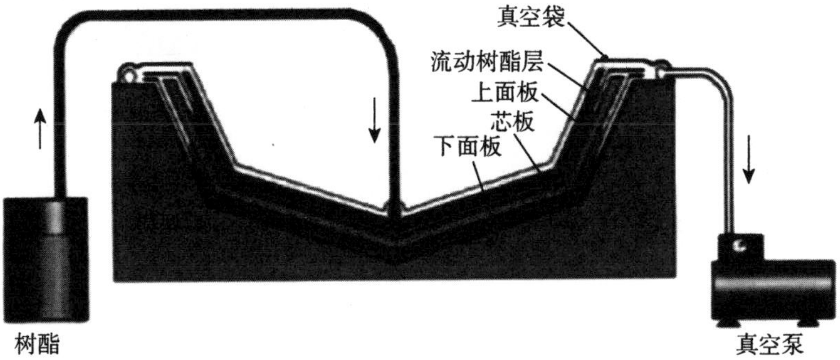

图 10-1-8　SCRIMP 工艺流程

真空辅助成型工艺自1996年在舰艇中获得成功应用后，经过几年应用技术的积累，现已在海军船舶中有了较大规模的发展。英国著名的研制FRP/CM反水雷舰艇的VT公司采用该工艺制造了Sandown级猎/扫雷舰的所有上层建筑和主船体中的部份内部结构。这些结构能承受很强的爆炸冲击载荷。VT公司还为Compton Marine和Westerly等公司提供技术支持，用经济的SCRIMP工艺替代原来传统的敞开模成型工艺，制造了长14 m的游艇，并开发了新一代游艇系列；瑞典海军73 m长的Visby级隐身轻型护卫舰的艇体、甲板和上层建筑等也是采用SCRIMP工艺制造的，采用该工艺制造的还有Skjold级隐身巡逻艇；此外，美国海军研制的新型DD21 Zumwalt级隐身驱逐舰也采用SCRIMP工艺建造。

10.2 玻璃钢船艇模具制作

玻璃钢船艇生产离不开模具，模具是生产玻璃钢船艇的首要装备。FRP模都是阴模（图10-2-1），这可以保证艇体外表光顺美观。一个FRP模如果保养得好，可以制造50至300条船。

所谓高级FRP模其表面光洁如镜，即“镜面模具”，其产品给人以美的享受，FRP模表面的基本要求是平顺和光洁。提高模具质量是提高玻璃钢船艇质量的首要任务。图10-2-2是阴模和阳模的区别。

图10-2-1　制作玻璃钢船艇的模具

图10-2-2　阴模（左）和阳模（右）

10.2.1 母模制作工艺

FRP模是在过渡阳模上翻制的，过渡阳模即母模。常州玻璃钢船厂绝大部分采用石膏母模[2]，其中1994年造的6.5 m救生艇的FRP模是由石膏母模翻制的，现以该模具为例介绍石膏母模的制作工艺。以先后程序排列叙述。

1. 放样

将玻璃钢型线图的型值按实际尺寸移植至样台上，此过程与船舶放样一致，唯一与钢质船不同之处是型值中包含玻璃钢壳板的厚度。

2. 制样板

样板分制模样板与检验样板两种。

1）制模样板

制模样板即用于搭建母模的样板。按型线图上的站线，每一站都制不含龙骨的横剖面样板一块。艏艉曲率变化大的地方，加设数道半站制模样板。为保证横剖面尺寸的特殊位置，如艉轴出口处等，也应加设制模样板。制模样板上要标志舷口线、水线、中心线。样板倒立放置，不能变形，舷口线以下要放足够距离，如图 10-2-3 所示。制模样板加强方木要钉在三夹板一面，而且端部距样板外缘 5 cm，平整一面作为站线基准。

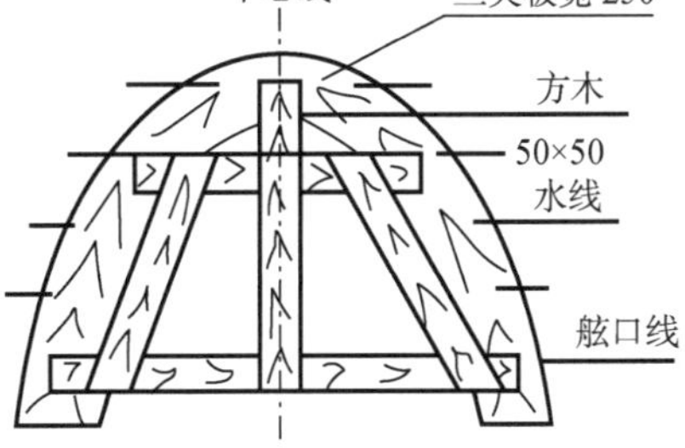

图 10-2-3　制模样板

2）检验样板

检验样板即用来检验母模形状符合性的样板。一般制作艏柱、艉柱、舷口的外形样板。有代表性的水线、线型变化剧烈的区域，也要制作检验样板。特殊部位的检验样板，如救生艇艉柱延伸样板，要延伸到螺旋桨区、艉轴出口处，再到龙骨(图 10-2-4)。因艇型不同，所制的检验样板也有较大区别。图 10-2-5 为舷口检验样板。

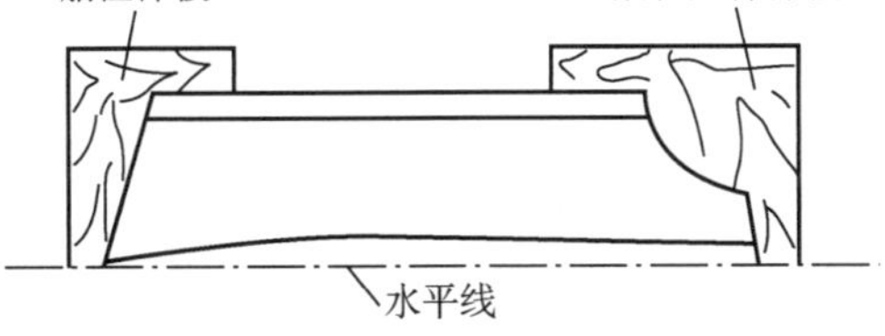

图 10-2-4　艏柱、艉柱延伸的检验样板

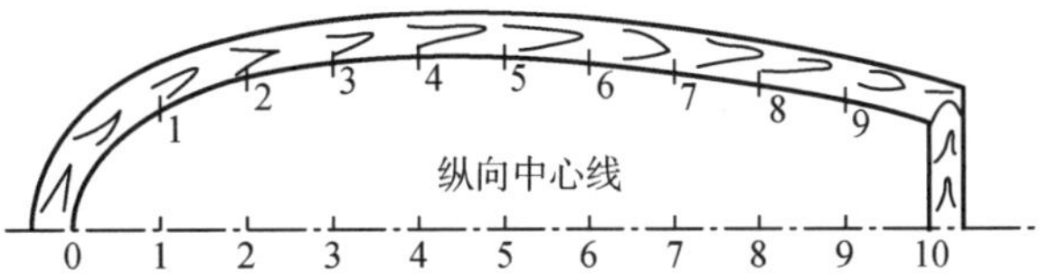

图 10-2-5　舷口检验样板

3. 定模具制作基准面

母模制作伊始，首先要确定模具制作的基准面。在光线好、通风佳、地面平的厂房内造模，先在地上弹出纵向中心线及横向站号线，如图 10-2-6 所示。在中心线 0 站处设高度稍高于一块砖，大小为一块砖的基准水平面，在各站号半宽处都设置一同样的基准面，并保证各基准面位于同一水平面上。

4. 竖立起样板形成母模框架

(1) 拉天线。将地坪上的纵向中心线移向空中，高度要高于母模龙骨 80 cm 及操作人员高度。

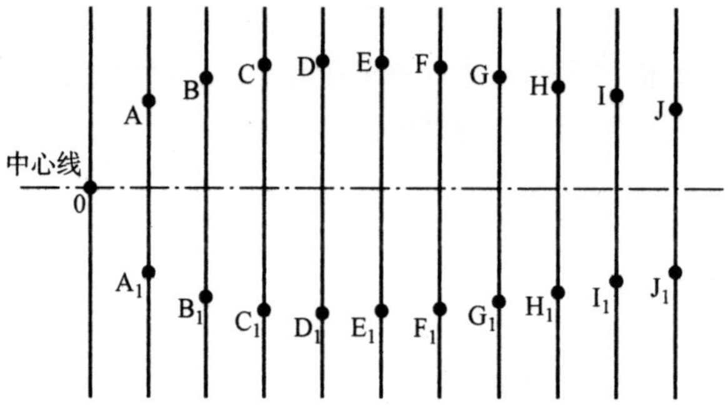

图 10-2-6　划线及制作模具基准面

(2) 将各站样板分别依次倒立在站号线上，每块样板都要校正垂直度及水平度(图 10-2-7)。

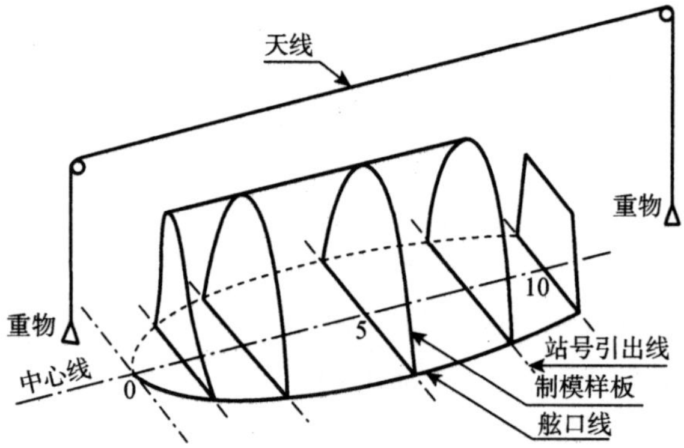

图 10-2-7　立样板框架示意图

(3) 用合适的木条将各站样板连成整体框架。

(4) 将中心线、站号线(包括增设样板处的站号线)引出模具范围之外，以备检验之用。

5. 砌砖

先在样板框架内部空间用废铁桶、木板箱填充，搭起支架，要牢固可靠。目的是减少砌砖数量。

然后，沿甲板舷口线向上砌砖(图 10-2-8)。砖要干燥，砖的外缘要缩进制模样板外缘 15～20 mm，曲率变化大的地方要边砌边用直尺搭在二档样板之间检验，以免砖的外缘凸出到型线之外，造成返工。

6. 抹石膏

砌好了砖，下一步就是抹石膏了，如图 10-2-8 所示。

为节省石膏，在抹石膏之前可先抹泥灰沙，再抹石膏造型。使用的半水石膏(即熟石膏 $CaSO_4 \cdot \frac{1}{2}H_2O$)耐热、廉价、易于成型，制造方便。石膏浆一次不要调得太多，以半灰桶为宜，边调边抹。调石膏加水要适当，按重量，石膏粉与水之比约为 6∶4。水太多，不易硬化；

水太少，来不及抹涂就在灰桶里固化了。

抹石膏的过程是一个母模初步成型的过程，要边抹边注意相邻模板之间的曲度趋向，这样在抹石膏过程中就为将来的平顺度打下了基础。

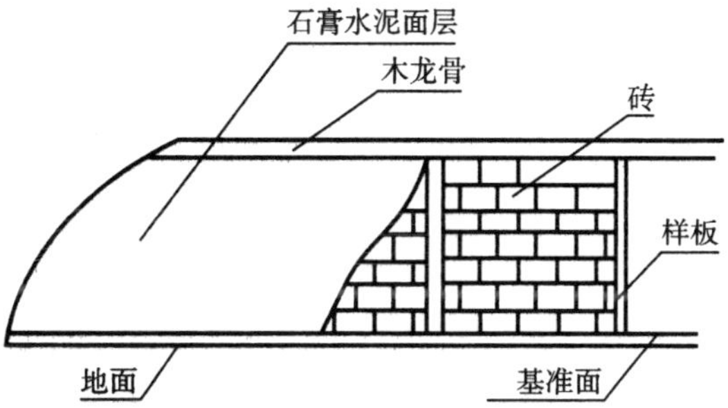

图 10-2-8　砌砖和抹石膏

7. 龙骨反弯

在石膏浆抹好后，有龙骨的船就要做龙骨凸起。龙骨可用夹板钉成龙骨箱体，也可用石膏及砖来制作。因 FRP 模成型过程中及 FRP 船成型固化过程中会产生再次收缩，所以做龙骨时要设置一个纵向反弯，如图 10-2-9所示。

龙骨上 A，C，B 三点不应在一直线上，A，B 两点应向上反弯，对于 5～9 m 的艇，A，B 两点高于 C 点之垂直距离为 1～2.5 cm（即反弯值）。这数值是我们的经验数据，行之有效。

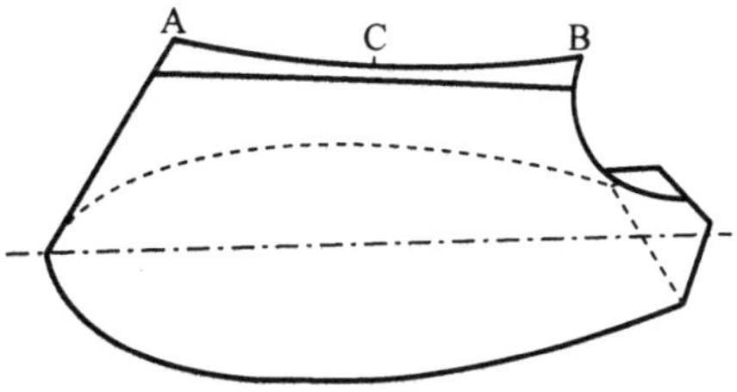

图 10-2-9　龙骨反弯

8. 母模加工

1）粗加工

抹石膏浆 3 h 之后就基本硬化，可进行母模粗加工。以制造样板及检验样板为准，可以刀削、凿铲、刨平，用 3 号铁砂布粗磨，以平顺为目的，以不伤及制模样板为原则。用检验样板做检验，做到表面基本平顺，粗看艇体线条流畅、曲面光顺就可以了。

若发现线条明显不顺，曲面过渡别扭，会造成流线不畅，应向设计部门反映，及时做出妥善处理。最后以修改的制模样板及检验样板为准，认定整个石膏模已满足曲面线条流畅就行了。此时光顺度达 80%。

2）中加工

（1）平面部分及单曲度部分用钢尺、自制的曲尺边加工边检验。将 2 号铁砂布包在方木上进行打磨（图 10-2-10）。发现凹处，用石膏浆填补，用钢尺边缘对其刮平，如此反复进行，直至无凹凸现象，加工表面呈平面或单曲度面为止。

（2）曲面部分用 2 号铁砂布垫衬在聚氯乙烯泡沫板上打磨，泡沫板的大小与砂布相当，厚度为 2 cm。采用弹性均匀的样条做检验。也是边加工边检验，方法与平面部分基本相同，唯难度大得多，因为艇体曲面大都是三向曲面。

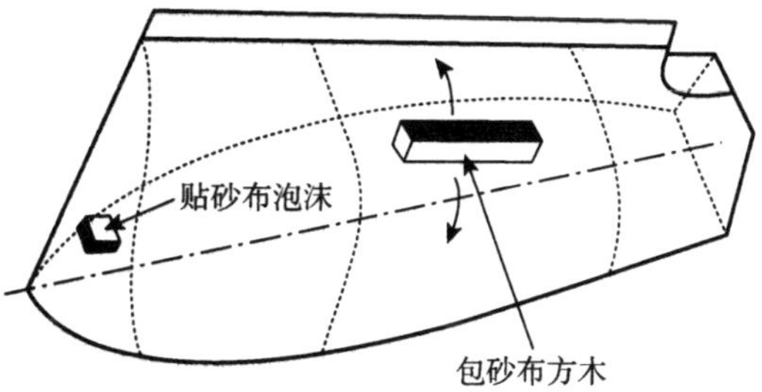

图 10-2-10　找平、打磨示意图

曲面部分的检验使用长度为 1～1.5 m，宽度为 1.2 cm，厚度为 3 mm 的样条，用手将样条均匀按压在曲面处，间隙超过 1 mm 就不符合要求，要求样条长度范围内间隙不超过 1 mm的点不超过 3 处，这在曲面某一方向上已是不容易，何况是要求任何方向上样条和曲面都良好吻合。曲面加工决非易事，要不厌其烦地进行，工作量无疑很大，要有耐心。

3）整体加工

在平面、单曲度面、曲面加工到一定程度（这个程度也是凭经验）后，此时可将整个模具涂一层红墨水或红丹漆。待干燥后对母模进行整体加工。这时一般用 1 号铁砂布如图 10-2-10那样进行打磨。磨后母模上呈红白相间的不同颜色，表示模具表面高低不平。高处色彩被磨掉呈白色，低处没磨到依然呈红色。

然后在平面区、单曲度面区、曲面区分别按前述方法进行凸削凹填，如此反复多次。

在此过程中，格外要注意眼看、手摸，不平处用记号笔将其位置、形状、大小、范围圈出来，进行凸削凹补，如此反复多次。

4）转角处加工

转角处采用阴阳模互加工法，即用“加工阳模”对阴角处进行加工；用“加工阴模”对阳角处进行加工，如图 10-2-11 所示。

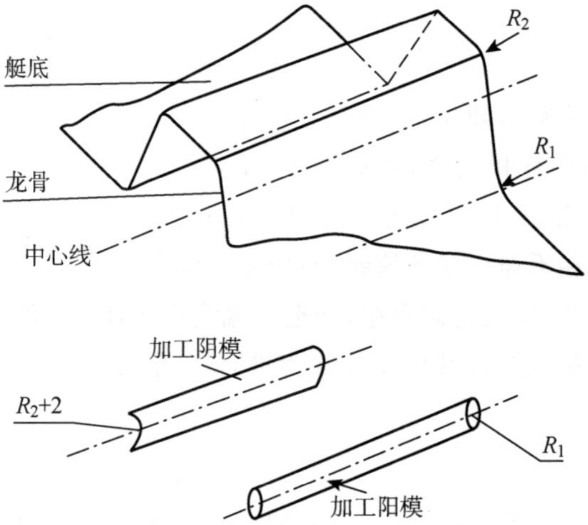

图 10-2-11　阴角、阳角的加工及模具

在图 10-2-11 上，R_1 为母模阴角，R_2 为母模阳角。对 R_1 加工前，先选择一段长度为 25 cm 左右的外半径与 R_1 相同的聚乙烯管，切断的两端将毛刺砂掉，此即成为“加工阳模”。

在母模阴角 R_1 处抹上石膏浆，用“加工阳模”对准阴角，边移边抹，对挤到龙骨侧面或艇底面上的石膏浆，待其稍硬就立即将其铲除，这样做出来的阴角整齐划一，光顺漂亮。对 R_2 处，则用白铁皮制一个内半径比 R_2 稍大 1～2 mm 的“加工阴模”，长度与铁砂布相当。注意将白铁皮的四周砂光，不能有锐边或毛刺。当然也可选择内半径合适的管壳光滑内表面来做“加工阴模”。在“加工阴模”内表面衬上 1 号铁砂布对准 R_2 进行打磨。对弧形区的转角采用有弹性的橡胶管制成的“加工阴模”或“加工阳模”。

经过这一阶段的加工，通过眼看、手摸、直尺、样条等手段检验，光顺度基本可达 90% 左右。

9. 凿掉制模样板外缘，补石膏

用 2 分凿最多 3 分凿将母模内制模样板外缘凿去，深度为 2 cm 左右，凿好后用石膏浆填补凹坑，再以前述方法进行处理，达到光顺要求。

10. 制封水面

虽然石膏在母模加工过程中不断干燥，但石膏中总含有一定的水分，水分外溢，影响下道工序进行，必须在光顺的母模上制封水面。

制封水面一般有两种方法。一种是用泡力水在母模表面涂刷 2～3 道。泡力水由虫胶、酒精、丙酮配制而成，极易挥发，干燥后结成封水面。另一种方法是先刷 2 道泡力水，干燥后，覆盖一层 1 mm 厚的 FRP，即一层 0.2 mm 细布，一层 200 g/m^2 毡。布与毡都要平接，搭接会增加不平度。布毡接缝要错开，布毡平接处用 5 cm 宽的表面毡贴补。两种方法以后者为好，固化后可用锉、刨、磨光机加工模具，配合粗砂布，先用 2 号，后用 1 号全面打磨后，光顺度要保持母模中的加工水平。

11. 上腻子

1）第一道腻子

第一道腻子一般用环氧腻子，可稍厚一点。油漆店买来的整桶腻子开启搅拌后可直接使用。上腻子的工具有牛角括板、矽钢片括板、橡皮、各种干净刷子。上腻子要有经验的漆工施工，手法要正确，用力要均匀，括刷距离要在可能和需要的范围内尽量拉长。腻子干燥后，要用 1 号铁砂布进行打磨，方法同前，然后将砂粒尘埃去干净，全艇检查砂痕，没有砂痕说明该处有凹坑，先补刷一道腻子。

2）第二道腻子

补刷腻子干燥后，整个母模上第二道腻子。这道腻子要稍稀薄一点，在腻子桶里加些二甲苯进行稀释，括刷腻子及打磨方法同前，但要用 0 号铁砂布进行打磨，打磨后发现没有砂痕的地方再补腻子。这时，没有砂痕的处所已数量不多，要仔细寻找，这是补腻子时要特别注意的。

3）第三道腻子

补刷第二道腻子干燥后，就上第三道腻子。这次腻子比第二道腻子更稀一点。方法同前述。

12. 找平

1）常用找平法

第三道腻子固化后，仍用 0 号铁砂布打磨，打磨时要上下平行移动。平行舯体单曲度部分，将 0 号铁砂布用图钉包在方木上，上下平行移动打磨，如图 10-2-10 所示。

艇底平面部分，将方木转过 90°，艏艉方向移动，移动距离尽可能长，方木上的铁砂布可变换位置多次使用。曲面部分将砂布贴在 2 cm 厚，大小与砂布相当的聚氯乙烯泡沫板上进行打磨，且不能在一个地方久磨。转角处用“加工阴（阳）模”进行打磨。注意因砂纸厚度不同，加工阳模半径要比前面刮石膏或腻子的半径 R_1 小 2 mm，砂磨时不断转动砂纸。砂纸一面磨光后，可以翻过来用另一面，减少浪费。

这中间无论平面、平直单曲度面、曲面或转角处，都要边打磨，边用直尺、钢尺、弹性样条、检验样板进行检验，同时要眼看、手摸。眼看要逆着光线方向看，有经验的模具工能垂直母模表面看其光顺度（即不平之处）。手摸、手感因人而异，但 2 到 3 倍手掌大小的面积内 0.5 mm 的不平度大都能感觉出来。总之，要多锻炼、多体验，才能不断提高找平水平。

上述方法处理后，觉得满意了，就进行水磨。水磨前，将母模表面清洗干净，可用水冲洗，不能有残留砂粒或尘埃。水磨依次用 200 号、400 号、600 号水磨纸进行打磨。不同牌号的水磨纸打磨后，要清洗掉水磨残留砂粒及尘埃，发现高低不平处都要做凸削、凹补腻子的精心处理。补腻子一定要待母模表面充分干燥，不能心急，要有耐心，做到高标准、严要求、满意为止。此时光顺度可达 95%。

2）灯光找平法

水磨干燥后，抹去尘埃，要用干净毛巾或纱布将整个母模抹干净。天黑后，由两个人进行灯光找平。一个站在艏部，用手电筒光从龙骨底沿一舷由上而下平行移动照射，另一人站在艉部观看，如图 10-2-12 所示。手电光线照射处，只要在母模表面上有 0.05～0.1 mm 的凹陷，甚至更小的不平之处就立即产生阴影，艉部光线观察者用记号笔在阴影部位画上记号。

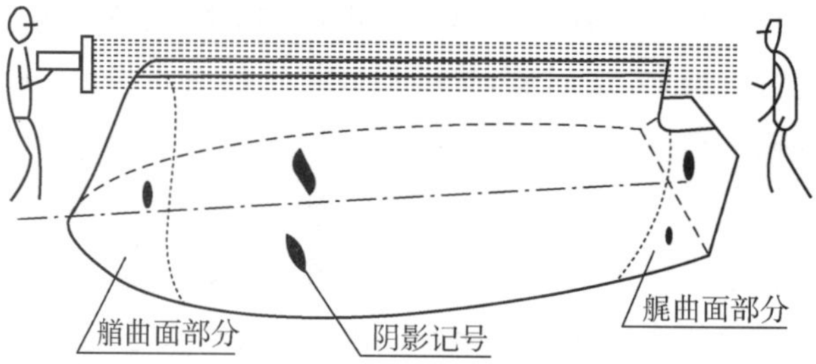

图 10-2-12　灯光找平法

随后打手电筒者再变换角度在同一舷反复照射，观察者注意阴影，并画记号。另一舷也同样处理。对于曲面部位要选择合适的照射位置反复进行灯光照射找阴影。然后，两人交换位置，即从艉部向艏部进行灯光照射找阴影，将所有阴影部位都画上记号。

第 2 天在记号处进行补腻子并按要求打磨光顺。完成后，进行第二次灯光照射找阴影，再处理。再找再处理。我们在 6.5 m 救生艇母模上进行了四次夜间灯光找平，历时 8 天才完成了这项工作。光顺度大大提高，达到 98%以上，完全可与木质母模相媲美。

13. 喷（硝基）漆水磨

灯光找平后，先清除地上尘埃，用干净纱布将母模擦干净，才能喷漆。第一次喷漆后，用 400 号或 600 号水磨砂纸进行打磨，打磨后再进行一次灯光找平，一般不会再有问题。第 2

次喷漆后，用 600 号或 800 号水磨砂纸打磨，此时光顺度可达 100%。母模制作宣告结束，下面就是 FRP 阴模的翻制。

10.2.2　FRP 阴模翻制工艺

1. 制分型面

现代玻璃钢艇趋向于整体模，不需要做分型面。若艇体过大，或整体成型后难以脱模，如本章开头的图片，阴模是由左右两个半体模组合起来的，那就要做分型面。

分型面是先在母模上架设一道固定的分型隔离挡板，一般是木质。然后先糊一半的 FRP 模，去掉分型板，再糊另一半 FRP 模，也有多片式组成的分型 FRP 模。糊产品时，先组装成整体阴模。糊制好产品后，脱模时将阴模拆开，整个玻璃钢艇体就呈现在你的面前了。

2. 上脱模剂

脱模剂种类很多，常用的船用产品脱模剂有脱模蜡及聚乙烯醇（PVA）液体脱模剂。进口脱模蜡价格高一些，但效果好。

上脱模蜡要注意条件、次数、时间间隔和方法。

（1）条件：气候干燥。

（2）次数：五次以上。

（3）时间间隔：25 min 以上。

（4）方法：用干净纱布先浸上苯乙烯再绞干，再蘸蜡全面涂抹母模面一遍，不要漏涂，间隔时间后，用干净纱布边擦边揩去多余的蜡，边擦还要边研磨。再涂一遍，再次边擦边研磨，直到 5 次以上。注意蜡不能留在母模上。

经过半小时，再上一道聚乙烯醇脱模水。上脱模水时，要用干净纱布浸透脱模水，再拧干到抹桌子的抹布那样潮湿的程度，在母模表面均匀涂抹一层脱模水，千万小心不要漏抹。若有分型面，也要涂蜡及上脱模水。

3. 上胶衣

胶衣是 FRP 表面带有保护和装饰作用的树脂层。胶衣有模具胶衣与产品胶衣之分。模具胶衣要求硬度大、韧性好、抗冲击性好、耐热好、化学稳定性好。市场上国产及进口的胶衣很多，要有比较地进行选择。

模具胶衣因其黏度较普通胶衣稍高，国内外一般都用涂刷方法。涂刷要均匀，厚度为产品胶衣的 1.5 倍左右，即 0.7～0.8 mm 范围内。常涂二次或三次，胶衣颜色以黑色为好，以便与产品颜色及脱模剂颜色相区别。

4. 层糊 FRP 积层

阴模的壳板属于 FRP 积层板，它是由一层又一层的毡和布交替堆积起来，通过基体树脂胶粘起来的。

为增加胶衣强度，先糊一层表面毡，糊制工艺与产品糊制相同。FRP 模具的厚度，视艇的大小有些变化，一般为艇壳板厚度的 2 倍。糊制厚度计算公式为

$$\delta=(G_1\cdot N_1+G_2\cdot N_2+\cdots)_{布}\cdot(0.394+0.909K_1+0.4K_1\cdot K_2)_{布}+(G_1\cdot N_1+G_2\cdot N_2+\cdots)_{毡}\cdot(0.394+0.909K_1+0.4K_1\cdot K_2)_{毡} \quad (10.2.1)$$

式中：G_1，G_2——各种规格布或毡的单位重量/(kg/m²)；

N_1，N_2——各种规格布或毡的层数；

0.394——玻纤基材厚度常数；

0.909——聚酯树脂厚度常数；

0.4——填料的厚度常数；

K_1——树脂与玻纤重量之比；

K_2——填料与树脂重量之比，无填料时 $K_2=0$。

具体铺层是GcSMMRMRMRM……的方式。

其中Gc代表胶衣，S代表表面毡，M代表毡，R代表粗纱布。

例如6.5 m救生艇壳板厚度为6 mm，模具FRP壳板的设计厚度为12 mm以上。先凭经验估算出所需不同规格的布和毡的层数。其中胶衣及表面毡不在计算厚度之内。根据初步估算的各种规格的玻璃布及毡的层数，代入以上厚度计算公式进行校验。

6.5 m救生艇玻璃钢模具使用：

玻璃布：0.2 mm布(0.18 kg/m²)1层

0.6 mm布(0.54 kg/m²)5层

$K_{1布}$：用玻璃布积层时，玻璃钢的含胶量为50%，即树脂∶玻纤=1∶1=1

$K_{2布}$：不用填料时，$K_2=0$

玻璃毡：0.3 kg/m² 毡2层

0.6 kg/m² 毡5层

$K_{1毡}$：用玻璃毡积层时，玻璃钢的含胶量为69%，即树脂∶玻纤=69∶31=2.23

$K_{2毡}$：不用填料时，$K_2=0$

用上述数据代入式(10.2.1)得

$$\begin{aligned}\delta&=(0.18\times1+0.54\times5)(0.394+0.909\times1+0)_{布}+\\&(0.3\times2+0.6\times5)(0.394+0.909\times2.23+0)_{毡}=\\&2.88\times1.303+3.6\times2.421=12.46\ \text{mm}\end{aligned}$$

糊好后，在未固化前就把需要去掉的边缘铲去。

5. 设置加强筋和支架

在最后一层铺层糊制完毕，固化40～48 h后，按照模具设计，在外表面设置加强筋。加强筋可用木材、钢管、硬质泡沫塑料，事先固定在模具外表，再包覆玻璃钢。

玻璃钢模具为了便于放置和搬动，需设置支架以及滚轮，如图10-2-13所示。

模具的加强筋，以往曾采用纵横交叉结构，并且是直接胶接在模具壳板上，看来不太合理。模具做好后，凡加强筋处，特别是横向加强筋处因加强筋收缩，FRP阴模微变形(微凹)，在产品上就有显示(微凸)。后来发现日本的FRP模大都设置三道大纵向竖壁，二道横壁，作为加强筋。加强筋与模具接触面及两边埋入泡沫作为过渡层，如图10-2-14所示。然后用玻璃布、毡包覆，这样就可以防止 FRP 阴模上因厚度突变造成应力集中而变形。后来我们也采用了这样的做法。

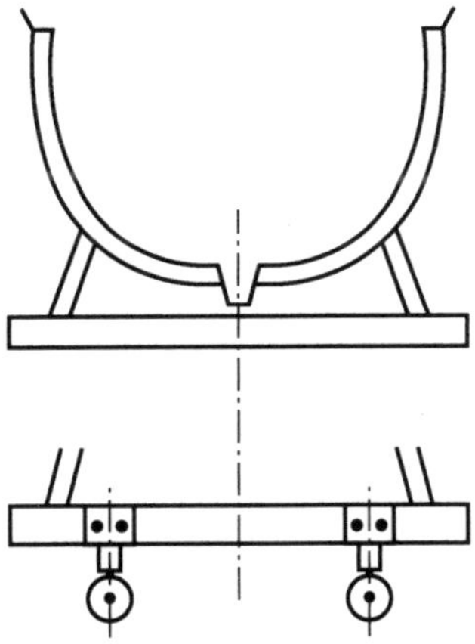

图 10-2-13　模具支撑架与滚轮

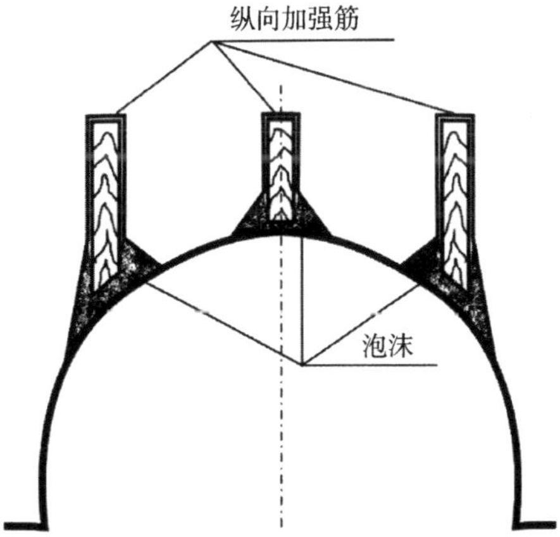

图 10-2-14　加强筋与模具连接法

6. 脱模

模具糊制一星期以上，支架糊制三天以上，借助吊车及木榔头、橡皮榔头进行脱模。脱模要小心，杜绝野蛮操作。

脱模后进行表面检查，胶衣缺陷或损坏应予修补。修补工艺与产品胶衣修补相同。

7. FRP 模打磨抛光

1）干磨

先用 0 号铁砂布统砂 FRP 模，方法同常用找平时的打磨法，也可用磨光机带 0 号铁砂布进行打磨，但要十分当心。目的是去除 FRP 模具上的石蜡、聚乙烯醇、胶衣析出物。这种析出物在 FRP 模具固化发热过程中造成表面看上去亮晶晶的溶合物，这是影响 FRP 模光洁度的祸害，一定要打磨掉。

2）水磨

经 0 号铁砂布统砂后，水洗模面，将残留砂粒及尘埃清除干净，然后用 200 号、400 号、600 号、800 号、1000 号、1200 号、1500 号水磨砂纸依次进行打磨。如前所述，每换一种牌号的砂纸前，一定要清洗模面，不能有砂粒残留。

从 800 号水砂纸开始，使用前要二张砂纸砂面对叠放在平整面上轻轻擦两下，使其砂峰磨掉，不致使 FRP 模表面产生砂痕。1000～1500 号水砂后，模面已相当平滑细腻。水砂应以反射成像为原则，平面部分反射成像不变形，曲面部分反射成像均匀变化有规律。此时模具表面仍是雾状，不光亮，要具有光洁度，模面必须进行研磨抛光。

3）研磨抛光

1500 号水砂纸打磨后，将模具清洗干净，凉干。就可以进行研磨抛光。现在市场上的研磨膏、抛光水、抛光剂很多。常用的研磨抛光膏有日本的中目、细目、极目还有超极目

5955。美国的抛光水 1#,2#,3# 与日本的上述抛光膏相当。我国也有类似产品可供选用。

我们一般选用美国的抛光水 1#,2#,3#。实际上,1# 抛光水是粗抛,含有强烈研磨作用,能消除砂磨痕迹。2# 抛光水属粗抛与精抛之间的过渡,属于研抛。3# 抛光水是精抛。

抛光,不论是粗抛、过渡抛、精抛,要边上抛光水,边抛。一般要两人合作进行,一个抹抛光水,一个用抛光机研磨。待抛干后,另一人在未抛过处抹抛光水,一人立即去抛。千万不能等抛光水干了再抛。两人工作可交换进行。

这道工序是解决 FRP 模具光洁度的,模具光洁,做出来的产品才能光洁,而且脱模方便。一定要抛到站在模具面前可清晰看见自己的头发、眉毛、胡子,即模具光如镜面,至此,模具才算完成。

10.3 模块化建造

10.3.1 凸胎模建造夹层结构

一般而言,如果建造三艘或少于三艘船艇,制作一个耐用的模具显得不经济。使用一次性的方法更加经济。

早期的一次性制作方法。通常用木材按船艇横剖面制成模板,类似于上一节中的制模样板,然后搭建成坚固的框架,如图 10-3-1 所示。在模板上的凹槽中钉上长条的木条,如图 10-3-2 所示,形成阳模的形状。随后,结构性泡沫板材或者板条可以临时铺放在上面,钉在木条上。在板材全部就位后,在对接和缝隙位置填胶,通过木螺丝从内侧将泡沫板材和木条连接。去掉外侧临时固定用的钉子或螺栓并封住钉眼。泡沫外侧按要求修形,形成泡沫"阳模"。外侧再按要求铺放玻璃纤维积层板,再修形。然后将木头、泡沫和玻璃纤维积层板整个装置翻转、放置并固定到坚固的支架上。移除木模板和木螺丝,铺放内蒙皮。这就形成了夹层结构板的船体外壳,于是可以铺设内部构件了。

图 10-3-1 用制模样板搭建成框架

图 10-3-2　铺放木条

使用一次性方法不需要花费时间和金钱制作可能只使用一两次的阳模和阴模就可以制作船壳(或其他部位)。

该方法的自然延伸是由 Bilodeau 完善了使用企口板的方法。使用新的苯乙烯-丙烯腈树脂(SAN)线性结构性泡沫,Bilodeau 发现该塑料泡沫可以很容易并可靠地加工成不同宽度的企口板,如图 10-3-3 所示。这些部件依据所用泡沫塑料的厚度和密度做成阳模框架。不需要木条。每个企口板和前面的板的板缝都采用特制的腻子粘接,腻子有足够的强度能够把泡沫粘接起来,并足够柔软能够贴合船体的形状,如图 10-3-4 所示。

图 10-3-3　结构性泡沫企口板

图 10-3-4　用企口板做成的船体

由于每一行板材都粘结在一起,泡沫船壳变得非常坚硬,不需要木条。使用一些临时的紧固件,但是比前面介绍的方法少得多。较小弯曲的位置用较宽的板材。将平板用于平坦或近乎平坦的区域。和以前一样,泡沫修形,然后铺设玻璃钢积层板(外蒙皮)。一次性建造要求很多修形和填充腻子,但对按照客户要求(定制)制造船舶来说仍然提高了效率。

文献[1]介绍了用简易木框架建造夹层结构船体的方法。图 10-3-5 是简易制作的凸模。在凸模上先铺设 PVC 泡沫芯材(图 10-3-6),从外面用钢钉或者从里面用木螺钉固定到木条上,如图 10-3-7 所示。芯材拼接的缝隙填充树脂腻子,再修形和磨平,然后在外表铺糊积层。在铺糊前注意先拔除从外表钉入的钉子,以免脱模困难。脱模过程如图 10-3-8 所示。脱模下来的部件已经具有船体外壳的形状,再将它放入简易制作的木框架凹模中,如图 10-3-9 所示。于是就可以铺设内蒙皮和加强筋,安装各种构件。用夹层结构制作的典型舯剖面如图 10-3-10 所示,左边的图是一艘圆舭型帆船,右边的图是折角型高速机动艇的舯横剖面结构。

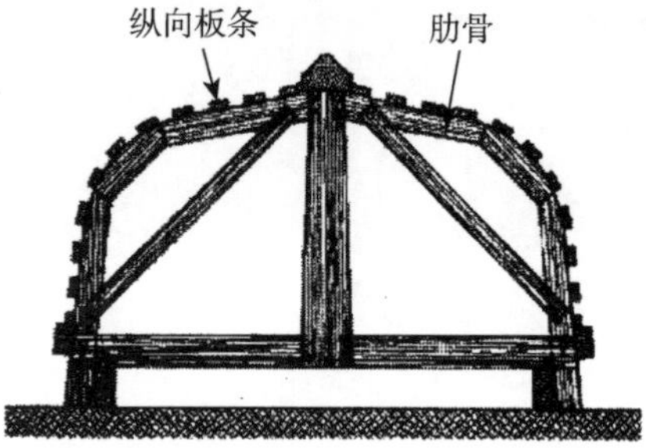

图 10-3-5　简易凸模

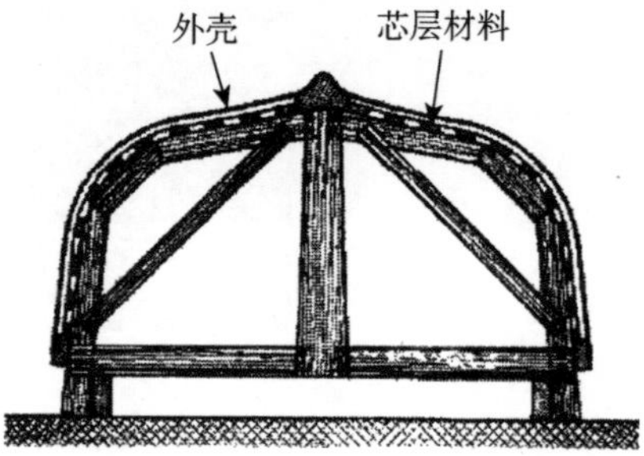

图 10-3-6　在凸模上铺芯材和外壳

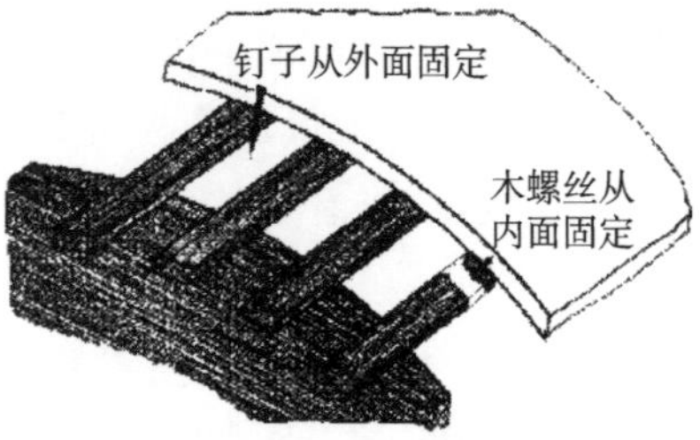

图 10-3-7　芯材固定

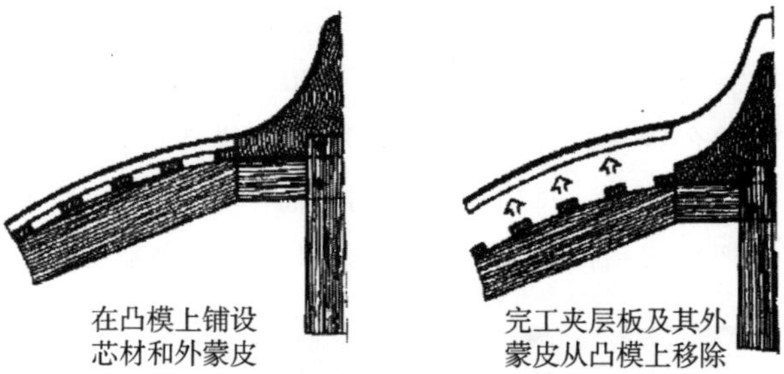

图 10-3-8　完工的夹层板及蒙皮从凸模上移除

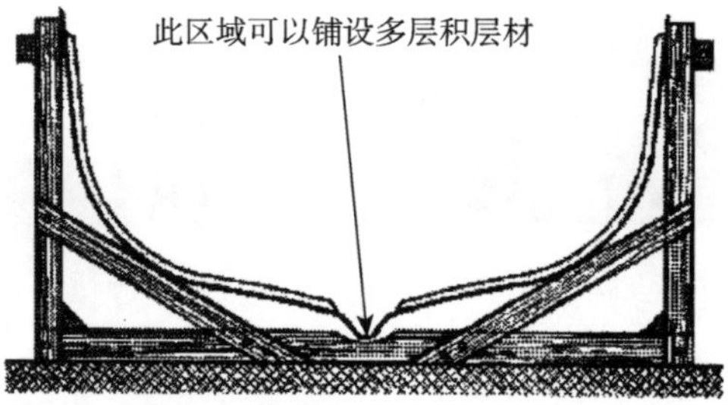

图 10-3-9　在夹层结构建造中使用的简易木框架阴模

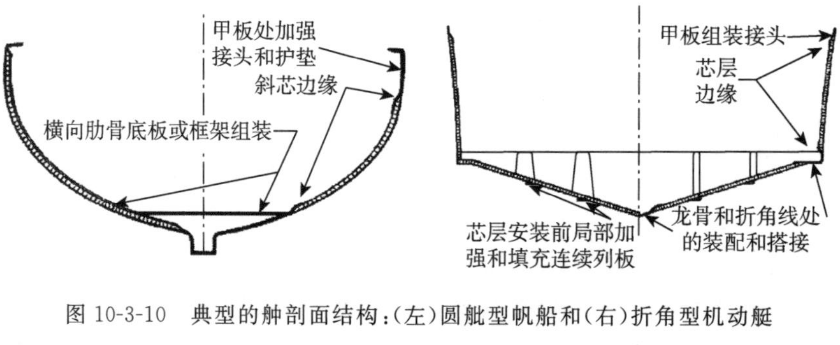

图 10-3-10　典型的舯剖面结构:(左)圆舭型帆船和(右)折角型机动艇

10.3.2　从平板开始建造

也可以通过连接一些平板或近似平板制作较大的部件。位于华盛顿的西港造船厂(Westport Shipyard)在一块大的平玻璃台面上制作 3 m×9 m 涂上胶衣的 FRP 板。他们从玻璃台面上取下该 FRP 平板，并将其放入一个基本的阴模条板框架中。在搭接位置留下一些空缺，通过后来加上一些铺层进行连接，与连接两个半边船体的方法相似。然后这些层板在阴模框架中成了光洁的外蒙皮，然后铺设芯材，内蒙皮以及结构的其他部分。

他们有可调整曲率的模具，在端部装以铰链，这样就可以使用相同的工装建造不同大小的船体。

我国江辉公司用宝丽板(一种塑料贴面板的商品名称)做模板制作平面模块也很成功，做出来的制件表面光洁度很高。

位于澳大利亚 Queensland 的 ATL 复合材料公司已经开发出了 Duflex 系统，用已经粘接、铺层固化的夹层结构平板(模块)来建造结构(主要是船)。标准板的大小为 1.2 m×2.2 m，在板边加工出一个 Z 字接头。夹层结构板的上蒙皮的 Z 字接头顶部有一个嵌接，夹层结构板中芯材是方形对接榫，板下侧蒙皮有另外一个嵌接。可在工厂将其进行数控加工成小件，编号，使用环氧胶合剂在现场将其连接。

Visby 护卫舰采用夹层结构平板制造，在对缝的位置用一些材料在背面支撑。接着，在连接处放入其他材料，一同注入乙烯基酯树脂。采用相似的方法连接主船体结构。

建造的结构是否直接做成一个大型部件或先做成模块化单元然后将其拼接？需要优化决定。连续铺层的 FRP 层板可以提供具有连续光滑表面的大部件。复合材料部件通常要求在大的接头位置使用附加的增强材料。一种妥协的途径是，对于大型的船体部件采用连续性方法制造，对于小尺寸部件，如舱壁、甲板和上层建筑板壁，分割成单独的模块。模块化建造是大多数大型游艇厂家近期的热点。

许多游艇厂家和零部件供应商采用的一种模块化制造方法是使用模制网格框架。也就是生产一个模具，包含船舶的纵向和横向框架系统(俗称为“鸟笼式胎架”)。一般来说，在这个模具上铺层要比在阴模内部操作更加容易。然后将内衬层或网格框架从模具上卸下来并粘到外壳上，构成增强构件。其中一些网格框架的模具采用阳模，也含有船体的部分内衬层。安装以后，船体内侧有一层光滑的胶衣表面。

由于多数聚合物复合材料使用的是各种热固性树脂，层合固化以后会收缩，因此精确尺寸可能不太好把握。但是，修边起来很容易，而且对接缝胶粘剂及铺层可以填充设计合理、大小合适的嵌接缝隙。

10.3.3　胶接技术

大型船体铺层一般是横向搭接。通过搭接铺层来最大化地连成一体，这时候保证部件的初次胶接(primary bond)状态非常重要。常用的 189# 树脂有 48 h 的新鲜期，此时间内树脂尚未完全固化，在此期间内可叠加积层而不影响其粘接性能，这种新鲜期状态的粘接称为

"初次胶接"状态。搭界的实现方式为在原铺层和新铺层间形成至少 2 in(50 mm)的重叠,三层三层地湿铺。后面铺层时的搭接区与下面的搭接区距离应不小于 6 in(150 mm)。

由于搭接区域的高热释放,三层三层地湿铺通常是上限。和热释放和湿铺层数相对应的变量是树脂的促进剂和催化剂的用量。用于浸润(渍)的树脂的凝胶时间希望能够长到避免树脂在浸润容器中发生凝胶。在工作表面上为了避免层合板在多层铺设的情况下过分放热,必须控制凝胶现象的出现和促进剂的量,凝胶时间必须足够地长,温度足够地低。复合材料产品垂直表面铺层的凝胶时间应缩短些,以防止船侧位置出现树脂流挂现象。另外,也可以在树脂中加入触变剂从而延缓树脂流动,但它对树脂的可操作性会产生不利,可能导致空隙。

因大型船舶将受到高主弯曲应力作用,船壳结构应尽量采用"初次胶接"(primary bond)。常用的聚酯树脂体系铺层允许的最长间隔时间是 24 h,这样才能实现初次胶接。超过 24 h 后,新的铺层不会和前期的层板产生高分子键。这将会导致最终基体中出现较低的层间剪切强度值。这一现象称为"二次胶接",主要是因为通用聚酯树脂系统常常表现出的缺少高分子链式反应的连续性。

在乙烯基酯体系中,高分子链通常较少受层板固化时间的影响,而且在前期的层板凝固,巴氏硬度超过 50 之后,各个层板之间粘结得非常好。巴氏硬度通常用来衡量树脂凝固的程度。检测表明,即使铺层固化间隔七天,乙烯基酯层板的层间剪切强度都不会减弱。

10.3.4 分段拼装建造实例——"申翔"号气垫船上层建筑

"申翔"号侧壁气垫船系中国船舶和海洋工程研究设计院设计、芜湖船厂建造的一艘高速客艇(图 10-3-11)。

图 10-3-11 "申翔"号侧壁式气垫船

"申翔"号侧壁气垫船主要技术参数为:总长 35.5 m,总宽 7.6 m,总高 7.2 m,总重 95 t,载客 160 人,载货 2 t,最大航速 31 kn,续航力 250 n mile。其船体为钢结构,上层建筑为玻璃钢结构。该船上层建筑分为上下两层,其底层总长 28 m,宽 6.4 m,设前后客舱;上层总长 10.6 m,宽 5 m,设有驾驶室和贵宾室。考虑到下客舱顶甲板与驾驶室顶板拱度相同,主客舱侧围壁与驾驶室侧围壁均为平直的斜面,仅在前后端围壁交接处采用圆弧过渡的特点,为了做到一模多用,减小施工场地,节省模具费用,提出了该上层建筑采用分段拼装建造方案。其建造步骤是:先在平板模上糊制不同规格的平面模块,再由平面模块组装成立体模块,最后将各立体模块总装成一个完整的上层建筑[3]。

1. 原材料

玻璃布选用常州 253 厂生产的经前处理的 0.18 mm 厚及 0.4 mm 厚的无碱、无捻粗纱方格布。树脂采用常州 253 厂生产的 34# 通用型胶衣树脂及 198# 不饱和聚酯树脂。

2. 模具的制作

对于一般平面模具的制作,仅需要在贴面板背面钉上若干根加强木条,使其具有一定的刚度。同时在平板的四周布置折边挡板,从而构成所需的平面模。

在制作上层建筑前后围壁、舱口盖、天井盖等模具时,在模具拐角弯曲处要按设计要求填上弧度木块,再在木块上胶上薄型塑料贴面。最后仅需在少量钉眼或拼接缝处填补腻了,磨平,抛光。由此制作的模具使用效果很好。

3. 平面模块成型工艺

采用手糊成型工艺。该上层建筑所有外板均采用阴模糊制,露天面均以胶衣覆盖。

1）涂刷脱模剂

在已加工好的塑料贴面阴模板上,用软质聚氨酯泡沫涂擦聚乙烯醇脱模剂,待其干燥后,再用纱布包汽车抛光蜡少许,在模具的拼接缝处薄薄地擦上一层即可。

2）涂刷胶衣树脂

分两次涂刷胶衣树脂。涂刷时要方向一致,厚薄均匀,禁忌漏涂。待第一道胶衣基本固化后再涂刷第二道胶衣树脂。当第二道胶衣树脂初步固化时,随即刷调配好的 198# 聚酯树脂胶液。为了保证色彩一致,在配方中加入一定比例的白色颜料糊。然后铺上一层 0.18 mm 厚的无捻方格布,后用同样的胶液涂刷。

3）糊制积层板

继 0.18 mm 无捻方格布后即开始铺敷 0.4 mm 厚的无捻方格布,并用不加颜料糊的 198# 聚酯树脂胶液涂刷浸渍。这样反复铺糊,直到设计要求的厚度为止。

在积层板的糊制过程中要严格控制含胶量,使其不超过 55%。同时为了使每块板的色泽一致,应严格控制表层胶的配比。糊制的玻璃钢积层板强度试验值见表 10-3-1。

表 10-3-1　“申翔”号积层板的机械性能

测试项目	设计要求值/MPa	材料试样值/MPa	实船取样值/MPa
拉伸强度	186	187	186.5
拉伸弹性模量	9.8×10^3	1.07×10^4	9.7×10^3
弯曲强度	196	215.8	211.4
压缩强度	127.5	162.5	131.2
剪切强度	61.8	84.3	87

4. 加强材安装

平面模块上的横梁、强横梁、大纵桁、小纵桁等加强材形式如图 10-3-12 所示。现以舱顶板骨架的安装为例说明如下。

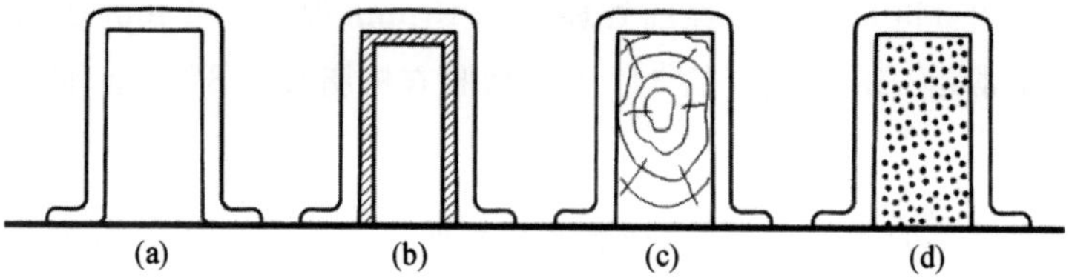

图 10-3-12　帽型截面加强材

(a)空心的加强材，用模具预制成型；(b)使用模具在现场成型，然后模具作为加强材的一部分被包围在里面；(c)利用木质芯材成型的实心加强材；(d)利用硬质泡沫塑料作芯材直接成型的实心加强材

1）划线

在已成型好的舱顶板上，按图纸要求画出大纵桁、小纵桁、横梁、强横梁的位置线。

2）安装小纵桁

按照原则工艺要求，当骨架交叉时，低骨材穿过高骨材。纵桁与横梁等高时，强横梁连续，纵桁间断。其余横梁遇纵桁时间断。因此首先将预制好的空心帽型材小纵桁胶在舱顶板上，并按要求用玻璃布糊至所需的层数。

3）安装实心纵桁

将纵桁的硬质聚氨酯泡沫芯材及木质芯材按其画线位置胶至板材上，并按要求糊布。

4）安装强横梁

将强横梁的硬质聚氨酯泡沫芯材预先开好口，再胶在规定的位置线上。固化后，按强横梁厚度要求，用玻璃布沿骨材方向糊至所需的层数。

5）安装普通横梁

用同样的方法安装、糊制余下的普通横梁。糊制成的舱顶平面模块如图 10-3-13 所示。

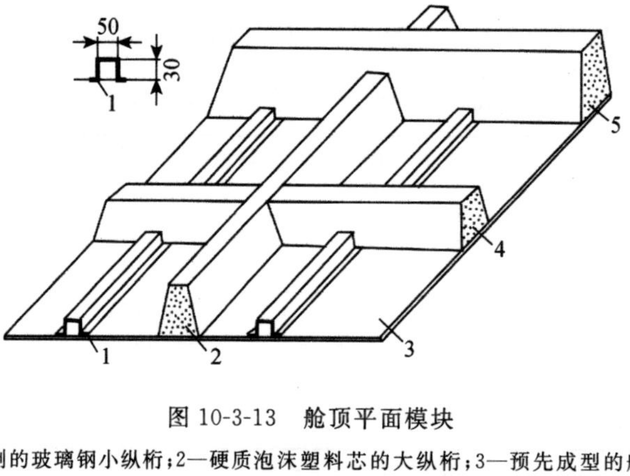

图 10-3-13　舱顶平面模块

1—预制的玻璃钢小纵桁；2—硬质泡沫塑料芯的大纵桁；3—预先成型的舱顶玻璃钢积层板；4—硬质泡沫塑料芯的普通横梁；5—硬质泡沫塑料芯的强横梁

(6) 补强

为了保证骨架的强度，在所糊制玻璃布剪断处再补贴若干层玻璃布进行补强，使骨架可靠地连成整体。

在糊制侧围壁骨架时，我们修改了原设计工艺，预先将加强材组装成一个整体框架，再胶到侧围壁上，然后按要求糊制连接玻璃布铺层，这样大大地增强了侧围壁的整体强度。

5. 模块连接的形式

横隔壁与舱顶板及侧围壁的连接采用图 10-3-14(a)的形式。平面模块之间的连接采用折边对接的形式，如图 10-3-14(b)所示。立体模块的舱顶板与侧围壁的连接采用折边对接，如图 10-3-14(c)所示。

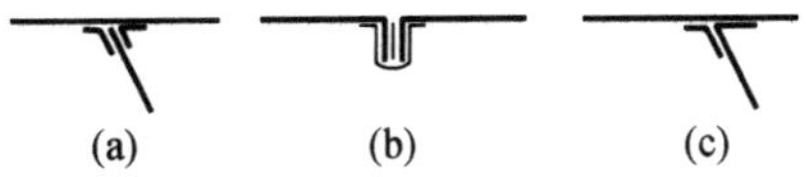

图 10-3-14　连接形式

(a)舱顶板与侧围壁的连接；(b)平面模块之间的对接；(c)折边对接

折边对接的方法是先将两块糊制好的带折边的玻璃钢板沿折边面打磨并涂上胶衣树脂。在折边中间夹放一层浸过胶衣树脂的 0.4 mm 厚的无捻方格布(或毡)，使其外表面处于同一平面。折边处用螺旋夹持器固定夹紧。固化后将其挤出的多余树脂先用砂轮磨去，再用 300# 水磨砂纸磨光，并用氧化铝抛光粉带水抛光，然后在背面折边处钻孔，铆上铆钉(间距为 150～200 mm)并在折边内表面糊数层玻璃布加强。

6. 拼装立体模块

1) 安装横隔壁或假隔壁

平面模块成型后，为了防止变形，舱顶板模块不能脱模，要先按设计要求在上面安装横隔壁或假隔壁。

横隔壁安装必须保证垂直度。因横隔壁是泡沫夹芯的玻璃钢构件，故它与横梁的连接仍采用玻璃布连接，如图 10-3-15 所示。

在无横隔壁的模块中安装假隔壁以增加模块的刚性。即使在有横隔壁的模块中，也应安装若干可拆卸的假隔壁以保证模块吊运、翻身过程中不变形。

2) 安装侧围壁

驾驶室甲板、舱顶棚、进风口顶棚与侧围壁连接处均外伸 30 mm，在侧壁的上部折边与顶板的连接处夹数层玻璃布用环氧胶粘接。侧壁的垂直扶强材与横梁连接处用泡沫夹芯的玻璃钢小肘板加强。侧壁与横隔壁的连接采用玻璃布胶接。

最后将 44 个平面模块拼接成 5 个立体模块。驾驶室和上客舱为一个立体模块；底层上层建筑沿长度方向划分成 4 个立体模块。

7. 实船总装

底层上层建筑自艏向艉划分为 4 个立体模块，编号为 1～4 号模块。其中 3 号模块与主船体风机舱相连。通风道由 3 号、4 号模块之间向上延伸通往驾驶室甲板。因此我们选择 3 号模块为定位模块。将 3 号模块吊上船按其正确位置落定后，采用等高法将侧壁裁至设计高度，用角铝将其与主甲板牢固连接。为了防止渗漏及增加连接强度，在内面层糊玻璃布，如图 10-3-16 所示。

接着顺序安装 2 号模块、1 号模块、上层驾驶室模块，最后安装 4 号模块。

在整修总装过程中，底层前 3 个模块在长度方向是无余量拼接的，为确保总长的准确性，4 号模块留有余量作为机动调位模块在最后安装。安装前，在测量已安装的 1～3 号模块长度的基础上，再确定 4 号模块的实际长度，以保证上层建筑总长度的准确性。

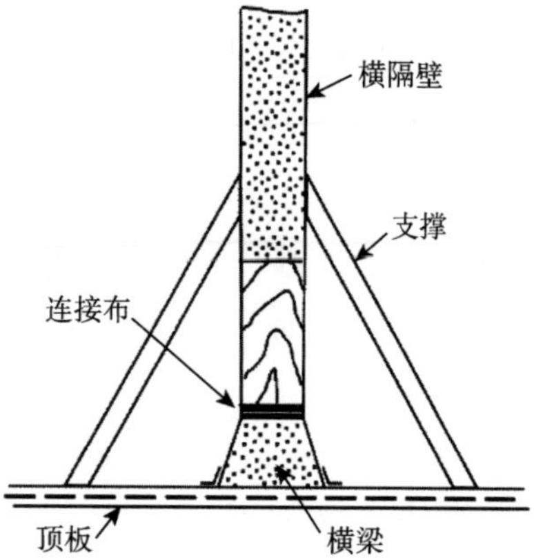

图 10-3-15 横隔壁安装

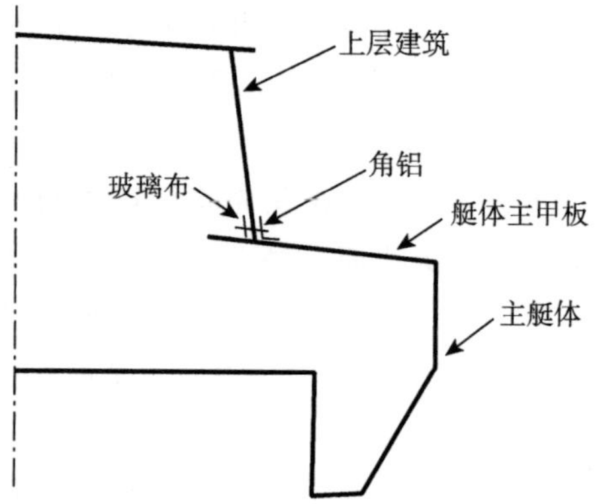

图 10-3-16 上层建筑与艇体主甲板的连接

参考文献

[1] Eric Greene，赵成璧，唐友宏. 舰船复合材料(第二版)[M]. 上海：上海交通大学出版社，2013.

[2] 曹炳良，雷鸿. 玻璃钢模具成型工艺[J]. 江苏船舶，1997(6)：1-7.

[3] 张蓉霞. 采用平面分段拼装法建造气垫船玻璃钢上层建筑[J]. 江苏船舶，1991(1)：26-29.

附　录

附录 A　法定计量单位及其换算表

量的名称	法定计量单位		非法定计量单位		换算关系及说明
	名称	符号	名称	符号	
长度	米	m	公尺	M	SI 基本单位
	分米	dm	公寸		1 dm=0.1 m
	厘米	cm	公分，糎		1 cm=0.01 m
	毫米	mm	公厘	MM，M/M	1 mm=0.001 m=10^{-3} m
	微米	μm	公微	μ，μM	1 μm=10^{-6} m
	千米(公里)	km			1 km=1 000 m=0.621 4 mi
	海里	n mile	浬	n mi	1 n mile=1 852 m=6 076 ft
			英里，哩	mile，mi	1 mile=1 609.344 m=5 280 ft
			英尺，呎	ft	1 ft=12 in=0.304 8 m
			英寸，吋	in	1 in=0.025 4 m=25.4 mm
			码	yd	1 yd=3 ft=0.914 4 m
			[市]里		1 里=500 m
			丈		1 丈=10 尺=3.33 m
			尺		1 尺=10 寸=0.333 m=(1/3)m
			寸		1 寸=0.033 3 m
			链	ch	1 ch=66 ft=20.116 8 m
			嚼		1 嚼=6 ft=1.828 8 m
面积	平方米	m^2			1 m^2=10.764 ft^2
			公亩	a	1 a=100 m^2
			公顷	ha	1 ha=10 000 m^2=10^4 m^2=15 市亩
			[市]亩		1 亩=60 平方丈=666.66 m^2

（续表）

量的名称	法定计量单位		非法定计量单位		换算关系及说明
	名称	符号	名称	符号	
面积			英亩		1 英亩＝4840 平方码＝4 046.86 m^2
			平方码	yd^2	1 yd^2＝0.836 127 m^2
			平方英尺	ft^2，Sq. ft	1 ft^2＝9.29×10^{-2} m^2
			平方英寸	in^2，Sq. in	1 in^2＝$6.451\ 6\times10^{-4}$ m^2
体积容积	立方米	m^3			
	升	L(l)	公升，立升		1 L＝1 dm^3＝10^{-3} m^3
	立方厘米	cm^3		cc，c. c	1 cc＝1 cm^3＝10^{-3} L＝1 mL
			立方码	yd^3	1 yd^3＝0.764 55 m^3＝764.55 L
			立方英尺	ft^3，cu. ft	1 ft^3＝2.832×10^{-2} m^3＝28.32 L
			立方英寸	in^3，cu. in	1 in^3＝$1.638\ 7\times10^{-5}$ m^3
			英加仑	gal(UK)	1 gal (UK)＝4.546 L＝(1/8)bushel
			美加仑	gal(US)	1 gal (US)＝3.785 L（液量） ＝4.404 75 L（干量）
			夸脱	qt	1 qt＝(1/4) gal
			品脱	pt	1 pt＝(1/8) gal
			蒲式耳	bushel，bsh	谷类容量单位： 1 bsh ＝36.368 L（英） ＝35.238 L（美）
			美石油桶		1 美石油桶＝158.99 L
质量	千克(公斤)	kg		KG，KGS	SI 基本单位 1 kg＝0.068 5 slug
	吨	t	公吨	T	1 t＝1 000 kg
			英吨（长吨）	UK ton	1 UK ton＝1.016 05 t＝2 240 lb
			美吨（短吨）	shton	1 shton＝0.907 185 t＝2 000 lb
			磅	lb，Lb，lbs	1 lb＝0.453 6 kg
			千磅	kip	1 kip＝1 000 lb
			唡(盎斯)	oz	1 oz＝(1/16) lb＝0.028 35 kg
			[市]斤		1 市斤＝0.5 kg
			斯勒格	slug	1 slug＝14.59 kg
力	牛[顿]	N			1 N＝1 m・kg・s^{-2}＝0.225 lbf
			千克力	kgf	1 kgf＝9.806 65 N

（续表）

量的名称	法定计量单位		非法定计量单位		换算关系及说明
	名称	符号	名称	符号	
力			吨力	tf	1 tf=9 806.65 N
			达因	dyn	1 dyn=10^{-5} N
			磅力	lbf	1 lbf=4.448 22 N
			磅达	poundal	1 pdl=0.138 255 N （呎-磅-秒制的力的单位）
压力 压强 应力	帕[斯卡]	Pa			1 Pa=1 N/m^2=1 m^{-1} · kg · s^{-2}
				kgf/m^2	1 kgf/m^2=9.806 65 Pa
				kgf/cm^2	1 kgf/cm^2=0.098 066 5 MPa
				kgf/mm^2	1 kgf/mm^2=9.806 65 MPa
	兆帕	MPa		N/mm^2	1 N/mm^2=1 MPa=10^6 Pa
			巴	bar	1 bar =10^5 Pa=10^6 dyn/cm^2 =0.986 9 标准大气压
				dyn/cm^2	1 dyn/cm^2=0.1 Pa
			毫米汞柱	mmHg	1 mmHg=133.322 Pa
			毫米水柱	mmH_2O	1 mmH_2O=9.806 65 Pa
			米水柱	mH_2O	1 mH_2O=9 806.65 Pa≈0.01 MPa
			托	torr	1 torr=1 mmHg=133.322 Pa
			标准大气压	atm	1 atm=101 325 Pa=760 mmHg
			工程大气压	at	1 at=98 066.5 Pa
				lbf/ft^2	1 lbf/ft^2=47.880 3 Pa
				lbf/in^2，psi	1 psi=1 lbf/in^2=6 894.76 Pa
			英吋汞柱	inHg	1 inHg=3 386.39 Pa
			英吋水柱	inH_2O	1 inH_2O=249.089 Pa
			英尺水柱	ftH_2O	1 ftH_2O=2 989.07 Pa
时间	秒	s		(″)	SI 基本单位
	分	min		(′)	1 min=60 s
	[小]时	h		hr，Hr	1 h=60 min=3 600 s
	天(日)	d			1 d=24 h=86 400 s
	年	a		y，yr	

（续表）

量的名称	法定计量单位		非法定计量单位		换算关系及说明
	名称	符号	名称	符号	
平面角	弧度	rad			1 rad＝57.295 8°
	度	(°)			1°＝60′＝(π/180) rad
	[角]分	(′)			1′＝60″
	[角]秒	(″)			1″＝(π/648 000) rad
立体角	立体弧度	sr			SI 基本单位
功能热	焦[耳]	J			1 J＝1 N·m＝0.737 6 ft·lbf
	千瓦小时	kW·h			1 kW·h＝3.6 MJ
			尔格	erg	1 erg＝10^{-7} J
				kgf·m	1 kgf·m＝9.806 65 J
				ft·lbf	1 ft·lbf＝1.355 82 J
			米制马力小时	Ps·h	1 Ps·h＝2.647 79 MJ
			英制马力小时	hp·h	1 hp·h＝2.684 52 MJ
			英热量单位	BTU	1 BTU＝252 cal＝1 055 J
			大卡	Cal，kcal	1 Cal＝4.186 8 kJ＝10^3 cal
			卡	cal	1 cal＝4.186 8 J＝3.09 ft·lbf
	电子伏	eV			1 eV＝1.602 189 2×10^{-19} J
功率	瓦[特]	W			1 W＝1 J/s
			尔格每秒	erg/s	1 erg/s＝10^{-7} W
	千瓦	kW	瓩	KW	1 kW＝1 000 W＝1.341 hp（英制）＝1.36 Ps（米制）
			米制马力	Ps	1 Ps＝75 kgf·m/s＝735.499 W
			英制马力	hp，HP	1 hp＝1.013 87 Ps＝550 ft·lbf/s＝745.7 W＝33 000 ft·lbf/min
			电工马力		1 电工马力＝746 W
速度	米每秒	m/s			
		km/h			1 km/h＝(1/3.6) m/s＝0.277 8 m/s
			英尺每分	fpm，ft/min	1 ft/min＝5.08×10^{-3} m/s
			英里每小时	mile/h，mph	1 mile/h＝1.609 344 km/h＝0.447 04 m/s

（续表）

量的名称	法定计量单位 名称	法定计量单位 符号	非法定计量单位 名称	非法定计量单位 符号	换算关系及说明
速度	节	kn			1 kn =1 n mile/h=0.514 44 m/s =1.852 km/h
			英节	UK knot	1 UK knot=1.000 64 kn=0.514 773 m/s
加速度		m/s^2			
	重力加速度	g			1 g=9.806 65 m/s^2
频率	赫[兹]	Hz			1 Hz=1 s^{-1}
转速	转每分	r/min		rpm	1 r/min=(1/60) s^{-1}
运动黏度		m^2/s			运动黏度=绝对黏度/密度
			斯[托克斯]	沲，St	1 St=1 $cm^2/s=10^{-4}\ m^2/s$
			厘斯[托克斯]	厘沲，cSt	1 cSt=10^{-2} St=$10^{-6}\ m^2/s$
			赛氏黏度秒	SSU	1 SSU=0.2158 cSt=0.2158 mm^2/s
绝对黏度	帕秒	Pa·s			1 Pa·s=1 N·s/m^2
			泊	P	1 P=1 dyn·$s/cm^2=10^{-1}$ Pa·s
			厘泊	cP	1 cP=10^{-2} P=10^{-3} Pa·s
热导率（导热系数）		W/(m·K)			
			cal/(cm·s·℃)		1 cal/(cm·s·℃)=418.68 W/(m·K)
			kcal/(m·h·℃)		1 kcal/(m·h·℃)=1.163 W/(m·K)
			BTU/(ft·h·℉)		1 BTU/(ft·h·℉)=1.730 73 W/(m·K)
热容量	熵	J/K			
热流密度		W/m^2			
传热系数		W/(m^2·K)			
			kcal/(m^2·h·℃)		1 kcal/(m^2·h·℃)=1.163 W/(m^2·K)
			BTU/(ft^2·h·℉)		1 BTU/(ft^2·h·℉)=5.678 26 W/(m^2·K)
比热容		J/(kg·K)			
			kcal/(kg·℃)		1 kcal/(kg·℃)=4.186 8×10^3 J/(kg·K)

（续表）

量的名称	法定计量单位		非法定计量单位		换算关系及说明
	名称	符号	名称	符号	
比热容			BTU/(lb·℉)		1 BTU/(lb·℉)＝ 4.186 8×10^{3} J/(kg·K)
温度	开[尔文]	K	绝对温度		SI 基本单位
	摄氏度	℃			当表示温度间隔或温差时：1 ℃＝1 K
			华氏度	℉	1 ℉＝0.555 556 K
转动惯量		kg·m^{2}			1 kg·m^{2}＝0.738 slug·ft^{2}
			kgf·cm·s^{2}		1 kgf·cm·s^{2}＝0.098 066 5 kg·m^{2}
			lbf·in·s^{2}		1 lbf·in·s^{2}＝0.112 984 6 kg·m^{2}
扭转刚度		N·m/rad			扭振计算中使用
阻尼因素		N·ms/rad			扭振计算中使用
电流	安[培]	A	绝对安培	abampere	SI 基本单位
电荷量	库[伦]	C			1 C＝1 A·s
	安时	A·h			1 A·h＝3.6 kC
电压	伏[特]	V			1 V＝1 W/A＝1 m^{2}·kg·s^{-3}·A^{-1}
电容	法[拉]	F			1 F＝1 C/V＝1 m^{-2}·kg^{-1}·s^{4}·A^{2}
	微法	μF		μ	1 μF＝10^{-6} F
电阻	欧[姆]	Ω			1 Ω＝1 V/A＝1 m^{2}·kg·s^{-3}·A^{-2}
电阻率		Ω·m			
磁通量	韦[伯]	Wb			1 Wb＝1 V·s＝1 m^{2}·kg·s^{-2}·A^{-1}
			麦克斯韦	MX	1 MX＝10^{-8} Wb
磁通密度	特[斯拉]	T			1 T＝1 Wb/m^{2}＝1 kg·s^{-2}·A^{-1}
			高斯	G，gs	1 gs＝10^{-4} T
磁场强度		A/m			
			奥斯特	Oe	1 Oe＝79.577 3 A/m
电感	亨[利]	H			1 H＝1 Wb/A＝1 m^{2}·kg·s^{-2}·A^{-2}
电导	西[门子]	S			1 S＝1 A/V
电导率		S/m			

（续表）

量的名称	法定计量单位		非法定计量单位		换算关系及说明
	名称	符号	名称	符号	
发光强度	坎[德拉]	cd	烛光，支光		SI 基本单位
光亮度	cd/m^2		熙提 尼特	Sb nt	$1\ Sb=1\ cd/cm^2=10^4\ cd/m^2$ $1\ nt=1\ cd/m^2$
光通量	流[明]	lm			1 lm=1 cd·sr（sr 为立体角单位）
光照度	勒[克斯]	lx	辐透	ph	$1\ lx=1\ lm/m^2$ $1\ ph=10^4\ lx$
声级差	分贝	dB			
线密度	特[克斯]	tex			$1\ tex=10^{-6}\ kg/m$
线膨胀系数		K^{-1}			
汽车效能指标				mpg	1 mpg=1 609 m/3.785 L=425 m/L
信息量	比特（b） 字节（B）	bit byte	波特率	bps kB MB GB	是二进制的一个位元 1 byte=8 bit 1 bps=1 bit/s=1 b/s 1 kB=1 024 byte 1 MB=1 024 kB 1 GB=1 024 MB

附录 B 玻璃钢积层板设计性能图谱

B.1 简介

本性能图谱是美国 Owens-Corning 玻璃钢公司工业材料部主编的一套玻璃钢设计与工艺资料中的一份主要设计资料，由 Gibbs & Cox 公司负责编写。他们搜集了许多有关船用级玻璃钢积层板性能的资料，并经分析、验证和汇总，针对玻璃钢性能的特点以图谱形式予以表达。内容概括了船用玻璃钢积层板的三种最常用形式的物理和机械性能，是设计玻璃钢船舶和其他玻璃钢制品的基本指导资料。特别是在初步设计阶段，本资料可供选择材料和决定构件尺寸之用，且能对工艺过程中由于玻璃纤维含量的变化所引起的积层板性能的影响作出推断，从而保证玻璃钢产品结构设计的可靠性。

B.2 三种常用的玻璃钢积层板

1. 短切玻璃纤维毡为增强材料的玻璃钢积层板

这种产品是由不规则散布的短切纤维束，用一种可溶树脂黏结剂黏结而成的毡状物。当毡层浸透树脂固化后，形成的这种玻璃钢积层板将基本上呈现出各向同性(指所有方向的性能都相同)。通常短切玻璃纤维毡积层板的玻璃纤维含量相对较低(按重量计为20%～30%)。适用于制作此类积层板的玻璃毡的重量规格为0.229 kg/m^2($\frac{3}{4}$ oz/ft^2)至0.916 kg/m^2(3 oz/ft^2)(干重)。

随着“喷枪”技术而发展起来的短切纤维积层板，其性能可视作与短切玻璃纤维毡积层板的性能相当。

2. 玻璃纤维无捻粗纱布为增强材料的玻璃钢积层板

制品为近于平直的玻璃纤维束编织而成的粗型、平纹、方格织物。它不像玻璃纤维毡那样呈各向同性，而是各向异性。最大强度值显然位于0°(经纱)方向和90°(纬纱)方向。此外，标准织物(5×4交织)在经纱方向的强度大于纬纱方向，这是因为经纱方向的每英寸股数大于纬纱方向所致。0°，45°和90°三个方向的强度从数据曲线图中毫不费力就可看出其相对差异。

船用玻璃纤维无捻粗纱布积层板中，玻璃纤维的含量范围通常为40%～55%。较高的玻璃纤维含量是十分可能的，但不是通常要求的，因为容易导致积层板树脂的“干枯化”。

0.814 kg/m^2(24 oz/yd^2)的玻璃纤维无捻粗纱布是最常用的重量规格，其次是0.610 kg/m^2(18 oz/yd^2)的，适应薄型积层板。而1.356 kg/m^2(40 oz/yd^2)的粗纱布少量地使用于铺设较厚的铺层。

3. 短切玻璃纤维毡＋无捻粗纱布复合增强材的玻璃钢积层板

大量商用艇和游艇船壳的积层板是由短切玻璃纤维毡和无捻粗纱布交替叠放而组成的，优先选择这种结构的理由大部分是基于性能上和工艺过程的要求，是从多年来船舶成型的经验中积累起来的。

本图谱中所列出的这类复合增强材料积层板的数据偏重于采用0.458 kg/m^2($\frac{1}{2}$ oz/ft^2)的毡和0.814 kg/m^2(24 oz/yd^2)的粗纱布交替叠放组成的积层板。换句话说，这将使积层板中玻璃纤维含量处于30%～40%范围内。

B.3 图谱的特征

图谱数据的主体部分选自典型的游艇船壳积层板。积层板中玻璃纤维的含量是绘制性能曲线的基本参数。这是因为积层板的性能与玻璃纤维含量之间呈现出关系，而且玻璃纤维含量值在一般车间中最容易测得。

玻璃纤维毡＋粗纱布区域的上端和下端分别重合于玻璃纤维无捻粗纱布区域的下端和玻璃纤维毡区域的上端，形成一条连续的曲线。因此，对于每一种积层板的性能均可绘制成一个连续的投影区，从而使三种积层板的每一种所使用的玻璃纤维含量都有一个独立的极限范围。必须强调，对每一种积层板来说，只有其树脂含量位于这个范围内才是正确的。

本图谱共 24 张曲线图，提供了积层板的基本物理性能。

在一个结构中，局部范围所具有的性能可能会高于或低于这个区域值。在设计中通常使用的安全系数已经充分考虑了这种局部较低值，而且典型的船舶结构上的载荷足以良好传递，以致局部区域的积层板强度偏低很少会导致过早损坏。我们可以放心使用图谱给出的综合平均值。

增强材界面的层间剪切强度在 703 kgf/cm^2（10 000 lbf/in^2）至 1 055 kgf/cm^2（15 000 lbf/in^2）范围内。

B.4 图谱目录

图 21　每对毡＋粗纱布的单位面积重量(0.458 kg/m^2 (1$\frac{1}{2}$ oz)毡和 0.814 kg/m^2 (24 oz)粗纱布各一层)

图 22　每层毡或每层粗纱布的单位面积重量(0.458 kg/m^2 (1$\frac{1}{2}$ oz)毡或 0.814 kg/m^2 (24 oz)粗纱布)

图 23　玻璃钢积层板的密度

图 24　粗纱布重量与玻璃纤维总重量之比

说明:按照美国有关标准,玻璃纤维无捻粗纱布的规格以盎司每平方码(oz/yd^2)来表示;而玻璃纤维毡则用盎司每平方呎(oz/ft^2)来表示。习惯上称呼则一律用多少盎司(oz)来表示规格,而省略了单位面积的不同。在图谱的名称中,我们除列出法定计量制规格外,括号内也列出了英美习用的称呼规格。请读者注意两者所用单位制的不同。

B.5　图谱

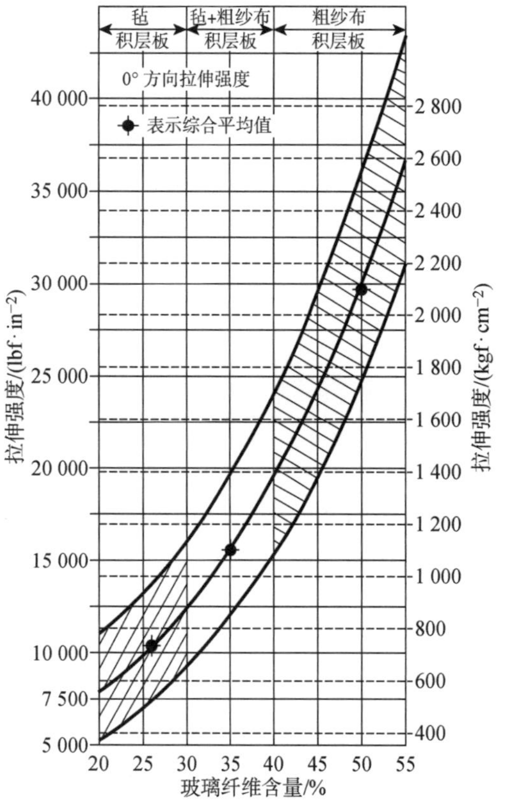

图 1　0°方向的拉伸强度(经纱方向)

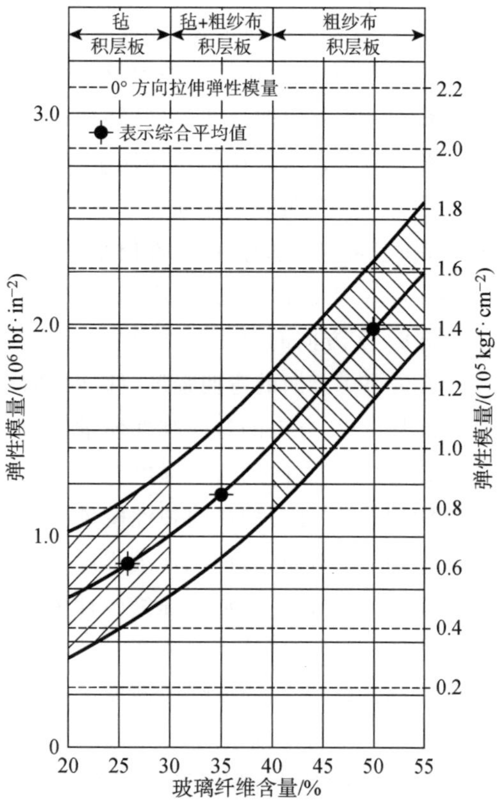

图 2　0°方向的拉伸弹性模量(经纱方向)

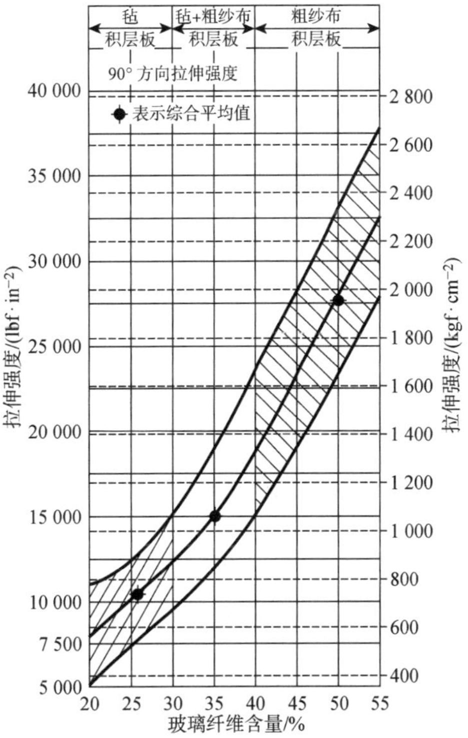

图 3　90°方向的拉伸强度(纬纱方向)

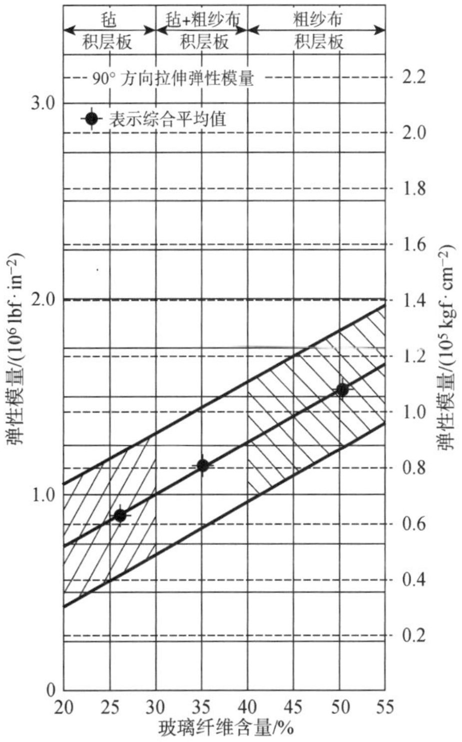

图 4　90°方向的拉伸弹性模量(纬纱方向)

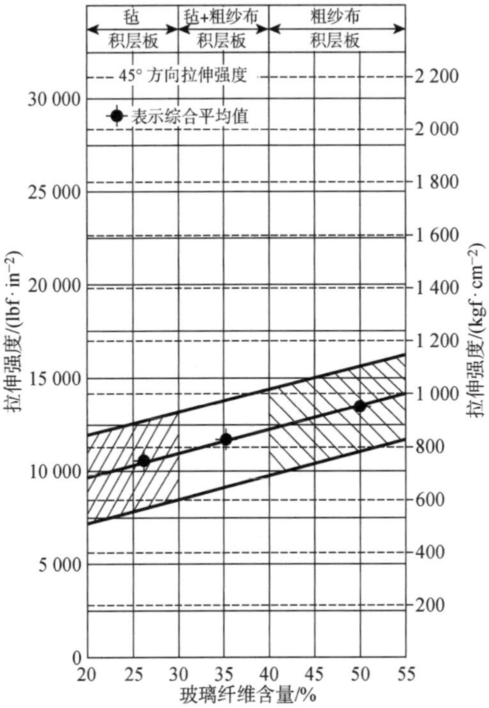

图 5　45°方向的拉伸强度

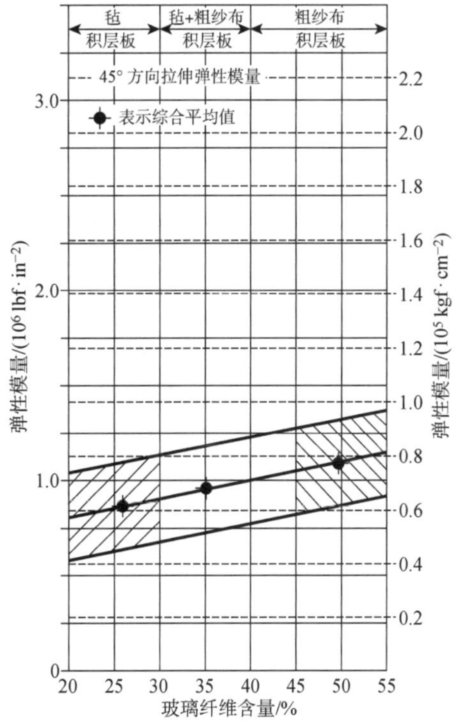

图 6　45°方向的拉伸弹性模量

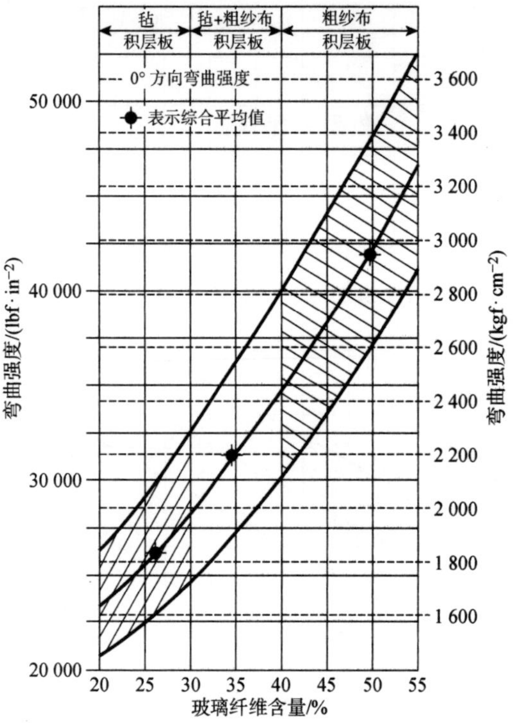

图 7　0°方向的弯曲强度(经纱方向)

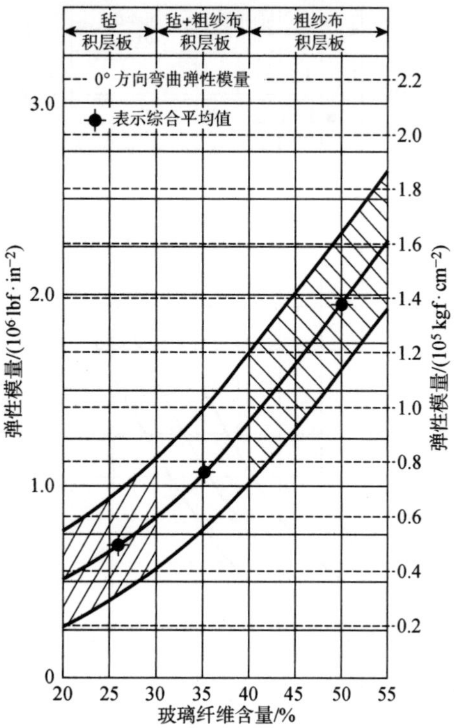

图 8　0°方向的弯曲弹性模量(经纱方向)

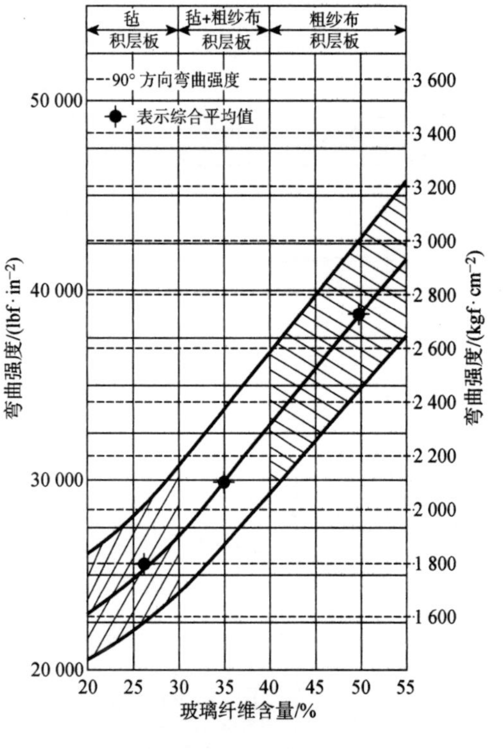

图 9　90°方向的弯曲强度(纬纱方向)

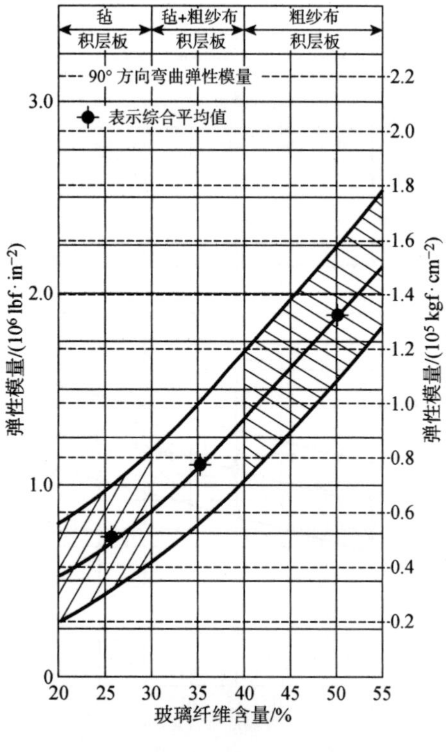

图 10　90°方向的弯曲弹性模量(纬纱方向)

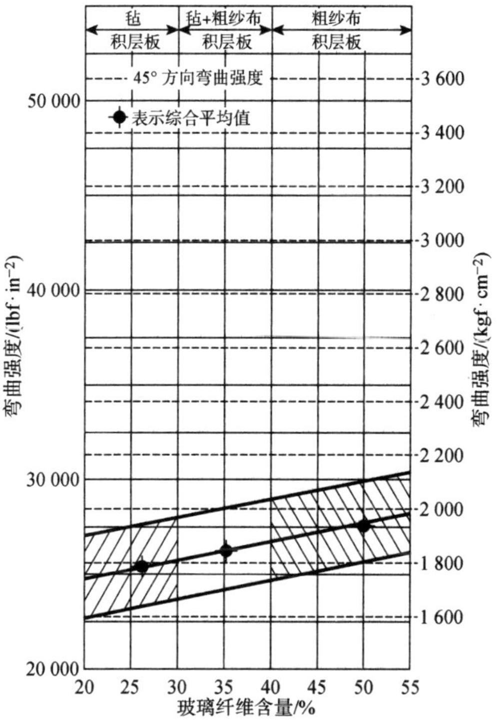

图 11 45°方向的弯曲强度

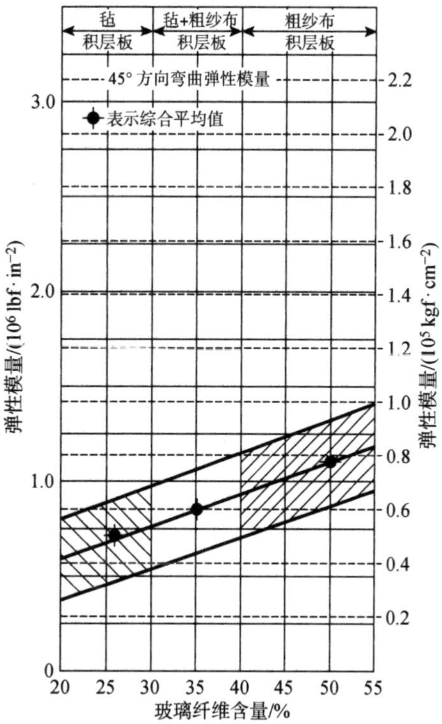

图 12 45°方向的弯曲弹性模量

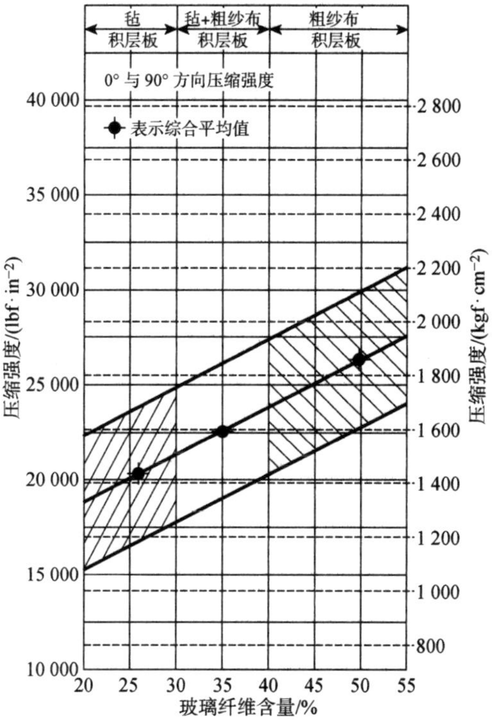

图 13 0°与 90°方向的压缩强度

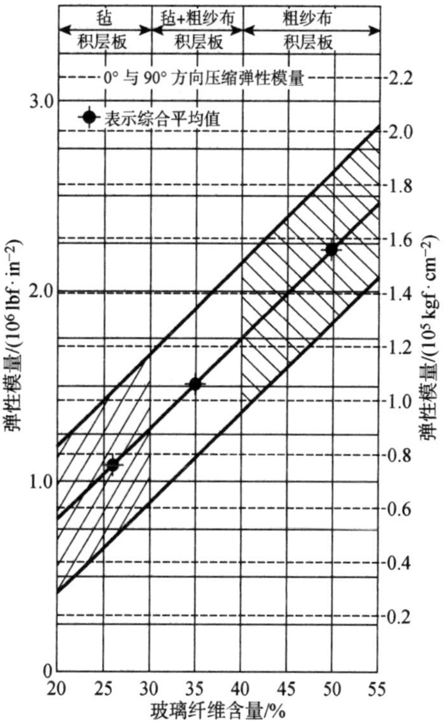

图 14 0°与 90°方向的压缩弹性模量

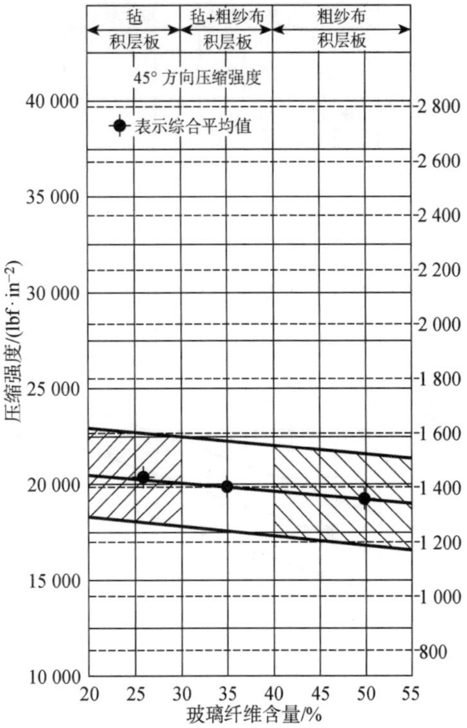

图 15　45°方向的压缩强度

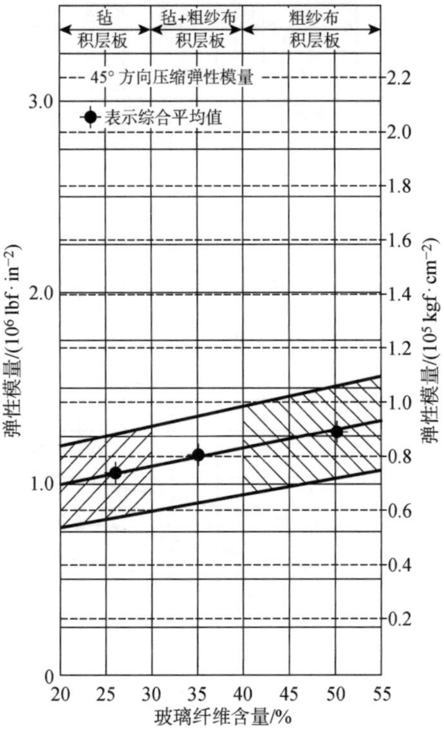

图 16　45°方向的压缩弹性模量

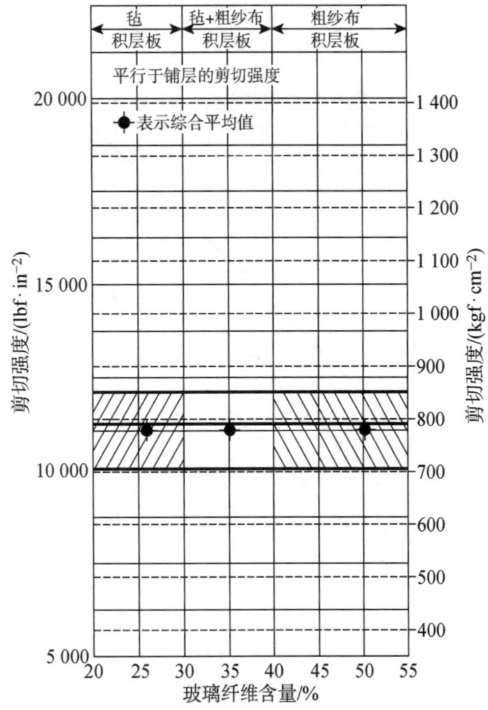

图 17　平行于铺层的剪切强度

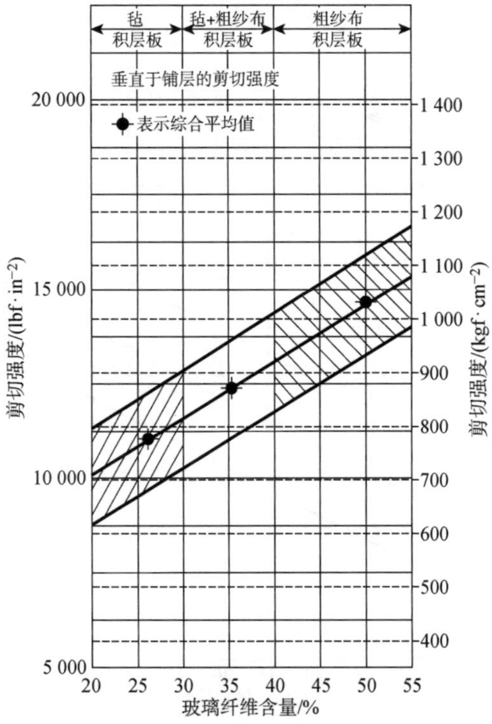

图 18　垂直于铺层的剪切强度

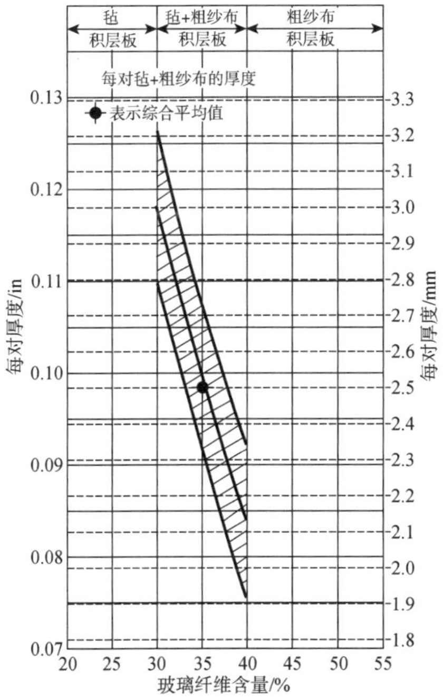

图 19 每对毡+粗纱布的厚度(0.458 kg/m²(1$\frac{1}{2}$ oz/ft²)毡和 0.814 kg/m²(24 oz/yd²)粗纱布各一层)

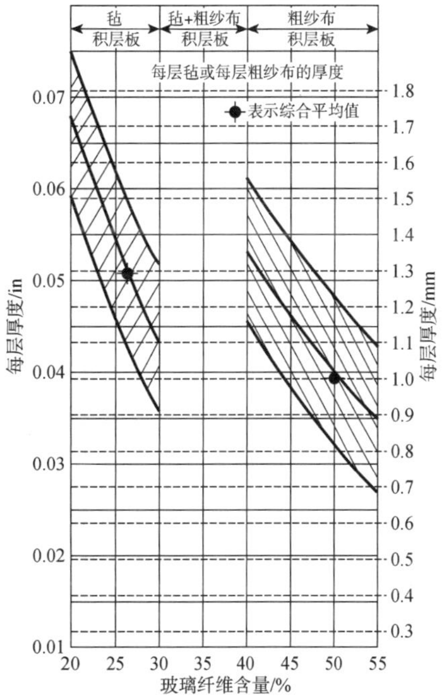

图 20 每层毡或每层粗纱布的厚度(0.458 kg/m²(1$\frac{1}{2}$ oz/ft²)毡或 0.814 kg/m²(24 oz/yd²)粗纱布)

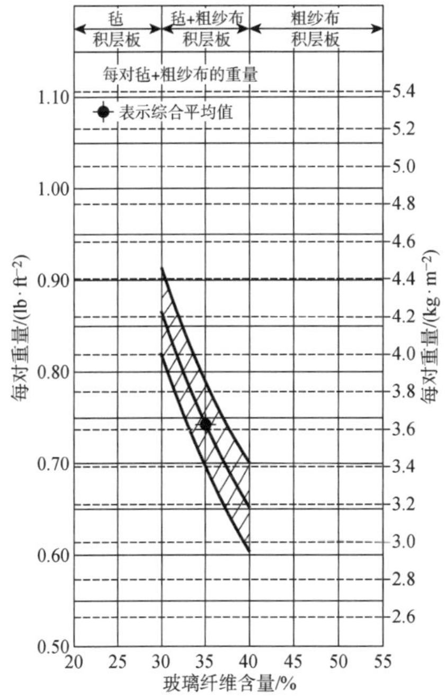

图 21 每对毡+粗纱布的重量(0.458 kg/m²(1$\frac{1}{2}$ oz/ft²)毡和 0.814 kg/m²(24 oz/yd²)粗纱布各一层)

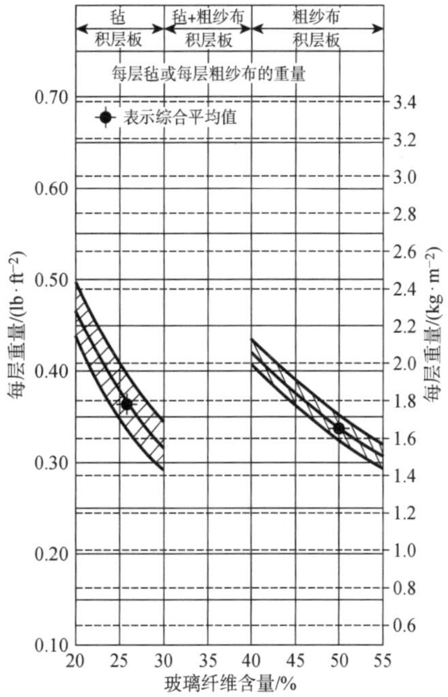

图 22 每层毡或每层粗纱布的重量(0.458 kg/m²(1$\frac{1}{2}$ oz/ft²)毡或 0.814 kg/m²(24 oz/yd²)粗纱布)

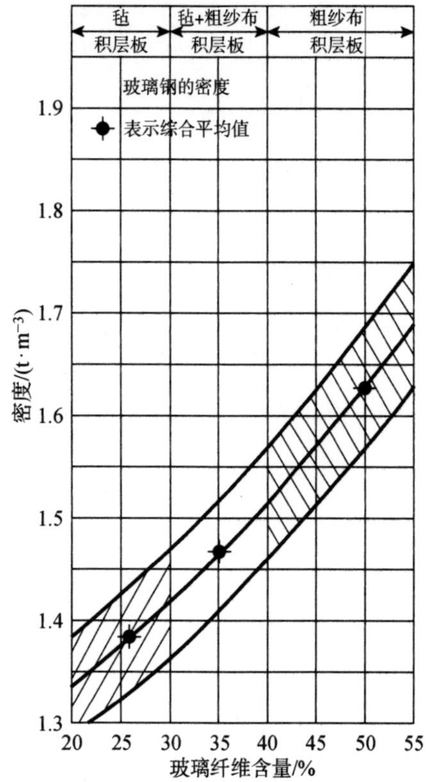

图 23　玻璃钢积层板的密度

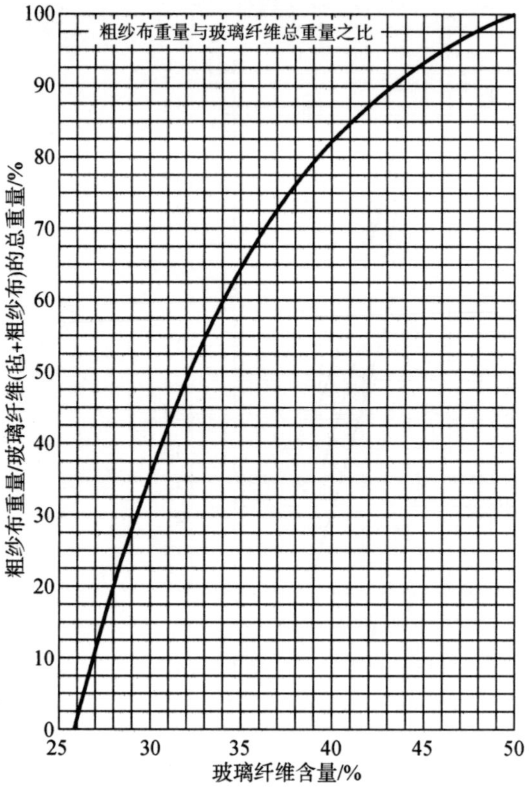

图 24　粗纱布重量与玻璃纤维总重量之比

B.6　图谱的用法

这里主要介绍复合积层板(即毡＋粗纱布积层板)的设计方法。

1. 利用图 24 确定复合积层板的玻璃纤维含量

考虑到玻璃钢积层板的机械性能基本上是玻璃纤维含量的函数，所以当选定毡和粗纱布规格之后，首先要求取制成积层板后玻璃纤维的含量，这可以利用图 24 来查得。

例题 1　一种由 0.229 kg/m²($\frac{3}{4}$ oz)玻璃纤维毡与 0.814 kg/m²(24 oz)玻璃纤维无捻粗纱布交替铺设组成的积层板的玻璃纤维含量是多少？

计算：玻璃纤维毡	0.229 kg/m²	6.75 oz/yd²
玻璃纤维无捻粗纱布	0.814 kg/m²	24.00 oz/yd²
玻璃纤维总重量	1.043 kg/m²	30.75 oz/yd²

$$\frac{\text{粗纱布重量}}{\text{玻璃纤维总重量}}=\frac{0.814}{1.043}=0.78=78\%$$

按粗纱布重量与玻璃纤维总重量之比为 78% 查图 24 得积层板中玻璃纤维含量为 38.2%。

例题 2 一种由 0.610 kg/m²(2 oz)玻璃纤维毡与 0.814 kg/m²(24 oz)玻璃纤维无捻粗纱布交替铺设组成的积层板的玻璃纤维含量是多少?

计算:玻璃纤维毡	0.610 kg/m²	18.00 oz/yd²
玻璃纤维无捻粗纱布	0.814 kg/m²	24.00 oz/yd²
玻璃纤维总重量	1.424 kg/m²	42.00 oz/yd²

$$\frac{\text{粗纱布重量}}{\text{玻璃纤维总重量}}=\frac{0.814}{1.424}=0.57=57\%$$

按粗纱布重量与玻璃纤维总重量之比为 57%查图 24 得积层板中玻璃纤维含量为 33.2%。

又如由 0.458 kg/m²($1\frac{1}{2}$ oz)玻璃纤维毡与 0.814 kg/m²(24 oz)玻璃纤维无捻粗纱布交替铺设组成的积层板,其平均玻璃纤维含量是 35%。

2. 单板结构复合积层板的设计

若已知玻璃纤维的含量和载荷,则可利用图谱求解积层板的厚度和其他参数。

例题 3 已知玻璃纤维含量为 30%和 40%,求满足单位宽度的极限弯矩为 499 kgf·cm/cm(1 100 lbf·in/in)的积层板的厚度和重量。

解题思路:以玻璃纤维含量 30%为例。

先查图 7 得 0°方向的平均弯曲强度1 948 kgf/cm² =[σ]。

因为 $$[\sigma] = M/W$$

现已知条件 M_{cm}=499 kgf·cm/cm。

此处 M_{cm}即为每 cm 宽度的极限弯矩,W 为剖面模数。则有

$$W_{cm}=\frac{M_{cm}}{[\sigma]}=\frac{499}{1948}=0.256\ \text{cm}^3/\text{cm}$$

W_{cm}即为设计的积层板所要求的单位宽度的剖面模数。

又因为

$$W=I/y$$

此处 I 为惯性矩,矩形构件的惯性矩按下式计算:

$$I = \frac{bh^3}{12}$$

式中,b 为宽度,h 为厚度。

考虑到宽度 b=1 cm,$y=h/2$,则有

$$W_{cm} = \frac{I_{cm}}{y} = \frac{h^3/12}{h/2} = \frac{h^2}{6}$$

$$h = \sqrt{6W_{cm}} = \sqrt{6 \times 0.256} = 1.24\ \text{cm}$$

查图 19,每对毡+粗纱布的厚度为 0.304 cm,则 1.24 cm 的厚度需铺设 4 层毡+布。再查图 21,每对毡+布的重量为 4.37 kg/m²,则单位面积的积层板的总重量=4×4.37=17.48 kg/m²。其中,玻璃纤维重量占 30%,为 5.244 kg/m²;树脂重量占 70%,为 12.236 kg/m²。列表计算如下:

玻璃纤维含量	30%		40%	
由图 7 得 0°方向平均弯曲强度	1 948 kgf/cm^2	27 700 lbf/in^2	2 405 kgf/cm^2	34 200 lbf/in^2
要求单位宽度积层板的剖面模数	0.256 cm^3/cm	0.039 7 in^3/in	0.207 cm^3/cm	0.032 2 in^3/in
要求积层板的厚度	1.24 cm	0.488 in	1.12 cm	0.439 in
每对毡＋布的厚度(查图 19)	0.304 cm	0.12 in	0.215 cm	0.084 in
需要的铺层数(近似值)	4	4	5	5
密度(由图 23 得)	1.412 t/m^3	—	1.505 t/m^3	—
每对毡＋布的重量(查图 21)	4.37 kg/m^2	0.894 lb/ft^2	3.36 kg/m^2	0.687 lb/ft^2
单位面积的积层板的重量	17.48 kg/m^2	3.58 lb/ft^2	16.796 kg/m^2	3.44 lb/ft^2
单位面积积层板中玻璃纤维重量	5.244 kg/m^2	1.07 lb/ft^2	6.718 kg/m^2	1.376 lb/ft^2
单位面积的积层板中的树脂重量	12.236 kg/m^2	2.51 lb/ft^2	10.077 kg/m^2	2.064 lb/ft^2

从这个例子可以看出，玻璃纤维含量从 30%提高到 40%，反而要多铺一层毡和布，但单位面积的积层板重量反而有所减轻。

例题 4　已知玻璃纤维含量为 30%和 40%，求满足单位宽度的极限轴向载荷为 1 786 kgf/cm (10 000 lbf/in)的积层板的厚度和重量。

解题思路：求解满足轴向载荷(拉伸或压缩)的单位宽度积层板的厚度比较起例题 3 来要简单一些。因为满足的条件是截面积 $A = b \cdot h = F_{cm}/[\sigma]$。这里，单位宽度的极限轴向载荷已题给：$F_{cm}=1\ 786$ kgf/cm，$[\sigma]$可从图 1 中查得为 872 kgf/cm^2，宽度 $b=1$ cm，则厚度 h 可以直接算出来：$h=1\ 786/872=2.05$ cm。其余的查图方法和计算式与例题 3 相仿。读者可以通过下面的表细心体会。

玻璃纤维含量	30%		40%	
由图 1 得 0°方向平均拉伸强度	872 kgf/cm^2	12 400 lbf/in^2	1 350 kgf/cm^2	19 200 lbf/in^2
要求积层板的厚度	2.05 cm	0.806 in	1.32 cm	0.521 in
每对毡＋布的厚度(查图 19)	0.304 cm	0.12 in	0.215 cm	0.084 in
需要的铺层数(近似值)	7	7	6	6
密度(由图 23 得)	1.412 t/m^3	—	1.505 t/m^3	—
每对毡＋布的重量(查图 21)	4.37 kg/m^2	0.894 lb/ft^2	3.36 kg/m^2	0.687 lb/ft^2
单位面积的积层板的重量	30.59 kg/m^2	6.26 lb/ft^2	20.16 kg/m^2	4.12 lb/ft^2
单位面积积层板中玻璃纤维重量	9.177 kg/m^2	1.878 lb/ft^2	8.06 kg/m^2	1.65 lb/ft^2
单位面积的积层板中的树脂重量	21.413 kg/m^2	4.382 lb/ft^2	12.10 kg/m^2	2.47 lb/ft^2

从这个例子可以看出，玻璃纤维含量从 30%提高到 40%，可以少铺一层毡和布，导致单位面积的积层板重量减轻了许多。

这两个例题也说明可以做积层板的对比研究。

MFE SINO POLYMER 华昌聚合物

华东理工大学华昌聚合物有限公司

华谊集团属下企业

创新提升品质，确保客户满意

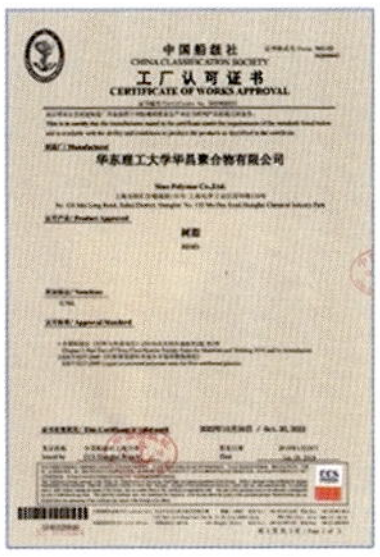

华东理工大学华昌聚合物有限公司是上海市高新技术企业，主要从事耐腐蚀环氧乙烯基酯树脂与不饱和聚酯树脂、特种环氧树脂、聚砜树脂、风电叶片专用高性能树脂、轨道交通用阻燃树脂、船舶/游艇专用树脂、水性涂料、重防腐蚀涂料及阴极保护产品的研发、生产、销售和服务，以及防腐蚀工程的专项设计、承包与施工。经过63年发展，在海内外形成了4万吨环氧乙烯基酯树脂、9万吨特种不饱和聚酯树脂、3万吨高性能环氧树脂、2万吨胶黏剂及水性涂料等品种产能，总计18万吨。

华昌公司可提供船用环氧乙烯基酯树脂、不饱和聚酯树脂、胶衣树脂，满足手糊、拉挤、缠绕、真空导入等成型工艺，具有优异的耐水、抗冲击强度、抗疲劳等特性，产品获得中国船级社、英国劳氏LR、德国GL认证，已成功应用于国内外船体制造。

牌号	类别	拉伸强度（MPa）	断裂延伸率（%）	特性及说明
MFE 11	乙烯基酯	≥75	≥5.0	低放热、低收缩、抗冲击、抗疲劳、耐腐蚀
MFE 711	乙烯基酯	≥80	≥5.0	低放热、低收缩、抗冲击、抗疲劳、耐腐蚀
MFE 707	乙烯基酯	≥70	≥5.0	阻燃自熄、抗冲击、抗疲劳、耐腐蚀
MERICAN 30-200P	乙烯基酯	≥80	≥4.0	低黏度、低放热、抗冲击、抗疲劳、耐腐蚀
MERICAN 9709	邻苯型	≥65	≥2.5	结构树脂、耐水、性价比高
MERICAN 9406	间苯型	≥70	≥2.5	结构树脂、耐水、强度高

华东理工大学华昌聚合物有限公司
Sino Polymer Co., Ltd.
地址：上海市化学工业区目华路130号
总机：021-64253377
销售热线：021-64253887
技术服务：021-64252677
网址：www.hchp.com.cn

DFC 东方高速艇
DONGFANG HIGH SPEED CRAFT

无锡东方高速艇发展有限公司是由中国船舶科学研究中心于1985年创办的国家高新技术企业。具有复合材料、铝质及钢质船舶的建造资质及齐全的管理体系。公司具有研发能力强，船型品类齐全、产品系列化程度高的鲜明特点，擅长设计、建造各类高性能公务艇、特种工作艇及旅游船舶。产品以“品质品位上乘、使用安全可靠、服务全面周到、价格经济合理”而深得用户信赖。东方（DFC）品牌的“公务艇、游船、游艇”已成为中国船艇业最具影响力及市场美誉度的优秀品牌。

中国船舶科学研究中心 无锡东方高速艇发展有限公司
CHINA SHIP SCIENTIFIC RESEARCH CENTER WUXI DONGFANG HIGH SPEED CRAFT DEVELOPMENT CO.,LTD.

地址：江苏省无锡市滨湖区胡埭工业园振胡北路68号
电话：0510-85555345 85598880
网址：http://www.dfcraft.com
邮箱：sale@dfcraft.com cssrc@163.com

更多资讯 敬请关注